U1019051

空间生产视角下邻避冲突发生逻辑与治理路径研究

田 桑 著

中国财经出版传媒集团
中国财政经济出版社
·北京·

图书在版编目（CIP）数据

空间生产视角下邻避冲突发生逻辑与治理路径研究 / 田桑著. -- 北京 : 中国财政经济出版社, 2025. 4.

ISBN 978 - 7 - 5223 - 3663 - 3

Ⅰ. F299. 24; D63

中国国家版本馆 CIP 数据核字第 2025NE1144 号

责任编辑：孙丛丛　　责任校对：胡永立

封面设计：卜建辰　　责任印制：史大鹏

空间生产视角下邻避冲突发生逻辑与治理路径研究

KONGJIAN SHENGCHAN SHIJIAOXIA LINBI CHONGTU FASHENG LUOJI YU ZHILI LUJING YANJIU

中国财政经济出版社 出版

URL: http://www. cfeph. cn

E - mail: cfeph@ cfeph. cn

（版权所有　翻印必究）

社址：北京市海淀区阜成路甲 28 号　邮政编码：100142

营销中心电话：010 - 88191522

天猫网店：中国财政经济出版社旗舰店

网址：https: //zgczjjcbs. tmall. com

涿州汇美亿浓印刷有限公司印刷　各地新华书店经销

成品尺寸：170mm × 240mm　16 开　25. 25 印张　341 000 字

2025 年 4 月第 1 版　2025 年 4 月河北第 1 次印刷

定价：108. 00 元

ISBN 978 - 7 - 5223 - 3663 - 3

（图书出现印装问题，本社负责调换，电话：010 - 88190548）

本社图书质量投诉电话：010 - 88190744

打击盗版举报热线：010 - 88191661　QQ：2242791300

前　言

20世纪70年代末，自西方国家普遍开展“城市绅士化”的城市更新和发展中国家迅速的城市化以来，邻避冲突就成为一个显著的社会现象，也成为了一个棘手的治理问题。随着城市化和工业化的迅速发展，中国也进入了邻避冲突的高发时期。根据研究视角与叙事差异，总体上可以将学界对邻避冲突的研究成果划分为外部视角下的“利益——制度”叙事与内部视角下的“知识——话语”叙事，前者将邻避冲突归因于决策制度存在缺陷与利益补偿存在分歧，后者则将邻避冲突归因于认知方式差异而引致的风险异议难以解决。虽然两种研究取向在邻避冲突的微观过程研究上都取得了相当的成果，但都是在治理邻避设施引发的社会冲突现象上发力，没有关注邻避冲突最根源的问题——邻避设施为什么一定要安排在可能与邻人发生冲突的空间里；邻人为什么一定要反对邻避设施。

进一步来看，邻避冲突外部视角和“利益——制度”叙事将邻避设施引发社会冲突归咎于决策民主缺失与利益补偿分歧，是不够全面的。决策是否民主与邻避设施是否能够被通过本身是两个问题，而在邻避冲突外部视角和“利益——制度”叙事里，决策民主与邻避设施被通过事实上画了等号。同时，邻避设施安排有着自身的逻辑，这一逻辑受到更为深刻的经济社会发展模式影响，决策程序民主与否对邻避设施的安排和落地并不能形成根本性的控制。邻避冲突的内部视角和“知识——话语”叙事将邻避设施引发邻避冲突归咎于知识不平等而引发的风险认知差异。一方面，这一判断片面地认为，民众只会生成常人知识来反对专业知识，但没有看到民众也有很强的自主性来应用专业知识；另一方面，这一判断在大量的非科技类邻避设施引发冲突上则解释无力，在非科技类邻避冲突领域里，并不存在专业知识同常人知识的对垒。因此，邻人为什么一定要反对邻避设施可能并不完全出自对邻避设施的认知水平，而是有着更深层次的因素。对这两个问题的讨论实质上就是在追问邻避冲突的发生逻辑，并以此为起点，讨论从源头治理邻避冲突的有效路径。

由于邻避冲突与西方国家城市更新、发展中国家城市化属于同一时空坐标，邻避设施又关涉对空间利用方式的变更。因此，引入空间生产理论视角，能够补齐邻避冲突研究的宏观和中观视野，使得邻避冲突的结构性背景能够被发掘出来，并形成邻避冲突的宏观背景——中观情境——微观认知与行动的有机衔接，邻避冲突发生逻辑能够得到回答。同时，空间生产理论也能够与邻避冲突的现实形成对话，在邻避冲突上应用空间生产理论，在社会治理中观维度发展空间生产理论。

空间生产理论承袭了马克思主义政治经济学和左翼批判理论传统，阐释了20世纪中后期以来资本主义发展的新特点，即空间生产异化及其全球化指向。改革开放后，中国也不可避免地受到资本主义变化新趋势的影响，逐渐形成了土地驱动的城市化和工业化发展道路，这是空间生产理论能够在中国应用的基础。以列斐伏尔空间生产辩证法为基础，以邻避冲突的微观形式——空间争夺为切入口，从而深入地探讨邻避冲突的发生逻辑，实现对邻避冲突的宏观基础——中观条件——微观认知与行动的有机联结。针对既有邻避冲突研究混淆邻避设施与公共设施，并将邻避冲突界定于发生在公共领域内的、群体性事件作为表征的现象上的局限，研究以邻避设施引发负外部性被邻人集中承担作为核心类属，将邻避设施区分为商业型邻避设施和公共服务型邻避设施；将邻避设施引发冲突界分为发生在公共领域的、群体性的典型邻避冲突和发生在准公共领域的、个体性的类邻避冲突，邻避冲突两个子范畴虽然在现象表征上有所差异，但是其都具有共同本质属性，即都属于负外部性引发相邻关系出现问题。

研究以扎根理论作为研究进路，选择了25个典型邻避冲突案例来“浮现”邻避冲突的发生逻辑，通过4个类邻避冲突（旧楼加梯）案例来检验邻避冲突的发生逻辑。将经验现象“浮现”的邻避冲突发生逻辑同抽象的空间生产理论进行对话，探讨邻避冲突发生的必然性、邻人反对邻避设施的深层次因素和邻避冲突本质，并进行理论的抽象。

邻避冲突发生逻辑的宏观层面是土地驱动的城市化和工业化发展道路引致的空间私有化、碎片化、同质化。而在中观层面上，典型邻避冲突是土地驱动城市化和工业化发展道路同政府封闭式决策互动，形成了投机空间生产和扭曲邻避设施供给，带来了空间稀缺和空间紧张，使得典型邻避冲突得以爆发，并在微观层面上展现为空间争夺。另外，在类邻避冲突上，土地驱动城市化和工业化发展道路通过空间私有化、碎片化、同质化和商品化，在中观层面上投射了“房权社会”和重视业主个体物权的意识形态，并带来了中高层集合式住宅的居住形态，形成了复杂的空间相邻关系。复杂空间相邻关系同重视个体物权权利并工具化他人物权权利的“房权社会”意识形态相遇，就使得邻避特征的集体消费难以达成共识，在微观上，就表现为平等个体物权间冲突的空间争夺形式。

邻避冲突是土地驱动城市化和工业化发展道路的结果，这一发展道路本质上就是异化的空间生产，形成了空间的破坏性重构。空间破坏性重构使得实质不可分割的空间被制度化分割，空间被私有化——商品化和碎片化——同质化，投射出了空间个体化和空间关系物化的意识形态。当不可分割的空间被制度化分割之后，空间生产的集体控制权利落空，难以治理的空间困境得以产生，而空间困境在空间相邻关系上的表征，就是邻避冲突。

在空间生产异化背景下，空间破坏性重构使得邻避冲突的爆发具有必然性。空间破坏性重构，一方面将空间私有化——商品化和碎片化——同质化，使得实质不可分割的空间被制度化分割，让空间所有者相互竞争，造成了共同的空间问题难以解决的困境；另一方面也形成了将空间关系物化以服从自我空间利益扩大的意识形态，从政府到普通居民，无一例外都受到了这一意识形态的影响。因此，当地方政府面对经济发展的压力时，就倾向于“不由自主”地扭曲供给邻避设施，以服务流动的资本；在空间生产异化的意识形态影响下，普通居民则“不由自主”地以服务自身空间利益的扩大作为出发点，牺牲他人空间权益作为逻辑来安排类邻避设施。在空间困境和空间生产异化的意识形态共同作用下，邻避冲突就“不以人意志为转移”地爆发了。更进一步来看，邻避冲突的必然发生与邻人反对邻避设施共享的是一套逻辑，是土地驱动的城市化和工业化发展道路的结果，也是异化空间生产和空间破坏性重构造成空间困境在空间相邻关系上的结果。

邻避冲突要转向“迎臂”，实现邻避冲突有效治理，需要实现空间关系的复位，生成共享的空间价值和形成“将心比心”“设身处地”的规范性空间交往逻辑，立足于空间生产的集体控制权利支撑的空间合作性重构。空间合作性重构路径有着现实必然性和理论上的合理性。随着中国经济社会发展道路转型和城市微更新、有机更新对地产开发式的“城市绅士化”城市更新模式的取代，典型邻避冲突逐步退场，而大量的类邻避冲突将在城市微更新、有机更新下发生，政府难以采用惯常的市场或者科层命令的方式来对准公共领域内的类邻避冲突进行治理，这就意味着政府、居民都不得不通过协商和合作的方式来治理类邻避冲突，空间的合作性重构在实践道路上就得以产生。从理论上来看，空间合作性重构道路来自空间生产辩证运动的结果，是空间的破坏性重构难以克服的“剩余”的体现。

空间合作性重构以差异空间正义和空间使用价值优先作为伦理规范，并将服务民众日常生活作为目标，专注于共享空间价值的生成及其民主治理，以形成“设身处地”“将心比心”的规范空间交往逻辑。那么，就需要政府落实人民为导向的经济社会发展道路，以地方雇佣资本，为空间共享价值的形成奠定牢靠的物质基础；通过“群众路线”的日常生活治理，来重新整合碎片化和个体化的空间，为空间生产集体控制权利奠定坚实的社会基础。

作者

2025 年 1 月

目录
CONTENTS

图表目录

图目录

表目录

1 研究的缘起

1.1 研究背景

1.1.1 邻避冲突研究的时代背景

1.1.1.1 邻避冲突的总体论域

对邻避冲突的认识首先要确定邻避冲突的总体论域，总体论域的确定关涉对邻避冲突的时代背景的正确考察。对邻避冲突的时代背景的考察，要确证的就是邻避冲突的总体论域是风险社会还是异化的空间生产。20世纪70年代末，邻避冲突在西方国家普遍出现，并被学界和社会关注。邻避冲突从起初民众对具有环境风险的科技工程类设施的反对，发展到对文化矛盾与心理不适类设施的反对，甚至在准公共领域（西方国家的社区，中国的商品房居住小区①）也可以观察到个体与个体或者个体与小群体之间围绕特定邻避设施发生的冲突。邻避冲突不仅是公共领域内发生的群体性的冲突，也有可能在准公共领域内发生个体与群体、个体与个体之间的

---

① 中国所言的“社区”主要发挥了基层政权的功能。社区管辖了企业和大量封闭式商品化住宅小区（一些住宅小区建筑密度、容积率较高，本身居住人数众多），这就使得社区层面的自治是相对悬浮的，居民对社区态度更类似于对政府的态度。同时，由于开发商、物业公司在某种程度上扮演了部分公共服务代理人和承包人的角色，与延伸到社区的公共服务（这一公共服务通常是以党建引领、多元参与的方式来实现的，党群服务中心是社区公共服务的主要组织载体）共同配合，使得封闭式的住宅小区成为中国人日常生活的重要组成部分。住宅小区相较于“基层政权”的社区而言，反而更加具有自治的必要性（与普通民众关联更加紧密的是业主大会及业委会、物业管理机构的自治架构）。因此，本次研究主要采用小区而非社区作为讨论的基本单元。

冲突。

在中国，邻避冲突于21世纪初普遍出现，同西方国家一样，展现出复杂性和多层次性。具体来说，复杂性主要表现在邻避冲突的动机上，邻避冲突的动机呈现出了直接的空间权益受损到基于意识形态（环保和绿色政治）的反对在内的复杂光谱；多层次性则表现为邻避冲突从典型的民众同政府、项目主体的冲突到准公共领域内的小区业主因邻避设施的安排引发的冲突。在当下，无处不在的邻避冲突成为了独特的时代景观。

记者利夫（Emilieu Trave）首先提出了“邻避”这一术语，用以报道当时的爱河污染事件（Love Cananl Tragedy），得以被学界和媒体所使用。随后，学者奥黑尔（Michale O'Hare）将这一概念做了更为精确的表述，使得这一概念得以普遍使用。所谓的邻避现象，即“Not In My Backyard”，指的是“在现代化与都市化的过程中，许多集体消费之必要公共设施与非集体消费之生产设施，均面临了因设施之外部性扩散，而引起周边居民反对与抗争之现象”。[①] 引发邻避现象的客观环境对象——邻避设施则被界定为“国家为了满足居民的生活需求，需要建立一些设施，这类设施能够带来社会福利，但是却产生一定的负外部性，这些具有潜在危险的设施就是邻避设施”。[②] 邻避设施和邻避冲突，是邻避现象的两个基本属性。然而，具有邻避属性的设施不是在20世纪70年代末才出现，而社会冲突现象也不是在同一时期才存在，那么为什么两者却在20世纪70年代末结合到了一起，形成了邻避冲突？换言之，是什么样的时代背景和社会环境使得邻避冲突在20世纪70年代之后成为一个突出社会现象和重要研究问题，对这一问题的回答就是在对邻避冲突的发生逻辑进行追问。

对特定现象时代背景的认识，本身就是在理论的统摄下发生的，人总

---

① 谭鸿仁，王侯隆．邻避与风险社会：新店安坑掩埋场设置的个案分析［J］．地理研究，2006（05）：105－126．

② 王佃利，徐晴晴．邻避冲突的属性分析与治理之道——基于邻避研究综述的分析［J］．中国行政管理，2012（12）：83－88．

是在先在的理论框架下对经验现象展开认识和介入，并评估理论框架和经验现象的合理性，从而调整理论框架，承认或拒斥经验现象的合理性。①在理论上正确定位邻避冲突的时代背景是至关重要的，这一问题的核心是确定以何种论域来讨论邻避冲突，将这一现象置于正确的时空坐标上，这关系到对邻避冲突的总体认知，以及相应的实践态度与行动策略，更涉及对邻避冲突的发生逻辑的讨论，即在邻避冲突时代背景的正确定位的前提下，才能正确地提出这一时代背景和邻避冲突的发生逻辑。

回到20世纪70年代末，出现较大规模邻避冲突的西方国家，正面临着经济上的滞胀危机和社会运动的创伤，处于凯恩斯主义向新自由主义（Neoliberalism）转型的历史时期。在这一历史转型时期，吉登斯（Anthony Giddens）和贝克（Ulrich Beck）等社会理论家以挑战者号航天飞机失事、切尔诺贝利核电站事故和形形色色的环境保护运动为标识，将这一时代识别为“风险社会”。风险社会植根人们对现代工业巨大破坏力的恐惧；对资本主义生产和分配模式的非人化和贫富差距的不满；对精英化的政治——行政体系和技术导向的治理方式非但没有解决问题，反而不断造成问题，呈现出有组织的不负责任的愤怒；对高度专业化的科学技术及其知识生产模式的不满的复杂感受。

另外，一批持马克思主义政治经济学理论和意识形态批判传统的学者，则将这一时代标识为异化的空间生产，其特点是资本化的空间成为人类的主要存在方式。这一理论判断植根于20世纪60年代后西方国家开展的城市更新运动②，它以城市中心空间阶层置换为特点，通过中产及以上

① 在邻避冲突研究里，风险异议是一个经久不衰的热点，抱着强烈的专业主义和自然科学式理性精神的理论将普通民众对邻避设施安全的担忧视为没有价值的噪音，倾向于将民众对邻避设施的恐惧排除在公共舆论和政策议程之外，拒斥这种恐惧和担忧的合法性。

② 存在着两个城市更新的指向，这两个城市更新是不同的。既往的城市更新是“城市绅士化”的城市更新，这一城市更新突出的以地产式的开发和旧城改造为特点，城市阶层置换和发展繁荣的房地产业是这一城市更新的主要结果，也是空间生产异化的主要表现。另一指向的城市更新是有机的城市更新，这一城市更新强调的是居民主体的城市改造和服务于日常生活的城市发展。在本书里，第5章之前的“城市更新”，如无特别指出，则指的就是城市绅士化的旧城市更新；第5章及之后，使用“有机城市更新”和“城市绅士化城市更新”进行区分。

社会阶层重新返回城市中心，实现对工人等低收入阶层的替代，也被称为城市的绅士化。[①] 正如空间的社会学和政治经济学转向的奠基人——列斐伏尔（Henri Lefebvre）所揭示的，城市更新运动标志资本的两次循环正式出现：第一次循环是资本的初次循环，即制造业资本的循环；而第二次循环则是初级循环出现问题时候的新出口，即对生产和消费建成环境的固定投资。[②] 除此之外，列斐伏尔改变了空间是纯粹物理性质的认知，而是将空间视为特定社会关系的产物，并且也是社会关系再生产的一个部分，空间不仅是物理性质的，更是经济、政治和文化性质的。列斐伏尔空间理论的继承者——哈维（David Harvey）和卡斯特（Manuuel Castells）提出了资本的第三次循环，国家以保障资本的长期积累为目标，以市场逻辑为供给与生产依据投入集体消费，即通过对社会公共产品的市场化供给与生产实现对劳动力再生产的支撑，提高劳动力商品化程度。[③]

在 20 世纪 80 年代后，随着全球化的扩展，资本又通过全球化实现产业链的纵向整合，西方国家经济和社会结构随之发生转型，实现了资本循环在全球化空间上的扩展。发展到今天，资本不仅是对物理空间上的扩展，更是在虚拟空间上实现增殖。[④] 与之相伴的，空间生产总体上展现出了经济上的对空间交换价值的重视，政治上则呈现出空间权力的非对称性配置，而在文化和社会上则展现出对空间本身的地方性价值的改造，三者都围绕着如何让空间能够更好地商品化，实现资本积累和权力再生产为目标。

---

① 朱喜钢，周强，金俭．城市绅士化与城市更新——以南京为例［J］．城市发展研究，2004（04）：33－37．

② ［美］约翰·J. 马休尼斯（John J. Macionis），［美］文森特·J. 帕里罗（Vincent N. Parrillo）著，姚伟，王佳，等译．城市社会学：城市与城市生活（第 6 版）［M］．北京：中国人民大学出版社，2016：157．

③ David Harvey. The urbanization of capital［M］．Oxford：Blackwell，1985：9；曼纽尔·卡斯特，姜珊．发达资本主义的集体消费与城市矛盾［J］．国际城市规划，2009，24（S1）：291－300．

④ 在马克思主义政治经济学视域里，资本有机构成提高是市场经济下，资本不断追求积累驱动下的必然之路，资本有机构成提高会不断地排斥劳动，“劳动者的活劳动日益贬值，相反，固定资本以及相对剩余价值的创造日益构成资本增值的主要方面”。（引自李爱龙．重塑阶级逻辑：当代生命政治的范式转换及其建构性意义［J］．云南社会科学，2019（01）：63－69．）

风险社会和资本循环的空间转向都是对西方国家发生，但扩散至全世界的社会转型的理论阐释。从经验直观来看，风险社会的理论定位和现象阐释与邻避冲突有更直接的关联，典型的邻避冲突就是对具有风险的科技和工程设施的反对描述。对科技和工程设施的反对凸显了人们对专业知识和专家系统在话语和治理上独断专权的怀疑和不信任。但是，风险社会理论却无法对无专业知识在场的心理不适和文化矛盾类邻避设施进行解释，更无法对关于小区内部无专家系统和政府在场的邻避设施形成的个体与个体之间的冲突形成解释，这就挑战了风险社会对邻避现象的专业知识和地方知识冲突的解释。

风险社会对邻避冲突解释得不足，使得认识的目光不能仅仅局限于专业知识自身的局限性、对专业知识的怀疑和专业知识——地方性知识在风险界定权力不对称配置为主要特征的科技和工程类邻避设施上。奥黑尔在邻避设施界定中提到了邻避设施涉及对土地利用方式的改变①，结合异化的空间生产，即资本循环的空间转型，尤其是城市更新和城市化成为空间资本化主要载体，邻避冲突应当放置在资本的空间化为标志的异化的空间生产方式上进行考察更为合适。

西方发达国家城市更新和发展中国家大规模的城市化，不仅使得土地为核心的投资项目成为主要获利方式，也使得空间不断地被打破和重组，空间出现了碎片化、同质化趋势，空间正从具有丰富地方性的生活世界变成资本积累的商品、政府的治理单元。在这一时代，空间在结构上断裂，形成了注重交换价值的抽象空间和注重使用价值的具体空间的矛盾关系②，这一矛盾构造了特定的治理模式、分配了特定的治理权力，也投射到了意识形态和社会观念之上。当空间被资本侵蚀后，被人为地稀缺化了。资本

① O'Hare M. Not on my block you don't: facilities siting and the strategic importance of compensation [J]. Public Policy, 1997, 24 (04): 407 -458.

② ［法］亨利·列斐伏尔．空间：社会产物与使用价值，载包亚明．现代性与空间的生产［M］．上海：上海教育出版社，2003：49 +53.

积累需要及其对社会观念的改造使得个体对空间更加敏感，空间无时无刻不处于紧张的状态，这一紧张状态正是邻避现象的底色。换言之，由于城市规划和集体消费以资本积累为根本目标，一方面在缺乏对本身具有物理和文化意义上的邻避属性设施合情合理（考虑周边居民需要）规划前提下，这些设施直接与周边居民产生了矛盾；另一方面，在居住小区内部的邻避属性设施安排上，由于设施关涉对个体的空间改造，进而对分散的个体空间权益造成直接损失，面临着极高的协调成本，使得集体行动难以达成。邻避现象的多面性和复杂性，正是资本的空间转向的产物，即地方社区和政府、企业围绕空间爆发争夺，而居住小区内部也有可能因空间利用方式变化而造成空间权益的损失，进而爆发空间的争夺，可以说邻避冲突的典型形态即是空间争夺。

风险社会理论认为，现代性以“时间消灭空间”为方式，通过抽象时空构造的社会关系，悬浮并凌驾在具体时空为场域的具体社会关系之上，实现抽象社会关系对具体社会关系的殖民，而这正是异化的空间生产的结果。正因为资本积累需要可计量的空间单元，空间才迅速地抽象化、碎片化，空间承载的社会关系也从具体的社会关系迅速向抽象的社会关系演变。通过理论阐释广度和深度的比较，资本循环的空间转向显然能够对邻避现象进行更完整的解释。理论是人的主观认识同客观现实互动的体现，因此，资本循环的空间转向是邻避冲突产生的时代背景，对邻避冲突的考察不能脱离资本循环的空间转向，脱离资本循环空间转向形塑的异化空间生产。

1.1.1.2 土地驱动的城市化和工业化发展道路与邻避冲突

中国邻避冲突在 21 世纪初普遍出现，而这正是中国城市化加速发展，工业化迅速推进的历史时期。2016 年，国务院发展研究中心资源与环境政策研究所“按生态文明要求推进新型城镇化建设的重要问题研究”课题组的调研报告就提到：“据不完全统计，自 2003 年以来，我国城镇化进程中共发生典型意义的邻避事件96件（见表1－1），于2014年左右达到峰值，目前仍处于高发期。”①

表1－1　　近年来我国部分重大邻避事件表②

时间	地点	事由
2007年3月	北京·六里屯	反垃圾焚烧发电厂
2007年6月	福建·厦门	反PX项目
2008年1月	上海·浦东	反磁悬浮
2008年7月	江苏·南京	反变电站
2008年12月	广东·广州	反110kV骏景变电站
2009年8月	北京·阿苏卫	反垃圾焚烧发电厂
2009年11月	广东·广州	反垃圾焚烧发电厂
2010年8月	北京·门头沟	反磁悬浮
2011年8月	辽宁·大连	反PX项目
2012年6月	广东·清远	反垃圾焚烧发电厂
2012年7月	四川·什邡	反钼铜深加工
2012年7月	江苏·南通	反王子纸业排污设施
2012年10月	浙江·宁波	反PX项目
2013年5月	四川·成都	反PX项目
2013年5月	云南·昆明	反PX项目
2014年4月	广东·江门	反核燃料园
2014年4月	广东·茂名	反PX项目
2014年5月	浙江·余杭	反垃圾焚烧发电厂
2014年11月	海南·海口	反麻风、结核等特殊医疗机构
2015年8月	上海·杨浦	反社区养老院
2015年6月	浙江·象山	反垃圾焚烧项目
2016年6月	广东·珠海	反社区居家养老中心
2016年6月	湖北·仙桃	反垃圾处理站

① 国务院发展研究中心资源与环境政策研究所“按生态文明要求推进新型城镇化建设的重要问题研究”课题组．城镇化过程中邻避事件的特征、影响及对策——基于对全国96件典型邻避事件的分析［J］．调查研究报告（专刊），2016：42．

② 引自王佃利，等．邻避困境：城市治理的挑战与转型［M］．北京：北京大学出版社，2017：12－13．

城市化的迅速发展离不开地方政府以土地金融——土地财政为基础、招商引资——开发城市为核心的城市发展模式，土地金融——土地财政和招商引资——开发城市以土地价值资本化为关键，通过“预算内靠城市扩张带来的产业税收效应，预算外靠土地出让收入，城市扩张主要依托与土地密切相关的建筑业和房地产业的发展”[①]，一手城市化、一手工业化成为地方政府发展经济的两大驱动力，形成了土地驱动的城市化和工业化发展道路。土地驱动的城市化和工业化发展道路意味着中国城市政府在政治锦标赛体制基础之上，“增长机器”的城市治理模式[②]得以形成。当城市作为“增长机器”角色出现时，城市的空间生产和分配并不完全以公共利益和居民生活为出发点，而是很大程度上异化为个别资本和政府组织利益服务。

因此，在城市更新和城市扩张的过程中，大量未经合理规划的邻避设施就对周围居民的空间权益造成了损害，居民对政府和企业的邻避行动如影随形。当目光转移到更为微观的小区自治层面上，由于商品房改革和资本空间化趋势，小区居民对自身空间权益的重视就成为必然。小区居民对自身空间权益的重视也再生产了空间的碎片化和个体化，使得涉及空间改造的邻避安排就面临困境。社区内部邻避设施的供给涉及对部分居民空间的改造，形成了事实上对这部分居民权益的损害，不亚于空间价值的颠覆性重构，是空间利益的重新分配。在这种情境里，居民之间为了同一空间也展开了激烈的争夺，这种争夺本身无法用任何道德或者伦理辩护使得任何一方正当化，在个人与社会互动的准公共领域和公共领域界分的情况下，政府也无法进行直接的干预，集体行动陷入困境，社区治理蒙上阴影。

因此，从时代背景，尤其是在美好生活是城市治理目标的当下，对邻

---

① 刘守英，蒋省三．土地融资与财政和金融风险——来自东部一个发达地区的个案［J］．中国土地科学，2005（05）：3－9．

② 所谓的增长机器，即城市被异化成为一个追求经济增长和资本增殖的机器，而不是一个追求美好生活的空间。（参考自何艳玲．城市的政治逻辑：国外城市权力结构研究述评［J］．中山大学学报（社会科学版），2008（05）：182－191＋216．）

避冲突展开研究本身是有意义的。这一意义不仅仅在于为复杂多样却又无处不在的邻避现象的治理提供视角与思路，更重要的是，通过对邻避现象的发生逻辑与其相应的治理路径的研究，能够深入到城市发展和治理的空间生产之维上。在空间生产的理论视角下，对邻避冲突发生逻辑的研究，就能够对总体的空间生产同微观的邻避现象之间的关系形成解释，进而提出针对性的治理路径，为有效治理邻避冲突，实现邻避到“迎臂”转型提供思路。换言之，研究就是要在空间生产的视角下，揭示土地驱动的城市化和工业化发展道路，即异化的空间生产总体背景同微观的邻避冲突间的机理，探讨邻避冲突发生逻辑，以此作为逻辑起点，提出相应的治理路径，促进邻避冲突的有效治理。

1.1.2 邻避冲突研究的理论背景

1.1.2.1 邻避冲突的既往研究视角及其局限

邻避冲突研究取得了大量的成果，但是这些研究基本上是将邻避冲突作为社会冲突来讨论的，这一讨论虽然能够勾勒邻避冲突作为社会冲突的一般特征，却无法把握邻避冲突的时代特征。换言之，这一讨论是去历史的，是将邻避冲突从异化的空间生产的历史时空中抽离出来的表现。对邻避冲突的归因和治理最终是落脚到了决策不透明、缺乏参与、利益补偿不均、需要建构普遍的正义规则等一般解决社会冲突问题的方式上。那么，邻避冲突便与历史上发生的形形色色的社会冲突就没有区别了，而治理邻避冲突的方式也与解决社会冲突的方式是一致的。但是，在实践上，政府仍然是保持既往的精英决策和封闭决策的模式、刚性维稳的邻避治理方式，邻避冲突没有起到强化社区自治能力的积极作用。[①] 这就说明将邻避冲突作为一般社会冲突社会的类型来研究，进而提出决策程序科学民主、

① 郎友兴，薛晓婧．“私民社会”解释中国式“邻避”运动的新框架［J］．探索与争鸣，2015（12）：37－42．

利益补偿均衡、正义原则构建等治理路径，对解释和治理邻避冲突是失焦的，这种不到位与邻避冲突研究的外部视角是紧密关联的。

所谓的外部视角，指的是研究者以价值中立的态度，将邻避冲突中的多方行动者简化为个体化的利益竞争和博弈者，将邻避冲突简化为利益的竞争，视为一般的社会冲突，而无视邻避冲突里行动者并不纯粹因为利益行动，可能追求非经济利益的其他价值的事实①，也无视邻避冲突的时代背景。更进一步来说，邻避冲突的外部视角承认了个体主义本体论——认识论——价值论在研究和解释邻避冲突上的支配地位，无视了作为意识形态的个体主义及其带来的物化他人后果正是邻避冲突形成的重要观念基础，也不怀疑个体主义本身的合理性。外部视角解释试图通过建构一个具有普遍正义规则为基础的、中立性的、程序透明可参与的竞争性平台的方式来解决邻避问题。但是，行动者间的博弈要能够解决分歧和达成共识不仅仅是一个利益计算的问题，换言之，并不是一个能够可以完全通过个体间交易而私人化处理的问题。

邻避冲突的内部视角与对外部视角是相对的，内部视角强调的是研究者对抗争者和辩护者多元价值和意义的体认和考察。区别于外部视角对制度、程序和利益分配的重视，内部视角则主张对“话语——意义”的挖掘，进而发现意义之下的稳定的认知框架及其基础——意识形态。换言之，相较于外部视角对邻避冲突的一般化处理，内部视角则能够将邻避冲突的时代性标识出来。邻避冲突的内部视角通常以风险社会作为理论基础，倾向于从意识形态和治理上对工业社会现代性展开批判，邻避冲突被视为是稳定工业社会向动态风险社会演进的表征。但是内部视角的问题就是其对邻避冲突的时代体认出现了偏差，将部分视为整体，将现象视为了结构，这就使得风险社会很难解释更为广泛和多元的邻避冲突。

---

① 郑卫，石坚，欧阳丽．并非“自私”的邻避设施规划冲突——基于上海虹杨变电站事件的个案分析［J］．城市规划，2015，39（06）：73－78.

1.1.2.2 邻避冲突的空间生产视角

研究邻避冲突不能仅仅从行动者间的利益计算为主的博弈入手，还要正确地指认邻避冲突的时代背景，要将邻避冲突与异化的空间生产联系在一起，才能够更为全面地理解行动者间的互动。行动者间的互动不仅是利益计算，更是空间的争夺，是文化意义和社会价值的争夺，这种争夺在根本上是很难通过个体间博弈的私下交易的方式解决的。换言之，对这一问题的治理，还需要考虑空间的重构问题，即如何生成一个新的共同的空间，来使得行动者之间有着共同行动的利益基础、一致的认知与文化框架，而不拘泥于治理特定问题。

在空间生产理论视角下对邻避冲突展开研究，提供新的解释，来研究邻避冲突的实际内容，探讨邻避冲突与其特定时代背景发生逻辑，而非基于去历史的人性理性自利的庸俗判断的武断投射，就具有了理论上的意义。从理论上来看，在空间生产视角下，对邻避冲突展开研究的焦点就在于异化的空间生产同微观邻避冲突的发生逻辑的探讨，并以此为基础，提出相应的治理路径。那么，处于哲学的意识形态批判，城市政治经济学的资本与权力批判的双重视差之上的空间生产问题，就能够在邻避冲突这一微观的社会治理问题上得以具象化，在中观和微观层面上发展空间生产理论。同时，也使得微观的邻避冲突能够被正确地定位到空间生产异化的时空坐标上，使得邻避冲突的研究能够更加有的放矢，形成对空间生产异化在中国场景上的呈现，即中国土地驱动的城市化和工业化发展道路导致的空间稀缺——中观的邻避设施的扭曲安排——微观的邻避冲突间的发生逻辑。在这一发生逻辑基础之上，将邻避冲突的治理路径锚定在空间的合作性重构之上。

在空间生产视角下对邻避冲突展开研究，一方面可以破除外部研究视角将邻避冲突污名化，将邻避设施魅力化的抽象个体主义与抽象公共利益的迷思，即将任何邻避现象都视为发起者“自私自利”的抽象“大局观”

的叙事；另一方面，也可以破除内部视角对邻避冲突“只见树木、不见森林”的狭窄局部解释的局限，破除内部视角将邻避冲突道德化、魅力化的迷思，换言之，即将任何邻避冲突都视为经典的“鸡蛋对抗石头”式的“反抗强权”的叙事。由此，邻避冲突能够与特定的时代背景与社会生产方式关联在一起，真正地了解邻避冲突的来龙去脉，更加有的放矢地治理邻避冲突。

初步来看，这一发生逻辑首先在宏观层面上，是空间生产异化，即空间生产服从资本积累与权力再生产，使空间不断被破坏性重构，空间断裂，形成了空间的私有化——商品化与碎片化——同质化，在意识形态就投射出了抽象空间对生活空间的殖民、空间价值个体化与空间关系的物化，意识形态空间生产异化的结果就成为了邻避冲突的认知观念——行动意义基础。资本循环的空间转向及其引致的空间生产异化在中国场景上，呈现出了土地驱动的城市化和工业化发展道路引致的空间稀缺。

在中观层面，邻避设施的安排服从资本积累和权力生产需要，与原本稀缺空间发生矛盾，形成了空间紧张，成为邻避冲突产生的条件。

在微观层面，空间抽象空间对生活空间的殖民、空间价值个体化与空间关系的物化则使得行动者围绕着同一空间展开争夺，即行动者可能会在空间概念化场域和空间地方化场域里，展开对同一空间的意义争夺。

空间生产异化，可以表达为空间的破坏性重构，空间的破坏性重构及其造成的空间断裂是邻避冲突的基础。因此，治理邻避冲突就需要从空间的合作性重构上入手，弥合空间的断裂，生成共同的、可持续的、可分享的空间共同价值，逐渐生成空间生产的集体控制权利，使得空间的生产能够服务于具体的地方和生活的民众，而不是流动的资本与抽象的权力。

1.2 国内外文献述评

邻避冲突研究蔚为大观、汗牛充栋。从现有研究来看，邻避冲突的研究分为了外部视角与“利益——制度”叙事和内部视角与“知识——话语”叙事两大面向。

第一，外部视角与“利益——制度”叙事将邻避冲突从其特定的时代背景分离出去，以个体主义为逻辑出发点，强调研究者站在客观中立的立场上，将邻避冲突理解为个体之间的利益冲突，倾向于构建一个能够有利于个体之间进行交易的制度化框架（形式上表现为公开、透明的决策和民主协商）来化解利益冲突，达成共识。

第二，内部视角与“知识——话语”叙事强调研究者深入到行动者对邻避意义构建上，倾向于将邻避冲突理解为对风险的知识——话语的冲突，探讨风险背后的话语权力非对称性配置，将这一非对称性配置归因于专业知识和常人知识的不平等。

1.2.1 邻避冲突研究的外部视角与“利益——制度”叙事

中国大规模城市化和城市更新计划稍晚于西方，因此，西方国家率先开启了对邻避冲突的研究，其研究成果为中国的邻避冲突研究提供了理论上的启发。针对中国邻避冲突研究，学者从总体上来对邻避冲突展开概括和总结，提出了中国式邻避冲突的三个特点：风险异议螺旋式强化；邻避议题局限；邻避冲突难以妥善解决。① 也有学者认为中国邻避冲突体现出了中国社会“私民性”的总体特征。②

从过程上来看，研究者主要关注邻避冲突一般过程阐释以及治理路径两个方面的问题。③关于邻避冲突过程阐释，着重考察社会心理上的邻避情节是如何在一系列行动者行动和制度条件下演变成邻避冲突的，政府决策的封闭性和应对民众集体行动的过度反应被视为邻避情节转化成激烈的邻

---

① 何艳玲．“中国式”邻避冲突：基于事件的分析［J］．开放时代，2009（12）：102－114．

②③ 郎友兴，薛晓婧．“私民社会”解释中国式“邻避”运动的新框架［J］．探索与争鸣，2015（12）：37－42．

避冲突的关键性要素。相对应的，大部分学者都认为治理邻避现象应该从决策程序的透明、开放、公民参与，复合型利益补偿，构建普遍正义规则入手。

从研究解释角度来看，主要从决策程序的政治解释角度、利益补偿的经济解释角度、向公众科普的技术解释角度、构建普遍正义规则的伦理解释角度①进行分析，这四种角度本质上是外部视角和“利益——制度”叙事。换言之，研究者本身并未聚焦地关注邻避现象的具体内容，而是无意识地在验证和发展既往社会冲突和社会运动理论在这一议题上的观点和判断。强调邻避冲突的本质也是利益分化和利益冲突问题，这种利益分化和利益冲突是可以通过制度设计优化来实现行政化、技术化的解决，或者是个体间私下交易来解决，这就形成了邻避冲突的“利益——制度”叙事。邻避冲突的政治解释、经济解释、技术解释、伦理解释这四种研究角度是外部视角和“利益——制度”叙事的构成部分，是通过四种不同侧面的研究，构成了邻避冲突的同一故事，展现了邻避冲突的过程，阐释了邻避冲突的治理路径，表达出了特定的价值观。

1.2.1.1 邻避设施概念

邻避冲突和治理研究开展的前提是对邻避设施的界定，目前邻避冲突研究对邻避设施概念界定存在的问题就是将邻避设施视为公共设施，邻避设施成为了“公共”的幻象。关于邻避设施的界定并不是一个完全技术性的过程，在界定邻避设施的过程中，存在着鲜明的价值判断。邻避设施这一概念的本质特征是什么？外延是什么？什么样的设施能够被称为邻避设施？邻避设施有着怎样的价值判断？对这些问题的差异性的看法都会直接关系到邻避冲突归因和治理的故事框架搭建和叙事策略选择。与邻避冲突相关的概念，还有邻避情节、邻避症候群、邻避现象、邻避事件、邻避冲

---

① 任丙强．邻避冲突的性质及其解决机制：四种理论路径的阐释［J］．河北学刊，2015，35（01）：155－159.

突、邻避抗争、邻避主义等，这些概念都起源于邻避，是一组具有家族相似性特征的概念体系。[①] 有研究对邻避设施概念以及由此延伸出来的一系列的家族相似性概念进行了研究。

在邻避冲突研究中有着相当多的与邻避关联在一起的概念，这些概念有着共同词源基础——邻避，是一种家族相似性的概念。换言之，邻避概念的扩展并不是通过严格的属加种差和充分、必要条件集合关系来实现概念迁移的，而是通过家族相似性方式来实现概念迁移和扩展。一般来言，概念建构和扩展有两种方式。其一，“萨托利（Giovanni Sartori）根据古典分类，指出应该依据分类层次确定各种概念之间的关系。依据此类方法，每种范畴都有明确的边界，其成员具有相同的界定属性。”[②] 其二，在社会科学和人的一般认识过程中，概念的建构和扩展并不是通过这种古典分类方法，严格地按照演绎逻辑进行的，而是根据某些现象与原先现象具有多少相似性的特征将概念进行不断归类的。换言之，古典分类的方法注重的是某个现象是否能够被这一概念所解释的必要条件，而人的认识过程强调的则是一种充分条件，即只要具备足够的相似特征，就能说明这一现象是属于这一概念的，同时能将这一类现象加以限定，产生一个基于词源概念的新概念，这就是利科尔（David Collier）和玛宏（James E. Mahon）总结出的“家族相似性”概念建构方法。

邻避延伸出来的主要概念就有邻避主义、邻避情节、邻避态度等。[③]那么认识邻避主义、邻避情节、邻避态度的特征，以此来认识相应的客观现象，对邻避展开研究的关键是对邻避这一词源概念特征的归纳。邻避（NIMBY）概念丛的关键是邻避设施，是以邻避设施概念界定作为核心而延伸出的一系列家族性概念，较早地系统分析邻避概念的奥黑尔，认为所谓的邻避有着如下的特点：“邻避设施能产生广泛的社会效应；邻避设施

①③ 涂一荣，魏来．“邻避”研究的概念谱系与理论逻辑——文献梳理和框架建构［J］．社会主义研究，2017（02）：163－172．

② 高奇琦，景跃进主编．比较政治中的概念问题［M］．北京：中央编译出版社，2014：94．

对当地是有害的；邻避设施将可能改变土地利用方式。”[①] 奥黑尔对邻避设施的界定基本上为后续的邻避概念和邻避家族相似性概念奠定了基调，这一基调也就是邻避设施的核心属性：（1）广泛社会效应，但成本与风险由东道社区承担；（2）邻避设施会改变土地利用方式，这种利用方式改变会对东道社区原本享有的利益和价值产生一系列的影响。在此之后，邻避设施概念基本上都是沿着奥黑尔开创的路径上发展的，如 Bruno 认为邻避设施是公共善和个人恶的混合体。[②]

邻避设施在学界和实践界的界定中，已经被视为一个具有普遍性社会效应的公共设施了，但是需要追问的是：所谓的“公共”是如何界定出来的，这些设施能够被称为“公共”，它的依据是什么？

在这些对邻避设施展开的概念界定中，公共福利、社会效应都是不言自明的，都是没有经过检视的。诚然，公共设施中确实有一类设施会造成东道主社区的利益损失和成本的不平衡分摊，而社会却有着极大的收益，但是能反过来说明有这种特征的设施就是公共设施吗？显然，这样的逻辑是错误的，公共设施之所以是公共的，其必要条件在于这些设施是具有“公共性”，而不是这些设施会带来整体福利的增加和东道社区成本的独自承担，这些是公共设施中的一个子范畴的外延，而不是核心属性。如果以此作为充分条件来进行判断的话，那无疑会将大量的其他类型设施也视为公共设施，邻避设施本身与公共设施的界分就被模糊化了，有大量的风险性的商业设施就被纳入了公共设施中。[③] 邻避设施不是公共设施，邻避设施与公共设施更多是在一些客观属性上具有交叉。如果将邻避设施和公共

---

① 涂一荣，魏来．“邻避”研究的概念谱系与理论逻辑——文献梳理和框架建构［J］．社会主义研究，2017（02）：163－172.；O'Hare，M. Not on My Block You Don't：Facility Siting and the Strategic Importance of Compensation［J］．Public Policy，1997，24（04）：407－458.

② Frey，Bruno，Felix Oberholzer－Gee，etc. The Old Lady Visits Your Backyard：A Tale of Morals and Markets［J］．The Journal of Political Economy，1996，104（06）：1297－1313.

③ 何艳玲．对“别在我家后院”的制度化回应探析——城镇化中的“邻避冲突”与“环境正义”境［J］．人民论坛·学术前沿，2014（06）：56－61＋95；李永展，陈嘉雯，林建元．邻避症候群之解析［J］．都市与计划，1997，24（01）：69－79.

设施关系作为类属关系来考虑，这无疑会让公共设施本身概念精确性和能指性削弱，使得公共设施成为了一个修辞，这一修辞可以将大量的与公共设施无关的邻避设施都戴上“公共设施”的帽子，从而将这些设施合法化。

由此，通过对邻避词源——邻避设施概念界定的反思，邻避概念的“公共”幻象就被打破，邻避设施本身与公共设施并不具有逻辑上的关系，邻避设施之所以是邻避设施，是因为邻避设施本身的客观特征，而这一客观特征并不是判断它是否属于公共设施的充分条件，如果要判断邻避设施是公共设施，还需要对邻避设施本身产生的“社会效益”进行严格审查。学界也意识到了这个问题，虽然邻避设施的界定仍然不自觉地把公共效益放在优先位置，沿用了既往的概念界定方式。但是，这一概念在部分具体的研究情境里，其内涵已经发生了改变，大量的跟公共设施无关的邻避设施也被视为邻避设施进行研究，例如酒店、Para - Xylene（PX）项目等商业设施，而这与邻避设施的标准概念定义是相悖的，这也说明了邻避设施概念本身已经到了重新进行界定的时候了。

从邻避设施的负外部性由某一主体承担这一核心属性来看，邻避设施其实可以粗略地分为集体消费的邻避设施和非集体消费的邻避设施，集体消费范围可大可小，大可以包括整个城市，而小则可以到小区，甚至是小区内的楼栋，从消费受益主体来看，集体消费可以构成公共的内涵，集体消费的邻避设施与公共服务型邻避设施大体可以画等号。而非集体消费则指的是邻避设施主要满足的是私人资本和政府的需要。邻避设施应当集中关注到设施的负外部性对空间的影响和改造上。

由邻避设施为核心的邻避词源，还延伸出了诸如“邻避主义”“邻避症候群”的家族相似性概念，而“邻避主义”和“邻避症候群”这样的概念的出现说明了，人们进行邻避抗争或者社会爆发邻避冲突已经不仅仅是因为邻避设施本身了，而是可能是因为对环境保护和忧虑、对科学技术不信任和抵制、对资本和全球化造成的空间扭曲的抗议、对政府不信任等多方面因素造成。邻避主义和邻避症候群概念产生意味着学界和社会已经逐步正视了邻避冲突是特定社会背景产物的现实。

1.2.1.2 邻避冲突与治理研究的政治解释

邻避冲突与治理研究的政治解释总体上将公民参与视为公共政策合法有效的必要条件，而在学者不自觉的情况下，这一必要条件通常被替换成为充分条件来使用。如果公共决策程序是透明的，公民能够尽可能地参与到公共决策中，邻避冲突就可以得到治理，甚至转化为“迎臂”。然而这只能说明决策在程序上是具有合法性的，程序上的合法性并不等于治理邻避冲突的合法性，但在研究者的叙述中，决策程序上的合法性，也就是形式理性支撑的合法性替代了解决问题本身的合法性，程序合法性代替了实质合法性。

政治解释视角的假设是好的程序能够实现好的结果，而好的程序则是大家都能参与、讨论和竞争的程序。逻辑则体现为通过建立一个中立性的、保障公民平等参与的公共政策平台和程序，采用民主（多数议决或协商）机制来达成共识和确定公共政策，预期的结果则是程序的合法性能够被转移为公共政策的合法性，这一过程的关键在于程序合法性的建构。[①]价值观则体现为对能够体现形式理性的决策和治理程序、规则的追求。对于政治解释视角而言，与其说是追求治理邻避冲突，毋宁说是对一个普遍适用的具有合法性的决策程序的追求。

有学者认为：邻避冲突归根到底是邻避决策对居民主体地位的忽视和不尊重，邻避冲突的心理基础由此形成。[②] 这种认识不乏其深刻性，对于

① Michael Dear. Understanding and overcoming the NIMBY syndrome [J]. Journal of the American Planning Association, 1992, 58 (3): 288 - 298; Sue Cowan. NIMBY syndrome and public consultation policy: the implications of a discourse analysis of local responses to the establishment of a community mental health facility [J]. Health and Social Care in the Community, 2003, 11 (5): 379 - 386.

② 马奔，王昕程，卢慧梅. 当代中国邻避冲突治理的策略选择——基于对几起典型邻避冲突案例的分析 [J]. 山东大学学报（哲学社会科学版），2014 (03): 60 - 67.

邻避冲突而言，决策程序的封闭性、缺乏参与、不公开、不透明、缺乏对公民合法权益的保障和支持，仍然是邻避抗争激化的主要原因。但是，如果就此认为，只要通过决策程序公开、可参与、透明、对公民合法权益进行保障和支持，就能实现邻避冲突的治理则是将必要条件与充分条件混淆的体现，而这一点在邻避冲突治理的对策研究中有着充分的展现，例如：治理邻避冲突建立规范的程序、构建有效的信息公开制度等。[①] 也有学者认为，相较于利益补偿而言，制度缓解对于邻避冲突治理更为有效，所谓的制度缓解，其中的重要方面就是公共政策的开放性、透明性、可参与性。[②]

邻避冲突及治理的政治解释视角，实际上就是强调公共决策中公民参与和协商民主的重要性，它是打开既往公共决策的精英决策和封闭性决策的一个好的入口，但是却不能提供一个关于邻避冲突何以发生的切题的解释，其治理路径也难以实现对邻避冲突的治理，并且还存在着过度重视解决问题的程序而忽视解决问题本身的局限。公民参与和协商民主的合法性的基础在于沟通的真诚和有效，在于它是一个较既往的强调形式理性的程序和专家治国、技术治理模式能够更好地解决现实治理问题的更优路径。如果忽视了对沟通真诚和有效的关注，尤其是忽视了真诚沟通的实质内容，即关于同一空间解释的意义冲突，那么政治解释的故事与既往的对精英决策、专家治国、技术治理和形式理性程序的迷信是没有本质区别的，因为这一解释将目光仍然投注到了程序上，而非投注到行动者上，投注到问题本身上。

1.2.1.3 邻避冲突与治理研究的经济解释

邻避现象与治理的经济解释将邻避冲突视为利益补偿和风险分摊不均衡的问题，将丰富的社会价值进行“利益计算”的单向度衡量，提出的措

---

① 陈宝胜．公共政策过程中的邻避冲突及其治理［J］．学海，2012（05）：110－115．

② 何艳玲．“中国式”邻避冲突：基于事件的分析［J］．开放时代，2009（12）：102－114．

施不外乎足够的利益补偿和风险均衡分摊。经济解释的逻辑是，人是经济人，民众之所以“闹事”，并不是反对邻避设施本身，而是反对邻避设施带来的巨大利益损失和成本，同时补偿又不到位的问题。逻辑是，只要补偿到位，能够抵消邻避设施带来的负效应，提高净收益[①]，那么邻避现象自然会消弭，其价值观则是对个人理性自利和市场机制的坚信。

邻避设施具有周边居民收益少、承担风险和成本较大的客观特征，这一客观特征。一方面使得邻避设施博弈既有可能陷入到囚徒困境中，另一方面则为经济解释和市场机制提供了可能。邻避冲突与治理的经济解释视角认为，邻避冲突的本质是成本、风险与收益的均衡问题。因此，通过实施经济激励，能够将邻避设施设置社区经济收益提高到与风险和成本承担带来损失一致，那么邻避冲突便不会发生，甚至还可能实现社区对邻避设施设置的欢迎，实现邻避到“迎臂”的转变。有学者提出，通过邻避设施选址反向拍卖，或者受益社区为布局社区提供补偿的方式，来实现社区对邻避设施的接受。[②] 所谓的邻避设施选址反向拍卖，指的是政府和运营企业将邻避设施设置一定的风险补偿金，来吸引有需要的社区，继而实现邻避设施的安全设置。[③] 也有学者指出，邻避设施带来的损失和人们期望获得的净收益本身就是多元、多层次的，相当多的损失和期望是无法货币化的，同时对集体补偿也不能够覆盖对个人的补偿。因此，需要复合型的邻避补偿体系。[④]

邻避冲突与治理研究的经济解释视角，强调的是理性自利经济人假设

---

① 周亚越，俞海山．邻避冲突、外部性及其政府治理的经济手段研究［J］．浙江社会科学，2015（02）：54－59＋156－157.

② 陈佛保，郝前进．美国处理邻避冲突的做法［J］．城市问题，2013（06）：81－84；Gregory E McAvoy. Partisan probing and democratic decision making rethinking the NIMBY syndrome [J]. Policy Studies Journal, 1998, 26 (2): 274－292.

③ Jay Lehr, Herbert Inhaber. A ceative solution to the NIMBY problem [J]. Groud Water, 2003, 41 (4): 401－403.

④ 刘冰．复合型邻避补偿政策框架建构及运作机制研究［J］．中国行政管理，2019（02）：122－127.

和市场机制的普遍有效性，邻避设施为东道社区带来的诸多损失和风险被经济解释视角化约为收益和成本、风险加减乘除的数字游戏。经济解释视角的治理路径的关键是将收益与风险货币化，而收益与风险的货币化的要求本身就使得大量损失和潜在风险被排除在外，因为它们本身无法货币化，空间价值就仅仅在于货币化收益。同时，收益与风险的货币化本身就是建立在人的有限理性之上的，是以短时的赔付来买断长期损失和风险的全面、深度的补偿。①

区别于政治解释是对一个合法决策程序的追求，经济解释的诱惑，同时也是潜在的危害是：钱可以解决一切问题。理性自利经济人假设和市场机制既是当代社会最不言自明的社会实践的共同知识，也是学术研究的规范原则，这种神话通过鼓励短期的、不全面的货币交易来交换多元、丰富的价值和意义，交换长期的安全与秩序。邻避冲突治理过程中，行动者对空间意义的争夺被抽象化为利益的差异，而其先在的资源、能力的不平等以及由此产生的对市场交易依赖程度不同，就被理性自利经济人假设支撑的货币化交易、市场机制的当代神话再次的正当化。

1.2.1.4 邻避冲突与治理研究的技术解释

邻避冲突与治理研究的技术解释视角形成了对风险知识的垄断性生产，以科学知识和科学共同体的有待检视的权威性拒斥民众风险知识的合理性。技术解释视角将关注点投注到邻避设施本身上。这一解释认为，风险是一个或然性计算的过程，而或然性计算意味着人类理性能够对风险进行控制和预测，风险将能够保持在一个可接受的水平范围内。技术解释视角倾向于将对邻避设施技术上的保障和对公众进行科普视为解决邻避冲突

---

① 经济解释通常采用货币化或者提供发展机会的方式进行补偿，但是相较于风险的长期、隐秘和邻避设施带来的价值的损失，货币化或者提供发展机会的补偿方式是难以等同于损失和风险的。相反，一旦提供补偿，就意味着责任的一次性买断，这就使得邻避设施当地民众可能陷入长期缺乏保障的困境里。

的方法。技术解释的假设在于科学知识的普遍性、正确性，在于科学共同体的公正性和权威性；而其逻辑则是通过向公众阐明风险的可预测、可控制和可计算，实现对公众的科普，就能实现公众对邻避设施的支持；其价值观是对人类技术理性的崇拜。

技术解释视角（非批判立场）在人文社会科学对邻避冲突和治理的研究中相对较少，但在自然科学等硬科学对邻避现象和治理研究中较为常见，在日常的治理实践中也比较常见。产生于1985年的“公众理解科学运动”（Public Understanding Science，PUS）就是技术解释视角的体现。PUS运动的初衷是通过大规模的科普来提升公众的科学素养，进而实现科学共同体、政府、运营企业在邻避设施上和公众更为容易地沟通、交流，是试图以科学技术理解的可控风险来替代常人知识、地方知识理解的不可控的风险的过程。PUS运动的预设有两点：一是公众对科学缺乏基本认知；二是公众了解科学，就能够对科学支撑的邻避设施予以理解。[①] PUS运动提出的邻避现象治理路径自然是通过大规模的科普来实现提高公众科学素养，进而实现对邻避设施的理解和支持。意图通过科普来实现公众对邻避设施建设态度转变在我国也有实践，有相对成功的，如杭州市在治理垃圾焚烧邻避设施项目引发的邻避冲突过程中，就曾大规模组织民众去其他垃圾焚烧邻避项目地进行参观，消除了公众对垃圾焚烧设施恐惧。[②] 也有不成功的，例如茂名市政府为了开展PX项目提前了相当长一段时间进行PX科普，但是当地居民仍然没有展现出态度的转变。[③]

技术解释视角提供了科学与技术所代表的理性能力无所不包的控制能力的神话，公众通常被认为是需要得到教育和改造的客体，公众的地方性

---

① 颜昌武，何巧丽．科学话语的建构与风险话语的反制——茂名“PX”项目政策过程中的地方政府与公众［J］．经济社会体制比较，2019（01）：61－69；［英］英国皇家学会著，唐英英译，刘华杰校．公众理解科学［M］．北京：北京理工大学出版社，2004.

② 刘冰．复合型邻避补偿政策框架建构及运作机制研究［J］．中国行政管理，2019（02）：122－127.

③ 颜昌武，何巧丽．科学话语的建构与风险话语的反制——茂名“PX”项目政策过程中的地方政府与公众［J］．经济社会体制比较，2019（01）：61－69.

知识和常人知识是不值一提的，科学知识本身的可证伪性、普遍性和可预测性优于其他知识类型。因此，通过对邻避设施的技术优化和广泛的科普，公众没有理由产生荒谬的不安全感，应该信任科学知识体系和科学共同体。技术解释视角同样是具有危险性的，它将科学知识和工程技术捧到不容置疑的神圣位置，科学知识和工程技术本身的反思性带来的不稳定性和地方性就被隐匿了①，科学知识和工程技术为基础的人类理性能力成为现代社会的新神学。技术解释故事存在问题的根源是科学知识、技术和科学家共同体作为现代社会脱域机制②的重要组成部分，其服务现代社会稳定、秩序的需要凌驾于科学知识、技术本身的自反性和不稳定性，科学家共同体合法性不来自于生产有意义的知识、不来自于广泛的公众参与和批评，而来自于对知识的垄断性生产。③

1.2.1.5 邻避冲突与治理研究的伦理解释

邻避冲突与治理研究的伦理解释则是一个关于构建普遍正义规则的故事，这一普遍正义规则却面临着在不同情境的应用过程里产生了悖反的问题。邻避冲突与治理研究的伦理解释视角在围绕邻避概念界定上有两个截然相反的方向：

第一，将邻避设施视为公共利益的载体，反对邻避设施的行动和由此引发的抗争被视为是自利的，而治理的路径则是对邻避设施本身的去污名化，向社会广泛宣传邻避设施公共效益，以迫使反对邻避设施的行动者屈服，实现对公共利益至上的普遍正义规则的维护和再生产。

第二，不将邻避设施视为公共利益的载体，反而将邻避设施中性化，

---

① ［美］约瑟夫·劳斯（Joseph Rouse），盛晓明，邱慧，孟强译．知识与权力——走向科学的政治哲学［M］．北京：北京大学出版社，2004：20.

② ［英］安东尼·吉登斯，田和译，黄平校．现代性的后果［M］．南京：译林出版社，2011.

③ ［德］乌尔里希·贝克，何博闻译．风险社会［M］．南京：译林出版社，2004：201－202.

即它可能是一种公共利益载体，也有可能是具有风险的商业项目[①]，体现的是政府对经济发展、财税增长需要和资本家的需要。[②] 那么，邻避冲突便能够实现去污名化，抗争本身的去污名化是对前一种不加区分，就将自私自利帽子扣到发起抗争一方的研究的反思，这就使得针对邻避冲突可能存在的诸多不正义问题具有了开展研究的可能性。

针对邻避设施建设存在的不正义现象，有学者提出了环境正义的理念，成为邻避冲突研究与治理所接受的正义规则。环境正义是一种普遍的享受环境权利的平等原则，这一原则不因为人的资格或者表现作为理据来实现环境权利的歧视性安排。[③] 环境正义本身也是复杂的，与空间正义是紧密关联的，一个地区的邻避冲突迫使项目停工，但是另一个地区却由于经济实力、政治地位和行动能力较弱而不得不承接项目，这同样是有违环境正义原则的，厦门市反 PX 项目取得项目易址的成果后，这一项目却在弱势的漳州古雷落地[④]，就是环境正义复杂性和多面性的呈现。由于环境正义本身的抽象性和广包性，对于如何达致环境正义也有着多种理解，有学者主张通过科学、民主规划方式[⑤]能够达致环境正义；也有学者认为需要明确环境权利，公正的利益分配和科学决策、民主决策的方式[⑥]实现环境正义。

邻避冲突与治理的伦理解释同政治解释具有相似性，伦理解释力图建构一个普遍适用的正义规则，以此作为行动和裁判邻避冲突正义性的标准，其预设的结论是一个普遍适用的正义规则的生成，是邻避治理的合法性来源。与政治解释对一个合法程序的追求一样，伦理解释则是对抽象、普遍正义规则的信仰。邻避冲突与治理伦理解释的两个方向，尽管最后的

---

①⑤ 何艳玲．对“别在我家后院”的制度化回应探析——城镇化中的“邻避冲突”与“环境正义”境［J］．人民论坛·学术前沿，2014（06）：56－61＋95．

② 李永展，陈嘉雯，林建元．邻避症候群之解析［J］．都市与计划，1997，24（01）：69－79．

③⑥ 刘海龙．邻避冲突的生成与化解：环境正义的视角［J］．吉首大学学报（社会科学版），2018，39（02）：57－63．

④ 郎友兴，薛晓婧．晓私民社会”民解释中国式“邻避”运动的新框架［J］．探索与争鸣，2015（12）：37－42．

结论不同，但逻辑是一致的，都力图建立一个外部的、形而上的抽象规则，以此来指导个别的、情境的邻避治理实践，这未免会陷入到削足适履的困境之中。以PX项目经厦门民众反对，继而落户漳州古雷为例，环境正义原则一方面支持厦门居民的行动，因为“该项目的选址在厦门人口稠密的海沧区，距离最近的居民区仅1.5公里，5公里半径范围内的人口超过10万”[①]。不能因为地方政府对经济增长和财政收入提高的需要，就牺牲厦门居民的利益。但是，这一项目落户在集体行动能力较差、政治与经济地位弱势的漳州古雷，不能得到环境正义原则的支持，在这一过程中，厦门居民的抗争是否是正义的，就取决于PX项目是否是能够被视为公共的，但是即便PX项目能够被视为公共利益的增长，厦门居民的抗争就是非正义的吗？将邻避设施视为普遍利益或者公共利益载体，以邻避设施去污名化来将邻避冲突污名化是伦理解释第一个方向问题所在，而其问题的关键则在于将邻避设施一厢情愿地认为是公共利益的载体；而第二个方面虽然对邻避冲突实现了去污名化，但是其建构的抽象的普遍环境正义规则存在着适应性较差的问题。

1.2.1.6 外部视角与“利益——制度”叙事局限

邻避冲突研究的外部视角与“利益——制度”叙事的局限就在于将邻避冲突非历史化、抽象化，使邻避冲突无法区分于一般社会冲突，进而使邻避冲突时代背景无法得到正确的识别。四种邻避冲突及治理研究解释从四个不同侧面共同组成了外部视角的“利益——制度”叙事。外部视角可以迅速识别一些标签，这些标签建立在不假思索的公共生活和学术常识上，例如人的理性自利、决策程序透明公正可参与就能够实现较高合法性的政策、科普能够实现公民对科学的了解、普遍正义规则可以给治理路径提供合法性的支持等。通过识别这些标签，就可以与既往的理论形成联

---

① 刘海龙．邻避冲突的生成与化解：环境正义的视角［J］．吉首大学学报（社会科学版），2018，39（02）：57－63.

系，进而将这些标签组装成陈述性命题，得出理论解释。从邻避现象及治理研究来看，外部视角关注的不是研究对象而是由此抽象出来的一类问题的解释和解决程序，体现在两个方面。

第一，四类解释关注的重点都不是邻避冲突是否得到解决，各方行动者是否都对这一解决的结果本身达成共识。

第二，四类解释关注的是如何搭建一个能够解决这一类问题的程序，无论是决策透明、公开、民主和可参与的政治解释，或者强调成本、风险、收益通过可货币化市场机制解决的经济解释，强调科普和提高设施本身技术标准的技术解释路径，抑或构建普遍正义规则的伦理解释路径，这些解释路径解决的问题都是构建一个能够具有合法性地解决这一类问题的程序和形式规则。问题在于，治理问题、解决问题的程序和形式规则的合法性并不能够转移到解决问题本身的合法性上，换言之，这一类程序至多是个必要条件，但在研究叙事里中却被模糊为充分条件了。

四种关于邻避冲突和治理研究解释的问题都采用外部视角（见表1－2），是“利益——制度”叙事的结果。外部视角和“利益——制度”叙事将邻避冲突视为同其他社会冲突相似的问题，因而，忽视了邻避冲突的时代背景，抹消了邻避现象的特性。同时，也不关注邻避现象本身的解决，关注的是建构一个能够覆盖邻避冲突在内的大部分社会问题的治理模式。客观来说，任何理论和制度安排、政策设计寻求的都是普遍性的解释和解决程序、方式，这本身就是人类理性能力的体现。外部视角作为邻避冲突研究视角而言，确实在认识作为社会冲突的邻避冲突一般特性上有着很大的学术贡献，但是外部视角提出的归因方式和治理问题方式仅仅满足于必要条件的提出，并且在叙述中还将这一必要条件模糊成了充分条件，这是因为外部视角没有将邻避冲突和其时代背景联系在一起，没有深入到邻避行动者互动的具体内容，这就导致了外部视角提出的治理路径基本上都将邻避冲突视为一般社会冲突，视为利益分化的结果。因此，外部视角和“利益——制度”叙事就认为只要搭建能够让不同行动者制度化博弈的平台就能实现邻避冲突治理，而无须关注邻避冲突的具体现实。

表1-2 外部视角与“利益——制度”叙事的四种研究角度

研究角度	假设	逻辑	归因	治理路径	价值导向	问题
政治解释	程序与结果一致性	具有合法性政策程序能够实现结果的合法性	决策程序是邻避冲突原因	决策程序透明、民主、公民参与	民主、对具有合法性的普遍适用决策程序和形式追求	关注程序胜于关注问题，程序有可能合法化既有不平等
经济解释	理性经济人 收益、成本与风险可货币化	市场机制 商品逻辑	成本、风险、收益分摊不均	市场	个人自利 坚信市场能够解决问题	风险成本不可能完全货币化 短期利益交换买断长期成本分摊
技术解释	科学技术 知识权威性 科学共同体权威性	科普能够实现公民对科学理解	设施技术有待提高，公民对科学风险不了解	提高设施技术安全性大规模科普	科学技术知识、人类工具理性和形式理性能力	科学知识异化为神学 科学共同体垄断知识生产
伦理解释	普遍正义规则作为合法性源泉	建构普遍正义规则，作为治理合法性源泉	缺乏普遍的正义规则	建构正义规则	对普遍抽象正义规则的信仰	普遍正义规则与具体实践情境适配

（研究者根据相关文献资料制作）

对于邻避冲突和治理的研究本身也在试图追求一种能够在解决邻避问题的同时，还能够解决大部分当下时代面临的社会问题的方式。邻避冲突和治理研究还存在着内部视角，内部视角试图去挖掘行动者行动的丰富社会意涵，而不是仅仅将行动者的行动视为纯粹的利益导向，更重要的是，内部视角试图去正视邻避冲突与其时代背景的联系，展现出了鲜明的批判性。从目前研究现状来看，邻避冲突的内部视角研究主要是从“知识——话语”叙事角度去讨论邻避冲突中的风险异议问题，展现出了邻避冲突同风险社会的联系，但仍然存在着局限。

1.2.2 邻避冲突研究的内部视角与“知识——话语”叙事

邻避冲突研究的内部视角指的是研究者更多地关注行动者如此行动的意义，将话语视为行动的一部分；而“知识——话语”叙事则力图从话语竞争中发现不同意义框架之间的持续性的张力。具体而言，邻避冲突研究的内部视角力图建构一个能够将宏观基础——中观条件——微观行动联结在一起的解释，这一解释是内部视角意图展现出来的行动者在结构、条件约束下，通过话语和意义的竞争，实现行动目标，并对结构和情境实现重构或者再生产的动态过程。内部视角试图构建的邻避冲突归因机制也仅仅是内部视角研究的其中一环，如果要完整地解释行动者为什么要如此行动，还需要去考虑意义，而意义的基础则是情境下的相对稳定的文化结构和知识体系，话语—意义间的竞争本质上是不同文化结构和知识体系间的竞争，这种竞争是权力的动态变化的呈现。

就邻避冲突而言，内部视角采用“知识——话语”叙事，聚焦在具有风险的科技、工程邻避设施引发的邻避冲突上。“知识——话语”叙事探讨了科技工程邻避设施的风险认知问题。对这一问题的关注又从实证的心理测量和文化解释两条路径进入。同时，“知识——话语”叙事也围绕风险本身，讨论风险是客观的还是主观建构的以及风险沟通中的风险界定问题。“知识——话语”叙事认为，风险界定直接关涉到了风险诉求是否能够被承认和理解，而风险诉求能够被承认和理解是风险诉求能够制度化的第一步，也是其必要条件。风险界定权力的非对称性分布对风险诉求制度化有着关键性的影响。

1.2.2.1 风险认知研究

关于风险认知，长期以来存在着风险的实在论和建构论的认识论观点，前者主张风险是客观的，可以进行科学的测量和说明，可以比较；而后者则认为风险是建构的，主观的。随着对邻避冲突研究的深入，关于风险的认知逐步走向了风险建构的实在论上，即风险是一种主观的客观性存在，强调风险具有客观的一面，但这一客观又是被人的主观认识折射之后而形成的。

总体上来看，风险认知研究分为两个学派：一是风险认知的心理测量流派，这一流派以保罗·斯洛维奇（Paul Slovic）和里纳特·舍贝里（Lennart Sjoberg）等人为代表，他们主张以心理测量的方式对风险的主观感受进行测量；二是以玛丽·道格拉斯（Mary Douglas）、迈克·汤姆森（Mike Thomson）等人为代表，他们主张从人生活的文化情境中来阐释风险理解。①

风险的心理测量流派仍然是站在实证主义的立场上来开展研究的，这一流派试图通过行为科学和心理科学的方式来测量不同人和人群在不同的条件下，对邻避设施和政府、企业行为的心理感受，通过大量的相关案例的数据积累，计算相应的可能会导致激烈行动的风险心理感知的阙值，以此为基础，提出相应的对策方案，避免心理压力和其他负向情绪达到风险心理感知阙值，进而实现对行为和心理感知的调控，降低过激行为出现的可能性，从而避免加剧邻避冲突。风险的心理测量流派本身不关注不同行动者主体为什么会对同一邻避设施产生不同的风险感知，仅仅关注的是风险感知测量，目的是计算阙值，分析哪些方式能够改变行为。风险认知的心理测量内含着一种工具理性至上和人的物化的危险倾向，它不关注行动的意义，不关注理由，关注的只是解决问题本身，而问题也不是邻避设施，而是可能会表现出“过激”行为的人，这就将人物化了，视为改造和控制的对象，某种程度上也污名化了邻避冲突，先入为主地将邻避冲突视为一个不正常的、失范的需要矫正的社会现象。但是，风险感知的心理测量流派虽然内嵌着这样将人物化的危险性，但是正确的应用心理测量方法仍然能够发现不同行动者对同一邻避设施风险感知差异，而这种风险感知

① 王锋．当代风险感知理论研究：流派、趋势与论争［J］．北京航空航天大学学报（社会科学版），2013，26（03）：18－24．

差异的结果可以构成对其进行批判性诠释的经验基础，例如斯洛维奇就发现专家将风险认为是“年度预期死亡率的同义词”①，换言之，专家对风险的认知是倾向于将风险正常化地处理，是将风险视为一个可以控制的对象，在专家的视阈中，风险被修辞成为一个基本不可能发生在普通人身边的“核战争”。

风险认知的文化流派与风险认知的心理测量流派不同，心理测量流派更多的是通过实证主义和行为主义的方法，在忽视人的行动的丰富意蕴，将人简化为几个方便识别的标签后，采用统计和实验方法来对心理感受能力进行测量，而不关心意义的话。那么，文化流派则高度重视整体性的文化结构和社会背景对于塑造心理认知的基础性作用。文化理论本质上将风险视为一个社会理论和文化理论问题，而不是单纯的心理测量问题。

文化流派主要提出过两种关于风险认知的理论：一种是强调结构导向的，即将风险认知视为一种独特的社会结构和文化框架塑造出来的产物；另一种则是通过对人类关于风险认知的差异类型化出的四种文化群体，这四种文化群体是根据“群体”和“网格”进行类型化构建得出的。② “群体”和“网格”的文化理论在不同研究领域都有应用，被视为制度分析的可行路径③，胡德（Christophser Hood）就以“团体”（团体与群体同义，翻译差异，以下使用“团体”替换“群体”）和“网格”文化理论构建了公共管理的四种基本模式。④

① 王锋．当代风险感知理论研究：流派、趋势与论争［J］．北京航空航天大学学报（社会科学版），2013，26（03）：18－24.；Paul Slovic，Baruch Fischhoff，Sarah Lichtenstein. Rating the Risks［J］．Taylor & Francis Group，2010，21（3）.

② 王锋．当代风险感知理论研究：流派、趋势与论争［J］．北京航空航天大学学报（社会科学版），2013，26（03）：18－24.

③ ［英］克里斯托弗·胡德，彭勃，邵春霞译．国家的艺术：文化、修辞与公共管理［M］．上海：上海人民出版社，2009：7.

④ ［英］克里斯托弗·胡德，彭勃，邵春霞译．国家的艺术：文化、修辞与公共管理［M］．上海：上海人民出版社，2009：8.

所谓的“团体”，指的是个人选择受到集体限制程度[①]，而“网格”则是个人生活被传统和规则限制程度。[②]以“团体”和“网格”作为依据构建出了四种基本文化叙事：一是高“网格”、低“团体”的宿命论叙事；二是低“网格”、低“团体”的个人主义叙事；三是高“网格”、高“团体”的等级主义叙事；四是低“网格”、高“团体”的平等主义叙事。[③]放到风险认知上来看，不同叙事对风险的感知和构建是不同的，等级主义叙事更倾向于对专家的信任，将风险视为客观的，而非主观的，可控制的；而平等主义叙事则倾向于怀疑专家，并将风险视为主观性的，倾向于通过公民参与方式来应对风险；宿命论叙事则对风险持一种无能为力的态度；个人主义叙事则强调个人的自制和自救能力，同样将风险视为客观可控的，力图通过货币化和市场的方式来实现风险和成本的控制。[④] 文化理论的风险认知将风险建构同文化和社会联系在了一起，而这将使得邻避冲突研究能够摆脱外部视角，进入到行动者的意义世界中，并从中观察抽象社会系统和具象生活世界的持续性的紧张状态，这种紧张状态无疑是认识邻避冲突重要理论视角，同时也是邻避冲突加剧的深层次因素。

风险认知的心理测量学派和文化情境学派植根于不同的风险本体论与认识论基础，前者将风险视为独立于行动者认知的客观的对象，而后者则持建构论立场，将风险视为行动者在文化情境塑造下对邻避设施带来的可能的危害的主观建构。所谓的社会建构论，强调的是外部实体是主体能动创造的结果，没有任何所谓的可以独立于主体的外部实体的存在，任何外部实体都是主体的产物。[⑤] 因此，试图将主体剥离出来，进行客观的研究，以使得研究结论和客观现象进行比照，进而验证真理性的企图都是无谓

①②③ ［英］克里斯托弗·胡德，彭勃，邵春霞译．国家的艺术：文化、修辞与公共管理［M］．上海：上海人民出版社，2009：7.

④ 王锋．当代风险感知理论研究：流派、趋势与论争［J］．北京航空航天大学学报（社会科学版），2013，26（03）：18－24.

⑤ 潘斌，袁媛．实在论还是建构论——对风险范畴的认识论批判［J］．贵州师范大学学报（社会科学版），2009（03）：19－23.

的。从风险认知的角度来看，建构论的风险认知并不承认一个独立于认识主体的客观风险的存在，风险本身是文化建构的产物。建构主义风险论抓住了风险异议中不同行动主体因文化的差异而建构了不同的风险图像重要方面，但是，建构主义风险论存在的一个问题是：当它激烈地否认任何外部的独立于认识主体的现象存在时候，它也否定了任何风险界定的合法性，风险认知和风险界定就成为一个纯粹的认知和语言游戏。所谓实在论，就是基础主义的另一种说法，实在论承认独立于认识主体的客观认识对象的存在。因此，实在论并不是通常所言的机械唯物主义观，只要承认存在一个客观对象，这一对象的发展不以认识主体为转移，都可以被纳入到实在论范畴中。就风险认知和风险界定而言，贝克、吉登斯、卢曼（Niklas Luhmann）都持实在论风险认知观点[①]，在他们的理论视阈中，风险确实存在，这种存在不以认识主体为转移。

风险建构论观点与风险实在论观点在学术研究实践中并非如此泾渭分明。持风险实在论观点的贝克就强调“正是文化的认识与定义形成了风险”[②]，贝克也指出风险定义是一种权力游戏。[③] 虽然贝克认为存在着客观意义上的风险，但客观意义上的风险如何被认识和界定同样是至关重要的，这关涉到人类是否会行动，而这一行动本身又会对客观上的风险造成影响。也就是说，风险作为主观建构会驱动人类行动，进而对风险客观方面产生影响，而风险主观建构本身是建立在对风险客观方面的感知之上的，风险本身应该就是主观的客观存在。

因此，风险建构论和风险实在论在学术研究实践和人类治理实践中，实际上呈现出融通的状态，可以被称为“风险建构的实在论”[④]，这种融通

①④　潘斌，袁媛．实在论还是建构论——对风险范畴的认识论批判［J］．贵州师范大学学报（社会科学版），2009（03）：19－23．

②　［德］乌尔里希·贝克，吴英姿，孙淑敏译．世界风险社会［M］．南京：南京大学出版社，2004：175．

③　［德］乌尔里希·贝克，吴英姿，孙淑敏译．世界风险社会［M］．南京：南京大学出版社，2004：190．

状态要从两个方面来考虑：(1) 从整体的人类认识事物和进行实践上来考虑，人类对风险的界定和认识受到先验（逻辑在先）观念的影响，在这一框架下，展开对客观的风险的能动的认知和界定。作为认识和能动主体的人，根据认识情况，会对客观的风险进行能动的干预，而这一干预又可能形成新的认识结果，即：人类对客观风险认识和干预，其对象并不能坚定地确证是客观风险本身，而是一个建构出来的客观风险，它具有建构性和客观性的双重特性。(2) 从作为具体的人来考虑，风险的客观性和不以人的意志为转移是存在的，这种风险的客观性是第一个方面所言的建构的客观风险。

风险建构论和实在论的融通充分说明了客观风险的主观建构性的特征，这使风险的不同认知和界定都具有了合法性，有着相应的支持，因为它们都不同程度上展现出了客观风险的某些属性。为什么一些风险的认知能够被制度化，被认为是具有合法性的诉求，而另外一些则被视为“胡言乱语”，这就涉及到了风险定义权力的非对称性分配了。

1.2.2.2 邻避冲突的话语研究

邻避冲突的话语研究将邻避冲突聚焦在关于风险异议的话语竞技之上，话语竞技围绕着风险的建构、风险影响的空间及其意义、价值展开。邻避冲突的话语研究将话语视为邻避冲突的主要表现形式，是当代理论的话语转向应用在邻避冲突研究的体现。邻避冲突话语研究重视的是不同行动者间的话语竞技，即行动者如何构建自身的故事模式和动员文化框架，并通过修辞的方式来建构自身的诉求和主张的合法性，解构对方诉求和主张的合法性。邻避冲突话语研究严格来说同样是社会抗争的文化解释理论在邻避冲突中的应用，但将其归类为内部视角，在于话语研究为考察行动者如此行动或者如此使用语言的意义基础提供了一个窗口，通过话语间的竞技，尤其是行动者话语策略展现出的对对方话语——意义的改变或者重塑，使得作为话语基础的整体性的意义框架能够从中浮现出来，而这种意义框架才可能是行动者要如此行动的根源。

对于邻避冲突话语研究，尤尼根（John Hannigan）在《环境社会学》一书中做出了概括性的描述和阐释。尤尼根首先简单介绍了话语的概念，话语是具有逻辑关联的故事线，它使得我们能够阐释世界，话语使得社会行动成为可能，它可以创造意义、进行社会动员和提供替代方案。[①] 话语其实就是一种故事，这种故事阐明了什么是有意义的、什么是有价值的，这就给故事听众提供了认知当下世界、现象的一个框架，这种框架成为了动员听众进行政治行动的意义和情感基础；故事还提供了其他正确的选择方案，为听众指出应然的秩序。当具有了反对当下现象的推力和追求美好未来的拉力的时候，故事就可能产生动员的可能，反之故事也能为现状进行辩护。而这一故事要完成，是通过叙述和修辞来实现的。[②]

19 世纪末 20 世纪初的语言学转向，使得哲学开始集中关注作为现象的语言、语言的结构、语言的变迁，通过语言的语形、语义、语用分析来展现观念的变化，展现观念与社会实践互动关系。福柯（Michel Foucault）之后的话语转向，则使学界更注重语言的政治行动功能。那么，对话语的分析离不开对修辞的分析，换言之，修辞是话语达成目标的手段。话语的目标是成功实现劝服，进而为其他政治行动奠定基础和扩展空间，那么成功实现劝服就需要一整套的修辞技术。所谓的修辞，可以被定义为劝服的工具和策略。[③] 那么，劝服的分析就应当从讲者本人的人格特质、演讲渲染的氛围、演讲的观点进行，目标是成功地劝服听众。话语的转向和修辞分析的引入使得邻避现象研究和公共政策分析拥有了一个新的研究视野，这一研究视野不再将行动者的话语视为规范性的，依赖于逻辑证明或者严格的对照实验的论述，而是一种隐匿了关键前提的

---

①② ［加］约翰·尤尼根，洪大用等译，肖晨阳主校．环境社会学（第二版）［M］．北京：中国人民大学出版社，2009：38.

③ ［英］克里斯托弗·胡德，彭勃，邵春霞译．国家的艺术：文化、修辞与公共管理［M］．上海：上海人民出版社，2009：152.

“省略式”三段论[①]，构成了话语的基本结构，话语的基本结构和具有人格魅力的发话者、容易打动人的情景渲染共同作用，使得听众能够接受行动者想要传达出的一种“片面的观点”，而这种“片面的观点”本质上是融合行动者的利益诉求、先验的知识体系的产物。话语和修辞解构了不同行动者言说的合法性，由话语和修辞的分析，能够从中挖掘话语互动之下的知识基础，以及知识间的相互对立、融通。

环境运动与邻避冲突在议题上具有重合性，有相当部分环境运动本身是从邻避运动中发展出来的。构建一个成功环境议题是环境运动得以开始、持续并取得成果的必要条件。环境议题成功构建需要科学话语支持、制度化过程、修辞与传播工具恰当运用、经济支撑，这对于邻避现象研究而言具有启发性。

邻避现象是社群联盟开展的邻避运动同增长联盟的维护稳定和邻避设施决策间斗争的体现，而社群联盟能够开展邻避运动也在于能够建构一个邻避议题，这个邻避议题无法进入到在地增长联盟的制度化渠道中，议题要能够起到一种动员、宣传、获得同情效果的功能，成为打动一般人群和其他地区社会精英、传媒和政府的支持，就需要将邻避议题进行制度化的包装，获得制度的话语支持；将邻避议题显性化、戏剧化，获得大众传媒和一般人群的关注；采用利益修辞，将邻避议题产生损失建构成为在地潜在利益相关强势社会集团关注的话题。建构邻避议题的同时也是不断解构增长联盟话语和政策修辞的过程。通过话语类型化和修辞的分析，一方面，能够展现话语、修辞、叙事在邻避冲突中的功能；另一方面，不同行动者修辞和叙事的使用展现出的话语的斗争，也能够窥视到话语背后的知识对立，不同知识生成了不同话语，也生成了对风险不同的认知和诉求，而东道空间行动者的风险诉无法被制度化，则直接导致了政府、企业和东道社区各自话语动员，修辞和叙事斗争，并贯穿整个邻避冲突过程。

---

① ［英］克里斯托弗·胡德，彭勃，邵春霞译．国家的艺术：文化、修辞与公共管理［M］．上海：上海人民出版社，2009：152.

风险诉求无法制度化与风险沟通无效是紧密联系在一起的，有效风险沟通是邻避冲突爆发与否关键性环节。风险诉求无法制度化的背后则是风险界定权力非对称性配置，那么风险界定权力为什么会呈现出非对称性配置，这无法从制度上寻找原因，因为这本身就是制度的重要组成部分。因此，只可能从文化和社会结构上去探求原因，也就是说风险界定权力非对称性配置是建基在某种知识类型上的制度性（这里的制度性指的是具有重复性、稳定性、持续性，并得到人们自主认同的特征）不平等之上的。

有学者采用话语机会结构理论来对中国邻避冲突展开研究，取得了令人信服的研究成果，这也说明了就邻避冲突而言，尤其是放在治理的层面上来说，中国与西方并不存在着显著意义上的差异，其行动逻辑、框架虽然在内容上有所不同，但是在功能上却高度相似。尽管中国政治体制和治理体系同西方有着根本性的差异，但是就邻避冲突而言，这些差异反而不是那么重要了，因为整个世界都处于相似时代背景下，同处于新自由主义改革浪潮余波下，同处于大规模城市化和城市更新计划进程中，人的个体化进程也在不断加剧。

从结构背景来看，对邻避冲突而言，各个国家面临的问题，从实质上来看都是相似的，都需要面临着社会系统信任衰减和生活世界的难以组织化，面临着不稳定，但是又暂时难以适应这种不稳定，试图以促进稳定的制度建设来阻遏不稳定的根本趋势。有学者结合了社会运动宏观结构分析和微观动员机制的话语机会结构理论，聚焦于邻避风险沟通场域，将各个邻避冲突风险沟通场域进行抽象，概括出了地方政府的规制话语、环评机构的科学话语、运营企业的技术话语三种话语类型，这三种话语类型共同对邻避设施项目进行合法性修辞，面对三个机构组成的强势行动者，东道社区则能动地利用国家宏观性战略、法律和规范性的行政程序、大众传媒等资源，进行动员和对政府——企业话语进行解构，这种解构是通过转移法、挤出法和制约法来实现的，最终形成了同政策合法化修辞相抗衡的

“保护家园”的动员框架，并力图使得政策合法化修辞策略破产。①

1.2.2.3 邻避冲突的专业知识与常人知识研究

邻避冲突的话语研究还仅仅是将话语竞争和意义争夺展现出来，并提供了一个可以深入到话语之下的知识路径，但是没有对知识进行分析，而知识类型的不平等才是风险异议难以化解的基础。通过话语竞技过程，能够清晰地了解不同行动者是如何建构自己的话语的，但是仍然不清楚的是，这些话语背后的知识的功用。对话语——知识的研究应该说是接触到了邻避冲突和当下时代的结构层面联系了，知识的矛盾与不平等可能是邻避冲突的重要基础。

邻避冲突之所以会爆发，除了一般社会冲突原因外，属于邻避冲突自身的关键环节是风险诉求差异与风险沟通。东道社区诉求难以制度化会造成风险沟通无效，风险沟通无效是邻避冲突爆发的必要条件，那么风险诉求为什么会难以制度化，换言之，为什么处于制度守门者的政府不将东道社区的风险诉求纳入制度化过程中，这就与东道社区持有的知识类型和政府、企业、专家持有的知识类型呈现出的矛盾密切相关，知识类型差异产生了不同的风险诉求，而知识间关系的不平等则会对风险诉求能否制度化产生重要的影响。

对于邻避风险中东道社区和政府、企业、专家持有的话语的知识基础，有学者将其划分为常人知识和专家知识的矛盾，而有些学者则将其划分为科学知识和地方性知识。② 具体来说，常人知识这一概念源自加芬克尔的常人方法学，而加芬克尔的常人方法学是微观社会学的重要代表，加芬克尔受到胡塞尔现象学和舒茨的现象学社会学的深刻影响，构建了常人

---

① 卜玉梅．邻避风险沟通场域中的话语竞技及其对冲突化解的启示［J］．中国地质大学学报（社会科学版），2018，18（05）：104－112．

② 颜昌武，许丹敏，张晓燕．风险建构、地方性知识与邻避冲突治理［J］．甘肃行政学院学报，2019（04）：85－94＋127．

知识这一概念，用以展现普通人认识世界，赋予行动意义的先验性的知识框架和意义体系，而这一概念同时也展现出了普通人用“库存知识”，也就是先验性的知识框架和意义体系重构陌生对象，维持原有生活秩序的能力。① 常人知识的提出使人们能够关注到当作为一个非专业的、外行的普通人时候，是怎样去认识和构造现实的。普通人以常人知识作为认识和构造现实的基础，是一种高度情境性的、实践性的知识的呈现，常人知识能够解决一些专业知识无法解决的问题②，尽管常人知识很难清晰地言说出来。而专业知识或者科学知识则与之相对，专业知识以一整套高度抽象的、形式化的陈述——命题体系展现，追求的是普遍化的解释，并强调经验证据支撑和可证伪性作为检验知识合法性的依据。专业知识和常人知识在形式、目标、功能上的差异使得专家和普通民众对于同一个邻避设施的客观风险都产生了各自不同的主观风险建构，而这种风险建构的不同就成为了风险的异议。

风险的异议并不能作为风险沟通无效的充分条件，因为风险异议只能说是不同知识类型塑造下行动者对同一邻避设施客观风险的认知不同，而这种认知不同是可以通过沟通、交流来实现融通的。问题在于，这种沟通和交流如果是无效的，就会使得风险的沟通失败了，双方各执一词、互不相让。那么，为什么专业知识与常人知识难以实现有效的沟通，这就需要进行理论上的阐释和分析。有学者坚定地认为在风险认知和沟通上，专业知识和常人知识是可以实现融通的，对风险的认识和建构使得风险处于专家知识和常人知识的交汇处，这就存在着双方可以达成对风险共识性认识的可能性，专家知识更多体现的是抽象的认知和普遍的承诺，而常人知识则具有对具体的风险更加鲜活和全面的认识，专家知识

---

① 陈海嵩．风险社会中的公共决策困境——以风险认知为视角［J］．社会科学管理与评论，2010（01）：94－101．

② 杨惠茹，丁志音．民众如何理解接连而来的新兴流感？［J］．台湾公共卫生杂志，2014，33（02）：185－196．

能够使得常人知识脱离自身的狭隘，而常人知识则使得专家知识能够具有更多的实质内容。①

有学者在对中国邻避冲突和治理研究中，引入了话语——知识的研究，并且将知识研究同公众科学运动关联在了一起，为读者初步展现出了风险社会下的知识生产问题与邻避冲突的制度性联系。广东省茂名市曾经爆发过具有很大社会影响的反 PX 项目的邻避冲突，茂名市爆发的反 PX 项目邻避冲突具有和其他地区反 PX 项目邻避冲突的一般性特征，是典型的中国邻避冲突事件的呈现。但是，不同在于，茂名市本身就是一个以油化产业作为支柱产业的城市，茂名市政府也在项目开始立项之前就展开了密集性的宣传活动。地方政府认为，茂名市作为具有油化产业传统的城市和持续性的科普，应该能够化解公民的“风险情绪”，将其转化为支持政府决策的社会动力。但在之后的发展过程中，茂名市政府的预期基本上落空了，茂名市民仍然表达出了极强的“风险话语”，并且表现出了对专业知识支撑的政策合法化修辞策略的解构和再建构的能力。② 对茂名市反 PX 邻避冲突的研究敏锐地关注到了茂名市作为油化城市和政府密集宣传的背景和策略特点，因此，在一般的社会冲突分析之外，能够从话语的竞技中发现专业知识和地方性知识的差异，这种差异提供了理论想象的空间。③ 从研究的角度看，地方性知识的功能与常人知识的功能是一致的，虽然二者在理论上仍然有区别，但是在实际研究应用中，可以替换使用。研究虽然触及到了地方性知识和专业知识的差异形成的风险异议，从其逻辑推演来看，风险异议的解决需要建立在专业知识和常人知识的融通之上，建立在两种知识的平等之上。

---

① 杨智元，周桂田．超越决定论的风险治理：替代性风险知识的产生［J］．政治与社会哲学评论，2015，54：109－156.

② 颜昌武，何巧丽．科学话语的建构与风险话语的反制——茂名“PX”项目政策过程中的地方政府与公众［J］．经济社会体制比较，2019（01）：61－69.

③ 颜昌武，许丹敏，张晓燕．风险建构、地方性知识与邻避冲突治理［J］．甘肃行政学院学报，2019（04）：85－94＋127.

1.2.2.4 内部视角和“话语——知识”叙事的局限

邻避冲突与治理的内部视角及“知识——话语”叙事在相当程度上突破了外部视角和“利益——制度”叙事对邻避冲突的去历史化处理，使得邻避冲突与治理研究能够将邻避冲突与当下时代背景隐藏的联系揭示出来，无论在理论的批判指向还是在具体的分析路径上都提供着重要的启示。但是，邻避冲突与治理的内部视角和“知识——话语”叙事同样存在着局限性，这一局限主要是研究视野的狭窄和不够全面，同时也使得研究提出的治理路径——不同知识间的平等和融通显得一厢情愿，而这两大问题的本质是对邻避冲突时代背景认知的偏差。

第一，从研究视野来看，邻避冲突与治理的内部视角和“知识——话语”叙事关注的焦点是具有风险异议的科技工程类邻避设施，这一类设施固然有风险社会里最典型的专业知识和常人知识的冲突特点，但却使文化矛盾类邻避设施（有临终关怀的养老设施等）无法被纳入到邻避冲突与治理的研究视野里，这一类设施并不存在所谓的专业知识与常人知识的冲突。

第二，从治理路径来看，内部视角和“知识——话语”叙事将邻避冲突归因于专业知识和常人知识的不平等所导致的风险沟通不畅，专业知识和常人知识的融通就被视为根本上治理邻避冲突的路径。不同知识类型间的平等和融通能够治理邻避冲突的“空想性”在于，这一治理路径将行动者是否同意邻避设施安排在自身空间附近同邻避设施的风险讨论混淆了。更进一步来看，行动者对邻避设施影响的评估并不仅仅只考虑邻避设施的风险，而可能考虑更多的因素，即便行动者与设施的决策者关于设施的风险达成了共识，但是这并不能够推断行动者就一定会同意邻避设施的安排。换言之，邻避设施安全性得到保障并不是行动者同意邻避设施安排的充分条件，行动者反对邻避设施有更深层次因素的影响。内部视角和“知识——话语”叙事忽视了邻避冲突的多样性和治理路径的空想性局限，就在于其风险社会的理论基础，在于其对时代背景的风险社会定位上。

邻避冲突与治理的内部视角研究和“知识——话语”叙事将时代背景阐释为风险社会。贝克、吉登斯等人提出的风险社会概念是对新自由主义时代以来的经济发展——政治组织——社会结构——意识形态的总体性阐释，风险社会不仅仅包括对科学知识的独断专行的反思，也扩展到了对现代社会脱域机制——专家系统和抽象符号的全面批判，但是，风险社会的理论认知的问题也正在于此。风险社会理论，承袭了韦伯（Max Weber）和法兰克福学派对价值理性和工具理性对勘的讨论，坚持的还是所谓工具理性凌驾于价值理性之上的论断，哈贝马斯（Jurgen Habermas）做出的抽象的社会系统对具体的生活空间的殖民也是这一理论谱系在宏观的社会结构分析上的体现。之所以会出现风险社会，是因为工业社会专业知识——独断真理——中心配置的权力结构和以此为基础的治理体系运行失效，并且被全面展现出来。因此，工业社会遮蔽的事实存在的风险就被暴露出来，被社会认识和承认，进而产生了工业社会向风险社会转型。换言之，风险社会被视为是对工业社会的反动和代替，意味着社会开始对工业社会治理体系表达不满和进行反抗，预示着新的反思性现代性的治理模式将成为风险社会可期待的未来。

风险社会概念装置和由此产生的经验认知——实践态度犯了经验直观的错误。风险社会理论是将资本主义社会的治理模式和权力运行中心的转移视为资本主义社会本身的转型，并且资本主义社会在风险社会理论中被矮化为经济的组织模式，而非总体的社会结构。所谓工业社会到风险社会的转型，概括来说有三点：（1）治理权力中心从行政国家转向了自律型的市场经济；（2）新自由主义和全球化使得生产要素流动性（劳动力和资本）得以强化，劳动力商品化进程加速，劳动者的原子化程度加深，个体与社会陷入到了失去稳定性和安全感的整体心理状态上；（3）在具体治理层面，行政国家通过新公共管理改革，在支撑自律性市场经济的私有化、金融化、全球化战略上强化了存在，弱化了对社会福利、市场监管和社会阶层整合的支持。这一转型的特点简要来说就是流动性的强化和确定性的削弱，个体性的强化和组织性的削弱，全球性的强化和地方性的削弱。工业社会到风险社会转型就在展现出了所谓的“小政府、大社会、大市场”格局，频繁的邻避冲突和陷入困境的政府单向度治理也在直观上与风险社会的景观相互印证。

风险社会理论并未认识到其称赞的社会转型并不是革命意义上的，这种社会转型恰好是资本主义自身调节的方式，风险社会将目光局限在专业知识——独断真理——中心配置的权力结构及其主要的载体——政治与行政体系上，将批判的焦点对准了专家体系和国家，作出了权力从专家体系和国家向社会转移就意味着社会结构的革命性变化的片面判断。但从现实情况来看，权力转移到了强势社会集团上，而不是平均地分配给了社会各个群体。从更为经验和微观的层面来看，风险社会下的内部视角和话语——知识叙事在过于关注知识——话语的冲突的逻辑前提下，自然而然地更关注于具有风险的科技和工程邻避设施引发的冲突现象，而忽视了心理不适、文化冲突类型的邻避冲突和社区邻避设施引发的个体与个体之间的冲突。

风险社会虽然指认了邻避冲突与其时代背景之间的联系，但是过于关注属于上层建筑的认知框架和意识形态的变化，而忽视了对经济基础的考察，这就使得其对邻避冲突的研究，一方面无法有效增强解释力，另一方面也使得其专业知识与常人知识相互融通的建议显得过于理想化。因此，建立在风险社会理论基础之上的邻避冲突研究的内部视角和“知识——话语叙事”，仍然无法完整且有力解释邻避冲突现象，并正确揭示邻避冲突的时代背景。

1.3 研究问题

一个好的研究需要有鲜明的问题意识。研究问题一般有两种产生的方式：第一种产生方式来自于对经验材料的抽象；第二种方式则来自于对既往研究存在问题的反思，试图做出对既往问题新的学术解释。两种方式对于好的研究而言都有其各自的意义：第一种从经验出发来提取鲜活的现实问题，而局限则是在现有理论和研究路径限制下，提供的解释可能并不是较好的解释。第二种方法虽然没有从经验出发来提炼鲜活的现实问题，却能够以新的理论视角和研究路径来重新思考同一问题，提出更好的解释。这一解释可能的“更好”之处，不仅仅在于脱离既往理论视角和研究路径的束缚，更在于研究者融入了其所处的当下对这一问题的认识和思考，研究者通过对老问题的新解释，来实现对当下的重新规定和对未来的筹划，正如福柯所言“知识分子要批判的不是现实，而是学科”①。

邻避冲突及治理的研究也是如此。邻避冲突既往研究分别从外部视角与“利益——制度”叙事和内部视角与“知识——话语”叙事两大视角对邻避冲突做出了各自的解释，前者准确和全面地概括了作为一般社会冲突的邻避冲突完整过程及治理路径，却失之于忽视邻避冲突时代特性的考察，无意识地将邻避冲突污名化，不假思索地将“公共”幻象投射到邻避设施上。然而，后者虽然深入到邻避冲突的具体内容，以风险异议作为突破口，深入到了邻避冲突话语竞争及其背后的知识类型的不平等上，触碰到了邻避冲突的时代特点，并将其时代背景定位为风险社会，却失之于对邻避冲突时代背景的正确认识，一方面使邻避冲突的研究视域变得狭窄而不全面，另一方面使邻避冲突的知识类型的平等和融通的治理路径显得“一厢情愿”。因此，邻避冲突研究需要空间生产的研究视角，这一研究视角能够正确地识别邻避冲突的时代背景——空间生产异化。在空间生产的研究视角下，邻避冲突的老现象就有了新的问题——探讨宏观时代背景同微观邻避冲突间的发生逻辑，提出具有针对性的邻避冲突治理路径，回应邻避冲突折射出的时代病症。

---

① ［法］米歇尔·福柯，杜小真编选．福柯集［M］．上海：上海译文出版社，2016：447.

1.3.1 邻避冲突研究反思

1.3.1.1 邻避冲突研究的外部视角反思

邻避冲突研究的外部视角和“制度——利益”叙事需要从风险的有效沟通入手，反思将原子化个体存在和个体利益最大化逻辑形而上学化的倾向，反对将制度与程序从社会经济环境和意识形态中抽离出来，避免造成邻避冲突的治理对策反而在不断地固化邻避冲突的发生逻辑的问题。

邻避冲突及治理的研究从外部视角和“利益——制度”叙事将邻避冲突视为一般性的社会抗争来看待，所采用的解释角度主要有四种：（1）强调决策程序缺乏开放、参与、程序不透明的政治解释；（2）风险、成本、收益分担不平衡的经济解释；（3）是公民抵制邻避设施是因为缺乏科普缘故的技术解释；（4）通过将邻避设施合法化为公共利益载体，试图通过道德规约和普遍正义原则构建的伦理解释。四种解释角度分别从政治、经济、技术和伦理方面对邻避冲突归因和治理方式做出了解释，这些解释共同展现出了邻避冲突作为一般性社会运动或者社会冲突的性质。但是，这些解释除了技术路径解释是邻避冲突的客观特性外，其他三种解释路径解释其他社会问题依然是通用的，是能够覆盖其他问题的，一方面这说明其他三种解释都具有普适性，另一方面也说明邻避冲突自身的特性在这三种解释中被遮蔽了，难以从频发的邻避冲突中获得更多关于异化的空间生产的知识，仅仅是将邻避冲突视为一个正常社会需要面对的常规摩擦，并坚信这一摩擦是可以既往的制度化方式解决的，而不是通过邻避冲突来揭露和反思资本循环空间转向对人类存在方式的巨大负面影响，以此为起点去探索空间合作性重构对邻避冲突乃至普遍空间问题的解决可能。

外部视角将邻避冲突视为一般性社会冲突的归因和治理研究已经比较充分了，邻避冲突的归因一般与邻避风险感知差异、邻避诉求表达不通畅、邻避决策程序封闭、邻避冲突爆发后刚性维稳等因素是关联在一起的，而治理方式则以对邻避设施去污名化、转变封闭式决策程序、强化决策动员和吸纳机制、变刚性维稳为韧性稳定为进路。①

在邻避冲突联盟互动博弈演进路径中，可以清晰发现邻避诉求和邻避决策是邻避冲突爆发前的两个关键环节，而邻避决策的精英决策和封闭决策类型使得不同的邻避诉求难以形成对话。社群联盟②倾向于社会抗争，采用“闹大”策略和街头政治使得自身的诉求能够进入到政策议程中；而增长联盟则习惯性地采用维稳路径进行“摆平”，由此，邻避冲突便爆发了。那么，邻避冲突的归因也就呼之欲出了（见图 1－1），关键原因在于精英决策决策的封闭性，社群联盟的诉求难以进入到政策议程中，增长联盟的刚性维稳则激化了整个邻避事件，使得邻避事件向着街头政治的方向发展。邻避冲突的治理路径也就产生了：封闭性、精英性决策向开放

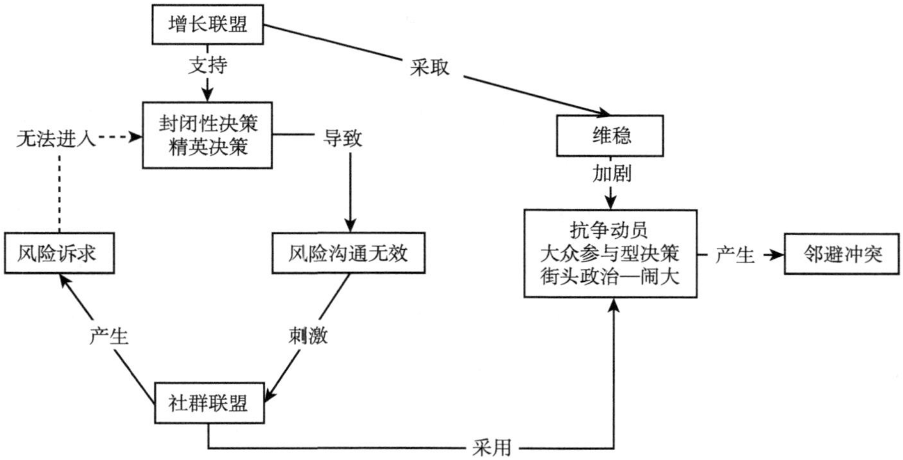

图 1－1　邻避冲突归因分析

（研究者根据王佃利，王玉龙，于棋．从“邻避管控”到“邻避治理”：中国邻避问题治理路径转型［J］．中国行政管理，2017（05）：119－125 修改）

① 王佃利，王玉龙，于棋．从“邻避管控”到“邻避治理”避中国邻避问题治理路径转型［J］．中国行政管理，2017（05）：119－125.

② 社群联盟和增长联盟的互动是增长机器理论的组成部分。前者以空间被改造的区域行动者和其他社会行动者组成，重视空间的使用价值；而后者则以政府、企业和其他行动者组成，重视空间的交换价值。

性、公民参与型决策转变，政府刚性维稳向韧性稳定转变。表面上来看，这种归因方式和解决问题的方式确实符合学界和社会“常识”认知，在逻辑上也能够自圆其说、顺理成章。但是，如果不断对这一归因方式和治理路径进行回溯式分析，即不断地追问其前提，就可以发现其逻辑上的内在困境。

从邻避冲突治理路径来看，总体上可以分为两类：(1) 制度和程序导向的，即通过开放决策、公民参与型决策提高决策程序的合法性；(2) 政府的刚性稳定向韧性稳定转变。那么，这就产生了这样一种判断：通过开放决策、公民参与型决策能够实现邻避冲突的消弭，甚至实现项目重新原址动工的“迎臂”治理。

开放决策和公民参与型决策能够实现冲突消弭和原址动工的目标存在着一个前提：增长联盟和社群联盟的沟通有效，因为开放决策或者公民参与型决策无异于提供了一个相对中立性的政策意见竞争平台，而这仅仅是一个程序，如果要实现邻避冲突消弭，甚至实现原址动工的目标则需要政策共识，但程序共识至多是政策共识的必要条件不是充分条件，政策共识来自于沟通有效。增长联盟和社群联盟沟通有效的前提则是双方对于风险诉求是可理解的，而双方要能实现风险诉求的可理解，则需要话语的相互融通。话语虽然是行动的一种类型，但是话语的基础是知识，只有增长联盟和社群联盟对彼此掌握的知识实现相互尊重，同时能够实现对风险知识的共同生产，才能实现话语的相互融通。当分析的视阈关注邻避冲突治理路径的能够实现有效治理目标的逻辑前提或者假设的时候，就能发现问题所在：外部视角下的邻避冲突归因和治理研究，无论采用的是制度和程序的政治解释路径、利益补偿的经济解释路径、科普的技术解释路径还是普遍正义规则建构的伦理解释路径，都隐匿了行动者有效沟通是如何实现的这一关键前提，而这一关键前提则需要话语的融通，话语融通的基础则是知识的共同生产，而知识的共同生产的前提则是知识间平等。

既往研究治理路径有效性有赖于风险知识的共同生产和话语的融通，

知识的共同生产和话语的融通是既定的话，那么关于邻避设施就不会产生风险的不同感知，更不会产生风险的不同界定，也不会产生风险诉求的差异性。那么，这一由经验对策倒推的根本前提逻辑上竟然演绎出了同经验现象相矛盾的结果。这种逻辑上的困境说明了这样一个问题——外部视角下的邻避冲突与治理研究归因和开出的药方在逻辑上没有解决问题反而可能合法化问题，其原因是：外部视角对关键前提（风险沟通有效）和根本前提（知识共同生产和话语融通）不自觉地隐匿。

在邻避冲突归因和治理研究上，持外部视角的研究者关注的更多是建立一个具备形式理性的、透明的、能够参与的公共政策竞争平台，让意见多元竞争。而行动者关注的则是邻避冲突和邻避设施本身对他们的不同的价值、不同的意义。建立一个具备形式理性的、透明的、能够参与的公共政策竞争平台能够实现对大部分决策的覆盖，这符合研究者的理论追求，而对问题解决的关注则符合行动者的需要。两者的意图不存在问题，关键在于研究者提供的这一治理路径及其归因方式能够说服行动者吗？真的能够解决邻避冲突的问题吗？从前面的逻辑分析能够看到，邻避冲突的外部视角对沟通——话语——知识的无视使这一视角产生的邻避冲突归因和治理路径并不能够很好地解释邻避冲突问题。

1.3.1.2 邻避冲突研究的内部视角反思

邻避冲突研究的内部视角和“话语——知识”叙事尽管深入到了邻避冲突的时代背景上，但由于自身对时代背景的定位错误，使邻避冲突研究的内部视角和“话语——知识”叙事产生了两大困难：一是无法回应非专业知识在场的邻避冲突；二是仍然无法解释邻避设施为什么一定要安排在居民可能发生冲突的空间里。这两大困难使空间生产视角的引入和聚焦邻避设施的安排显得尤为必要。

邻避冲突研究的外部视角和“利益——制度”叙事无法解决风险沟通问题，也无法解决风险沟通背后的知识——权力——话语不对等问题。那么，邻避冲突研究的内部视角是否就能够对邻避冲突形成有效解释？更进一步来看，邻避冲突研究内部视角和“知识——话语”叙事关注的风险沟通背后的知识——权力——话语不对等问题是否就是邻避冲突的正确归因，对这一问题需要从三个方面来讨论。

第一，从应用在邻避冲突研究的内部视角和知识——话语叙事的理论基础来看，风险社会理论本身对20世纪后期的社会转型存在着认识偏颇，过于重视认知框架和意识形态等上层建筑，目光局限在行政国家和专家统治的问题上，而忽视了作为经济基础的资本主义对上层建筑的裁决。因此，在风险社会理论的指导下，邻避冲突的内部视角和“知识——话语”叙事就将邻避冲突局限到了科技和工程设施引发的邻避冲突之上，这类邻避冲突的突出特点在于专业知识和常人知识的对勘，精英决策和大众参与型决策的对立，风险社会所批判的工具理性凌驾价值理性、专业知识霸权性独白、专家政治都能在这一现象上得到最为充分的展现。但是，这却使得大量其他类型的邻避冲突处于风险社会理论的盲域当中。固然，风险社会理论解释和治理路径可以将这一类型邻避冲突视为邻避冲突的突出性个案来进行辩护[①]，换言之，现代社会最排斥公民参与的科技和工程类邻避设施都能够解决，那么其他的邻避冲突问题也可以采用同样的方式来治理。但是，这一辩护依然无法解决那些文化冲突和心理不适类型邻避冲突问题，在这些现象中，风险社会理论得以发挥解释力的支撑——专业知识和常人知识的互动并没有在场。

第二，知识——话语的具体分析进路对邻避冲突的研究有着很强的借鉴意义。自从索绪尔的结构主义语言学、巴赫金语言哲学、后期维特根斯坦和奥斯汀关于语言哲学的研究以及欧洲大陆现象学——解释学谱系对语言持续关注，使得20世纪的哲学出现了语言学的转向，而福柯之后，又实现了语言学向话语的转向，并且将话语同知识——权力网络联系到了一

① 王宁．代表性还是典型性？表性个案的属性与个案研究方法的逻辑基础［J］．社会学研究，2002（05）：123－125．

起，打破了外部视角和结构、制度主义对人类行动——意义研究的垄断，这种学术研究上的20世纪的转向仍持续不断为人们思考社会现象提供着深刻的启示。源于尼采哲学的后现代主义继承了对语言，对知识——权力——话语的重视，对现代性进行了深刻的批判。知识——话语作为具体的分析进路，能够让不用行动者关于话语竞技背后的意识形态——认知框架揭示出来，并与更为宏观的时代背景形成对话。

第三，内部视角和“知识——话语”叙事固然关注于作为话语的基础——知识间的平等，关注于行动者风险沟通的实质性内容，聚焦于对邻避设施负外部性客观特征的理解一致上。但是，内部视角和“知识——话语”的分析同外部视角和“利益——制度”叙事一样，都将邻避设施视为既定的，进一步来说，缺乏对邻避设施为什么一定要建立在可能与居民或者其他产业发生摩擦乃至冲突的空间里的分析（见图1－2）。无论是从邻避设施的民主决策，还是从邻避设施客观负外部性特征产生的风险异议到风险共识的达成，都没有解决的问题是：邻避设施为什么要安排？又为什么一定要安排在可能发生冲突的空间里？换言之，内部视角与外部视角仍然关注的是决策的程序问题，前者更进一步聚焦到了沟通的内容，而后者则主要关注形式程序，但仍然没有对邻避冲突的实质内容——邻避设施的安排做出讨论。因此，邻避冲突的内部视角和“知识——话语”叙事关注的风险沟通及其背后的知识——权力——话语的不平等问题并不是邻避冲突的主要归因，还需要再往前一步，聚焦于邻避设施的安排问题。

1.3.1.3 空间生产理论的引入

既往的邻避冲突研究分为外部视角——“利益——制度”叙事和内部视角——“知识——话语”叙事。外部视角——“利益——制度”叙事有两个问题：（1）将公共设施和邻避设施混淆在一起，认为邻避设施是公共设施的子集。因此，邻避冲突的外部视角——“利益——制度”叙事就将邻避设施放到一个既定的、不需要去怀疑设施本身的合法性的状态，问题

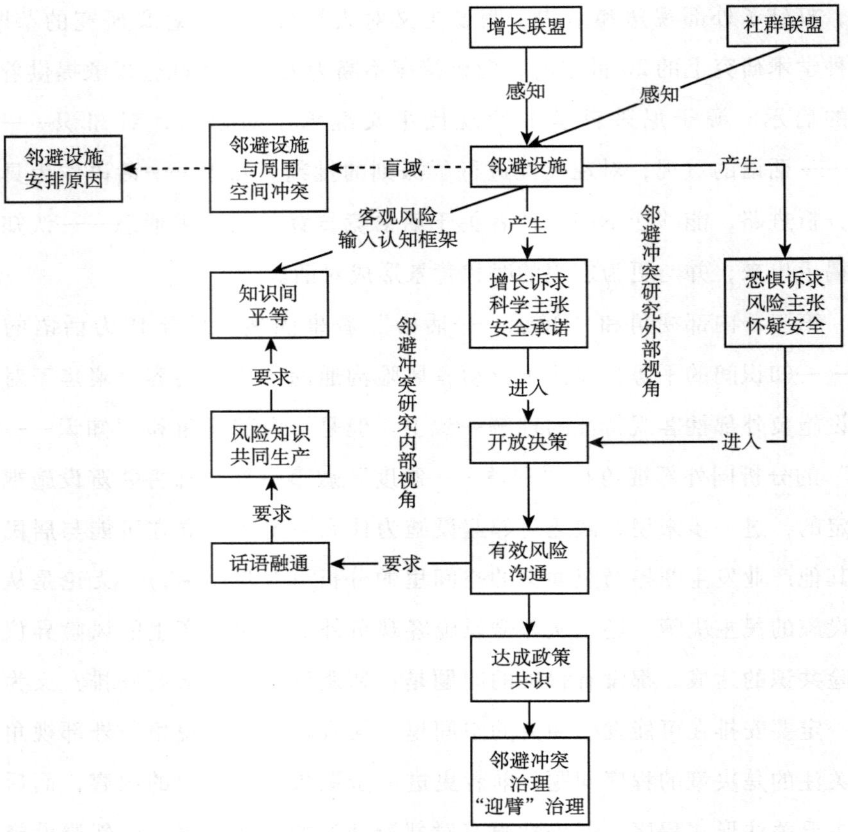

图 1－2　既往邻避冲突研究缺陷

（研究者自制）

的关键是如何通过利益的补偿、伦理的号召、程序的合法和公开，让反对的民众接受邻避设施。换言之，邻避设施的公共性是不需要质疑的，而反对民众本身才是问题；(2) 外部视角——"利益——制度"叙事遵循的是空间的个体化立场和个体利益最大化的逻辑。因此，外部视角——"利益——制度"叙事并不关心反对民众因何反对，关心的是如何将民众反对的理由考虑在内，构建一个利益计算的框架，开出条件，用"货币"诱使或者"压力"驱使反对民众接受邻避设施的方案。对于外部视角——"利益——制度"叙事来言，如何让邻避设施复建和尽可能地不引起冲突才是至关重要的，至于邻避设施为什么一定会与民众发生冲突，这一视角并不关心。因此，当采用外部视角——“利益——制度”叙事来研究邻避冲突的时候，研究者恰似实验室里的研究者在“摆弄”实验动物，以使得实验结果符合自己的预期，至于实验动物自身的体验，研究者是不关注的。内部视角——“知识——话语”叙事相较于外部视角——“利益——制度”叙事而言，立场更加地贴近现实生活里的民众。这一视角聚集重点是风险的异议和不同风险观念背后的知识权力的差异和不平等。当外部视角——“利益——制度”叙事对邻避设施的反对者“我怕”的担忧嗤之以鼻或者置之不理的时候，内部视角——“知识——话语”叙事力图将反对民众的“我怕”的担忧合法化，指出反对的民众所拥有的常人知识仍然有相较于专业知识所不具备的优势，正视了反对民众同样可以运用专业知识的能力。外部视角和“知识——话语”叙事深入了民众对邻避设施恐惧的心理，以批判的立场对专业知识进行了祛魅，并指出了专业知识的实验室和自反性特征，认为专业知识是一种将自身霸权化的地方性知识。内部视角——“知识——话语”叙事也有着自身的问题：内部视角——“知识——话语”叙事沉迷于专业知识和常人知识的对勘，而忽视了邻避冲突在风险界定上的话语冲突表现，更多是一种策略。简单来说，政府专业知识的辩护更多是为了转移民众对自身治理能力的诘问，而民众对邻避项目的科学性的质疑更多也是在表达对政府的不信任。专业知识与常人知识的冲突，在相当多情境下，更多是作为表象的策略，而非实质的差异。当过多关注常人知识同专业知识之间的分歧和权力差异，会忽视对政府决策过程、政府信任以及更为重要的邻避设施安排问题的关注，也使得邻避冲突研究难以回答文化和心理不适类邻避冲突的问题。

空间生产理论视角在邻避冲突上同既往研究的理论视角都有不同。在外部视角和“利益——制度”叙事上，空间生产理论视角并不否认邻避冲突具有利益争夺的一面，也不否认空间个体化和空间利益最大化逻辑的存在。但是，空间生产理论视角反对外部视角和“利益——制度”叙事将空间个体化和空间利益最大化逻辑视为理所当然的，视为非历史的，而是将其视为空间生产异化的结果。因此，空间生产理论视角下的邻避冲突发生逻辑与治理路径自然反对外部视角和“利益——制度”叙事以造成问题的原因“空间个体化和空间利益最大化逻辑”来治理空间问题，正如空间生产理论视角反对将“公地悲剧”归因于公共资源的产权属性，而无视个体利益最大化逻辑。在内部视角和“知识——话语”叙事上，空间生产理论视角赞扬了内部视角和“知识——话语”叙事的现象学和解释学的进路，也承认邻避冲突以空间争夺为形式，而空间争夺突出地展现为话语的竞争。但是，空间生产理论视角反对将话语的竞争仅仅归因为知识类型的差异，而是将话语竞争视为行动者的策略，重视话语之外的意义——话语之外并不是所谓的知识的不平等，而是对于政府空间治理的信任和自身空间权益的保障。

空间生产理论对既往邻避冲突研究的扬弃，使空间生产理论得以将微观的邻避冲突的社会治理论域的研究同宏观的资本循环的空间转向关联在一起，讨论邻避冲突的发生逻辑，指出既往邻避冲突的研究是空间生产异化（见图 1 - 3）在意识形态上的体现，与造成邻避冲突的空间生产异化共享同一套逻辑，其提出的治理策略不是在治理邻避冲突，反而是在强化邻

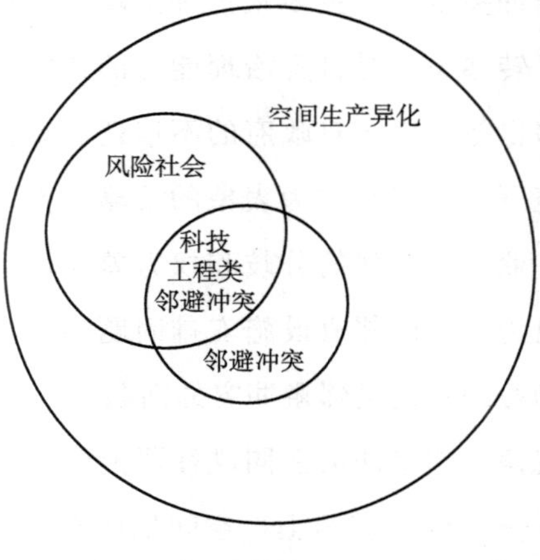

图 1 - 3　空间生产异化与风险社会、邻避冲突间关系

（研究者自制）

避冲突的社会土壤。当认识到既往邻避冲突研究本身就是对造成邻避冲突的问题本身的复述的时候，邻避冲突认识与治理的意识形态幻象就可以被戳破，从而直面真正的问题。

1.3.2 新的研究问题

邻避冲突总是无法逃脱决策的“决定——宣布——辩护”① 逻辑，而治理邻避冲突则陷入到“项目建设——民意抵制——政府压制——群体性事件发生——政府妥协——项目延期或终止”② 的怪圈。外部视角与“利益——制度”叙事，内部视角与“知识——话语”叙事都无法完整地把握邻避冲突的内涵，也无法正确地识别邻避冲突同空间生产异化的时代背景联系起来，提出的治理路径则是从一般社会冲突角度出发，缺乏精确性和系统性。除此之外，两大研究视角都共同忽略了一个重要的问题：邻避设施为什么非要安排在居民生活空间附近或者安排在与其可能产生冲突的产业区附近？

对这一问题，邻避冲突的政治解释同样可以将其归因到决策的封闭和随意上，但这一解释缺乏了对邻避设施的经济收益和基本城市运维需要的考察。地方政府财政收入依靠当地产业及其相应配套和链条提供的直接财税收入和成长效应，当地缺乏产业就意味着城市政府财政收入和其挂钩的公共服务水平不高且缺乏可持续发展的前景。同样，基本城市运维需要的邻避设施也要建设，尽管可以归因于之前的城市规划对土地用途随意改变和缺乏对邻避设施决策的民主参与，但是提供公共服务邻避设施更为紧迫，这一设施不得不建设，而民主决策并不能够确定地解决这一实质性的问题。因此，当城市面临着高度的招商引资的地方政府竞争，面对着流动性较强的资本，城市政府经常会“不由自主”吸引商业型邻避设施，为其

---

① 娄胜华，姜姗姗．“邻避运动”在澳门的兴起及其治理——以美沙酮服务站选址争议为个案［J］．中国行政管理，2012（04）：114－117＋99．

② 王郅强，彭睿．邻避项目如何冲出“一闹就停”的怪圈？——基于H市Z区政府“双环危机学习”的纵向案例观察［J］．公共管理学报，2020，17（02）：141－151＋175．

开绿灯。同时，当吸引商业型邻避设施失败，空置的土地又会被用作商业和住房用地，来弥补亏空，避免土地闲置，地方政府也会“不由自主”地去改变公共服务型邻避设施用地规划。当公共服务型邻避设施因城市运维需要不得不建设的时候，地方政府就需要上马项目，否则对城市的发展就会造成负面影响。更进一步来说，经济基础裁决上层法权建筑，作为决策的民主方式，它并不能完全回应经济层面上的挑战，仍然受制于经济基础，其决策结果仍然是符合经济逻辑的。

邻避冲突的外部视角将研究焦点关注在形式性的决策制度、程序、利益补偿和治理抗争的策略、方式上，但是没有回答为什么邻避设施、邻避项目就非要安排在可能与其发生冲突的空间里？而邻避冲突的内部研究视角则将焦点放在了邻避设施为什么会引起风险异议上，进而去讨论“专业知识”和“地方知识”矛盾问题，但也没有回答为什么邻避设施和邻避项目就非要安排在可能与其发生冲突的空间里。那么，当视野转向空间生产视角时，就可以从空间生产异化角度来回应这一问题，解释为什么邻避设施、邻避项目就非要放在可能与其发生冲突的空间的问题。更进一步来说，在空间生产视角下讨论邻避设施的安排问题，就是在追问空间生产异化同微观的邻避设施的安排和邻避冲突之间的发生逻辑。

既往的邻避冲突研究在形式性的决策制度、决策程序、利益补偿，乃至具体内容的话语竞争上都提供了大量的研究成果，这就使得空间视角下的邻避冲突研究，可以将焦点放在邻避冲突与资本循环的空间转向及其引致的空间生产异化的时代背景的结构性联系的揭示上，还能够集中地对邻避冲突的实质性内容展开研究和阐释。在对两大焦点的讨论和分析的基础之上，去构建一个能够实现邻避向“迎臂”转型的规范性治理路径。

1.3.2.1 空间生产视角的引入能够给邻避冲突做出怎样的新解释

这一研究问题则可以分为两个子问题来讨论。

第一，在空间生产视角下，邻避冲突的发生逻辑是什么？讨论从宏观的空间生产异化，具体到中国来说，就是土地驱动的城市化和工业化发展道路导致的空间稀缺与空间意识形态异化——中观的邻避设施扭曲式安排与空间紧张——微观的空间争夺形式的邻避冲突的发生逻辑。

第二，由于既往邻避冲突研究在具体的邻避冲突过程方面取得了丰富和全面的研究成果，但是在邻避设施为什么如此安排这一问题上回应不足。因此，本次研究将在空间生产视角下，除了探讨邻避冲突的发生逻辑外，聚焦于邻避设施为什么一定要安排在紧张的空间内这一问题，指出邻避安排的“不由自主”特点，并深入到邻避冲突的实质问题——空间治理对空间困境的有限回应。

1.3.2.2 邻避冲突应当如何实现治理，达到“迎臂”

这一研究问题分为两个子问题来讨论。

第一，在空间生产视角下，“迎臂”应当如何理解？即讨论“迎臂”的内容和焦点。

第二，空间的合作性重构应当如何理解？即证成空间合作性重构的理论与实践的合理性，讨论空间合作性重构的内容及当下时代的实现方式。

1.4 研究意义与研究思路

1.4.1 研究意义

从理论意义上来看，邻避冲突和治理研究要么以外部视角和“利益——制度”叙事将邻避冲突去历史化，要么在风险社会理论下以内部视角和“知识——话语”叙事将邻避冲突狭窄化。邻避冲突自身时代特性被湮没，邻避冲突研究的深度和宽度都有所欠缺，这是重新对邻避冲突和治理展开研究，对既往研究成果展开审视的必要性所在。对邻避冲突通常有着这样一种刻板的印象：邻避冲突是民众、社会整体的同政府或者邻避项目主体的冲突，这就使得邻避概念被窄化了，大量的邻避冲突现象，例如政府不直接在场，但民众与民众之间围绕邻避设施发生的冲突，或者只是部分社会群体掀起的抗争就被忽视了，无法得到理论的注视，而理论也缺乏机会来进一步检验和发展自己。因此，在空间生产的视角下，更为精准地界定邻避概念和扩大邻避现象的外延，将更多邻避现象纳入讨论就显得有着极强的理论意义。

在空间生产视角下，对邻避冲突展开研究有两个方面的理论意义。

第一，通过空间生产视角的引入，使邻避冲突研究能够正视邻避冲突的时代背景，并将空间生产异化后果同邻避冲突的联系展现出来，使邻避冲突研究能够更加全面了解冲突的复杂性、多样性和多层次性，避免对邻避冲突的简单污名化和魅力化，强化邻避冲突研究的指向性，增强邻避冲突研究的解释力。

第二，将空间生产理论和邻避冲突结合到一起，使得空间生产理论在社会治理层面上有着坚实的经验基础，进一步推动空间生产理论的经验化，使得这一理论能够从城市政治经济学、城市规划领域、文化批判领域向社会治理领域方向发展。

从实践意义上来看，邻避冲突研究的理论言说和邻避冲突治理的政策表达、行动策略都在简单地对邻避冲突进行标签式的认知，邻避冲突要么被视为一部分人的“自私自利”，要么被视为弱势群体对强势群体的堂吉诃德式的抗争，陷入到了污名化与泛道德化的迷思里。因此，在空间生产视角下对邻避冲突的研究，就是在驱散邻避冲突的污名化和泛道德化迷思对现实的邻避冲突发生逻辑的遮蔽。通过空间生产视角下的邻避冲突发生逻辑的机制解释的构建和邻避冲突实质的讨论，提出空间合作性重构治理路径，实现邻避到“迎臂”转型，可以为中国城市治理提供一个微观的切口，进而能够深入并全面地反思受到空间生产异化对中国城市治理的侵蚀，为中国城市发展和治理转型提供思考的方向。

1.4.2 研究思路

研究以寻求资本的空间循环转向及其引致的空间生产异化到微观的邻避冲突的发生逻辑、空间生产异化之下的邻避安排的“不由自主”特点和邻避冲突实质的揭示、空间合作性重构作为邻避向“迎臂”转向的可行路径、空间合作性重构及实现条件四个研究问题为目标，来安排本书章节。第1章和第2章通过阐释研究背景和进行理论述评，对既往邻避冲突研究进行反思并引入空间生产理论作为视角，使得研究问题得以出场；本书第3章、第4章、第5章则是对问题进行研究和分析的阶段，第3章通过扎根理论的应用和空间生产理论的分析，发现邻避冲突的发生逻辑。第4章以邻避冲突发生逻辑作为起点，对邻避安排的特点和邻避冲突的实质进行讨论，进行邻避冲突的原因分析。第5章则是在空间生产理论视角下提出治理邻避冲突的规范性路径——对“迎臂”的理解和空间合作性重构的实现方式。本书第6章则是结论部分，主要是对研究问题进行总结性的回应。

研究思路（见图1－4）是：第一，从既往邻避冲突难以解释的空白——邻避设施扭曲安排的“不以人意志为转移”的复合因素和居民反对邻避更深层次原因出发，使得研究问题出场。同时，从邻避冲突产生的时代背景出发，通过理论分析，将邻避冲突论域从一般社会冲突、风险社会上转移出来，锚定在异化空间深层次上；第二，通过扎根理论，使得邻避冲突发生逻辑能够“浮现”，并确定邻避冲突发生逻辑的宏观基础是土地驱动的城市化与工业化发展道路；第三，将土地驱动的城市化与工业化发展道路同空间生产理论进行对话，将这一道路的本质抽象为异化的空间生产，并从异化空间生产的社会结构与意识形态两个方面对其后果进行讨论；第四，回应扭曲邻避安排和居民反对邻避设施的原因，并对邻避冲突实质进行抽象；第五，在邻避冲突实质抽象的基础上，通过实践和理论分析，指出空间破坏性重构的不可持续性，为空间合作性重构治理邻避冲突进行证成；第六，对空间合作性重构实现方式进行讨论。

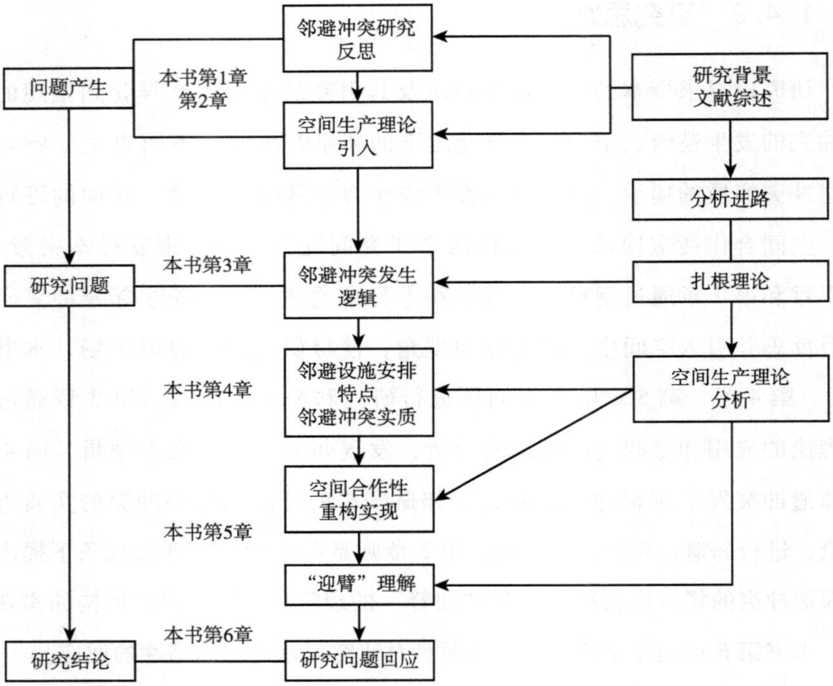

图 1－4 研究思路

（研究者自制）

1.5 研究创新与不足

1.5.1 研究创新

相较于既往的邻避冲突研究，空间生产视域下的邻避冲突研究取得了两个突破点。

第一，拓展了邻避冲突的研究视域，并丰富了已有的邻避冲突概念，将类邻避冲突这一新的邻避冲突现象进入了邻避冲突研究视野。

在既往的研究视域里，邻避冲突是邻避设施引发的、发生在公共领域的群体性的社会冲突事件。这一定义存在着两个问题：（1）将邻避设施界定为能够带来社会福利，但却存在着负外部性的设施。这一定义实际上将邻避设施界定为公共设施的子范畴。因此，具有风险的商业设施就被包括在公共设施的概念范畴之内。同时，将邻避设施界定为公共设施的子范畴，也使得邻避冲突这一社会现象存在着污名化的可能性，即反对邻避设施被认为是无视公共利益的“自利”行为。（2）将邻避冲突界定为发生在公共领域的、群体性的社会冲突，而大量的发生在准公共领域的、个体间的类邻避冲突难以得到理论的关注。

因此，为了回应邻避冲突概念界定出现的问题，一方面，研究以负外部性作为邻避设施的主要特点，将邻避设施界分为公共服务型邻避设施和商业型邻避设施，厘清邻避设施和公共设施之间的关系，避免因邻避设施概念界定不清晰而引发的对邻避冲突的污名化问题。另一方面，随着城市有机更新和城市微更新的开展，发生在准公共领域的、个体间的类邻避冲突正成为新的邻避冲突现象。研究将发生在公共领域的、群体性的典型邻避冲突现象和发生在准公共领域的、个体性的类邻避冲突现象通过空间相邻关系关联在一起，组成了邻避冲突概念的两个子范畴，拓展并丰富了邻避冲突概念。邻避冲突研究就得以深入日常生活，能够从日常生活的维度来探讨空间生产异化造成的影响。

第二，在邻避冲突研究上，应用空间生产理论已经取得了一定的成果，但还存在着可以拓展和深入之处。通过邻避冲突研究，空间生产理论能够从政治经济学“资本”批判的宏观层次，深入社会冲突的中观层次和居民日常生活邻避现象的微观层次上，使空间生产理论更加具体。本次研究也主要是将空间生产理论应用在邻避冲突研究上，通过空间生产理论使得邻避冲突研究得以延展，推动空间生产理论在社会治理上的应用，实现城市政治经济学同公共管理之间的对话。

研究力图使得空间生产理论能够切实地与邻避冲突现象形成对话，避免“符号式”“背景式”应用空间生产理论。研究将空间生产锚定在土地驱动的城市化和工业化发展道路上，与邻避冲突现象进行对话，指出邻避设施扭曲供给有着“不由自主”的特点，而邻避冲突的表现形式——空间争夺则有着“各执己见”的特点。空间生产理论以“不由自主”的邻避设施扭曲式供给和“各执己见”的空间争夺为枢纽，在中观的社会治理和邻避冲突层面上，联结了宏观的空间生产的“资本”“权力”批判和微观空间生产的“意识形态”批判。研究提供了从邻避冲突的宏观基础（土地驱动的城市化和工业化发展道路为内核的空间生产异化）到中观条件（投机空间规划和扭曲的邻避安排）再到微观行动（空间争夺）发生逻辑的解释，指出了在异化空间生产总体背景下，邻避冲突发生具有必然性。

1.5.2 研究不足

研究还存在着两点不足。

第一个研究不足体现在微观分析上。空间合作性重构路径的实现方式还显得比较抽象和空洞，缺乏对其具体制度安排和机制设计的关注。作为邻避冲突的表现形式——空间争夺的话语竞争分析，还缺乏比较细致和实证的话语分析方法，同时空间争夺会在什么样的具体条件下转向“迎臂”也缺乏比较系统的思考。

第二个研究不足体现在宏观分析上。研究指出，中国经济社会发展路径的转型是典型邻避冲突逐步减少而类邻避冲突成为主要邻避冲突表现形式的事实前提，这一判断还显得比较武断，缺乏实证基础。

研究的不足即是研究的未来展望。对于邻避冲突研究来言，一方面是更为细致地对邻避冲突的空间争夺的过程进行阐释，尤其要考察的是空间争夺转向空间合作性重构的条件，从多案例的比较分析中归纳出一般的特点。另一方面则需要采集更多的邻避冲突事件，建立系统的资料库，从实证的角度确定中国经济发展道路转型程度，并考察这一发展道路转型同邻避冲突事件之间的关联。

2 概念界定、理论基础与研究设计

2.1 概念界定

概念是人类认知之网上的网结，命题、推理、判断等理论的基本组成部分都是由概念这一最小单元构成的，理论讲的就是基本概念和概念间逻辑关系形成的新的概念之间的关系。因此，概念清晰界定无论对人的认知、还是对理论的建构都有着基础性的作用。邻避设施、邻避冲突、类邻避冲突、“迎臂”组成了本次研究的核心概念。

2.1.1 邻避设施

邻避冲突概念内涵的构建与两个概念具有逻辑上的关联，一是邻避设施；二是邻避行动。奥黑尔较早地对邻避设施进行了内涵的建构。他认为：“邻避设施能产生广泛的社会效应；邻避设施对当地是有害的；邻避设施将可能改变土地利用方式。”① 奥黑尔对邻避设施的界定指出了邻避设施的三个必要条件及其组合，即：（1）邻避设施对东道社区之外的其他区域至少是无害的；（2）邻避设施产生的负外部性集中地由东道社区承担；（3）邻避设施对东道社区的空间权益会产生极大的影响。对这三个必要条件进行合并，就只存在两个必要条件：一是邻避设施产生的负外部性表现

① 涂一荣，魏来．“邻避”研究的概念谱系与理论逻辑——文献梳理和框架建构［J］．社会主义研究，2017（02）：163－172；O'Hare，M. Not on My Block You Don't：Facility Siting and the Strategic Importance of Compensation［J］．Public Policy，1997，24（4）：407－458.

为对东道居民空间权益的集中损害；二是邻避设施对其他空间至少无害，甚至会产生极大的收益。

在随后的研究和公共话语里，邻避设施概念内涵构建发生了扭曲，这一扭曲展现在将对其他空间的无害或者极大的收益，直接等同于公共收益上，有学者就认为邻避设施是："国家为了满足居民的生活需求，需要建立一些设施，这类设施能够带来社会福利，但是却产生一定的负外部性，这些具有潜在危险的设施就是邻避设施。"① 邻避设施概念建构出现了偏差，这些理论和话语基本将邻避设施视为个人恶和公共善的结合体，这一判断展现出了早期的邻避研究对邻避设施性质的认识：一是将邻避设施视为公共设施；二是强调邻避设施的客观性质——收益社会共享，而巨大的成本和风险则由东道空间承担，呈现出了极大的收益——成本分摊不平衡。邻避设施概念界定和性质的认识直接影响了对邻避设施引发的邻避冲突的认识，也影响对治理路径的考察。早期邻避概念界定将邻避设施视为一个收益——成本分摊不平衡的公共设施，这种界定带来了两个问题。

第一，将公共设施和邻避设施混淆，公共设施被视为邻避设施的上位范畴，这就使得大量的非公共，而是具有风险的商业型邻避设施都被纳入到了公共设施中。

第二，对公共设施的反对本身就具有被污名化的可能，而以公共设施为名来推进具有风险商业项目邻避设施落地，无疑是将公共设施概念进行了虚化，使得公共设施成为一个具有修辞功能的空洞符号，蚕食公共设施本身的合法性。因此，邻避设施不是公共设施，邻避设施与公共设施不具有任何集合上的覆盖关系。

那么，邻避设施的核心类属到底是什么，如何才能确保邻避设施的能指性同时扩展其外延？邻避设施的核心类属应当考虑的是现有能够被视为邻避设施的都具有的共同的特征。对邻避现象概念的其中一种界定方式强

① 王佃利，徐晴晴．邻避冲突的属性分析与治理之道——基于邻避研究综述的分析［J］．中国行政管理，2012（12）：83－88．

调“在现代化与都市化的过程中，许多集体消费之必要公共设施与非集体消费之生产设施，均面临了因设施之外部性扩散，而引起周边居民反对与抗争之现象”①。这一概念界定强调邻避设施产生的背景、邻避设施的类型——集体消费的公共设施和非集体消费的生产设施、邻避设施的特征——设施的负外部性集中由周边居民承担。因此，邻避设施的核心类属应当是负外部性由东道空间或者周边居民集中承担，且其他空间或者居民至少不会遭受损失。集体消费强调的是非私人性的消费，它可能大到整个区域和社会，可以被纳入公共设施外延来讨论，也可以包含小规模的集体消费，例如小区内的公共食堂建设、覆盖范围有限的基站建设或者小到同一楼栋的加装电梯问题等。因此，邻避设施在外延上至少是可以包括集体消费和商业型邻避设施。由此，构成邻避设施的必要充分条件是设施负外部性由东道空间集中承担且其他空间至少没有损失，其外延可以界分为两类：一类是公共服务型邻避设施（广义的公共服务型设施到俱乐部型的集体消费设施），而另一类则是商业型邻避设施。

2.1.2 邻避冲突

邻避行动是界定邻避冲突概念内涵的第二个关键概念，相较于邻避设施的概念存在的争议而言，邻避行动看似更加明确，它有邻避运动、环境类群体性事件、邻避冲突、邻避抗争四个相似性概念（见表2-1），指向了邻避现象的典型景观——群体的、激烈的同政府和项目主体的对抗状态。这四个概念使理论和公共话语始终将目光投注到符合群体性、激烈的对抗状态的邻避行动上，通过对这一类典型的邻避行动的考察，构建出一个增长联盟同反增长联盟对峙的经典城市社会学分析框架和叙事模式，在这一分析框架和叙事模式里，邻避行动就是东道空间同东道空间之外的强

① 谭鸿仁，王侯隆．邻避与风险社会：新店安坑掩埋场设置的个案分析［J］．地理研究，2006（05）：105-126.

势社会组织、集团的抗衡，也就是在公共领域[①]内才能观察到邻避行动。邻避设施和邻避行动的概念界定都是犯了缩小概念核心内涵，进而削弱概念外延，造成概念的能指性不足的问题，前者使得大量的非集体消费邻避设施被视为邻避型公共设施。后者忽视了准公共领域的集体消费性质的邻避设施的存在，使得大量的不属于典型公共领域的日常生活、准公共领域的邻避行动无法得到关注，处于盲域中。因此，从提高概念的经济性和解释力上考虑，邻避行动概念需要重新整合。

表 2－1　邻避行动概念比较

概念	类属					
	公共领域	准公共领域	持续性	对抗性	破坏性	合法律性
邻避抗争	✓		长或短	强或弱	激烈或温和	合法或非法
邻避冲突	✓	✓	长或短	强或弱	激烈或温和	合法或非法
环境性群体事件	✓		短	强	激烈	非法
邻避运动	✓		长	强	激烈	非法

（研究者自制）

在一般邻避行动视阈里，邻避行动总是和环境污染或者环境风险关联在一起，随着城市化扩展和理论认识的深化，邻避行动并不仅仅与环境污染相关，也与文化冲突、心理不适相关。因此，环境性群体事件显然在概念内涵上过于狭窄，使外延无法扩展，并不适合作为邻避行动层次概念来使用（见表 2－2）。邻避运动和邻避抗争两个概念的区别在于，前者强调的是运动的政治指向，往往具有颠覆现存秩序的目的，而后者则没有政治指向。但二者的问题都在于内涵狭窄，使得不在公共领域内的，非群体性邻避行动都被排除在外。在考虑到概念类属建构的抽象性和概括能力的情况下，邻避行动其实可以总体上分为两类来考察。

① 此处使用的“公共领域”和“准公共领域”针对的是市场经济基础之上形成的国家——社会相对分离状态的事实描述，并没有规范的意义。采用“公共领域”和“准公共领域”来定位邻避冲突的两种类型，主要是出于术语的经济性和约定俗成考虑，便于读者能够迅速将典型邻避冲突和类邻避冲突区分出来。

表 2-2　　邻避冲突内涵与外延

概念	内涵	外延		关系
邻避冲突	邻避设施且产生邻避行动	典型邻避冲突（公共领域：外部主体在场、群体性）	类邻避冲突（准公共领域；无外部主体在场、个体性）	空间相邻关系

（研究者自制）

第一，典型的邻避行动，即发生在公共领域内的、群体性形态的空间争夺。这一类空间争夺通常被理论描述为增长联盟和反增长联盟间的博弈。

第二，类邻避行动，即发生在准公共领域内的，因邻避设施而引发的个体与个体、个体与小群体之间的空间争夺。典型的邻避行动发生在公共领域，针对的是政府和邻避项目主体，其形态是群体性的。而类邻避行动则发生在私人领域内，针对的是集体消费性质的邻避设施引发的冲突，其形态则是非群体性的、个体性的。

相较于邻避抗争、邻避运动、环境性群体事件而言，邻避冲突概念周延性更大，能够更全面地对各类邻避冲突现象和邻避行动形成覆盖，使理论能够关注到私人领域内的类邻避冲突上。当视野不局限在所谓的经典政治领域里，即社会同国家的对抗或者同资本的对抗，而是深入日常生活中、私人领域中，冲突无处不在，一些冲突关联到的更多是意见的分歧，而一些冲突则与社会深层次结构相关，如家务劳动的安排这样关涉性别权力配置问题，是日常生活中的政治和权力关系的表征，也是总体社会关系和意识形态的体现。因此，从外延角度来说，邻避冲突更适合作为整合各类邻避行动概括性概念。

从外延来看，发生在公共领域的群体性的、针对政府与邻避项目主体的典型邻避冲突和发生在准公共领域的个体性的、针对集体消费设施的类邻避冲突都可以被纳入到空间生产的理论视域里，邻避冲突典型地展现在空间争夺上。但是，典型邻避冲突和类邻避冲突两大类型的邻避行动能否被纳入邻避冲突这一总的概括性概念进行统一的考察，不能仅仅靠外延上的判断。正如既往邻避设施概念界定所犯的将邻避设施作为公共设施的子集混淆一样，典型邻避冲突和类邻避冲突能够被统一地纳入邻避冲突考察，需要在概念的内涵上进行界定，才更为确定。

2.1.3 “类邻避冲突”

作为总括性的邻避冲突的概念，从抽象来看，它是一个空间相邻而产生的空间所有者或者使用者间的权利义务关系变化而引发的矛盾和冲突。换言之，邻避是相邻关系的重要表现形式，“相邻关系首先是指因土地相邻而引起的相邻土地所有人或使用人间的权利义务关系。这方面的权利义务关系历来都是一种极为重要的民事法律关系，也是人类社会中除血缘关系外最早发生的一种财产关系”①。随着人类社会的发展，相邻关系已经不仅仅是物理意义上的土地接壤的平面意义上的相邻关系，已经超出了交易双方而对第三人相邻权益产生影响的相邻关系，经济学一般将其称为外部性问题。

在进入工业社会和全球化之后，外部性问题大大扩展，典型地体现在环境污染上（大气与水污染为代表）。在环境类和科技工程类设施里，经常可以见到设施选址地之外的民众对设施进行抗议，如在四川什邡钼铜事件和广东江门鹤山核燃料园事件里，设施选址地民众并不反对设施，但是设施选址地之外的民众却反对设施，在鹤山的核燃料园事件里，甚至出现了港澳地区客商以停止投资来要求当地政府停止项目。随着外部性问题扩展，相邻关系除了指直接交易的双方外，也包括了相邻人，而相邻人的资格就已经不仅仅是简单的物理上的毗邻了，我国学者就认为“只要他人不动产的使用对自己不动产的使用产生影响，或者说对本人不动产的使用影

---

① 韩光明．民法上相邻关系的界定——兼论法律概念的制作［J］．北方法学，2008（05）：47－59．

响到他人不动产使用的整个辐射面积和空间，都可称作‘相邻’”①，德国学者认为“相邻法也不仅适用于直接相邻的不动产关系。同时，远距离的不动产也可能受相邻法的调整，只要某不动产的影响能够延伸到远距离的不动产”②。因此，“在现当代，相邻关系不仅扩大了，而且更为丰富复杂了，其中‘邻避效应’就是典型”③。人以社会作为存在方式，相邻关系是人类社会最早存在的民事关系，人通过劳动而对自然环境进行能动改造，使得自然环境能够被对象化，成为人的价值的外部标识，人在实践过程里形成的对自然环境的占有和处分形成了早期的财产，财产并不是孤立的，需要得到社会承认，同时自身对财产的处分还可能关涉到他人的财产权益，相邻关系就产生了。当代人类社会的相邻关系已经发展成为一种抽象意义上的从直接可见的平面的、毗邻的不涉及第三人的原初相邻关系到非直接可见的空间的、受到外部影响的涉及第三人的空间相邻关系的连续的谱系了。

在空间相邻关系的谱系里，邻避冲突就得以定位，即从直接视觉可见到非视觉直接可见的空间的、受到负外部影响的涉及第三人的难以调解的空间相邻关系的完整谱系，它是涉及第三人的空间相邻关系未得到有效调节而产生矛盾的典型表现形式。它的一端是发生在公共领域内的、群体性的、争夺外部主体的典型意义上的邻避行动，即民众围绕邻避设施产生的外部影响同政府和项目主体展开的空间争夺。它的另一端就是类邻避行动，指向的是私人领域内的非群体性的、个体与个体之间的空间争夺。

在空间生产的理论视域里，通过对邻避设施和基于空间相邻关系的典型邻避空间争夺行动和类邻避空间争夺行动的定义和考察，邻避冲突完整

---

① 彭诚信．现代意义相邻权的理解［J］．法制与社会发展，1999（01）：21－29．

② ［德］曼弗雷德·沃尔夫（Manfred Wolf），吴越，李大雪译．物权法［M］．北京：法律出版社 2002：171．

③ 邱本，王岗．再论相邻关系［J］．当代法学，2015，29（06）：74－85．

的概念内涵建构和外延就得以确定，由邻避设施和作为邻避行动的邻避冲突的外延共同确定。邻避设施可以被定义为一类负外部性由周边空间集中承担，其他空间至少无损失甚至有极大收益的集体消费或者非集体消费设施。这一定义强调能够被视为邻避设施的必要充分条件是负外部性集中由周边空间承担，且其他空间没有损失或者有极大收益，而其外延则是满足这一必要充分条件的集体消费设施或者非集体消费设施。邻避冲突的外延则包括了基于空间相邻关系的从发生在公共领域内的、群体性的同政府和邻避项目主体的空间争夺的邻避行动到发生在准公共领域内的、个体与个体之间围绕邻避设施发生的空间争夺的类邻避行动在内的一系列的邻避冲突。

因此，邻避冲突可以被定义为：邻避设施引发的空间受损主体对受益主体或治理主体的从提出诉求到发起挑战的一系列行动。这一定义将邻避冲突的必要充分条件确定为邻避设施且空间受损主体对受益主体或治理主体发起的异议行动，其外延的理解有两种方式。

第一，根据邻避设施类型来理解，即集体消费的邻避冲突现象和非集体消费的邻避冲突现象。

第二，根据邻避冲突行动类型来进行理解，即发生在公共领域内的、群体性的、同外部主体的空间争夺的邻避冲突行动和发生在准公共领域内的、个体性的、个体与个体、个体与小群体之间的空间争夺的类邻避冲突行动。

考虑到研究的具体对象是邻避冲突，而不是邻避设施的差异，同时研究的创新之处在于将不被邻避研究关注的准领域内的类邻避冲突现象纳入理论视野范围内，起到检验和扩展现有邻避研究理论的功能，更重要的是由此能够更深入地接触到空间生产异化的结构性背景，突出空间生产异化对整个社会空间意识形态的弥散性的、潜移默化的影响。因此，对邻避冲突外延的理解主要是依据冲突类型来划分（见图 2 – 1）。

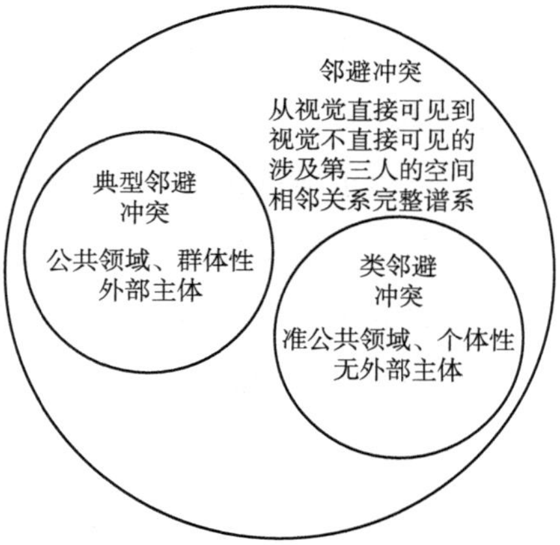

图 2－1　邻避冲突类型

（研究者自制）

2.1.4　“迎臂”

“迎臂”概念作为邻避冲突得到治理的标识，并不是一个为人熟知的学术概念，而更多出现在公共话语上。因此，还需要基于现有文献资料，对这一概念进行初步说明。“迎臂”词源来自于“迎臂”效应，是“迎臂”效应的家族性相似概念建构逻辑的延伸，强调的是治理邻避抗争如何实现“邻避”到“迎臂”。“迎臂”效应（yes in my backyard）术语较早的由我国台湾学者邱昌泰提出，所谓的“迎臂”效应指的是“某个地区的居民不反对甚至是欢迎设施在当地建设”①。“迎臂”效应在国内研究中使用还不是广泛，更多是作为一个标识邻避冲突治理理想状态而使用。单从“迎臂”效应来看，指的是这一设施对于东道社区而言具有极强的正外部性，能够丰富东道社区的多重价值，被东道社区欢迎，能够起到这种效应的设施可以被称为“迎臂”设施，Kalikow Maxwell 在研究中发现，居民普

① 刘美新，蔡晓梅．邻避或“迎臂”效应：东莞豪华酒店与社区的互动关系［J］．地理研究，2018，37（11）：2273－2287.

遍欢迎的“迎臂”设施是图书馆。[①] 如果是从邻避冲突治理角度来看，“迎臂”治理是邻避冲突治理理想状态，因为它不仅仅意味着冲突消弭，还意味着项目复址建设。但是，如果将“迎臂”治理仅仅视为冲突消弭和项目原址复工建设，就可能落入到追求项目建设的工具理性的窠臼中。

“迎臂”治理应当被视为能够修复邻避冲突造成一系列问题的过程，其中项目原址复工建设仅仅是其中可欲但不能刻意追求的一个目标。无论在中国还是其他国家，邻避冲突带来的问题不仅仅是公共资源浪费、项目停摆经济损失，更为重要的是政府公信力的持续削弱。

因此，“迎臂”的基本内涵可以初步确定为政府和民众关系的修复，政府——社会信任关系重建乃至生成新的共享的、可持续增长的共同价值和共同关系。

2.2 理论基础

2.2.1 空间生产理论

2.2.1.1 空间生产理论的时代与理论背景

任何理论的形成与发展都是在回应特定的时代问题，与既有的理论谱系进行对话，空间生产理论同样如此。空间生产理论产生于20世纪中末期以来的社会转型，植根于西方国家的“城市绅士化”的城市更新和随后发展中国家高速城市化所产生的一系列时代问题，也是西方马克思主义和左翼社会批判理论对于资本主义何以幸存的理论问题的延伸、发展。

在20世纪60年代到80年代，西方马克思主义和社会批判理论出现了

① Nancy Kalikow Maxwell. Libraries? —Yes, In My Backyard! [J]. Journal of Access Services, 2008, 3: 391-396.

空间转向，空间不再被视为纯粹的物理空间和社会关系的容器，而是成为了社会关系的一个部分，甚至成为了人的主要存在形式，空间概念从空间中的事物的生产演变成了空间本身的生产，空间具有本体论的意义。[①] 西方马克思主义和社会批判理论发生空间转向，一方面是西方马克思主义和社会批判理论一直关注的核心问题——资本主义何以幸存的研究逻辑的延伸。[②] 另一方面，20 世纪 60 年代之后，西方国家出现了大规模"城市绅士化"为代表的城市更新运动，80 年代之后的新自由主义与全球化浪潮出现了资本的全球化配置、城市化的扩张等新的趋势，西方马克思主义和社会批判理论的空间转向正是对这一趋势的批判性考察的结果。列斐伏尔作为空间转向的先驱，提出了空间生产概念，经哈维、卡斯特和苏贾等人的努力，发展出了空间生产理论以及探讨空间异化的解放路径——城市民众对空间的集体控制权利和保持差异的空间正义理论，成为新版马克思主义、新城市社会学和城市政治经济学的重要理论范式。

空间生产理论是西方马克思主义对资本主义何以幸存、如何幸存问题讨论的新发展，这一新发展直接来自于对卢卡奇（Georg Lukács）、葛兰西（Gramsci Antonio）、阿尔都塞（Louis Pierre Althusser）和日常生活批判时期的列斐伏尔等人的理论局限的反思，他们过于拔高意识形态对资本主义社会再生产的重要性，甚至将解放的希望完全寄托于意识形态批判和文化革命的理论和实践。对意识形态的关注，使得一大批理论家深刻地意识到了意识形态能够以非意识形态的样貌（日常生活的消费主义和文化工业）将资本主义社会关系形而上学化，统摄整个社会，并成功地再生产出社会关系，不断构建作为支配主体的资产阶级和被支配主体的无产阶级。但

---

① ［美］爱德华·W. 苏贾（Edward W. Sojia），周宪，许钧等译．后现代地理学——重申批判社会理论中的空间［M］．北京：商务印书馆，2017，200－209；［法］亨利·列斐伏尔．空间：社会产物与使用价值．载于包亚明主编．现代性与空间的生产［M］．上海：上海教育出版社，2003：47.

② 林密．意识形态、日常生活与空间——西方马克思主义社会再生产理论研究［M］．中国社会科学出版社，2016：13.

是，正因为过于关注文化领域和意识形态，才使得他们将解放的希望寄托于此，而无视资本主义社会在关键的资本循环上的新的变化，而这才是资本主义得以幸存的根本原因。[①] 20世纪60年代西方文化革命的失败，也从实践上说明了过于关注意识形态和文化批判的局限和无力。恰好，西方社会此时掀起的新一轮城市更新运动，为国外马克思主义和社会批判理论提供一个观察窗口，能够让社会批判、意识形态批判与对资本主义政治经济学批判结合到一起，深化对资本主义运行逻辑和根本困境的理解，以资本循环的新方式为切入点，重新理解和审视资本主义并提出新的解放路径，就成为西方马克思主义和社会批判理论的空间转向的理论目标与实践任务。

总体来看，西方马克思主义和社会批判理论的空间转向以列斐伏尔提出的空间生产理论为基础，以哈维提出的资本三次循环和卡斯特提出的空间集体消费为焦点，以城市发展与治理为主要场域，得出了城市异化成为增长机器的结论，提出了基于差异和城市权利的空间正义的解放路径。

2.2.1.2 空间概念的自主性和有效性

空间概念的建构与使用面临着自主性和有效性的挑战，在一般的运用空间概念的学术研究里，空间与社会关系、社会场域等相似概念，总是不加区分地应用，以至于让人们认为空间概念是学术概念膨胀的体现，而使空间概念没有得到足够的重视。空间概念的自主性和有效性来自于对现实政治经济实践的考察，它植根于城市化和"城市绅士化"城市更新，认为资本主义在政治统治与治理、社会公共生活与意识形态环节产生的异质性的力量都内化到了城市化与城市更新的空间生产里，空间已经成为人类的存在方式。因此，相较于社会关系、场域等概念来言，空间是其上位的范畴。

---

① 林密．意识形态、日常生活与空间——西方马克思主义社会再生产理论研究［M］．中国社会科学出版社，2016：311．

列斐伏尔曾经做出这样一个判断："今日，对生产的分析显示我们已经由空间中事物的生产转向空间本身的生产。"① 列斐伏尔的这一判断充分地展现出了空间生产理论的周延性，同时也为空间生产理论将遭遇到的批评埋下了伏笔。空间生产理论能够成立的前提，是空间概念的自主性和分析社会问题的有效性。

在既往的理论视阈里，空间处于近视和远视构成的双重盲域里。② 苏贾就认为，建基在经验主义哲学遗产之上的社会理论，普遍将空间视为客观上可以衡量的表象。③ 在这种社会理论的视阈里，空间并不具有自主性，也并没有成为具有解释性功能的概念，而仅仅是外在于人类社会的物质资源。在经验主义社会理论的阐释中，空间本质上是均质的，仅仅具有物理上的意义，是客观意义上的环境，而不具有丰富的社会内涵和价值，对空间的调整、规划、重建本质上同人类对自然物质资源的加工和处理是一样的。例如，住房问题在经验主义社会理论视阈里，就仅仅是住房问题，而不存在更深层次的问题——例如住房阶层排斥、住房与公共服务挂钩可能导致的公共服务不平等问题，没有看到住房同样存在着人们的认同和集体记忆等非经济利益能够通约的社会价值。

所谓的远视，则是将空间视为纯粹的心理和思想构建的产物，是纯粹主观的，而与现实的人类社会生产对自然环境的能动改造过程毫无关系。将空间视为纯粹的心理建构产物，是与经验主义相对的理性主义的产物，在理性主义的哲学和社会理论视阈里，由于其先验的唯心主义立场，使这一理论视阈：一是无法认识到自己的理论观点也是现实的社会生产在意识形态领域上的投射的结果；二是无法认识到空间也是社会生产的产物，对

① ［法］亨利·列斐伏尔．空间：社会产物与使用价值．载于包亚明主编．现代性与空间的生产［M］．上海：上海教育出版社，2003：47.

② ［美］爱德华·W. 苏贾，周宪，许钧等译．后现代地理学——重申批判社会理论中的空间［M］．北京：商务印书馆，2017：186－200.

③ ［美］爱德华·W. 苏贾，周宪，许钧等译．后现代地理学——重申批判社会理论中的空间［M］．北京：商务印书馆，2017：186.

空间的构想同经验主义对空间自然化的处理一样，都起到了支撑现实社会关系和意识形态再生产的作用。因此，在阐释空间概念的自主性和有效性之前，首先要将空间从自然主义的经验主义和唯心主义的理性主义构成的近视和远视的双重盲域里解放出来。

空间具有自然和社会双重属性，这两种属性通常展现为在一定社会关系形塑下的人，通过实践，认识并利用空间的自然属性，对空间进行改造，使得空间本身具有了社会属性，被打上了特定的社会关系烙印。在人类能动的实践过程中，空间已经不是一个纯粹的物质环境了，而是人通过实践的对象化的产物，是客体的主体化。换言之，空间本身已经成为了人身体和思想的延伸，是特定社会关系和意识形态的产物，就如同帝制时期象征皇权的故宫一般，作为皇帝生活和统治的主要空间，其布局和建筑结构本身就是皇权的呈现，在这一空间内发生的政治仪式同特定的权力美学符号一起，不断再生产皇权，同特定的皇权制度不同，通过潜移默化方式来实现对统治者的皇帝和被统治者的臣民的主体构建。而在辛亥革命，尤其是新中国成立之后，故宫作为现代公共空间的博物馆和公园的角色重生，平等地对公民开放，这就使故宫不再是皇权的象征和产物，而是作为现代政治和公共生活的象征出现，它象征着现代民主政治和公共生活对皇权和专制的替代，象征着人人平等的政治关系对社会等级制度的替代。列斐伏尔认为：“空间产生于劳动和劳动分工，因而，它是产品和物品的总集所占有的一般性场所，也是这些物品的子集的场所。它被现实化、客观化了，因而也是功能性的。”① 空间是社会性的，是特定社会关系的产物，同时也起到对特定社会关系再生产的功能。因此，空间还是一种治理工具（经济上的资本循环和政治上的统治、治理），一方面是意识形态性的，另一方面则是知识性的（以自然科学和

① ［法］亨利·列斐伏尔，李春译．空间与政治（第二版）［M］．上海：上海人民出版社，2015：23.

规划科学为代表的工具与技术理性知识)。[①] 当空间作为治理工具的时候,它以意识形态性来指引知识性,以知识性来遮盖并支撑意识形态性,就是在意识形态规约下去应用知识,实现调节整个社会再生产和不断建立对现存社会关系的统一的目标。

证成空间概念具有相对自主性的第一步是对空间是社会关系的产物,并且起到了再生产特定社会关系功能的证明。但是,这一论证并不证明空间概念可以具有相对自主性,空间概念的相对自主性应当建立在空间概念对特定时代问题独特的阐释价值上,而这就与空间概念的解释力有关了。西方马克思主义和社会批判理论之所以发生空间的转向,直接的原因是其原先秉持的偏重意识形态和文化批判的局限,植根于60年代开启的又一轮大规模的城市更新运动和80年代的新自由主义全球化、中国等发展中国家普遍的城市化的历史现实。因此,空间概念的阐释价值,就在于对城市化、城市更新和城市治理的研究上。不同于其他理论范式对城市化和城市治理的观点和实践策略,尤其是芝加哥城市社会学倾向于从阶层合作的立场来讨论城市问题[②],空间生产理论则是深入到城市化的本质——资本的空间转向,资本转向空间循环的角度来讨论城市问题。

列斐伏尔认为:"空间作为一个整体,进入了现代资本主义的生产模式:它被利用来生产剩余价值。土地、地底、空中甚至光线,都纳入生产力与产物之中。都市结构挟其沟通与交换的多重网络,成为生产工具的一部分。城市及其各种设施(港口、火车站等)乃至资本的一部分。"[③] 在经典的马克思主义政治经济学视阈里,关注的资本循环是直接的物质生产领域(实体产业循环),作为资本循环发生的支撑性的场所和交通、通信等公共设施,并没有被直接视为资本循环的一部分,换言之,它并没有直接

① [法] 亨利·列斐伏尔,李春译. 空间与政治(第二版)[M]. 上海:上海人民出版社,2015:24.

② 包亚明主编. 现代性与空间的生产 [M]. 上海:上海教育出版社,2003:4.

③ [法] 亨利·列斐伏尔. 空间:社会产物与使用价值. 载于包亚明主编. 现代性与空间的生产 [M]. 上海:上海教育出版社,2003:49.

进入商品交换过程，成为资本增殖的主要来源。但是，在列斐伏尔看来，20 世纪 60 年代的城市更新乃至早先的城市化①，都是资本循环的一部分。因此，列斐伏尔提出了两次资本循环的观点，以证明空间概念的解释力。

列斐伏尔将空间概念置于 20 世纪 60 年代城市更新进程和城市规划论域里，是从对城市规划的讨论，对资本循环在城市化和城市更新计划中发生的变化来抽象到对空间的讨论。列斐伏尔认为："房地产作为第二部门（即与资本主义生产并行的一个循环），服务于非耐用资产市场，这些资产并不比'建筑物'更耐用。这种第二部门起到了缓冲器的作用。在该部门，几乎没有乘数，也很少出现。资本与房地产捆绑在一起。虽然整个经济（所谓的国内经济）不久会变差，但该部门的作用与功能会继续增长。由于最重要的循环——当前的工业生产与流动资产的结果——开始慢下来，资本会移向第二部门，即房地产。更有甚者，房地产投机会变成资本形成的主要来源，换言之，成为实现剩余价值的主要来源。在工业中形成和实现的整个剩余价值。它的百分比开始下降，正因如此，百分比的创造与实现是通过房地产投机与建筑业的增长完成的。第二次循环取代了第一次循环，成为根本性的东西。"② 列斐伏尔关于城市更新、城市化是资本的第二次循环，甚至成为主要循环的判断，成为空间生产理论的核心观点。列斐伏尔认为在"20 世纪早期及之前，资本主义的发展主要依赖的是对劳动的剥削和基本生产资料的再生产"③。20 世纪 60 年代后，城市化和城市更新为代表的空间生产和 80 年代新自由主义改革后兴起的开发城市的城市发展与治理理念，使空间普遍地成为经济发展的主要方式，房地产发展和自有住房率的提高使得空间成为人们社会生活的主要存在方式，"资本主

---

① 参见刘怀玉．社会主义如何让人栖居于现代都市？亨利·列斐伏尔《都市革命》一书再读［J］．马克思主义与现实，2017（01）：104－115．

② ［法］亨利·列斐伏尔，刘怀玉等译．都市革命［M］．北京：首都师范大学出版社，2018：181－182．

③ 林密．意识形态、日常生活与空间——西方马克思主义社会再生产理论研究［M］．中国社会科学出版社，2016：308．

义不仅仅占有了地球上的现有空间，而且它趋向生产自己的空间”[①]。换言之，在直接的物质生产领域即资本的初次循环为主导的历史时期，空间并不会直接地进入资本循环，不会大范围进入商品化阶段，也不是剥夺剩余价值的主要对象。相对而言，空间仍然是稳定的，能够承载经济领域之外的社会价值，也能够承载劳动力再生产的非商品化方式。

但是，空间一旦被纳入资本循环，甚至成为资本循环主要方式，空间就不再是稳定的、具有差异性的栖息之地，而是碎片化——同质化——等级化[②]的无差异商品和治理单元。因此，空间概念的解释力就显现出来了，通过对新的资本循环方式的考察，将空间的经验基础牢牢地建立在社会生产领域，由此展开对权力生产出的治理空间、意识形态生产出的文化与观念空间的探讨与批判。在20世纪60年代后，作为社会产物的空间就突出地具有了生产资料、消费对象、政治工具的功能[③]，同时，空间也就成为阶级斗争的新场域。

列斐伏尔对资本循环的讨论还比较宏观，更多是下了一个理论判断，哈维和卡斯特对这一问题进行了更详细的论证，充分阐释了空间生产与资本循环的关系，空间概念的相对自主性和解释有效性得到了证成。

哈维完整地阐释了资本空间转向下的当下时代资本的三次循环（见图2-2），三次循环是同步进行的。其中，作为资本的二次循环，资本在空间的循环是资本的初次循环（直接物质生产的产业和流通领域循环）和国家对集体消费投入的第三次循环的中介，囊括了初次循环与第三次循环。对资本三次循环关系结构的理解，要从资本主义社会再生产角度切入。在经典的马克思政治经济学视阈里，社会再生产基本上是通过商品化

---

① 林密．意识形态、日常生活与空间——西方马克思主义社会再生产理论研究［M］．中国社会科学出版社，2016：309.

② ［法］亨利·列斐伏尔．刘怀玉等译．空间的生产［M］．北京：商务印书馆，2021：416.

③ ［法］亨利·列斐伏尔．空间：社会产物与使用价值．载于包亚明主编．现代性与空间的生产［M］．上海：上海教育出版社，2003：49-51.

完成的，是在资本初次循环阶段就完成的，无论是生产资料、生活资料还是劳动力，都是通过市场交换实现的。生产的社会化和生产资料私人占有矛盾，即市场交换的迫切性、盲目性、时滞性使得生产资料、生活资料和劳动力交换都可能面临着困难，同时，市场竞争带来的垄断和无产阶级的贫困化趋势，则使得有效需求和生产过剩矛盾越发凸显，最终产生经济危机，社会再生产无法进行。但是，在这一视阈里，忽视了一些重要的非商品化和不直接进入初次循环的社会再生产途径。

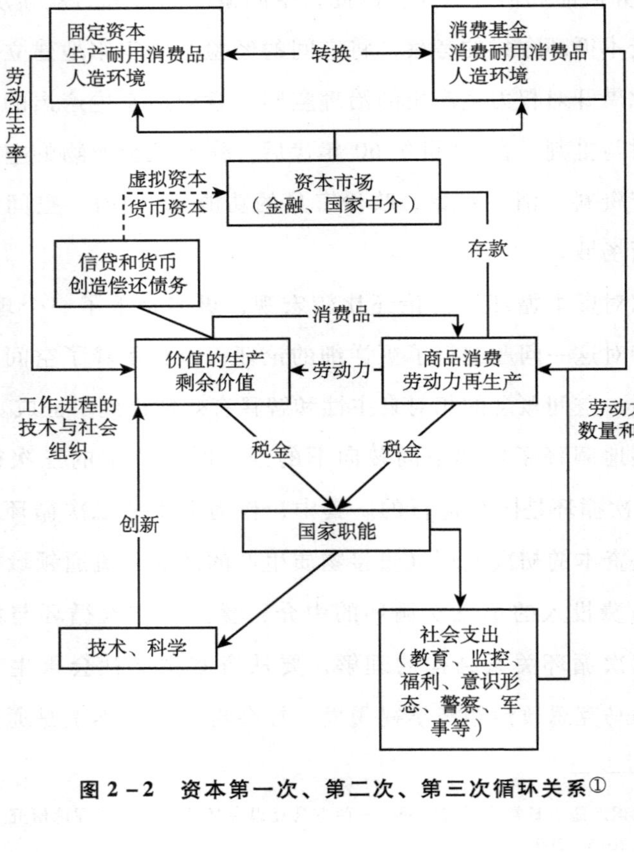

图 2-2　资本第一次、第二次、第三次循环关系①

---

① ［英］大卫·哈维，董慧译．资本的城市化：资本主义城市化的历史与理论研究［M］．苏州：苏州大学出版社，2017：9．

哈维认为，生产资料的生产和交换、生活资料的生产和消费分别包括两个部分。对于前者而言，第一个部分是封闭于生产过程中的固定资本，是作为直接的原材料投入①，第二个部分则是作为生产的物质框架的固定资本，称为生产的人造环境。②对于后者而言，第一部分是直接包含在消费过程中的耐用消费品，第二部分则是消费的物质框架（房屋、人行道等），即辅助而不是作为消费直接投入的商品的消费资金，也被称为消费的人造环境。③生产与消费的人造环境使得生产、流动、交换、消费能够顺利进行，支撑了资本的初次循环。当资本进入生产的人造环境和消费的人造环境开始直接循环的时候，就可以被称为资本的第二次循环。

资本的第二次循环的发生并不是自然而然的，而是需要解决单个资本家搭便车的障碍，即这些人造环境的投资巨大、时间较长，资本周转速度较慢，单个资本家缺乏积极性进行投资，而这就使得资本初次循环容易过度，二次循环则投资不足。要使得资本能够顺利地进入二次循环，就需要功能性的资本市场，以国家和发达的金融、信贷体系作为支撑④，为资本进入二次循环提供保障，并协调零散资本，使其能够整合起来，对生产与消费的人造环境进行投资。

对生产与消费人造环境的投资成为资本的二次循环，意味着空间本身就直接进入了资本循环过程，被商品化。由此，20 世纪 60 年代之后的城市化、城市更新本身就是以服务资本循环和资本积累为目标的，空间成为商品，被资产阶级和国家不断地单方面添加新的使用价值或者开发新的空间，以使得空间能够具有更好的交换价值，也使得空间同质化、碎片化，并成为社会等级制度的重要维度，发挥着经济统治与政治治理的功能，劳动者也就不仅只是在生产过程和生活资料消费上被纳入商品化进程，而且

---

①②③ ［英］大卫·哈维，董慧译．资本的城市化：资本主义城市化的历史与理论研究［M］．苏州：苏州大学出版社，2017：6.

④ ［英］大卫·哈维，董慧译．资本的城市化：资本主义城市化的历史与理论研究［M］．苏州：苏州大学出版社，2017：7.

还在空间上也被纳入商品化进程，真正意义上地进入一个日常生活都被控制的消费社会中。因此，哈维指出的空间资本循环（不仅是民族国家的城市化、城市更新和虚拟空间扩展，而且也包括了生产资本的全球化配置，即产业链纵向整合）成为资本整体循环的中间环节，是资本内部矛盾的空间修复战略。①

在哈维提出三次循环基础上，卡斯特重点关注了资本的第三次循环，并将第二次循环中的公共住房、交通、通信等纳入了第三次循环过程，以集体消费的概念重新进行考察。所谓的集体消费正是生产和消费的人造环境，劳动力再生产需要的必要社会福利和教育体系的国家投资和再分配，而从本质上来看，国家对集体消费的投资和安排，是为了避免单个资本家个体理性导致集体消费投入不足而使得资本长期积累无法完成，进而使得依靠资本长期积累的国家也无法维系。② 换言之，国家对集体消费的投资和安排仍然是通过商品化进行的，符合市场逻辑和资本增殖的需要③，而并不考虑生活在城市中居民真正的生活需要，正如卡斯特所言："不平等仍有新的来源，它与这些公共物品（collective goods）的使用与生俱来，而这些公共物品已经成为日常消费的基础组成部分。"④

城市化的扩展与工业化的深化通常是处于同一进程的，但是在20世纪60年代尤其是80年代之后，城市化与工业化脱钩了。城市化扩展并不是因为工业化，而是因为城市本身就是资本循环的途径。在这里，对列斐伏尔的判断"空间中事物的生产转向空间本身的生产"⑤ 就有着更直观的理解，空间中事物的生产，可以理解为城市为载体的产业循环，而空间本身

---

① ［英］大卫·哈维，董慧译．资本的城市化：资本主义城市化的历史与理论研究［M］．苏州：苏州大学出版社，2017：59.

②④ 曼纽尔·卡斯特，姜珊．发达资本主义的集体消费与城市矛盾［J］．国外城市规划，2006（05）：30－38.

③ 蔡禾，何艳玲．集体消费与社会不平等——对当代资本主义都市社会的一种分析视角［J］．学术研究，2004（01）：56－64.

⑤ ［法］亨利·列斐伏尔．空间：社会产物与使用价值．载于包亚明主编．现代性与空间的生产［M］．上海：上海教育出版社，2003：47.

的生产，就可以理解为支撑产业循环的人造环境直到社会福利、教育与意识形态的生产。空间本身的生产正是资本和政府共谋的产物，资本想要摆脱初次循环的过度积累问题，而国家则要保障资本的长期有效积累。因此，通过国家和金融机构支撑的资本市场实现资本的空间转向，而国家则通过市场化的方式来安排集体消费性质的公共服务，又给私人资本提供了循环的空间，这就使得市场逻辑渗透到了公共服务安排的平等逻辑中，私人资本的收益事实上替代了社会收益。

在当下，资本的初次循环与第三次循环融入了资本的空间循环，资本的空间循环成为了初次循环与第三次循环发生的场域。具体来看，资本的空间循环的关键支撑就是土地价值资本化及其实现方式——房地产与产业发展（在西方主要表现为第三产业，而在中国则更重视第二产业）。通过将土地价值资本化，政府能够从民众、社会资本上获得大量的收益，而产业则能够提供可持续的收入。政府和获得土地的企业也可以将土地抵押，获得金融支持，金融机构也愿意大量放贷和将债务打包成金融产品分摊风险。同时，民众也不得不购买住房，一是为了自住消费需要，二是为了升值的投资需要。通过房地产和产业发展相互支撑，政府获得了大量资本能够进行服务于资本积累公共设施投资和服务于劳动力再生产的社会性服务的集体消费。而企业和金融机构则获得了持续性的收入，并通过不断的金融化的处理方式，谋取更多利益。个人则通过房产价格上涨带来的财富效应，而改变消费和投资策略，同时也不得不接受其中存在的巨大风险（自身工作弹性化和受到雇佣者因金融风险进行风险转嫁的可能、城市公共服务因债务的可持续性、房价持续上涨带来的民生问题，尤其是针对尚未拥有住房或者以住房来改善生活需要的一般收入社会阶层）。空间就分为了三个层面。

第一，经济层面。资本在空间的循环，是资本不断地生产符合自身需要的空间。

第二，政治与治理层面。以资本长期有效积累为目标，政府不断地使用规划科学，将空间置于远视和近视组成的双重盲域中，将空间的社会价值和公平正义属性剥离，空间就被视为无差异的治理单元和统治工具。经济层面的空间生产和政治、治理层面的空间生产，使得空间碎片化、同质化，并等级化，空间被人为地稀缺化，与空间的碎片化、同质化共同作用，劳动者按照职业和收入的分异形成了不同层级的居住小区，实现阶层隔离，形成了居住分异①的现象，使劳动者能够达成集体行动可能性削弱，甚至在同类小区里的集体行动，都因空间的稀缺和私人财产权利保障的碎片化的空间，而变得越发困难。

第三，意识形态的层面。大量的文化产业、景观消费（符号性消费的文化奇观、奢华夸张的商业设施等）都通过大量占有稀缺的空间资源，形成特定的传达消费主义内核意识形态的景观，潜移默化地塑造了对财富的追求。同时，文化产业与景观消费等资本主义意识形态的再生产是通过商品化的方式进行的，“比起可以触摸的物体，如汽车和冰箱，影像消费的寿命几乎只是一瞬之间”②，文化与景观消费的瞬时性和虚拟性在一定程度上脱离了“传统生产的‘物质性基石’”③，转向了对虚拟符号的生产和消费，是提高资本周转速度和“时间消灭空间”的体现。在空间生产视角下，文化与意识形态批判、治理与权力批判、政治经济学的资本批判就联结到了一起。而在社区治理和日常生活中，稀缺空间资源带来的空间紧张和空间本身的碎片化，使得人们对空间就不再仅仅是将空间视为生活的地方，而具有了投资的价值，空间金融属性强化，强化了个体的原子化趋势，也使得不动产的动产化趋势越发强化。空间生产的异化投射了一个个体化和个人利益最大化的意识形态，它通过对消费的引导，对日常生活的

① ［英］大卫·哈维，董慧译．资本的城市化：资本主义城市化的历史与理论研究［M］．苏州：苏州大学出版社，2017：116－117.

② ［英］大卫·哈维．时空之间——关于地理学想象的反思．载于包亚明主编．现代性与空间的生产［M］．上海：上海教育出版社，2003：388－389.

③ 林密．意识形态、日常生活与空间——西方马克思主义社会再生产理论研究［M］．中国社会科学出版社，2016：311.

渗透，将个人构造成服从异化空间生产需要的主体。

列斐伏尔提出的空间生产理论，经由哈维、卡斯特等人的发展，已经成为能够囊括在经济生产——政治统治与社会治理——意识形态三大层面探讨资本主义如何维系自身的解释性理论，并由资本循环的空间转向入手，有效地阐释了经济层面的空间生产、政治层面空间生产、意识形态层面的空间生产，通过空间的分析，使对资本的政治经济学批判，对国家的治理批判和对意识形态的文化批判，都能够在空间的概念和理论范围内得到结合。对邻避冲突研究来言，空间生产理论在资本的空间循环层面和空间的政治与治理能够说明为什么会邻避设施会如此安排。而在意识形态层面，能够阐释空间生产的异化投射的意识形态及其对行动者的观念形塑。

任何一项理论都经过了地方性知识到普遍性知识的逻辑跃升，在这一过程里，理论弹性越大，其解释力可能就越弱，越大而化之、言不及义。正如对空间生产理论的质疑一样，如果任何问题都可以装入空间概念里，那么空间到底是什么？完全抛弃空间本身的自然属性来讨论空间，是空间生产理论在应用时候的一大问题。当空间无所不包的时候，空间概念就会面临为什么不采用社会关系或者场域概念的质疑。因此，空间生产理论在应用的时候，有其特定的问题指向——列斐伏尔所言的都市社会问题，更具体的来说是由城市化、城市更新、涉及到对土地为代表的物理空间的改造和利用引发的政治经济与社会问题。空间生产理论在解释这一社会问题的时候，应当是立足在资本的空间循环与集体消费的基本论域上，以此来作为逻辑起点讨论空间的政治与社会治理，讨论空间的意识形态问题。这样，空间概念的自主性就得以证成了（见图 2－3），它是对 20 世纪 60 年代尤其是新自由主义改革之后的资本主义发展阶段进行阐释的总体性的概念，围绕资本主义生产关系的再生产，政治统治与社会治理、社会关系与意识形态的矛盾、资本在初次循环的过度积累都内化到了空间的生产之上，使得空间概念能够统合诸如社会关系或者场域这一类的概念。

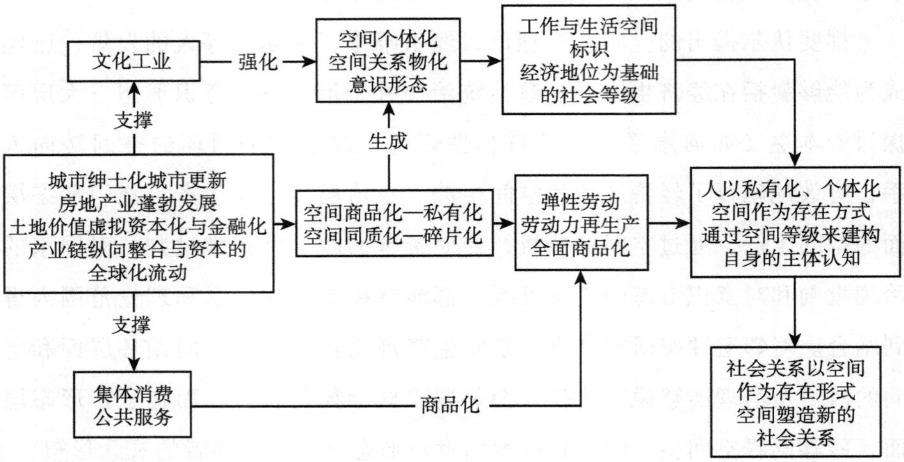

图 2-3 空间概念的自主性

（研究者自制）

这仅仅是站在空间生产理论生发的西方资本主义国家的政体背景角度出发，来讨论空间生产理论应用如何更有针对性，那么当空间生产理论脱离其地方性环境的时候，空间生产理论进入中国的适应性是需要证成的。

2.2.2 空间生产理论的本土适用性证成

空间生产理论之所以能够适应于中国，在于中国同西方国家一样同处于现代社会，都面临着资本循环的问题。生产力决定生产方式与生产关系，经济基础决定上层建筑。中国发展出了以土地价值虚拟资本化作为依托，以城市化和工业化相互促进的发展道路，同西方国家的城市更新也有着功能和路径上的高度相似性。

空间生产理论描述和阐释的空间生产的异化，即城市从人的日常生活空间异化成为追求经济增长、资本积累的增长机器，本就是一个全球性的问题。在 20 世纪 80 年代后，随着冷战的结束和新自由主义全球化的指向，资本实现全球扩张，并进行产业链的纵向整合，发展中国家城市化迅猛发展，将服务资本增殖的城市发展和治理理念扩散到整个世界，扩散到人们的日常生活，不断地把人们的生活纳入到商品化的进程中，增长机器和开发城市被视为城市发展的不二法则。当资本主义社会再生产通过资本循环扩展的方式，并且使得非商品化的社会再生产都纳入商品化的进程中，就意味着资本过度积累趋势能够在相当程度上得到延缓，全球化扩展也使资本能够在全球范围内扩展，来缓和国内的资本过度积累，更毋宁说虚拟空间和符号消费对需求的制造，使得劳动者日常生活、休闲娱乐的闲暇时间都成为了无偿的劳动时间，闲暇时间和日常生活都变成了生产，变成了剩余价值被榨取的途径，最典型的莫过于虚拟空间的数字产业，使得休闲和娱乐的劳动者成为了产消一体的玩工。[①] 空间生产理论本身就具有普适性，是因为其描述和研究的现象，本身就是普遍性的，资本不断寻找积累和循环的空间正是现代世界的经济基本规律。

城市异化成为增长机器，空间生产异化虽然是当下世界城市化发展的主要趋势，但是这一论断却建立在资本主义基本制度框架内，即整个上层建筑运转从根本上都是服从资本长期有效积累的。

但是，当空间生产理论进入当代中国，其理论适应性最大的问题是，中国是社会主义市场经济体制，市场固然是在资源配置中起决定性作用，但并不意味着市场就只服从于私人资本积累的需要，在社会主义市场经济体制里，社会公平正义的张扬和国家调节、干预能力是资本主义体制国家无法相比的。那么，这是否能够说明空间生产理论对中国缺乏解释力或者不适用？答案是否定的，即便没有进行理论上的论证，在现实和公共话语中，高频出现的土地财政、房价居高不下、开发城市等概念、话语和反复出现的“房住不炒”的政策方针，都说明了空间生产的异化在当下中国已经是一个事实，而不是理论虚设的靶子，“中国改革开放的推进已经站在了资本全球化浪潮的前面，由此呈现出来的复杂的现实语境，恰恰构成了中国马克思主义哲学研究工作者的另一个亟待深入解

① 宋嘉伟．“肝动森”：休闲玩工的形成——对《集合啦！动物森友会》的数字民族志考察［J］．新闻记者，2020（12）：3－19．

读的‘文本’。”[①] 中国的改革开放受到新自由主义全球化语境的深刻影响，其社会发展路径和意识形态也不可避免地被资本主义的影响力和渗透力扭曲，源于西方的将空间作为资本积累的源泉的资本循环的空间生产策略也深刻地影响到了中国，“中国在资本短缺条件下的招商引资，与国际产业资本过剩条件下追求向要素价格低谷转移而出现的资本供给，恰是一个过程的两个方面……当新一轮宏观环境利好来临时，地方政府便以土地的资本化助推所辖地域内的招商引资、外向型经济高速发展。即使没有招商引资也要靠滥占土地、大兴土木建设地方政府的楼堂馆所来创造银行资本进入当地的政绩。”[②] 因此，空间生产的理论的应用本身就是与中国的现实情境的对话。

1994 年分税制改革之后，随着土地制度改革、商品房改革，中国逐步进入到一个以土地金融——土地财政为核心，招商引资——开发城市为手段，一手抓城市化一手抓工业化的发展模式阶段，即土地驱动的城市化和工业化发展道路。分税制改革之后，地方政府经济发展与公共服务的巨大财力缺口得到土地金融和土地财政的支持，土地价值资本化使得相互支撑的城市化和工业化的开发城市发展路径成为可能。土地驱动的城市化和工业化发展道路来实现城市化和工业化并行的发展理念的兴起，有其必然性和偶然性。就其偶然性而言，土地财政和开发城市理念是分税制改革后央地事权财权倒挂的结果。

从必然性来看，土地驱动的城市化和工业化发展道路本质上是地方政府权力扩展的体现。地方政府的权力基础来自于中国长期以来的行政发包制和政治锦标赛体制，动力则来自经济发展和公共服务安排为基础的绩效合法性。政治锦标赛体制使得中央政府能够通过塑造地方政府间的竞争格

---

① 林密．意识形态、日常生活与空间——西方马克思主义社会再生产理论研究［M］．中国社会科学出版社，2016：1.

② 温铁军．八次危机：中国的真实经验（1949－2009）［M］．北京：东方出版社，2013：236－237.

局，来实现自身的意图，而地方政府能够利用中央政府给予的权限和自身固有的治理空间来扩展政府和地方利益。分税制改革和之后的金融体系、国有企业、行政机构改革，基本上建立了一个适应市场经济制度的政府体制，同时也斩断了地方政府及其所属企业的制度性利益链条，这就使得地方政府陷入到无财可用，但责任巨大的困境中。

1990 年 5 月 19 日国务院发布的《中华人民共和国城镇国有土地使用权出让和转让暂行条例》和《外商投资开发经营成片土地暂行管理办法》①，以及之后的 1998 年废除单位福利分房，促进商品房市场的发展②，为陷入财政困境，但又需要发展经济和提供公共服务的地方政府提供了可用的资源——土地。由此，地方政府开始利用土地规划、审批等权限，将土地价值资本化，形成了土地金融——土地财政和招商引资——开发城市为核心的城市发展和治理理念③，将城市作为一项资产来进行开发，一切围绕着提升城市交换价值，而对城市空间进行不断重塑和改造。在发展过程中，城市政府也异化成为了类增长机器，重视资本的积累和政府的组织利益，而可能忽视了民众的利益，在公共设施的建设上也如此，服务经济发展的公共设施建设远远快于服务民众和社会福利的公共设施建设，大量的城市公共服务也被打包安排给了封闭商品房小区的私人资本来进行供给。④

对于个人而言，住房也不仅仅是用来居住的，也具有了极强的金融属性，成为了虚拟资产，有着强烈的投机性冲动。⑤拥抱土地金融——土地财政和招商引资——开发城市理念的中国城市，空间生产的异化已经是一个

① 周黎安．转型中的地方政府——官员激励与治理（第二版）[M]．上海：人民出版社，2017：229.

② 周黎安．转型中的地方政府——官员激励与治理（第二版）[M]．上海：人民出版社，2017：227.

③ 周黎安．转型中的地方政府——官员激励与治理（第二版）[M]．上海：人民出版社，2017：288.

④⑤ 冀福俊，宋立．资本的空间生产与中国城镇化的内在逻辑——基于新马克思主义空间生产理论的视角 [J]．上海经济研究，2017（10）：3－12.

无可争议的事实，城市化——工业化发展道路固然通过宏观经济发展和大量的土地相关收入供给了公共服务，但是宏观经济发展涓滴效应的减弱和公共服务供给的空间不平等，则强化了资本和城市政府共谋带来的不平等。除此之外，土地金融——土地财政和招商引资——开发城市为内核的城市发展理念，不仅仅是在经济层面上对空间生产造成影响，使本质上是国有资源的空间服务于私人资本和政府组织利益；在治理层面上也使得空间成为政府片面政绩观的工具；而在意识形态层面上，则强化了空间私有化观念，强化了空间生产的主客对立，即个人越发倾向于牺牲他人的空间来保障乃至扩大自身空间权益。

土地驱动的城市化和工业化发展道路的和治理理念改变了中国空间生产的格局和逻辑（见图 2 -4）。改革开放后，稳定与发展成为地方政府治理的指挥棒，对发展经济和财税收入增加的渴望驱动着地方政府转变为企业型政府，而政治锦标赛体制则塑造了府际竞争格局，强化了地方政府的企业化趋势，并以此实现中央政府意图，这构成了土地驱动的城市化和工业化发展道路的制度与理念基础。土地制度为代表的一系列改革实质上成为中央政府向地方政府的新的放权，以此为核心，地方政府控制着关键性的经济资源，是区域资源控制者和规则制定者。[①] 因此，土地驱动的城市化与工业化发展道路就顺理成章地产生了。对于地方政府来言，主流的城市发展模式带来了三部分的收入：第一部分是直接的土地出让收入及其他税费收入；第二部分是制造业、重化工业为代表的重资产型行业以及随后的产业溢出效应带来的财税收入、吸引就业、学习效应与产业链形成，聚集就业人口带来的服务业和商住用地增加的收入；第三部分则是将土地未来收益质押向金融机构的融资。由此，在土地驱动的城市化和工业化发展道路下，中国的空间生产也出现了资本的三次循环。

① 周黎安．转型中的地方政府——官员激励与治理（第二版）［M］．上海：人民出版社，2017：15.

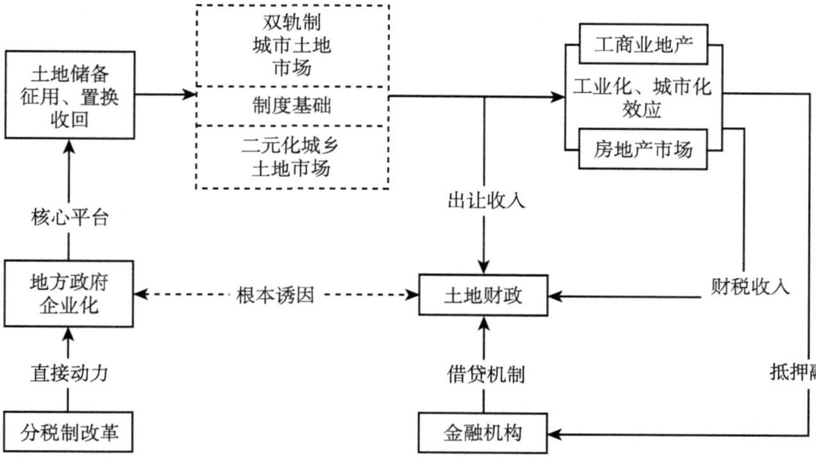

图 2-4　我国转型语境中的土地财政运行基础①

简单来说，中国空间生产资本循环分为直接资本循环、间接资本循环、基础设施与集体消费资本循环。直接资本循环就是地方政府通过土地“招拍挂”来直接获得巨额的一次性土地出让收入和相关的税费收入。具体来言，一方面以商住空间属性土地出让为重点，同时通过土地储备和用地增减挂钩等来调控土地供应；另一方面，将土地抵押获得金融资本的方式，强化土地虚拟资本和金融属性，为地方政府公共服务供给、重大项目落地提供资金的支撑。间接资本循环的重点则在工业用地上，地方政府对待工业用地态度则与商住用地不同，商住用地构成地方政府直接资本积累的主要路径，低价征收、高价卖出成为商住用地土地出让的特点。但是，地方政府往往则采用低价出让工业用地和税收优惠、事后返还的方式来招商引资，其逻辑在于工业用地支撑的制造业发展，会产生制造业的溢出效应，带动服务业及其相关用地、商住用地需求的增长②，也会获得持续性的营业税、增值税等相关收入。基础设施与集体消费的资本循环则相对隐性，直接土地出让收入和制造业带来的收入会投入基础设施与城市集体消费中，也就是政府的经济性和社会服

①②　杨浩，张京祥．土地财政驱动城市空间生产的机制与效应研究——以南京河西新城为例[J]．国际城市规划，2018，33（01）：68-74+100.

务性公共产品供给，具体来说就是哈维所言的生产和消费的人造环境建设，卡斯特所言的劳动力再生产的必要公共服务和社会福利供给。通过将资本投入基础设施和集体消费里，一方面可以满足城市运维和劳动力再生产的需要，另一方面则可以增强城市竞争力和吸引力，并将基础设施的未来收益向金融机构质押，以便获得更多的融资。在基础设施建设和集体消费安排、供给过程中，政府也倾向于采用市场化的方式进行，这就使得非商品化的社会再生产同样商品化，支撑了资本循环。

随着中国单位制的解体和社区的建立，住房小区成为中国城市空间分布的典型景观，而大量的公共服务是通过住房小区来进行配置的，是由住房小区私人资本进行供给的，这就使得本应均等化的公共服务实际上出现了住房小区房价差异标识的社会等级差异来配置的非均等化的问题。居住分异、公共服务根据住房小区标识空间等级差异化配置，强化了政府公共服务配置造成的社会不平等。因此，中国城市空间分配呈现出了根据劳动者对城市资本增殖贡献程度进行公共服务分配和集体消费供给的现象①，个人购买不同等级住房标识着对城市资本增殖贡献程度差异，也被分配了不同的公共服务，不同的集体消费，政府以此为依据通过行政手段设置门槛，使得空间区隔得以在政策上强化。优良商住房小区享受的良好物业服务化的公共服务（高质量的教育、医疗等公共服务也被配置到了城市核心区域，这些区域通常是优良商住房安排区域，这些本应是全民共享的服务事实上也被私有化成为部分人的俱乐部福利）同城市边缘位置的保障房、拆迁安置房社区形成了鲜明的对比，即便是通过商住房小区内配置保障房、安置房来使得公共服务能够共享的政策安排，在实践中，也被商住房小区住户通过集体行动方式强行区隔开来。由此，象征着社会收益优先和公平正义的集体消费、公共服务在中国城市空间生产中，也被视为资本循环的途径，也服从于资本的长期积累需要。

---

① 冀福俊，宋立．资本的空间生产与中国城镇化的内在逻辑——基于新马克思主义空间生产理论的视角［J］．上海经济研究，2017（10）：3－12.

通过空间生产理论，中国土地驱动的城市化和工业化发展道路造成的空间生产异化得以揭示，资本的空间循环过程也得以展现。相较于整体差异而言，经济发展模式的相似、资本循环方式的一致是空间生产理论解释具有极强普适性的现实依据。从本质上来看，中国政府对经济和空间干预能力是西方政府所不能相比的，对中国的国家治理体系而言，矫正空间生产的异化也更具有可行性。除了现实依据之外，固然任何理论都会经历地方性到普遍性的逻辑跳跃，但这一结论仍然需要考虑资本全球化时代背景，换言之，空间生产理论于中国的本土较好本土适应性，实际上是中国改革开放在战略上选择了融入资本全球化进程的结果，是对事实的阐释。理论与理论之间的差异，并不仅是所谓的地方性知识的适用性，还有价值和立场问题，而往往后者的差异是被前者遮蔽。既往研究对邻避冲突为代表的空间生产和分配不正义问题价值无涉式的研究①，无疑是在强化现实的不正义，在这种情境里，所谓对理论的跨时空适用性的强调无异于在遮蔽资本的全球化趋势对中国城市治理的扭曲。因此，与其过于重视所谓的理论适用性，不如考虑理论的价值导向和立场问题。空间生产理论对于中国当下空间生产异化问题有着极强解释力，能够揭示在这一时代背景下发生邻避冲突的经济条件、政治条件与意识形态条件，并能够勾连宏观背景——中观情境——微观行动，对邻避冲突现象进行更全面和准确的阐释。

2.3 研究设计

2.3.1 分析模型

2.3.1.1 列斐伏尔空间生产三元概念组的评述

邻避冲突与当土地驱动的城市化和工业化发展道路有着结构性的关

① 王佃利，邢玉立．空间正义与邻避冲突的化解——基于空间生产理论的视角［J］．理论探讨，2016（05）：138－143.

联，这一发展道路已经受到资本循环的扭曲。土地驱动的城市化和工业化发展道路固然是中国经济高速发展和迅速工业化的重要原因，但也使得大量城市走向了城市化和工业化错置的道路，即城市不断地聚集人口，但是城市本身缺乏能够让众多人口稳定就业的产业，而工业用地低价出让损失则需要商住空间高价出让弥补，当土地逐步被转变为商住空间的时候，空间的稀缺化、碎片化越发明显，能够支撑资本空间循环的生产、消费的人造环境的集体消费得到政府的大力支持，而关涉劳动力再生产的资本兴趣较少的集体消费和公共产品则很难得到重视。因此，在城市空间规划的时候，涉及公共服务的邻避设施规划，或者商业型邻避设施规划，更多是服从资本积累的需要，而很少考虑到周边住户的权益，邻避设施的安排经常滞后于商住小区建设，自然邻避冲突现象就有了产生的土壤。

从宏观层面和一般认知来看，邻避冲突与空间生产的异化存在着逻辑上的关联，邻避冲突就是在空间生产异化中产生的。但是，邻避冲突相较于空间生产而言，属于一个微观的社会治理问题，那么空间生产理论在邻避冲突上的应用，就需要考虑宏观背景——中观情境——微观的行动如何结合起来的问题。根据列斐伏尔提出的空间生产概念三元组，Gregory 结合哈贝马斯的生活世界同社会系统矛盾对列斐伏尔空间生产概念三元组的改造，提出一个能够从邻避冲突微观行动入手，进而将邻避冲突的宏观背景——中观情境——微观行动进行有机联结的分析模型，以发现邻避冲突的逻辑。

在《空间的生产》一书中，列斐伏尔认为空间是社会空间，对社会空间的分析可以通过概念三元组来切入讨论：第一个概念是空间实践（Spatial practice），所谓的空间实践可以理解为空间的生产和再生产，从狭义来看，可以直接理解为空间的物质生产。第二个概念是空间表象（Representations of space），所谓的空间表象，可以被理解为概念化的空间，它是政府、资本家和专家所构想的抽象的空间，一般化的空间，可以分割的空间，这一概念实际上指出了将空间置于理论的远视和近视构成的双重盲域带来的认知后果，空间被抽象化了，空间体现的特定的地方性社会价值和人的体验被化约了。第三个概念是表征性空间（Representational spaces），表征性空间被视为是使用者和居民的空间，它是具体的空间，相较于空间表象指向的是交换价值的抽象空间，那么表征性空间指向的就是使用价值的具体空间。表征性空间不是抽象的，而是具体的，不是普遍的，而是地方性的、差异性的。[①] 结合列斐伏尔在《空间：社会产物与使用价值》一文的讨论，空间生产三元概念呈现出了这样一种关系：空间表象以提升空间的交换价值为目标，将空间视为抽象的概念空间。而表征性空间则以保障空间的使用价值为目标，将空间视为地方性的具体空间。前者是政府、资本家和专家对空间的认知，他们倾向于在空间实践中不断地重构和打散空间，增加以交换价值为目标的空间的使用价值，或者开辟新的空间。后者则是地方社区或者社群对空间的认知，他们倾向于守护地方性的空间所具有的独特使用价值，并抵制前者在空间实践中对后者空间权益的殖民。

列斐伏尔的空间生产三元概念，以政府、资本家、专家的空间再现观念——行动同地方社区的再现空间的观念——行动在空间实践上的博弈来讨论空间生产问题，但是还显得比较抽象和模糊，Gregory 就对列斐伏尔的空间生产三元概念组进行了修正，使得这一概念组间的辩证关系更加清晰。

Gregory 的权力之眼（见图 2－5）基本上将列斐伏尔的空间三元概念的辩证关系阐释得比较清晰。Gregory 结合了哈贝马斯的基本观点——抽象的社会系统对具体的日常生活的殖民[②]，并将列斐伏尔的三元概念组纳入其中，构造了经济系统、国家重视的抽象空间同日常生活重视的具体空间的对立，交换价值同使用价值的对立。同时，这一对立发生在两个场域

① ［法］亨利·列斐伏尔，刘怀玉等译．空间的生产［M］．北京：商务印书馆，2021：51－52，58－59.

② Derek Gregory. Geographical Imaginations［M］. Blackwell：Cambridge Massachusetts，1994：403.

上，这两个场域共同构成了空间实践：（1）国家、经济系统对日常生活殖民的空间表象；（2）日常生活反抗国家、经济系统的表征性空间。Gregory构造了一个典型的空间生产异化的关系模型，国家和经济系统将空间视为交换价值源泉，空间被抽象化，并通过科层化、商品化两大途径，意图采用行政、治理手段的空间科学、空间规划和商业手段的景观消费等，对承载日常生活的具体空间进行殖民和改造。相对国家和经济系统而言，日常生活将空间视为具体的、地方性的，意图通过节庆、狂欢和革命等对国家和经济系统的抽象空间进行抵制。通过这一关系模型，可以延伸出一个中观情境——微观行动的框架，即增长机器理论。在城市异化成为增长机器的宏观背景下，城市分为了意图通过空间生产而服务资本增殖的增长联盟，这一联盟由政府、企业和相关利益主体构成；另一边则是与此观念、利益相对的反增长联盟，这就是空间争夺的中观情境。而在微观行动上，展现出增长联盟同反增长联盟的对立。

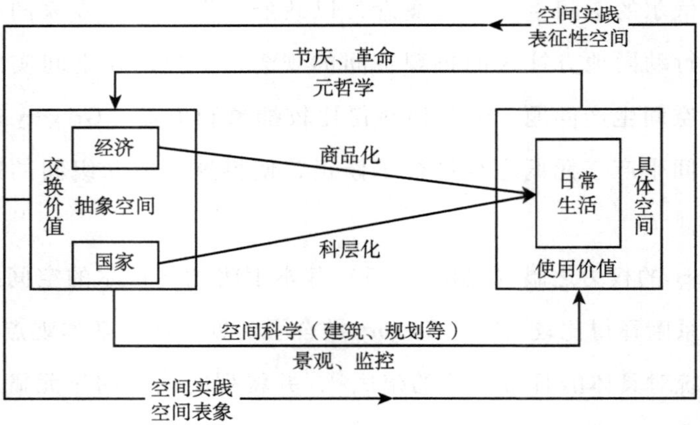

图 2－5　Gregory 的权力之眼①

列斐伏尔和 Gregory 的空间三元概念组框架也存在着两个问题，这两

① Derek Gregory. Geographical Imaginations [M]. Blackwell: Cambridge Massachusetts, 1994: 401.

个问题直接使得空间三元概念组框架的解释力受到了限制：（1）将结构上的矛盾同行动层面上的行动主体间的矛盾混淆；（2）空间生产异化产生的空间争夺就仅仅只存在于所谓增长联盟同反增长联盟矛盾上吗？

就第一个问题来说，结构上的矛盾和行动层面上的行动主体间矛盾的混淆也有两个面向。第一个面向是将抽象空间和具体空间截然对立起来。当城市异化成为增长机器的时候，空间就在结构层面断裂成为重视交换价值的抽象空间和重视使用价值的具体空间，这一断裂是从经济到政治、治理再到意识形态全方面的，但是它是抽象的。换言之，在现象和解释现象的中观情境层面，作为行动者认知观念的抽象空间和具体空间是纠缠在一起的，行动者也不是抽象的，政府、专家、资本家也可能会利用再现空间来对具体空间进行拓展，而地方性社区也会通过空间再现来抵制政府、专家、资本家对空间的改造。同时，政府、专家、资本家也并不全然地就被抽象空间所主导，可能也会产生对具体空间的重视，而地方性社区也有可能被抽象空间主导。① 因此，结构层次上的抽象空间和具体空间的断裂和对立，是作为一种理论认知和概念装置来对现实进行的高度抽象，它有利于对现实的直观认识，但是不利于对具体问题的针对性分析。同时，结构层次上的断裂和对立在具体情境中是纠缠在一起的，是弥散的、矛盾的，而不是理论上描述的全然对立的形式，但在本质上，抽象空间和具体空间是对立的。

第二个问题是将使用价值和交换价值截然对立起来。城市异化成为增长机器，空间生产异化也从经济层面投射到治理和意识形态层面，对于个体而言，空间成为人的生存方式，而空间的私有化和商品化的获得途径，也使得个体对自身所有的空间权利非常重视，但也倾向于客体化他人的空间，使得空间关系转变成了物化的主体——客体的“物”与“物”之间的计算关系。因此，从微观层面上来说，空间价值包括了使用价值和交换价

① 王志弘．多重的辩证列斐伏尔空间生产概念三元组演绎与引申［J］．地理学报，2009，55（01）：1－24．

值，个体对空间的珍视不仅仅是使用价值，也有交换价值层面，不能武断认为普通的个体就不重视交换价值。列斐伏尔和 Gregory 将交换价值和使用价值截然对立起来还是将结构层面的矛盾同中观情境和微观行动混淆在了一起。同样，在经典的增长机器理论叙事里，社会和个体保卫的不仅是自身的空间使用价值，同样也有交换价值，空间本身成为了个体财富的重要组成部分，是对个体劳动和社会价值的确认。对于政府和项目主体而言，确实更重视空间的交换价值，但也不是无视使用价值，而是以交换价值来牵引和改造使用价值。因此，列斐伏尔和 Gregory 将使用价值赋予具体空间，而交换价值赋予抽象空间，并使得二者对立，在经验层面上是站不住脚的，在理论层面上也是值得商榷的。

因此，与其说是使用价值—具体空间同交换价值——抽象空间的对立，莫不如说是空间价值的个体化和空间关系的物化更为恰当。当空间价值被个体化后，个体重视空间的使用价值与交换价值，倾向于将空间关系物化，使得人与人的关系在空间上转变成“物”与“物”的关系，将他人的空间物化来计算和衡量。因此，对微观层面的个体而言，空间对于自己来言是具体的，但倾向于将人的空间物化和客体化，是符合自己利益计算需要的衡量对象。对于政府、企业和专家而言，由于其所处于的治理者的位置，本身权力关系的不对称就使得治理者倾向于将被治理者视为同质化的对象，空间也就被自然而然抽象化了。

就第二个问题而言，Gregory 的权力之眼与增长机器理论的局限性是一样的，都将空间争夺视为形而上的政府、资本家、专家构成的增长联盟同地方性社区构成的反增长联盟的激烈对抗，这固然非常符合批判社会理论的风格，也是现实中的典型样态，但是，当结构上的抽象空间和具体空间的断裂和对立被理论暴力分配给了增长联盟和反增长联盟的时候，也就缺少了对空间争夺的多样性和复杂性的理解，同时也先验地给反增长联盟涂抹了道德的色彩，陷入了泛道德化的困境。空间生产异化经常在现象层面上表现出空间紧张、空间挤压、空间争夺，但是并不是任何空间紧张、空间挤压、空间争夺都会涉及到政府、资本家、专家等强势的社会集团在场，将这些现象与强势社会集团在场紧密关联在一起，无异于在下这些集团不在场，就不存在空间生产异化问题的断言。换言之，空间紧张、空间挤压、空间争夺可能在形式上并不激烈，甚至是个体性的、小群体的，或者同一社区产生的空间矛盾，但是这些问题同样是空间生产异化的表征。空间生产的异化是总体性、全面性的，而强势社会集团和政府不在场的空间争夺，更能够展现出空间生产的异化对社会关系的扭曲，越是靠近微观层面和日常生活，就越能靠近结构性的问题。

列斐伏尔提出的空间生产的辩证思维，并不适应西方自由主义支撑的实证主义社会科学"机械因果认知图式"的研究范式。"机械因果认知图式"的研究范式，其最大的诱惑就在于它可以将复杂、多元、螺旋的人类社会现象还原成一套线性的因果关系逻辑构架，能够最直观地给人提供一套初看逻辑上自圆其说的解释。列斐伏尔的空间生产辩证法本身就与"机械因果认知图式"存在张力，空间生产辩证法和"过程——关系"辩证法将"变化和螺旋"视为关键，社会环节与社会环节之间就是矛盾的生成与矛盾的吸收的过程，也是产生新的更多的矛盾的过程，正如行动者面对意识形态一般，行动者的行动能够突破意识形态，也能够再生产意识形态。因此，空间生产辩证法和"过程——关系"辩证法在直观上有着更多的不确定性和模糊性，它无法直截了当地提供一个确定的门槛或者检验的指标，来给人一个确定的预测——一旦通过了检验的指标或者确定的门槛，实质性的变化一定会发生。但是，空间生产辩证法和"过程——关系"辩证法本身就是开放和发展的，它是对资本主义发展至今的阶段的实质性的历史的解释而形成的解释原则，是实体的历史与作为解释原则的历史的统一，准确地阐释了资本主义发展的规律。但是，能够解释资本主义发展的规律与预测资本主义何时转向真正意义上的普遍的社会主义和共产主义本就是两件事，而这与资本主义发展及其矛盾的吸收、生成和其对立面——社会主义的发展有关，资本主义内在矛盾是否还能够通过资本主义自身来消化和吸收，以维持资本主义自身的发展，还需要通过实践和观察，无法立刻给出一个准确的先知式的宣告。

从邻避冲突问题上来看，列斐伏尔的空间生产辩证运动对“空间实践、空间表象、表征性空间”的辩证运动的阐释是以空间实践生产空间表象，而空间表象塑造个体的空间实践认知，并进入到表征性空间进行直接的体验的过程。表征性空间作为人的直接的空间实践的体验，人的体验可能支撑了空间实践与空间表象，也有可能对空间表象与空间实践产生质疑。表征性的空间是空间实践与空间对象同人的直观体验进行互动的一个环节，这一环节会呈现出“片断式”“表演式”的反抗和治理，也可能会真正开出新的邻避冲突治理道路。“片段式”和“表演式”的反抗能够阐明的是空间生产辩证运动总会在表征性空间上产生剩余，这一剩余就是可能在下一个阶段空间生产辩证运动所吸收的矛盾，冲突和反抗即便是无处不在的，但也有可能会被吸收和消耗。矛盾能否被吸收和消耗可以通过三个方面来考察：(1) 宏观的空间生产运动是否遭遇到自身的难以克服的限度来考虑（空间生产异化发展道路有着实质性的改变）；(2) 微观的个体体验和实践来考察（邻避冲突不仅仅是事态的平息，还有着进一步的升华和发展）；(3) 对邻避冲突的归因和发生逻辑的分析是否突破了先在的空间生产异化投射的意识形态的遮蔽（邻避冲突归因和发生逻辑的讨论已经认识到了空间生产异化这一根本的原因）。如果对这三点的回答都是否定的，那么邻避冲突所体现出的空间生产异化的矛盾和引发的反抗仍然被空间生产异化所吸收，如果回答是肯定的，那么邻避冲突体现的空间生产异化的矛盾和引发的反抗及其后续的行动，就有着突破性的意义。

Gregory 的“权力之眼”对列斐伏尔的空间生产辩证运动的理解是一种直观的理解，Gregory 没有能够充分理解列斐伏尔空间生产的“辩证运动”的意蕴，而仅仅是将列斐伏尔对空间生产辩证运动在当下空间生产上的一个截面上的阐释当作了空间生产辩证运动的全部。换言之，Gregory 是将列斐伏尔在《空间的生产》一书对空间生产辩证运动的讨论全部局限到了“第一章 本书计划”的第58页和第59页上①（页码为中文版，刘怀玉等译，商务印书馆2021年版）。因此，Gregory才做出“表征性空间”是“空间表象”的对立面的武断的定论，并将使用价值和交换价值片面地分配给了具体空间——表征性空间和抽象空间——空间表象。须知，Gregory的“权力之眼”通过参考哈贝马斯的晚期资本主义合法化危机的分析框架来改造列斐伏尔空间生产辩证运动，意图是将空间生产辩证运动能够落地到经验研究上，具有更多的确定的形式性的特征，那就更需要关注于列斐伏尔空间生产辩证运动的“辩证”思想，而非将空间生产辩证运动提出的结构性的概念进行机械的挪用，反而将精髓的“辩证”给忽视了，无异于买椟还珠。更进一步来说，Gregory的抽象空间、具体空间、使用价值和交换价值针对的是微观的行动者而言，而非结构上的社会环节。那么，抽象空间、具体空间和使用价值、交换价值对于微观的行动者，更多扮演的是一个可以进行互动的策略、工具和认知方式，无法截然地对立和分离，不能说居民就无法掌握抽象空间，就不重视交换价值，而政府就不会采用具体空间和使用价值。这也就无怪乎Gregory会将表征性空间完全视为解放和反抗的路径，而无视表征性空间也有可能再生产空间表象和空间实践。

2.3.1.2 分析模型的构建

通过对列斐伏尔空间生产三元概念组框架和Gregory权力之眼的反思，提出了针对邻避冲突的分析模型，这一分析模型起到了为具体分析提出理

① 关于空间实践、空间表象和表征性空间在《空间的生产》（第58－59页）的论述为：“什么是新资本主义条件下的空间实践？它表现为日常现实（日常惯例）与都市现实（将供工作、私人生活和休闲之用的场所联系在一起的道路和网络）在感知空间之内的紧密联系……空间表象。被概念化的空间，即科学家、规划师、城市学家、技术官僚式‘地块细分者’与代理商们，以及具有特殊科学癖好的一些艺术家们——他们的空间……这是在任何一个社会（或生产方式）中都占支配地位的空间……表征性空间。直接经历的（或活生生）的空间——通过与它关联的形象与符号，从而也通过它的‘住户’和‘用户’，或许还有某些艺术家、少数作家与哲学家们，他们除了对空间进行描述之外别无他图。这是一种被支配的——从而是消极体验的——空间，想象试图改变和取用这个空间。”（参见亨利·列斐伏尔著，刘怀玉等译．空间的生产［M］．北京：商务印书馆，2021，58－59.）

论指向和划定论域的作用。

在中国，结构性空间生产异化（见图2-6）是土地驱动的城市化和工业化发展道路的结果。空间生产异化使得空间被私有化和商品化，这就使得空间呈现出了碎片化——同质化的特点，空间生产异化构造了空间规划和分配服从于资本积累和权力生产需要的空间治理结构，投射了一个空间价值个体化和物化的空间关系的空间意识形态和认知框架。具体到邻避冲突而言，不同行动者围绕同一空间展开了意义与价值的竞争，这一意义与价值的竞争在空间再现和再现空间的场域上展开。在空间稀缺和空间紧张情境下，行动者受到空间价值的个体化和空间关系的物化的影响，就会展开空间的竞争。

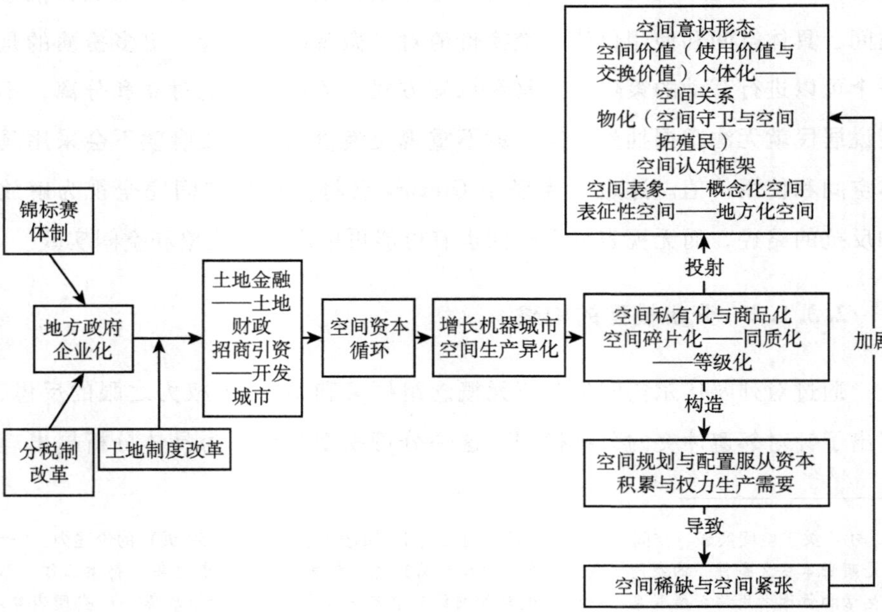

图2-6 结构性空间生产异化示意图

（研究者自制）

一般来看，空间争夺呈现出两个维度：（1）典型邻避冲突，即政府、项目主体、部分专家同受空间影响民众和其他社会主体展开的空间争夺。

在这一空间争夺里，政府、项目主体、部分专家更多受到了空间关系物化的影响，将空间抽象化地看待，视空间为商品或者无差异的治理单元。倾向于以交换价值来牵引空间使用价值的改造。（2）小区内部的邻避冲突，即类邻避冲突，不同行动者珍视自身的空间价值和空间权益，但却倾向于将他人的空间权益和空间价值视为扩展自身空间价值的对象和工具，呈现出空间关系的物化特点。

邻避冲突的过程可以通过空间争夺模型（见图2－7）来认识。

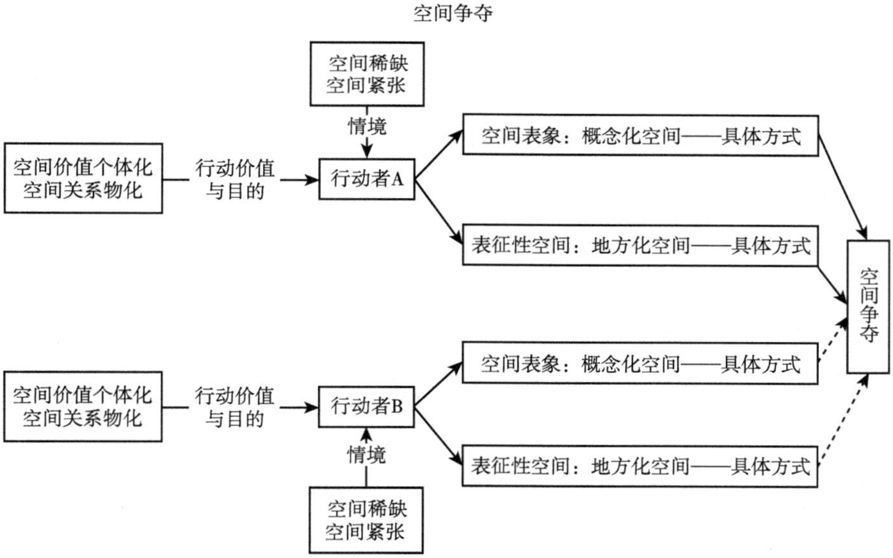

图2－7　空间争夺一般形式

（研究者自制）

这一模型展现了空间争夺的一般形式，关于邻避冲突的阐释和分析也将以这一框架作为指导。空间价值个体化和空间关系的物化塑造了行动者的对空间的特定认知，而空间稀缺和空间紧张则是行动者面对的特定的空间情境。行动者展开空间争夺的时候，是站在自身的个体化空间价值保存和扩展的立场之上，物化空间关系是其对他者空间的认识，行动者可能会采用空间表象或者表征性空间的策略来构建自己的空间主张合法性和解构他者的空间主张合法性。由此，空间争夺实质上是在空间表象或者表征性空间中展开的。对邻避冲突发生逻辑的探讨也将以空间争夺一般形式作为分析模型，从微观邻避冲突入手，实现邻避冲突宏观基础——中观条件——微观行动间的有机联结，从而发现邻避冲突的发生逻辑。

列斐伏尔将使用价值和具体空间关联在一起，将交换价值同抽象空间关联在一起，并认为使用价值和具体空间生成的差异的空间正义是未来社会主义空间的形态，是从异化的空间生产复位之后的理想形态上来阐释的，而不是从微观的具体的空间争夺过程上来阐释的。空间生产异化形成的空间的私有化——商品化和空间的碎片化——同质化，构造了一个空间个体化和空间关系物化的意识形态与社会交往关系，空间的交换价值成为了无意识的观念座架，是衡量空间的标尺，这自然使得空间变得高度的同质化，人们对空间的认知是基于空间的可商品化程度和可治理程度，是一种抽象空间的观念。空间的交换价值和空间的个体化都在不断地生成着抽象空间的观念，这一抽象空间的观念不是所谓政府、专家、私人资本的专利，而是一个弥散的空间认知形式，用福柯的话来说，就是“认识型”（epistemie）[①]，它将人们对丰富多彩的空间的体验狭窄化为可商品化程度和可治理程度。换言之，从微观的空间争夺（见图2－8）上来看，是空间的个体化——空间的交换价值——作为“认识型”的抽象空间三个概念紧密地关联在一起，共同塑造了人们在空间争夺上的行动逻辑，而不是具体空间、使用价值——居民和抽象空间，交换价值——政府、私人资本或专家的机械绑定。

在邻避冲突上，人们对空间的认知首先满足于自身空间利益的保障乃至扩大，对他人空间的工具性的看法。因此，在空间个体化立场和空间关系物化逻辑上，空间行动者以弥散的认知形式的抽象空间来认识空间，关

---

① 福柯在《词与物》一书里讨论了“认识型”，所谓的“认识型”在功能上可以被近似地理解为意识形态，人们对现实世界的自身、他人、社会和自然的认识并不是人们直观反映结果，而是被西方每个时代的文化结构投射的结果，是西方每个时代相对于个体的人而言的先在的文化结构向“自然”和“社会”立法的结果。（参考：张一兵．回到福柯［J］．学术月刊，2015，47（06）：35－41．）

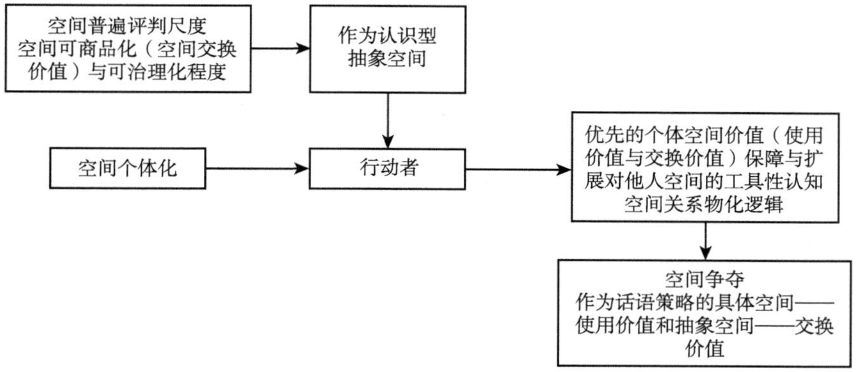

图 2－8　空间争夺的行动逻辑塑造

（研究者自制）

照的首先是自己的空间价值（使用价值与交换价值），至于空间话语竞技中的具体空间和抽象空间（见表 2－3），则是现实的策略选择。此时，列斐伏尔提出的空间的生产应当服务于使用价值，生产具体空间的内涵就更加深刻了，具体空间与使用价值的号召是对空间的抽象化、空间交换价值和空间个体化的深刻反思，列斐伏尔意图在理论的批判和反思上，来反对人们对空间的抽象化的认知，反对空间的个体化，反对空间关系的物化，反对空间评判的可商品化和可治理化程度的标尺。

表 2－3　不同层面的使用价值、交换价值、具体空间、抽象空间的区别

层面 概念	结构	微观的空间争夺	应然
使用价值	被“压制”和排斥	使用价值与价值都是行动者重视的 不能分离 话语策略	导向
交换价值	主导	使用价值与价值都是行动者重视的 不能分离 话语策略	弱化和控制
具体空间	被“压制”和排斥	话语策略	导向
抽象空间	主导	话语策略	融入具体空间

（研究者自制）

2.3.2 研究方法

2.3.2.1 建构主义与扎根理论

本次研究将邻避冲突置于空间生产的视角之下，探讨空间生产异化同邻避冲突间的关系，即邻避冲突的发生逻辑。在空间生产视角下，展开对邻避冲突的研究，突破点在于邻避冲突的主要表现形式——空间争夺，即同一空间的意义和价值的表达差异乃至话语争夺上，传递了不同行动者对空间看法的巨大差异。以此为基础，就能够从微观层面讨论空间生产异化与邻避冲突在意识形态和认知框架层面的联系。因此，建构主义的分析方法比较恰当。

在人文和社会科学领域，建构主义立场主张对研究对象的认识正是在先在的理论统摄下展开的。因此，当研究者讨论研究对象的时候，就已经用理论在建构对象了，研究者所说的“客观”的研究对象是一种主观性的客观存在，正如鲍尔·弗朗（Bauer Fran）和大卫·马什（David Marsh）所言“反基础主义（即建构主义或相对主义）认为不存在一个独立于我们对它的知识而存在的真实世界——是有限定的。我们并不主张：这样的研究者不承认存在着桌子/群体/社会/结构等，而毋宁说，他们的争议是，这一‘现实’不具有独立于行动者/群体/社会对它的理解（而存在）的社会角色/因果力量。”①

研究坚持马克思主义的总体观点、立场，并以此来改造建构主义分析方法，强化其功能性，突出其对所谓客观现象是一种主观性的客观存在的指向，强调任何客观现象的认识都是在先在的意识形态——认知框架之下发生的，并以此为突破点，来深入意识形态——认知框架的社会生产关系基础。因此，建构主义分析方法对邻避冲突的研究是在空间生产理论指导

① ［英］大卫·马什，［英］格里·斯托克（Gerry Stoker），景跃进，张小劲，欧阳景根译．政治科学的理论与方法（第三版）［M］．北京：中国人民大学出版社，2013：157.

之下的，意图在建构主义指出的客观现象是主观的客观存在的立场上，去挖掘不同行动者对同一空间意义、价值的叙事不同的意识形态——认知框架因素及其社会生产关系基础。由于建构主义更多强调行动者所受到先在认知框架约束、强调行动者对意义的构建。因此，建构主义本身有从抽象哲学观点成为经验的分析工具的潜力①，这也符合建构主义和话语理论坚持生活世界先于社会系统的立场。建构主义支撑了对行动者空间话语争夺的意义解释的研究方法和研究技术，而这一研究方法尤以扎根理论为代表。

研究方法可以被理解为方法论的经验层面，是本体论和认识论的操作化体现。本次研究对象是邻避冲突，分析的突破点是不同行动者关于空间话语差异背后的认知观念——价值/立场的相互冲突，那么，本次研究采用研究方法就是质性研究中的扎根理论。扎根理论（Grounded Theory）作为服务于建构主义视角的研究方法，起源于 Barney G. Glaser 和 Anselm Strauss 出版的《扎根理论的发现》（The Discovery of Grounded Theory）。确切地说，扎根理论并不是一种理论，而是一种研究方法和研究技术，这一研究方法和研究技术从认识论来看，隶属于现象学——解释学的谱系，直接知识起源来自杜威和米德的实用主义知识哲学和符号互动论②，强调不带理论预设和价值地进入到田野中，通过程序化的方式将行动者的行动——意义和行动者间的互动挖掘和复现出来。

初期的扎根理论主张不带有任何预设进入田野中，试图将行动者的知识——理论——行动——意义——互动挖掘出来，复现行动者如何构建日常生活的意义。但是，这一观点显然有失偏颇，它否认研究者自身的价值立场和理论预设，认为研究者可以作为一面镜子自然而然地反映研究对象的精神世界，研究者被视为超越语境的超人。随着扎根理论的发展，扎根

① ［加］约翰·尤尼根，洪大用等译，肖晨阳主校．环境社会学（第二版）［M］．北京：中国人民大学出版社，2009：68．

② ［美］朱丽叶·M. 科宾（Juliet M. Corbin），［美］安塞尔姆·L. 施特劳斯（Anselm L. Strauss），朱光明译．质性研究的基础：形成扎根理论的程序与方法（第三版）［M］．重庆：重庆大学出版社，2015：2．

理论承认了研究者自身的价值立场和理论预设，放弃了主客体二分立场，坚持主体间交往和互动，认为行动者间的互动和解释能够实现真理的共识，能够实现人的反思。目前，扎根理论已经发展出了基于认识论差异的不同脉络，有其各自的哲学基础和操作程序，如表2-4所示。

表2-4　　扎根理论谱系表①

扎根理论	认识论观点	一般程序
经典扎根理论（Glaser）	经验直观、极端的现象学	“万物皆数据”、纯粹的归纳 实质编码、理论编码
程序化扎根理论（Corbin，Strauss）	承认先在理论观点作用、符号互动论、解释学循环	归纳——演绎 开放编码、轴向编码、选择性编码
建构主义扎根理论（Charmz）	建构主义	溯因分析 初始编码、聚焦编码、理论编码
后现代扎根理论（Clarke）	后现代	情境分析

总的来说，扎根理论是一种从资料中建立理论的方法论。② 扎根理论方法提倡通过一定的系统性和结构性的操作路径，即“编码过程”，来从资料中“浮现”理论，主张资料的分析即是理论的建构。扎根理论的目标：揭示研究现象背后的基本社会过程。而基本社会过程有两类：一是基本社会心理过程；二是基本社会结构过程，前者针对于个体和社会群体的心理机制，后者针对的是政府、组织等结构过程，后者是前者的结构基础。因此，扎根理论可以用来构建结构——情境——个体——行动——结构的理论。从扎根理论发展来看，目前扎根理论广泛应用于经济学、社会

① 研究者根据［德］伍德·弗里克（Uwe Flck），项继发译，林小英校．扎根理论［M］．上海：上海人民出版社，2021：6-11修改。

② ［美］朱丽叶·M．科宾，［美］安塞尔姆·L．施特劳斯，朱光明译．质性研究的基础：形成扎根理论的程序与方法（第三版）［M］．重庆：重庆大学出版社，2015：1-6.

学、政治学、公共管理学等学科。①

由于本次研究意图通过对邻避冲突，即行动者对空间的意义、价值展开的话语争夺现象的研究，来构建资本空间循环及其引致空间生产异化同微观邻避冲突发生逻辑的机制解释。扎根理论的四支脉络虽然在认识论和具体操作过程上各有不同，但总体上都可以被纳入建构主义的认识论里，而在具体的操作上，无论是归纳——演绎、溯因分析、情境分析都可以成为指引扎根理论具体操作的方法。因此，本次研究以施特劳斯和科宾提供的具有规范编码步骤来建构具有外推功能的中观理论的程序化扎根理论方法为主，以建构主义作为指导扎根理论适用的认识论性质的分析方法，以归纳——演绎、溯因分析、情境分析等多种具体的分析方法，使得具体的材料能够与抽象的理论不断地周旋、互动，进而从材料中建构一个中观层次的理论。

2.3.2.2 扎根理论的一般过程

扎根理论并不是一个线性的过程，而是一个循环的过程，它包括："数据收集、编码、分析、书写、设计、理论归类再到数据收集的螺旋式反复循环。"② 扎根理论的基本逻辑是解释学循环，所谓的解释学循环，从具体操作来看，指的是在进行资料的搜集、整理和分析的过程中，根据研究者选择合适理论作为预设的导向，即理论抽样，来不断搜集、整理和分析资料，并对材料进行编码和备忘录写作，来不断地调整理论和经验现实之间存在的差距，如图2－9所示。同时，根据溯因推理，即编码所指向的现象的原因和造成的结果，或者是这一现象得以产生的策略或背景、干预条件等，来回溯性地推测是否有其他逻辑上、时间上、结构上可能影响现

---

① 景怀斌．扎根理论编码的"理论鸿沟"及"类故理"跨越［J］．武汉大学学报（哲学社会科学版），2017，70（06）：109－119．

② ［德］伍德·弗里克，项继发译，林小英校．扎根理论［M］．上海：上海人民出版社，2021：19．

象或者现象可能带来的其他结果的可能，并以此来进行资料分析、搜集和整理的依据，即所谓的理论饱和。同时，溯因推理的依据，也可作为范式编码的模型来使用，构建理论。

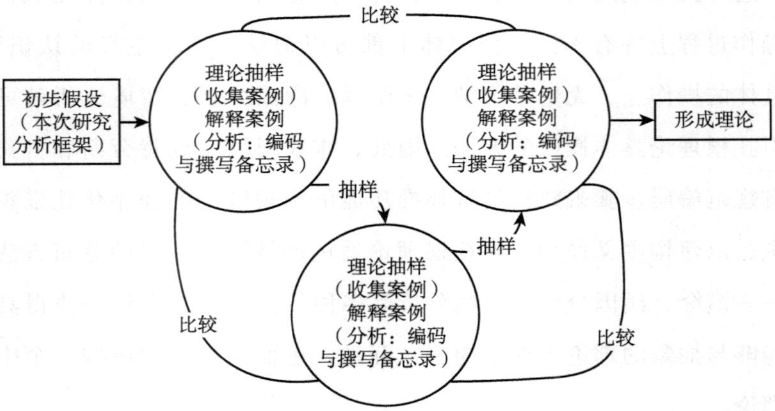

图 2-9　扎根理论一般过程

（研究者根据［德］伍德·弗里克，项继发译，林小英校．扎根理论［M］．上海：上海人民出版社，2021：22 修改。）

扎根理论可以加工经验资料丰富多样，非结构化访谈资料是较为常见的资料，其他资料，例如“访谈、观察、录像、档案、图画、日记、回忆录、新闻报纸、传记、历史档案、自传”[①] 也是扎根理论可以加工的经验资料。从过程来看，扎根理论可以被视为一个不断循环和调整的编码过程，一般来说，扎根理论有着三个基本的逻辑上层层递进，实践中可能交替进行的编码环节：（1）开放编码；（2）轴向编码；（3）选择编码。当资料分析、搜集和整理达到饱和，就意味着编码过程完成和初步建构理论完成，这一初步建构理论还需要进入经验世界中进行检验。

① ［美］朱丽叶·M. 科宾，［美］安塞尔姆·L. 施特劳斯，朱光明译．质性研究的基础：形成扎根理论的程序与方法（第三版）［M］．重庆：重庆大学出版社，2015：30.

2.3.2.3　扎根理论具体步骤

从具体的操作过程来看，扎根理论是立意抽样→对资料的分析（编码与撰写备忘录）→理论饱和度检验（理论抽样）→构建理论→检验理论（分析性归纳）的逻辑上层层递进的步骤。对质性研究而言，个案是质性研究开展的主要载体，对收集个案范围的确定主要是通过质性抽样完成。任何科学研究都追求解释的外推性，即普遍性，但是不同类型研究的外推性逻辑是不同的。定量研究的外推性逻辑建立在统计扩大化推理上①，统计扩大化推理主张从样本到总体的推论，而这一推论的成立，是建立在总体本身的边界清晰和样本是总体的微缩之上。因此，定量研究才主张随机抽样和大样本研究，并认为通过这一路径的研究所得出的概率解释，才是具有外推性的。但是，质性研究不同，质性研究是从个案上升到一般的归纳推理，是分析性的扩大化逻辑。② 分析性的扩大化逻辑的前提对总体本身的含糊、边界不清晰的判断上，因此，样本也不是总体的微缩。那么，质性研究的分析性的扩大化逻辑就建立在典型性上。质性抽样并不采用定量研究所依靠的统计性代表性逻辑，而是追求典型性逻辑。所谓的典型性原则即个案具有的总体属性多少，越典型的个案，具有的总体属性越多，就越具有外推到总体的可能性。相较于定量研究得出的解释更多是相关而言，定性研究则给研究者深入材料的机会，能够提出机制解释。对邻避冲突来说，更重要的是构建一个空间生产理论视角下的邻避冲突发生逻辑的机制解释，能够将割裂的宏观背景——中观情境——微观行动勾连起来。

因此，根据本次研究的主要问题，采用的抽样方法主要是理论本位抽

---

① 王宁．代表性还是典型性？表性个案的属性与个案研究方法的逻辑基础［J］．社会学研究，2002，4（05）：123－125.

② Yin，Robert K. Tcase Study Research：Design and Methods［M］．SAGE Publications Ltd：London，1994，30－32.

样，即“为一个理论上的构念寻找范例，从而深究与检验该观念。”① 在空间生产理论视角和分析框架指导下，寻找与这一理论视角、分析框架可能较为贴合的个案，同时这类型个案又具有邻避冲突的共性来展开研究，作为构建理论的资料，与空间生产理论和分析框架形成对话。

对资料的分析与理论的构建在逻辑上虽然有递进关系，但在具体实践过程里，却是螺旋式上升的。资料分析、理论构建和理论饱和度检验主要是通过三级编码过程来实现的。三级编码是一个不断将原始资料概念化的过程，所谓的“概念”，指的就是“代表一群或一类对象、事件和行动的词语，它们拥有某些主要的共同属性，虽然这（些）属性在维度上会有变化”②，概念就是分析的工具。

首先，开放式编码。开放式编码是一个将资料打散而后重新组合起来的过程，开放式编码意图从资料（语料）中发现概念类属及其属性、维度，直到理论饱和，从而作为理论构建的基本材料，如表 2－5 所示。

表 2－5　　开放式编码模式

资料（语料）	备忘录或批注 （对语料想法）	鲜活编码 （原语料中选择）	对鲜活编码初步范畴化 （开放式编码）

开放式编码是三级编码中持续时间比较长的一个环节，开放式编码实质上可以分为两个阶段来进行：第一个阶段是对有价值的语料进行备忘录或者批注写作，记录分析过程。同时，从原语料中选择能够概括有价值语料的词语、句子等作为鲜活编码；在鲜活编码达到一定数量后，进入第二阶段，通过抽象概念（建构编码）对鲜活编码进行整合和总结，得出作为理论构建基本单位的开放式编码，并界定其内涵，即将初步的编码（建构代码或者鲜活编码）属性化和属性维度化，所谓的属性，指的是“一个对

① ［美］Matthew B. Miles，［美］A. Michal Huberman，张芬芬译，卢晖临校．质性资料的分析：方法与实践（第 2 版）［M］．重庆：重庆大学出版社，2018：39.

② ［美］朱丽叶·M. 科宾，［美］安塞尔姆·L. 施特劳斯，朱光明译．质性研究的基础：形成扎根理论的程序与方法（第三版）［M］．重庆：重庆大学出版社，2015：48.

象、事件或行动的特征或成分。特征赋予对象、事件和/或行动以特殊性（specificity）并对其进行定义”①，而维度则是指“属性在一个范围的不同变化形式”②。在形成开放式编码的同时，就可以进行理论饱和度的检验，具体来看，需要通过平行推理和纵向推理的方式来检验开放式编码的属性和属性维度的完整程度。如果属性及其属性的维度都已经完备，就意味着对资料展开的理论抽象的结束，资料已经达到饱和，不需要再进行抽样。理论抽样的停止，意味着轴向编码的开始。

其次，就是轴向编码。轴向编码是对开放式编码的进一步选择和整合，目的是通过一般的语义关系和理论预设关系将开放式编码整合在一起，作为轴向编码的类属组装起来。轴向编码其实就是建构概念的过程，建构概念其实正是探索概念指涉现象的逻辑关系。因此，从表面上来看，概念（轴向编码）与其包含的类属（开放式编码）及其维度（对鲜活编码整合的开放式编码）是一个包含与被包含的集合关系，但是也是一个逻辑组合。一般来言，可以通过“因果关系、时间先后关系、语义关系、情境关系、相似关系、差异关系、对等关系、类型关系、结构关系、功能关系、过程关系、策略关系”③来进行开放式编码选择和整合，而科宾和施特劳斯也提出了“条件—结果矩阵”来构造关系，如图 2 - 10 所示。

最后，就是选择编码。选择编码意味着故事线的完成和理论的构建，如图 2 - 11 所示。选择编码是在轴向编码基础上完成的，目标是形成核心概念，并将不同的轴向编码间的关系整理出来，同样可以参考轴向编码范式来梳理不同轴向编码间的关系，并明确轴向编码同核心编码关系，提出解释性的理论。

扎根理论虽然通过逻辑上递进的三步编码方式实现了从经验材料“浮现理论”目标，但是这一解释性理论仍然面临着挑战，这一挑战来自理论

①② ［美］朱丽叶·M. 科宾，［美］安塞尔姆·L. 施特劳斯，朱光明译. 质性研究的基础：形成扎根理论的程序与方法（第三版）［M］. 重庆：重庆大学出版社，2015：48.

③ 陈向明. 扎根理论的思路和方法［J］. 教育研究与实验，1999（04）：58 - 63 + 73.

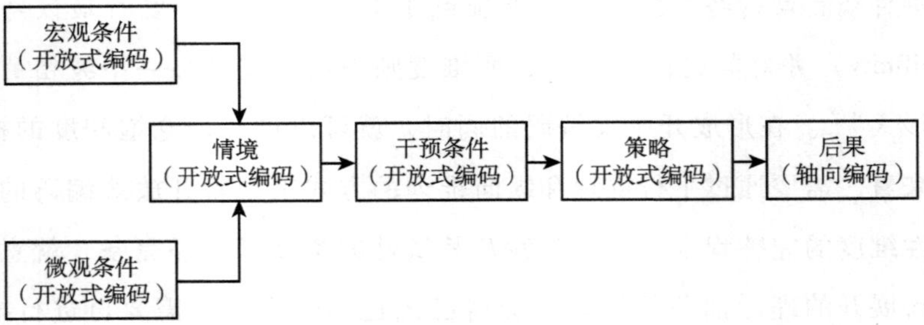

图 2－10　轴向编码范式

（研究者根据［美］朱丽叶·M. 科宾，［美］塞尔姆·L. 施特劳斯，朱光明译．质性研究的基础：形成扎根理论的程序与方法（第三版）［M］．重庆：重庆大学出版社，2015：98－103 修改。）

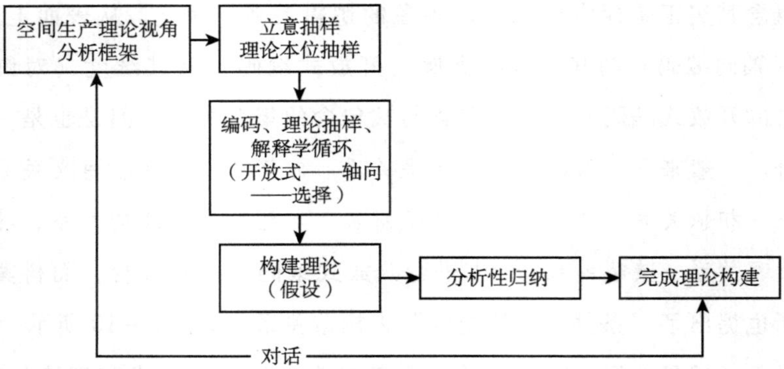

图 2－11　选择编码范式

（研究者自制）

外推的挑战。由于质性抽样是立意抽样，同类型案例“浮现的理论”可能仅仅就是对这一类型案例能够起到解释性作用，甚至在选择案例时候回避了反例或者矛盾的材料，因此还需要对理论的外推性进行检验，检验理论外推性通常采用分析性归纳方法完成。

所谓的分析性归纳，指的是在理论形成后，研究者寻找与该理论解释的案例明显相异的其他个案，进而来修改理论的方法，目标是使理论能够解释这些个案。分析性归纳作为一种验证解释性理论的技术，产生于符号互动论里，并被广泛应用在社会学质性研究中。[①] 通常来言，对明显相异的个案处理可以通过排除法（即将矛盾个案放到其他类型来限定研究对象范围）、逐步调适法（修改理论或者假设以适应不同相异个案）、分类包容法（对个案进行类型化，并形成不同假设，以此为基础来形成共同假设，这一共同假设即是理论的一般化解释）。扎根理论直到完成分析性归纳，才能够停止分析，也才能够证明理论的解释力（理论外推性）。

2.3.3 资料采集与整理

2.3.3.1 资料采集与扎根理论具体操作进路

由于邻避冲突现象的时效性特点，大量的邻避冲突现象并不能够通过现场调研的方式获得数据来进行研究。因此，本次研究资料采集将通过对互联网相关数据爬梳和现场调研的方式共同获取。资料采集分成两个方向进入：第一个方向是典型的邻避冲突，即发生在公共领域的、群体性的、同外部主体发生的空间争夺；第二个方向是类邻避冲突，即发生在准公共领域内的个体与个体之间、个体与小群体之间的空间争夺。在采集资料的时候，典型邻避冲突案例就需要具有邻避设施、群体性、与外部主体（通常是政府和企业）发生冲突三个属性，而类邻避冲突案例就需要具有邻避设施、个体性、外部主体不在场三个属性。

在本次研究中，典型邻避冲突案例作为建构解释性框架的主要材料，符合主流观念对邻避冲突现象的想象，这一类型案例具有普遍现象的共性特点[②]，建构在这一类型案例经验材料之上的邻避冲突解释性框架具有一定的解释力。但是，能够解释典型邻避冲突案例的理论却不一定能够很好地解释类邻避冲突案例，那么就需要通过类邻避冲突案例来检验典型邻避

① Howard S. Becker. Becoming a Marihuana User [J]. Howard S. Becker, 1953, 59 (3).

② 王宁. 代表性还是典型性？表性个案的属性与个案研究方法的逻辑基础 [J]. 社会学研究，2002 (05)：123 - 125.

冲突案例为基础构建的理论，考察这一解释性理论的效度，而这种检验的逻辑就是未知现象的共性类型（鲜为人知类型）①，此处所指的未知现象指的是这一现象处于既往的理论观点和研究视阈的盲域，而非真的不存在或者没有看见这种现象，换言之，这一现象没有被理论和观点承认为应当纳入公共视阈的问题，而是处于无须也不应干涉的私人领域。当类邻避冲突也能够被典型邻避冲突案例建构理论解释，则能够充分地证明理论的效度，即理论的外推性。

对典型邻避冲突案例的资料采集主要通过互联网数据（文本）爬梳的方式进行，主要是对互联网网页数据的采集，使用的采集工具是八爪鱼数据采集器。八爪鱼是一款操作较为简单的可视化网络爬虫工具，在科研、商业、舆情监控等领域都有着广泛的应用。八爪鱼通过模仿并记录人搜索和浏览互联网的过程来进行自动的网页数据采集，其采集流程按照从上到下、从内到外的执行逻辑自动进行。八爪鱼能够使网页数据采集大大简化，但是八爪鱼并不能够保证数据的查全和查准，而保证数据查全和查准则是信息检索的问题，构建检索式和选择合适数据库成为数据查全和查准的前置性条件。

在典型邻避冲突案例搜集上，主要通过两条途径进行：第一条途径是通过检索知网收录的中国重要报纸全文数据库进行；第二条途径则是通过爬梳互联网网页数据进行。中国知网（China National Knowledge Infrastructure，CNKI）是国家知识基础设施建设重要工程，其中国重要报纸全文数据库收录了2000年以来中国国内重要报纸刊载的学术性、资料性文献，目前收录报纸全文1 800多万篇。② 考虑到造成重要社会影响的典型邻避冲突案例较少，相应的报纸数据资料也较少，对案例资料的搜集首先以查全为

① 王宁．代表性还是典型性？表性个案的属性与个案研究方法的逻辑基础［J］．社会学研究，2002（05）：123－125.

② 中国知网．数据库介绍信息［EB/OL］．https：//kns. cnki. net/kns/brief/result. aspx？dbprefix＝CCND.

前提，通过反复阅读从数据库提取的文献，并进行筛选，以此确保查准。因此，就以“邻避事件发生地点、具体邻避设施”为主题词①，并根据检索情况，考虑具体邻避设施关键词的同位检索词，事件发生的时间作为资料搜集的范围来确保文献查全，粗筛文献。根据研究设计和检索策略，构造了具体的检索式：“（SU = ‘邻避事件发生地点’ AND SU = ‘具体邻避设施’）”，SU 表示主题词，而 AND 则表示逻辑上“且”的关系。例如，对厦门 PX 事件的报纸检索，就以“SU = ‘厦门’ AND SU = ‘PX’”作为具体检索式，时间范围设定在事件发生的时间，即 2007 年。

通过互联网网页数据爬梳典型邻避冲突案例，主要通过三条渠道进行。第一条渠道是社交平台，即新浪微博、知乎；第二条渠道是重要的门户网站和新闻网站，如新华网、人民网、头条新闻、腾讯新闻、澎湃新闻等；第三条渠道则是在前两个渠道爬梳数据较少情况下使用，即通过百度搜索来直接爬梳。由于微博、知乎以及各大新闻门户网站检索功能比较简单，在数据查全和查准上存在问题，因此，通过百度高级搜索来构造检索式进行检索。与查找报纸检索式相似，都同样采用“邻避事件发生地点和具体邻避设施”，同时以事件发生时间作为检索数据范围，具体检索式为：site：（网址）‘地点与具体邻避设施组合’，这样就可以检索到某事件在特定网站上的结果。例如，在知乎上查找关于郑州高新区石化厂事件，具体检索式为 site：（zhihu. com）‘郑州石化’，同时将百度检索出网页数据时间限制在事件发生的时间，即 2018 年。如果微博和其他重要门户网站上数据较少，也可在百度上直接进行，构造检索式‘地点与具体邻避设施组合’，再以事件发生时间作为检索资料范围，进行爬梳。当报纸数据库、网页数据爬梳完毕，就进行数据整理，完成资料采集工作。

---

① 主题词是用以表达文献的人工语言，是规范化和概念化的，主题词词义含义明确，是检索者和文献处理者共同参考的依据。关键词则是出现在文献标题、正文内容、摘要中标识内容的关键性词语。关键词采用自然语言为依据，缺乏对其同位词、同义词的规范和统一。相较于主题词来言，关键词漏检的可能性较大。因此，本次检索使用的是主题词。（参考自四川大学图书馆．主题词检索与关键词检索的区别［EB/OL］．http：//lib. scu. edu. cn/node/97791.）

对类邻避冲突案例选择，以既有住宅自主加装电梯作为类邻避冲突的典型案例，对基于典型邻避冲突案例的扎根理论构建的解释性框架进行分析性归纳，以检验和发展解释性框架。既有住宅自主加装电梯是城市更新、适老化建设和老旧小区改造的重要组成部分，因既有住宅自主加装电梯对低层业主的专有物权乃至对小区整体业主的共有物权可能造成的损害，使既有住宅自主加装电梯呈现出部分人支持、部分人反对的现状，但是既有住宅自主加装电梯产生的冲突又更多是在准公共领域内的个体间的物权冲突。因此，作为当下民生政治对象和社会治理里突出的现象，既有住宅自主加装电梯引发的邻避冲突能够起到对典型邻避冲突案例构建的解释性框架进行检验的作用，以便最终形成一个能够有效回应研究问题，解释邻避冲突的解释性框架，为形成资本的空间循环引致空间生产异化，即土地驱动的城市化和工业化发展道路到微观的邻避冲突的发生逻辑奠定基础。

既有住宅自主加装电梯更多是准公共领域的集体行动问题，政府更多起到的是政策供给和引导的功能，而社区起到的则是协调和审批作用，能不能加装电梯更多取决于小区业主之间的协商。由于中国城市治理结构总体相似，各个主要城市加装电梯政策也高度相似，从研究便利性考虑，选择以 C 市①加装电梯作为既有住宅自主加装电梯案例来源。由于既有住宅自主加装电梯更多是起到一个检验解释性框架的功能，选择的案例仍然以理论本位抽样为主要原则，选择两个加梯成功的案例和两个加梯失败的案例来作为检验案例。

C 市既有住宅加梯案例以理论本位抽样为主要原则，在这一原则下，在百度搜索引擎上，构造检索式 site：(chengdu. gov. cn)“加装电梯”对 C 市加梯实践相关新闻报道进行筛选，选择能够与研究理论视角形成对话的

---

① 由于典型邻避冲突案例资料采在网络公开资料，而类邻避冲突案例资料则来自田野调查，因此，根据研究伦理要求，对类邻避冲突案例涉及城市、街道、社区、小区或者院落的名称进行了匿名化的处理，如无特别指出，下文的类邻避冲突案例都如此处理。

新闻文本进行阅读，初步确定案例集合。初步筛选的案例要求案例类型完整（完全商品房小区、原单位小区、其他老旧院落等）和对加梯过程有基本描述，在可行性原则的基础上，研究者去寻找这些案例的关键人物①，即那些能够提供给研究者进入现场和事件机会的人物，通过关键人物来确定要采用的目标案例，通过这样的操作，一方面可以让选择的案例更有典型性，另一方面也可以更方便地获取一手资料（业主微信群聊天记录等）。

通过对相关新闻报道的筛选和关键人物的寻找，研究确定了四个加装电梯的案例进行研究，四个加装电梯案例分别有两个成功和两个失败案例。研究将两个属于完全商品化的加梯失败的案例（即 Z 小区和 Y 小区）放在一起，区别在于一个有业委会等基层自治组织，而一个则没有，讨论业委会等基层自治组织对于小区加梯的作用；研究也将两个成功加梯案例放在一起，分别是一个熟人社会的单位院落（X 院）和一个商品化小区（M 小区），前者有社区的积极介入，而后者则更多是居民的自主组织，来讨论小区加梯成功的共同条件。关于案例的详细描述安排在“3. 2. 2 类邻避冲突对邻避冲突发生逻辑的分析性归纳讨论”部分。

由于典型邻避冲突和类邻避冲突都是空间相邻关系难以调整的表现形式，共同组成了邻避冲突。因此，对于两类案例，即典型邻避冲突案例和以 C 市既有住宅加装电梯为典型的类邻避冲突案例的扎根理论构建邻避冲突的解释性框架，具体的进路为以典型邻避冲突案例作为扎根理论的解释性框架建构材料，形成的初步解释性框架则需要进入类邻避冲突案例里进行分析性归纳，以检验解释性框架的外推性，并根据检验情况对解释性框架进行调适。

---

① 在质性研究的资料采集（进入田野）过程里，“许多研究法论者推荐先找寻对研究主题最为了解的人，以利研究的进行。虽然这些人通常并不从事学术研究，但是对研究主题有深入的了解，可以协助研究者建立找寻受访者的地图，并推荐适合访谈的对象”。（引自瞿海源，毕恒达，刘长萱，杨国枢主编．社会及行为科学研究法（二）质性研究法［M］．社会科学文献出版社，2013，北京：社会科学文献出版社，37）考虑到小区加装电梯更多属于小区内部的集体行动，且现有政策对小区加梯的介入相对克制，仍然是以业主为主，而业主之间的协商直接决定了小区加梯成功与否以及小区内部的社会关系。因此，此次寻找关键人物主要是以小区业主为主。

2.3.3.2 资料整理

经过国内学界持续对邻避现象研究，典型邻避冲突案例已经比较充分，可以以现有研究成果为基础，作为采集数据的方向。① 本次研究以理论本位抽样为抽样原则，选取符合理论要求、信息基本完整的案例，经过对知网重要报纸全文数据库、互联网网页数据爬梳和数据清理，保留了894 篇文本，最终获得了25 个案例（见表2 –6），这25 个案例信息基本完整，符合研究需要。

表2 –6 典型邻避冲突案例

案例编号	案例名称	案例概述
C1	2018 年安徽太湖垃圾发电厂事件	当地群众聚集反对，项目缓建
C2	2011 年安徽望江反对江西彭泽核电站事件	安徽望江退休干部和当地政府共同反对江西彭泽核电站项目
C3	2009 年北京阿苏卫垃圾焚烧发电厂事件	居民抗议，虽然在之后与政府形成了良性互动，至少在垃圾分类上达成一致，但就垃圾焚烧处理仍未达成共识。同时，阿苏卫周边高档地产业主同阿苏卫原垃圾填埋场（即阿苏卫垃圾焚烧发电设施选址地）村民关于垃圾焚烧发电也有着不同的看法
C4	2007 年北京六里屯垃圾焚烧发电厂事件	引发居民抗议，项目缓建
C5	2010 年北京门头沟磁悬浮事件	沿线居民反对，但项目于2017 年复建运行
C6	2011 年大连福佳·大化 PX 项目事件	气象风暴造成 PX 险情后，大连民众聚集要求迁移，PX 项目停产搬迁

① 研究根据王英伟．权威应援、资源整合与外压中和：邻避抗争治理中政策工具的选择逻辑——基于（fsQCA）模糊集定性比较分析［J］．公共管理学报，2020：17（02）：27 –39 +166；王佃利等．邻避困境：城市治理的挑战与转型［M］．北京：北京大学出版社出版，2017：12 –13 作为依据来进行案例的搜集．

续表

案例编号	案例名称	案例概述
C7	2012 年佛山明康监狱事件	当地村民同人大代表、政协委员共同反对省政府决定，当地政府同样持反对态度，但未能采取有效行动，项目进入建设
C8	2013 年广东江门鹤山核燃料园项目事件	项目遭遇来自非项目选址地的江门市乃至珠三角、港澳地区民众反对，取消立项
C9	2014 年广东茂名 PX 事件	市民激烈反对，项目停止
C10	2009 年广州番禺垃圾焚烧发电厂事件	引起市民激烈反对，但政府及时与民众展开理性沟通和交流，并取得了当年垃圾焚烧发电项目缓建，在垃圾分类上取得共识的成果。同时，番禺垃圾焚烧发电厂抗争也鼓励了李坑垃圾焚烧发电设施附近村民的抗争行动。在两年后，项目重新进行选址讨论，并引起当时垃圾焚烧发电设施候选地址之一——会江居民的反对，但效果有限。此外，番禺的垃圾焚烧发电设施项目因备选地址问题也引起了佛山和顺德政府关注
C11	2014 年海口三江麻风病康复医院事件	当地村民激烈抗议，酿成群体性事件。即将搬迁的麻风病康复医院处于无处可去的窘境
C12	2014 年杭州余杭垃圾焚烧发电厂事件	周边村民强烈抗议，甚至封堵高速公路，酿成群体性事件。经过长时间真诚、有效的沟通、交流和产业投资、基础设施更新，该项目获得大部分村民认同，项目原址复建
C13	2018 年河南南阳核电站事件	引发居民反对，项目还处于论证规划过程中
C14	2016 年湖北仙桃垃圾焚烧发电厂事件	引发民众反对，甚至试图封堵高速公路。经过真诚沟通、组织参观、选址地项目投资和基础设施更新。两年后，项目获得大部分民众的高度认同，项目复建
C15	2012 年江苏南通启东日本王子纸业造纸厂排污事件	周边居民反对，项目重新进入规划、论证过程
C16	2018 年江西九江垃圾焚烧发电厂事件	项目遭遇激烈反对。随后重新论证，经过真诚沟通、交流，获得居民的认同，并进入正常建设过程
C17	2013 年昆明 PX 项目事件	项目遭遇反对，部分市民上街游行。事件平息后，项目经论证规划，重新进入建设过程
C18	2018 年南京红山街道老年护理院（内含临终关怀设施）事件	设施所在小区居民大多反对，项目停止

续表

案例编号	案例名称	案例概述
C19	2007 年厦门 PX 项目事件	当地居民、人大代表与政协委员激烈反对，并进入当年全国两会重要提案，中央媒体关注，PX 项目被迁移至漳州古雷。漳州古雷和东山两地居民也进行抗议，但无法组织起有效行动，项目得以顺利落地。项目投产后，发生过两次爆炸的安全事故
C20	2006 年山东乳山核电站事件	当地政府与居民同意建设核电站，而反对核电站建设则以外地前往乳山购买房产度假、投资的业主和环保组织为主。经投资业主和环保组织持续反对，项目仍然在规划过程中
C21	2008 年上海沪杭磁悬浮事件	居民因电磁辐射、房产贬值抗议。同时，沪杭磁悬浮也因为当时铁道部和主推地方政府利益博弈、举办世博会资金紧缺、与合作方德国谈判陷入僵局而缓建项目。2010 年后，项目由当时铁道部牵头，采用“入地方式”重新进入论证阶段
C22	2015 年上海杨浦区养老院（内含临终关怀设施）事件	居民反对，项目缓建
C23	2016 年深圳高压变电站事件	居民反对，项目暂停建设
C24	2012 年四川什邡钼铜事件	市民激烈反对，项目力图一年后重启，但仍然被反对
C25	2018 年郑州高新区石化厂事件	居民反对，项目暂停建设

注：案例描述以邻避设施状态（停止、搬迁、重新规划或者复建）为依据概述。
（研究者自制）

通过案例文本的细致阅读和分析，25 个典型邻避冲突案例总体上可以分成两个子类：一类是成功地实现了从邻避到“迎臂”转化的案例。考虑到邻避到“迎臂”转化案例较少，而延续了邻避状态案例中，也有两个案例能够展现出实现“迎臂”的可能路径，因此，邻避到“迎臂”转化的案例也包括了可以展现出实现“迎臂”条件或者可能路径的案例。而另一类则是延续了邻避状态。对于后一类案例而言，同样可以分为两类来考察：第一类是社会整体的向邻避项目决策和运行主体展开抗争的案例；第二类则是部分群体向邻避项目决策和运行主体展开抗争的案例。作为总体的典型邻避抗争具有三项基本共性：邻避设施、与外部主体（政府和企业为代表）发生冲突、群体性。社会整体向邻避决策和运行主体展开抗争的案例类型里，强调的是普遍现象的典型性。对于部分群体向邻避项目决策和运行主体展开抗争的案例，被抗争的主体就不仅仅是政府和企业了，还有其他社会群体和民众，是一种启示性的典型性类型，如表 2－7 所示。

表 2－7　典型邻避冲突案例类型

邻避状态延续案例	
社会整体抗争	集中性典型性：邻避设施、与外部主体（政府、企业）发生冲突、群体性、抗争主体可能是社会也可能有政府参与
C1	2018 年安徽太湖垃圾发电厂事件
C4	2007 年北京六里屯垃圾焚烧发电厂事件
C5	2010 年北京门头沟磁悬浮事件
C6	2011 年大连福佳·大化 PX 项目事件
C9	2014 年广东茂名 PX 事件
C10	2009 年广州番禺垃圾焚烧发电厂事件
C13	2018 年河南南阳核电站事件
C17	2013 年昆明 PX 项目事件
C19	2007 年厦门 PX 项目事件
C15	2012 年江苏南通启东日本王子纸业造纸厂排污事件
C23	2016 年深圳高压变电站事件
C25	2018 年郑州高新区石化厂事件
C21	2008 年上海沪杭磁悬浮事件
部分群体抗争	启示性典型性：邻避设施、与外部主体（政府、企业、其他社会群体）发生冲突、群体性、抗争主体是部分社会群体
C11	2014 年海口三江麻风病康复医院事件
C8	2013 年广东江门鹤山核燃料园项目事件
C20	2006 年山东乳山核电站事件
C3	2009 年北京阿苏卫垃圾焚烧发电厂事件
C24	2012 年四川什邡钼铜事件

续表

邻避向"迎臂"转化的案例（包括展现出向"迎臂"转化可能条件的案例）	
C12	2014 年杭州余杭垃圾焚烧发电厂事件
C14	2016 年湖北仙桃垃圾焚烧发电厂事件
C16	2018 年江西九江垃圾焚烧发电厂事件
C11	2014 年海口三江麻风病康复医院事件（向"迎臂"转化条件呈现）
C20	2006 年山东乳山核电站事件（向"迎臂"转化条件呈现）
理论饱和度检验案例	
C2	2011 年安徽望江反对江西彭泽核电站事件
C7	2012 年佛山明康监狱事件
C18	2018 年南京红山街道老年护理院（内含临终关怀设施）事件
C22	2015 年上海杨浦区养老院（内含临终关怀设施）事件

（研究者自制）

3　空间生产视角下邻避冲突的发生逻辑

3.1　邻避冲突发生逻辑的扎根过程

3.1.1　开放式编码

开放式编码的目的是“将数据和现象表达为概念”①；是一个打散原始材料，根据研究者的研究目的和理论框架的指引，将原始材料进行分类，分解成基本的意义单元（词语、句子或者段落等），以便将代码贴在这些分类的材料上，为后续的归纳、概念抽象和理论构建奠定基础的过程。在扎根理论的认识论和方法论框架里，“概念来自于资料。它们代表了研究者对经历、语言、行为、互动、问题以及参与者表达的议题中所表达出来的东西的印象主义理解”②，在扎根理论中，概念可以被视为对资料进行分类、整理的工具。因此，作为分析方法的扎根理论有着突出的对话性特征，它是一个螺旋和相对开放的过程。能够承认和包容先在理论观点、分析框架，同时又能够进入材料中，验证、丰富，乃至发展甚至修正和推翻先在理论观点和分析框架。

---

① ［德］伍德·弗里克，项继发译，林小英校．扎根理论［M］．上海：上海人民出版社，2021：59.

② ［美］朱丽叶·M. 科宾，［美］安塞尔姆·L. 施特劳斯，朱光明译．质性研究的基础：形成扎根理论的程序与方法（第三版）［M］．重庆：重庆大学出版社，2015：55.

开放式编码并不完全要求研究者放弃先在的研究框架和理论观点，而是强调研究框架和理论观点同经验材料的对话性和指引性。因此，开放式编码在给原始材料意义单元“贴代码”的过程中，强调密集编码，即对原始材料逐句逐段地阅读，以便挖掘出具有研究意义的现象。代码有两种：一种是来自社科文献的建构代码，另一种则是来自原始材料所使用的术语的鲜活代码。虽然开放式编码主张鲜活代码优于建构代码，但由于本次研究对典型邻避冲突案例的资料采集的策略是基于互联网和知网全文报纸数据库搜集的新闻文本、社交媒体评论为主的二手材料文本，以此为依据进行编码，进入老旧小区加装电梯案例中进行分析性归纳，以检验和发展理论。受制于二手材料文本的时滞性和较弱的互动性，因此，采用的编码方式以建构代码和鲜活代码并用的方式进行，共获得 1 382 个原始编码，并以“a + 数字”的方式来为所有编码排序。

对原始材料的意义单元分割和编码仅仅只是开放式编码的第一步，还需要对初步的编码进行归类和概念化，提出可以作为理论构建基本材料的概念才意味着开放式编码的暂告一段落。原始材料编码后，能够获得相当数量的代码，但这些代码往往细碎、重复，这就需要不断地比较和归类，将互相关联的或者类似的代码都放置在同一个范畴（即概念）之下。同时，还要对这些纳入同一概念的互相关联或者类似的代码属性化和维度化，穷尽属性和维度，才意味着概念构建的完成。这些纳入同一范畴的互相关联或者类似的代码无论是从属性还是属性的维度都实现了穷尽，就意味着范畴构建的完成，而范畴就是基本概念。

总的来说，开放式编码的流程就是：原始编码→原始编码反复比较和归类→形成基本概念（类属）→概念属性和属性维度构建。在对原始编码的反复比较、归类处理后，得出了本次研究的开放式编码，共获得 52 个开放式编码，如表 3 - 1 所示，采用“b + 数字”的方式来为开放式编码排序（由于原始编码较多，基于不占用正文篇幅考虑，原始编码见附录 1）。

表 3-1　开放式编码

开放式编码（概念）	内涵	类属	维度
b1 民主决策	政府公共决策民主化以尊重民众，并正确对待民意为主要内涵	决策民主化原因 制度化程度 表现形式	舆论压力←→中央政府关注 策略性对待民意←→常态化 公民单向表达意见←→政府与公民、社会共同参与
b2 公民参与	民众、社会与政府合作，共同为邻避问题寻找出路	合作原因 表现形式	民意压力←→政府压力 民众自发←→政府倡导
b3 有民意基础的项目复建	邻避项目得到社会支持，重新开工建设	支持原因	利益补偿←→信任恢复
b4 信任恢复	在治理邻避冲突过程里，政府与社会、民众恢复了信任关系	恢复程度 表现形式 民众形象恢复 政府形象恢复	至少不反对←→赞同、支持 不发起行动←→与政府合作，共同解决邻避问题 刁民←→通情达理 好大喜功←→利国利民
b5 持续沟通	政府和项目运行主体持续地与民众展开沟通	沟通方式 沟通频率 沟通形式 沟通效果	宣传、科普←→大规模实地参观 单一←→丰富 偶尔←→频繁 不反对←→支持
b6 监管和运维透明	政府对邻避项目运行主体监管严格，项目运行主体运维规范、透明	透明程度 形式 制度化程度	低←→高 民众难以查询←→民众便捷、可及查询 制度化程度低、随意←→制度化程度高、规范
b7 利益补偿	政府和项目运行主体对受损民众、利益主体进行补偿	补偿方式 补偿程度	直接物质补偿←→多样补偿方式 基本←→较高
b8 新的共同价值的生成	受损民众、利益主体在与邻避项目长期相处的过程里，形成了新的共同价值，与邻避项目形成了利益——社会与文化价值的共同体	经济价值 社会文化价值 美学景观价值	利益补偿←→持续增长和共享经济发展 与邻避项目相安无事←→与邻避项目主体友好相处 没有造成对原有景观破坏←→形成了新的美学景观

续表

开放式编码（概念）	内涵	类属	维度
b9 规划地位低	政府对整个地区的发展规划（包括整体环评规划、地块性质规划）随意，规划地位不高	规划协调程度 规划严肃性	相互冲突←→缺乏整体规划 随意对待规划←→对上级部门规划意见置若罔闻
b10 规划滞后	政府的规划相较于城市发展滞后，对风险也缺乏考虑	对城市发展考虑 对风险考虑	规划滞后←→城市环境改变让规划失效 单一规划考虑风险←→整体规划对风险考虑欠缺
b11 挤压居民生活空间	邻避项目选址对居民生活空间构成了挤压	影响范围 影响内容	居民区←→整个区域 生活舒适←→空间经济价值
b12 对其他产业形成冲击	邻避项目对其他产业构成了冲击，邻避项目也可能与其他类似产业形成竞争	对其他产业的影响 存在重复产业	造成损失←→其他产业威胁撤出 可替代性低←→可替代性强
b13 单一地块承担多重相互冲突功能	同一地块上城市定位、功能相互冲突	功能定位	居住区与工业区、敏感设施混杂←→工业与房地产业、商业混杂
b14 人地矛盾	城市人口增多，土地资源稀缺	土地资源	人口增多、土地资源稀缺←→邻避设施与其他产业争抢同一地块
b15 服务于权力生产的邻避设施	邻避设施的供给服务于权力的需要	邻避设施供给	制度安排，选址有限←→服务于重大庆典需要
b16 服务于资本积累需求邻避设施	邻避设施的安排服从于资本空间循环的需要，同时其供给方式也采用了市场化的方式	邻避设施供给 邻避设施安排	直接的产业资本←→间接的劳动力再生产 民营企业←→国有企业
b17 公共服务型邻避设施的滞后供给	公共服务型邻避设施安排和供给往往呈现出滞后性	供需矛盾 供给态度	民众需求←→公共问题严重 滞后安排←→随意改变邻避型公共服务设施用地规划
b18 商业型邻避设施的主动争取	能够带来直接财政收益，给企业带来巨大利益的商业型邻避设施，各个地方政府主动争取	供给态度	各地竞取←→重复建设

续表

开放式编码（概念）	内涵	类属	维度
b19 空间不公平	民众感受到了不公平	心理	对选址疑惑←→强烈不公平
b20 维护自身权益无力	民众感到维护自身权益无力	维权方式 维权效果	表达不满←→制度化抗争 部门推诿←→无视民意
b21 居民获得信息较少	居民在购房投资的时候，获得的周围有效规划信息较少	信息有效性	无法获得有效信息←→政府和开发商刻意隐瞒
b22 抽象空间	政府与项目运行主体对空间抽象化、无差异的认识，将空间视为同质化的商品、治理单元、物质化的对象	对空间认识	空间的自然科学式认识←→空间的抽象公共利益与社会利益认识
b23 政府与项目主体的辩护话语：地方化空间	地方化空间话语指的是对空间的具体化、地方化的处理，将空间表达为日常语言。政府与项目主体为了更好地说服民众与社会接受，采用更为通俗语言，来对项目进行辩护	地方化的空间话语	直接的比较←→以自己为例←→国外想象
b24 政府与项目主体的辩护话语：概念化空间	概念化空间话语指的是对空间的抽象化、概念化处理，强调空间的一般性、普遍性。概念化空间话语是政府与项目主体常用的话语策略，通过概念化空间本身的权威性，来对项目进行辩护	概念化的空间话语	专业知识话语←→治理话语（程序合法话语、意识形态与社会利益话语）←→邻避冲突的民众与社会观念归因
b25 具体空间	民众与社会对空间的具体化、多维化的认识，空间不是单一的而是复合和多元的	对空间的认识	潜在风险和危害←→自然环境重视←→社会风俗的考虑

续表

开放式编码（概念）	内涵	类属	维度
b26 民众与社会的抗争话语：地方化空间	地方化空间话语指的是对空间的具体化、地方化的处理，将空间表达为日常语言。民众与社会在抗争时候，经常会采用地方化空间直接地表达自己的不满，发挥共情和情感表达的功能	地方化空间话语	直接表示反对←→隐喻或讽喻←→国外想象话语
b27 民众与社会的抗争话语：概念化空间	概念化空间话语指的是对空间的抽象化、概念化处理，强调空间的一般性、普遍性。民众和社会在发起抗争的过程中，会主动地采用概念化的空间话语，将自己对具体空间的珍视正当化，同时将自身的空间诉求一般化，使得其能够被纳入以概念化空间话语为主要符号的政策话语里，对政府辩护话语进行解构	概念化的空间话语	邻避冲突的政府与项目主体归因←→治理话语（公共利益和政治话语的抗争正当化）←→制度与程序抗争（对政府监管治理能力质疑、决策质疑、以法抗争）←→专业知识话语（项目规划质疑、项目经济性和有效性质疑、项目科学性质疑、项目主体质疑）←→治理问题解决方式（社会治理、法律与公共政策、技术、产业）
b28 价值损失	邻避事件是一个多输的局面，也会造成社会信任下降	价值损失	部分民众损失加剧←→相关企业损失←→公共利益损失←→整体信任降低
b29 邻避冲突治理方式的延续	即便项目停止，也不能说明邻避冲突取得了进展，邻避冲突及其治理方式依然延续	邻避冲突治理方式	民主决策非制度化←→传统应对方式延续
b30 邻避项目悬置	作为哲学概念，悬置指的是将某一理念或者概念暂时放在一边，不去肯定也不去否定。邻避项目悬置意为邻避项目并没有清晰的、有民意基础的定论	项目状态	项目迁移（产生了新的问题迁移、未知的迁移）←→项目停工←→项目无民意基础的复建

续表

开放式编码（概念）	内涵	类属	维度
b31 单向度压服	政府意图对民意进行“压制”	“压制”程度	高高在上劝服←→“先斩后奏”行动←→强势对待
b32 对民意的策略性对待	政府根据形势发展和民众、社会行动来策略性对待民众和社会的诉求，以完成自己的政策意图	对民意重视程度	表面敷衍←→事后变卦
b33 强硬维稳	政府刚性维稳	维稳方式	舆论管控←→个别威胁←→对抗
b34 等级配置的治理权力与治理资源	治理权力与治理资源是按照行政等级制度进行配置。同时由于治理权力与资源差异，而治理问题存在着整体性，因此，还面临着治理的困境	权力与资源配置程度 条块矛盾	等级较低城市←→等级较高城市 部门矛盾←→不同层级政府观点差异←→协调困难
b35 垄断性治理权力和治理资源	作为整体的政府拥有垄断治理权力和治理资源	政府权力还没有受到有效制约	公众主体地位缺乏法律和具体机制保障←→行政意志占主导
b36 程序失当	政府决策程序不当	决策程序失当表现形式	决策程序颠倒←→策略性决策←→缺乏对决策追责
b37 环评失效	环评制度没有起到把关的作用，反而遭人质疑	原因	第三方环评独立性缺失和谋利性趋向←→环评制度不健全
b38 决策缺失民意基础	政府决策不被社会和民众认同	原因	信息不透明←→决策缺乏民意输入←→决策缺乏严肃性←→政府自我为中心决策
b39 空间价值升值	部分民众认为邻避设施能够给自己带来好处，至少不是坏处	空间价值	使用价值增加或不受影响←→交换价值增加或不受影响
b40 矛盾的抗争态度	对部分邻避项目，民众与社会抗争态度并不是一致的	抗争态度	支持←→反对
b41 空间价值贬损	民众认为邻避设施带给自己损失	空间价值	使用价值减少←→交换价值减少

续表

开放式编码（概念）	内涵	类属	维度
b42 一致的抗争态度	民众一致反对邻避设施	抗争态度	一致反对
b43 行业形象欠佳	邻避项目在民众与社会心目中的形象	形象	社会和民众不太信任邻避项目
b44 企业安全生产与运维存在问题	邻避项目运行主体安全生产和运营、维护	安全生产 运维规范化	企业偷工减料←→出现大量安全事故 运行主体缺乏经验←→运维不规范
b45 政府定位不清，与“利益集团”存在关联	政府定位不清晰，职能模糊，与“利益集团”可能存在关联	政府职能与“利益集团”关联	政府越位（为企业越俎代庖）←→政府缺位（缺乏对企业监管） 政府缺乏经验、依赖企业←→政府与“利益集团”存在关联
b46 专家为“利益集团”站台	专家为“利益集团”背书	专家与“利益集团”存在关联	专家为政府打包票←→专家与政府和“利益集团”存在利益输送
b47 专家信任下降	民众与社会不信任专家说辞	信任程度	消极对待专家说辞←→专家承诺与现实情况相反←→反对专家说辞
b48 财税收入	财税收入是政府治理权力的物质内容，也能够增加政府的组织利益，对于实现治理目标有着基础性功能	财税收入类型	直接、一次性财税收入←→间接、长期的循环性财税收入
b49 经济情况有待改善	经济情况需要改善	经济发展情况	经济落后←→产业转型←→产业结构优化←→能源结构优化←→区位特点
b50 经济发展至上	经济发展是政府治理的首位目标	目标偏好	重视能够带来巨大收益邻避项目←→经济发展首位
b51 政绩驱动	满足政绩需要是政府的主要动力	治理与发展动力	经济发展与财税收入构成政绩的主要内容
b52 资本积累	政府推动邻避项目建设，也是满足资本积累的需要	积累方式	制造业外溢效应←→支撑劳动力再生产、消费与扩大再生产的建成环境

注：“←→”表示属性在一个范围（维度）内的变化形式。

（研究者自制）

3.1.2 轴向编码

轴向编码是对开放编码中得到的基本概念更进一步归纳和抽象的过程。开放编码构成了轴向编码的实质类属，而实质类属之间的关系则构成了主轴编码的概念内涵。通过对52个开放式编码的分析、归纳和提炼，得出了19个轴向编码（见表3－2），作为构建解释理论的主要单元。

表3－2　轴向编码

主要概念（19个）	主要概念内涵	基本概念及相互关系（52个）
c1“迎臂”	邻避冲突后，政府、项目运行主体主动修复与民众和社会之间的信任，并形成了新的共享空间	b4 信任恢复→b3 有民意基础的项目复建
c2 合作治理	邻避冲突治理过程里，政府、项目运行主体、社会和民众合作，共同寻找问题的解决出路	b1 民主决策—b2 公民参与—b5 持续沟通
c3 共享空间	取代了空间争夺，邻避项目形成了新的持续增长的共享的空间价值，相关主体都能够从新的空间里获得价值	b6 监管和运维透明—b7 利益补偿→b8 新的共同价值的生成
c4 扭曲的邻避设施安排	邻避设施的安排是扭曲的，服从于资本积累和权力生产，而非服务于城市里的公众	b15 服务于权力生产的邻避设施—b16 服务于资本积累需求邻避设施→b17 公共服务型邻避设施的滞后供给—b18 商业型邻避设施的主动争取
c5 空间稀缺	能够安排邻避设施的空间非常稀缺，城市中的空间充满着各种功能相互冲突、定位矛盾	b13 单一地块承担多重相互冲突—b14 人地矛盾
c6 空间紧张	能够安排邻避设施空间本身非常稀缺，空间已有居民住宅和其他产业的情况下，邻避设施的安排形成了居民、其他产业同邻避项目运行主体、政府的冲突条件	b11 挤压居民生活空间—b12 对其他产业形成冲击
c7 失效的空间规划	服务于民主、科学和公共利益的空间规划频频失效，难以引导并适应城市发展，是诸多城市邻避问题的结构原因	b9 规划地位低—b10 规划滞后

续表

主要概念（19个）	主要概念内涵	基本概念及相互关系（52个）
c8 整体的邻避冲突：共同反对邻避设施	受损民众与社会群体共同反对邻避设施建设。参与抗争的既有设施选址所在地的民众，也有在设施选址地之外但受设施影响的企业和民众，邻避设施降低了他们的空间价值期望，同时他们也很难使得自己的空间价值实现转换，展现出一致的抗争态度	b41 空间价值贬损→b42 一致的抗争态度
c9 扭曲为政策工具的维稳	维稳扭曲为常态化的政策工具选项，而是作为面对可能危害社会秩序的应急状态处置手段。政府通过封闭式决策方式自我为中心地强行推行邻避项目，在前期沟通中可能采用强行的压服，而在抗争过程里，则可能采用强硬维稳，而在善后阶段里，则可能策略性地对待民意	b31 单向度压服—b32 对民意的策略性对待—b33 强硬维稳
c10 空间话语竞争	围绕邻避设施选址和影响的空间，居民、社会和政府站在不同立场—认知框架下，展开话语竞争。竞争的关键是对空间价值、意义的重塑和争夺。话语竞争会在概念化空间和地方化的空间两个场域上展开，政府、项目主体和社会、民众都会在这两个空间上展开话语博弈	b22 抽象空间→b23 政府与项目主体的辩护话语：地方化空间—b24 政府与项目主体的辩护话语：概念化空间←→b25 具体空间→b26 民众与社会的抗争话语：地方化空间—b27 民众与社会的抗争话语：概念化空间
c11 局部的邻避冲突：部分社会群体支持邻避设施	邻避设施选址地民众可能会倾向于支持邻避设施建设，而设施选址地之外但受到设施影响（经济、风险）的民众则可能反对邻避设施建设，邻避冲突就呈现出局部性。支持邻避设施建设民众对邻避设施能够带来空间价值升值（邻避设施带来的经济发展）和自身空间价值的可转换（政府拆迁）而支持邻避设施。但反对者展现出相反的认知，在自身空间价值难以转换前提下，认为自身空间价值受到贬损，而反对建设	b39 空间价值升值→b40 矛盾的抗争态度
c12 邻避状态的延续	邻避冲突平息后，但邻避状态依然延续，呈现出多输的格局。邻避项目则被悬置起来，没有一个有民意基础、合法性基础的解释	b29 邻避冲突治理方式的延续—b30 邻避项目悬置→b28 价值损失
c13 空间剥夺	本就稀缺空间和安排在稀缺空间里的邻避设施，使得居民产生了严重的空间剥夺感。空间剥夺感一方面是空间不公平，另一方面是自身维护权益的无力，也有民众没有充分得到信息的愤怒	b19 空间不公平—b20 维护自身权益无力—b21 居民获得信息较少

续表

主要概念（19 个）	主要概念内涵	基本概念及相互关系（52 个）
c14 政府封闭决策	政府封闭式决策，封闭式决策的程序失当和环评失效，共同使得决策缺失合法性	b36 程序失当—b37 环评失效—b38 决策缺失民意基础
c15 不平等的权力配置	从整体的政府层面来看，政府拥有垄断的治理权力和治理资源，使其在关键要素安排和组织上掌握绝对优势，行政意志占主导地位。而这种安排和组织则又会对产业、社会和民众的发展预期和人生际遇带来重大影响。从具体的政府组织来看，不同层级政府治理权力和资源是按照等级来进行配置的，这就使得一些较低层次地方政府不得不在局限的治理权力、治理资源和相应治理空间上安排邻避设施，也使得跨政府间的邻避设施沟通和协调存在困难	b34 等级配置的治理权力与治理资源—b35 垄断性治理权力和治理资源
c16 专家权威性受损	专家拥有专业知识和相对独立、超然地位而具有中立性和权威性。但在现实中，存在专家为“利益集团”站台，这就使得专家信任下降，专家权威性受到削弱	b46 专家为“利益集团”站台→b47 专家信任下降
c17 扭曲政企关系	政府定位为企业家，政府异化为经营型政府，为企业越俎代庖，与企业关系密切，而与民众和社会关系疏远。对企业安全生产与运维监管不言，并存在利益关联	b45 政府定位不清，与“利益集团”存在关联→b44 企业安全生产与运维存在问题→b43 行业形象欠佳
c18 经济发展	经济发展成为政府关键性治理目标，也成为地方治理认知框架和价值评价的重要构成部分。在这一框架和价值评价之下，经济情况有待改善是政府需要解决的重要问题。同时，政府在发展经济和推动邻避项目落地过程里，也服从了资本积累需要	b50 经济发展至上—b49 经济情况有待改善—b52 资本积累
c19 政府自身利益扩展	政府自身利益由财税收入和政绩构成，前者是政府治理权力和治理资源的重要物质内容，对政府治理效能有着基础性的影响。同时，财税收入也构成了政绩评价的关键指标	b48 财税收入—b51 政绩驱动

注：“→”表示因果关系，“—”表示平行关系，“←→”表示互动关系。
（研究者自制）

在轴向编码部分，可以开始着手进行理论构建，将轴向编码和归属于该编码的开放式编码的类属关系梳理清晰，将各个轴向编码之间的关系呈现出来，进行初步理论解释的故事线描绘。

从微观上来看，产生邻避冲突是一个邻避设施受损者表达抗争态度到做出抗争行动的过程，但是这一过程是建立在客观社会条件基础之上的（见图 3-1），而这也正是既往研究缺乏回应的地方——要么将邻避冲突视为一个既定的起点，而不多做考虑；要么，将邻避冲突视为一个内部的心理因素——风险异议问题。但是，既往研究都不考虑的问题是——为什么邻避设施就一定会与民众和其他产业发生冲突？换言之，为什么邻避设施就一定要安排在容易产生矛盾和冲突的空间里。在空间生产视角下，邻避冲突的空间生产视角就能够解释这一问题。

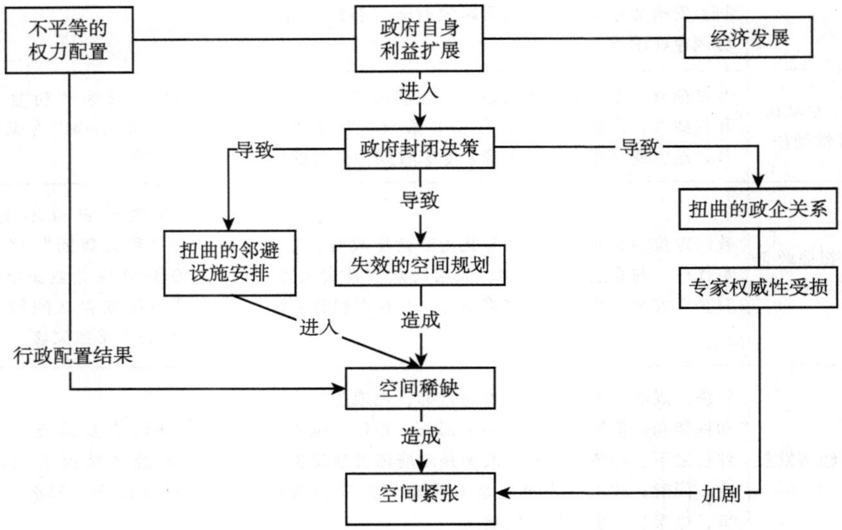

图 3-1　邻避冲突产生的社会条件

不平等的权力配置，尤其是治理资源和治理权力的等级制分配使得各层级政府在空间资源的占有和调节上就面临着先天的不平等，空间资源稀缺本身就是不平等的权力配置的结果，而政府垄断了治理权力和治理资源则是政府封闭式决策的基础。在作为政府治理的关键性目标——经济发展和政府自身利益驱动下，政府通过封闭式决策，力图让整个区域空间规划服从于权力生产、经济发展和政府自身利益，因此，空间规划地位低且规划滞后。空间规划混乱、无序和城市化迅猛扩展，使得空间愈发稀缺。当政府力图发展商业型邻避项目或者不得不提供公共服务型邻避项目的时候，就面临着随着空间环境改变，合适的地块不再合适的窘境。当服从于资本积累和权力生产需要邻避项目通过封闭决策，强行进入本就稀缺的空间的时候，空间紧张就产生了。同时，政府主导型经济发展和封闭决策也使得治理信任下降，换言之，形成了扭曲的政企关系和专家权威的损伤，加剧了空间紧张。因此，从基础的社会条件来看，邻避冲突的前提就是空间紧张，只有产生了空间紧张，邻避冲突态度和行动才可能出现，如图 3－2 所示。

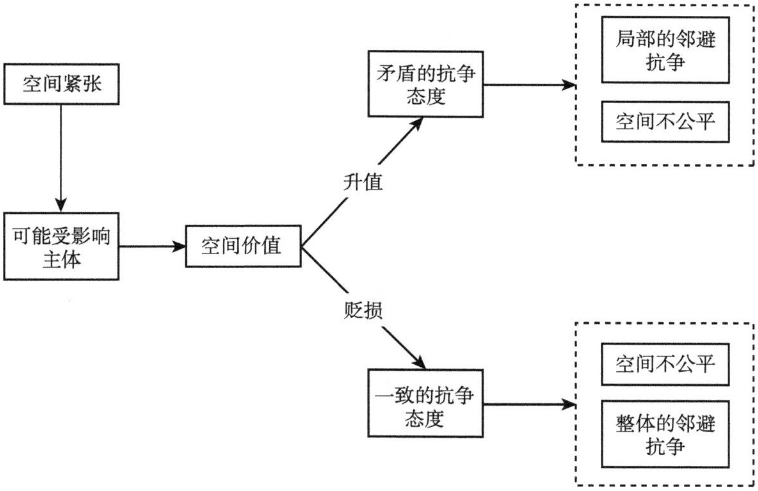

图 3－2　邻避冲突的类型

产生了邻避冲突的社会条件，并不意味着受到影响的行动主体就一定会参与邻避行动，邻避冲突社会条件至多构成了受影响主体参与乃至发起邻避行动的必要条件。在对案例的梳理和分析中，典型邻避冲突也呈现出了两个不同的面向：社会与民众一致地向政府和项目主体抗争；部分民众支持邻避项目，而部分民众反对邻避项目的抗争的局部邻避行动。而局部邻避冲突里，反对邻避项目更多是邻避设施选址地之外的民众和其他行动主体，而赞同邻避设施的则是邻避设施选址地的民众。

笼统地来看，可以从两个方面对这一问题进行初步的回应。其一，对邻避设施的概念界定通常将邻避设施负外部性局限在自然科学的物质性质做出的判断上，而很少考虑负外部性不仅仅是物质性质的，也有社会性质的。因此，从表面上来看，邻避设施选址地之外的民众反对邻避设施是反常识的现象，但将社会性质也纳入负外部性考察范围，邻避设施选址地之外的民众反对设施也是因为其空间同样属于邻避设施影响范围之内。

其二，邻避设施选址地的民众支持邻避设施建设，通过溯因推理，可以初步归因于民众对空间的估值。实际上，空间已经成为了虚拟资产，即“未来收入的产权”①，民众认为空间的使用价值和交换价值都能够增加（至少不影响），那么民众就倾向于支持，反之则倾向于反对。民众是基于什么样的理由来做出空间价值升值或者贬值的判断，则可能来自于政府对空间的补偿和对政府的治理信任上，如果政府的空间利益补偿较高，同时民众对政府有着较强的治理信任，那么民众就以此为依据来做出空间升值的判断，如图 3 – 3 所示。

无论是局部的邻避冲突还是整体的邻避冲突，邻避冲突在具体的过程和形式都是一致的，即围绕空间展开争夺，也就是空间话语竞争。在空间话语竞争中，民众与社会将自身空间视为具体空间，守卫自身空间价值，同时，在低治理信任和空间剥夺的影响下，民众与社会对政府、项目主体已经存有不信任和对抗的立场。因此，民众试图将自身空间意义包裹在地方化空间和概念化空间里，强调自身空间的合法性。相对的，政府和项目主体则一直站在将空间视为无社会价值的客观治理对象上，缺乏对民众空间价值的共情，也试图通过地方化空间和概念化空间方式来对邻避项目和相关配套政策进行辩护。对立的两者基于空间不同认知框架—价值评判的基础，在不信任和对抗的氛围里，对邻避设施安排的空间展开了针锋相对

---

① ［英］大卫·哈维，董慧译．资本的城市化：资本主义城市化的历史与理论研究［M］．苏州：苏州大学出版社，2017：93.

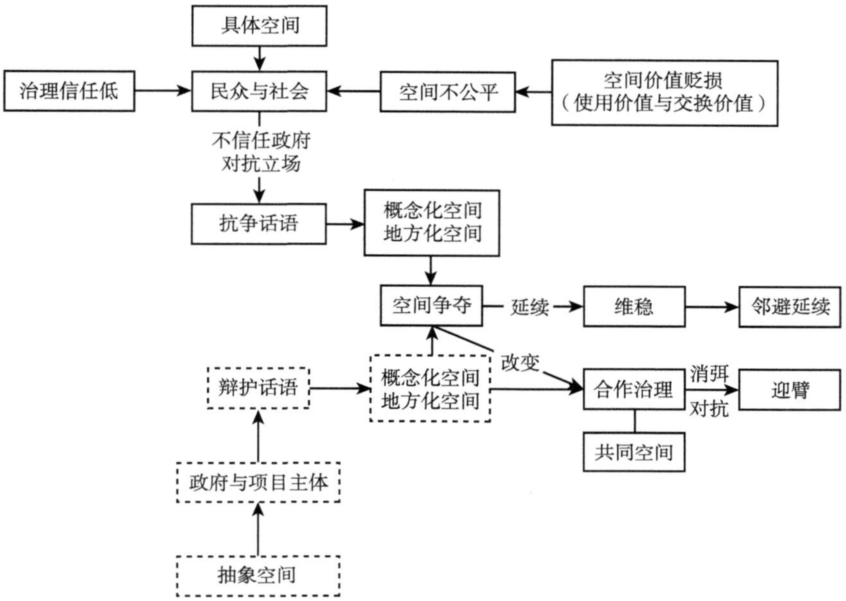

图 3－3 邻避冲突空间争夺形式与冲突不同结果

（研究者自制）

的争夺。一般来言，作为社会冲突的邻避冲突状态都会平息，而不会延续，但是作为影响政府、企业和民众、社会关系的场域的邻避状态则可能延续。邻避状态延续或者转变为期望的“迎臂”，则取决于政府接下来的治理方式。政府选择维稳方式，从管控言论到强硬对抗，则会使得邻避状态一直延续，而邻避项目则处于悬置中。政府选择合作治理，构建共享空间，则可能将邻避冲突转变为“迎臂”状态，修复信任的前提下，项目也可能得到有民意基础的复建。

3.1.3 选择编码

选择编码过程是“将轴向编码阶段形成的抽象化继续推进”①，通过对

① ［德］伍德·弗里克，项继发译，林小英校．扎根理论［M］．上海：上海人民出版社，2021：64.

构建解释性理论主要单位（轴向编码）的进一步提炼和抽象化，以发现能够对现象形成解释的核心概念。通过对轴向编码的抽象化和整合，得出了7个选择编码，作为理论解释的核心概念，如表3－3所示。

表3－3　　选择编码

选择编码（7个）	内涵	主要概念单位（19个）
d1“迎臂”	政府与民众、社会信任恢复，项目甚至得到有民意基础的复建	c1“迎臂”
d2 空间合作性重构	空间合作性重构是典型邻避冲突实现治理的过程。空间合作性重构有着如下含义：①民众与社会受损的空间能够转换成为新的价值持续增长和共同分享的空间，使得民众与项目主体能够成为利益——文化和社会价值上的共同体政府；②社会与政府破损的信任关系能够得到修复；③实现邻避到“迎臂”转换就在于合作的规范路径	c2 合作治理、c3 共享空间
d3 空间矛盾	空间矛盾是邻避冲突的社会条件，相较于微观的邻避冲突，空间矛盾则是客观。在既有规划缺陷造成的空间稀缺的基础上，扭曲的邻避设施安排方式将邻避项目安排在稀缺空间里，就造成了空间的高度紧张	c4 扭曲的邻避设施安排、c5 空间稀缺、c6 空间紧张、c7 失效的空间规划
d4 空间争夺	空间争夺是邻避冲突的主要表现形式，围绕着空间意义和价值的话语竞争展开	c8 整体的邻避冲突：共同反对邻避设施、c9 扭曲为政策工具的维稳、c10 空间话语竞争、c11 局部的邻避冲突：部分社会群体支持邻避设施、c12 邻避状态的延续、c13 空间剥夺
d5 权力空间	产生空间矛盾的基本条件之一就是权力空间，其是高度封闭而内部又是不平等的	c14 政府封闭决策、c15 不平等的权力配置
d6 政府主导型经济发展	政府主导型经济发展也是产生空间矛盾的基本条件。政府主导型经济发展以政府财税增长——地区经济发展——资本空间循环为内容，经济发展成为关键性治理目标，同时，政府掌握着关键性要素分配权。政府主导型经济发展通过土地财政——招商引资——开发城市的具体方式来实现，这就使得政府与企业、能够带来政绩的“利益集团”形成了紧密的关系，倾向于从资本积累角度来安排邻避设施	c18 经济发展、c19 政府自身利益扩展

续表

选择编码（7个）	内涵	主要概念单位（19个）
d7 治理信任	权力空间和政府主导型经济发展的结合，使得政企关系异化，大量公共治理问题和利益分配问题难以得到有效处理，后果就是企业、政府同民众、社会之间的关系恶化，治理信任下降	c16 专家权威性受损、c17 扭曲政企关系

从一般邻避冲突来看，邻避冲突的社会条件是空间矛盾，而造成空间矛盾的则是封闭、内部等级制的权力空间和政府主导型经济发展共同作用的结果。同时，权力空间和政府主导型经济发展也使得治理信任偏低，加剧空间矛盾。在这种情境下，空间矛盾会演化成为空间争夺，而空间争夺只能通过空间合作性重构才能缓解，并实现“迎臂”，如图 3－4 所示。

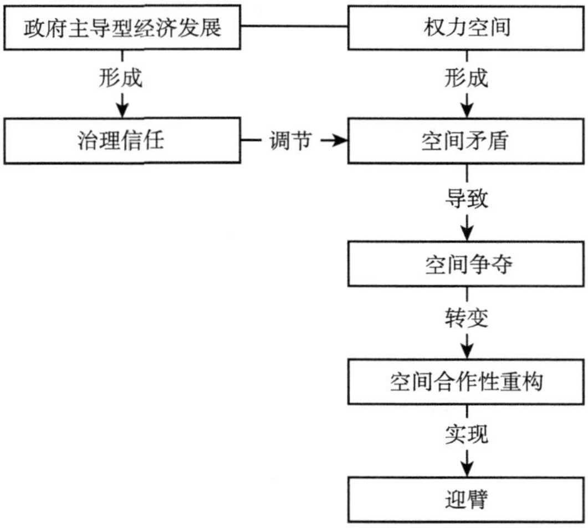

图 3－4　基于典型邻避冲突案例的邻避冲突发生逻辑

（研究者自制）

在空间生产视角下，基于结构性空间生产异化和空间争夺一般形式分析框架，通过对 25 个典型邻避冲突案例的扎根理论分析，得出了“政府主导型经济发展、权力空间、治理信任、空间矛盾、空间争夺”五个核心概念，初步形成了对邻避冲突发生逻辑的解释，为接下来的理论分析奠定了基础。

邻避冲突的社会条件是空间矛盾的产生，而空间矛盾的关键就在于空间稀缺和空间紧张。空间规划的滞后和随意使得空间变得稀缺，有限的空间面临着相互冲突的城市产业发展目标的矛盾；有限的空间同样也面临着市场化、城市化涌入的人口和空间私有化带来的空间权利的诉求。此外，对政府而言，由于治理权力和资源的不平等配置，作为治理资源的空间本身也是有限的。空间规划的滞后和随意则来自权力高度封闭和政府主导型经济发展相互支撑、援引，在城市发展与治理层面集中地展现在了政府的封闭性决策。因此，当面临着经济发展、财税增长构成的政绩要求时，政府就成为了经营型政府，主动地进行空间规划，分配关键的经济发展要素。当政府事实上成为市场主体，同样会受到市场调节盲目性、滞后性的影响，便倾向于随意地更改规划。更改规划能够满足政府短期性的自利需要，但是后果却是长远的——使得有限的空间不得不承载着相互冲突的城市功能和发展目标。政府自利性和其无意识地服从资本空间循环的发展与城市治理方式，也使得邻避设施的安排服从于资本积累的需要，或者是服从权力生产的需要，这就使得邻避设施的安排呈现出了公共服务型邻避设施滞后性供给，因为这一类公共服务型设施更多服务于间接的资本空间循环，是满足劳动力再生产和城市基本功能运转的；相对的，商业型公共设施则积极主动地去争取，只因这一类设施能够给当地政府带来大量直接收入外，更是持续性的经济增长和财税收入增加。那么，当扭曲邻避设施安排和稀缺空间共同作用的时候，客观上的空间紧张就产生了。封闭权力空间和政府主导型经济发展也使得政府无法有效地对企业进行监管，邻避企业的安全生产与严格运维就难以实现，产生了的大量治理问题，除了环境污染、经济价值贬损、分配不公外，更有治理信任的下降。低治理信任迅速加剧了客观的空间紧张转换成行动者主观认识—评价的空间剥夺，邻避冲突就自然而然地产生了。

空间紧张意味着空间剥夺的生成，也意味着邻避冲突的产生，但是，并不是每个受邻避设施影响主体都会产生空间剥夺感，并发起邻避冲突。是否发起邻避冲突，主要取决于受影响主体对空间价值的预期判断，如果预期空间价值不受影响（甚至可能升值），那么受影响主体就可能不发起行动，反之，就可能发起行动。因此，如果有部分群体持前者的观点，那么冲突就是局部性的；如果是大部分群体都持后者观点，那么抗争则可能是整体性的，但无论是局部，还是整体的，邻避冲突都展现出空间争夺的特点。

空间争夺的对象是空间意义和价值的竞争和塑造，在邻避行动发起者——社会和民众视野里，空间是具体的、独一无二的；而在政府和项目运行主体视野里，空间则是同质化的，可以交换的。空间争夺就是——受损主体认为自己空间价值贬损，在治理不信任的氛围下，社会和民众就会通过概念化的空间话语和地方化的空间话语对政府的辩护话语进行批评，并正当化自身的行动立场。空间争夺的关键也就在于空间价值贬损，另一点就是治理不信任。那么，成功治理邻避冲突，并使得其向“迎臂”转向，就需要使得空间价值贬损向共享空间的生成和恢复治理信任上着手，这就使得空间争夺具有了向空间合作性重构转变的可能性。

3.1.4 理论饱和度检验

所谓的理论饱和，指的是在扎根过程里，相关概念的类属、维度已经穷尽不再产生新的理论洞见，理论已经充分反映在了案例中，达到了理论的饱和。研究选择了安徽望江反对江西彭泽核电站事件、佛山明康监狱事件、上海杨浦区养老院事件和南京红山街道老年护理院事件来对基于典型邻避冲突案例“浮现”的邻避冲突发生逻辑进行理论饱和度检验。区别于其他案例出现的政府、企业同社会、群众的冲突，安徽望江反对江西彭泽核电站事件涉及两地政府之间的博弈，而佛山明康监狱事件则涉及下级政府对上级政府的抗辩。区别于其他邻避冲突案例以科技类和工程类设施为主，上海杨浦区养老院事件和南京红山街道老年护理院事件则属于文化不适类设施。通过与其他案例一定程度上相异（文化不适设施而非科技、工程类设施；涉及府际关系），但主要特征相似（属于发生在公共领域内的、群体性的、外部主体在场的典型邻避冲突）的案例，可以对邻避冲突发生逻辑进行理论饱和度的检验。

在安徽望江反对江西彭泽核电站事件里，安徽望江规划的经济开发区在江西彭泽核电站选址地的下游，望江处于彭泽核电站选址地的环境影响区域内，是环境影响的权益方。在得知彭泽核电站选址后，望江四位退休干部在网上发布陈情书，望江县政府则在陈情书的基础上向上级政府提出了《关于请求停止江西彭泽核电厂建设的报告》，由上级部门向国家发改委进行了报告。无论是江西在彭泽规划核电站，还是安徽望江规划的经济开发区，都是政府主导型经济发展的产物。虽然望江与彭泽“一衣带水”，但是二者归属于不同省份，使得两者之间的沟通并不顺畅，各自为政。换言之，二者的权力空间地位都是对等的，只能通过上级政府和国家进行协调。围绕核电站选址，两地政府、利益相关企业和民众围绕着环评报告的科学性、合法性进行了空间争夺。更进一步来看，由于空间已经被视为地方政府用以发展经济的关键性要素，同时空间也被制度性地分割，成为各个地方政府“私有财产”，这就使得地方政府在使用空间的时候，倾向于从自身的立场和利益最大化逻辑出发，而较少考虑使用空间产生的负外部性。区别于望江反对彭泽核电站，佛山明康监狱事件则突出不平等的权力配置，也就是与权力空间有着密切的关系。随着社会经济发展，佛山高明区规划了西江新城，但是却面临着监狱围城的困境，尤其是新规划的明康监狱，选址地附近就有大型居民区、村落和学校。因此，接到民众上书后，高明区人大常委会和政协围绕明康监狱环评程序问题向上级人大和政协反映，强烈要求撤销明康监狱项目。这一项目在审批之初，当地职能部门更多是在具体的用地规划等技术层面上进行讨论，而未向地方政府和利益相关者进行通报。同时，明康监狱又以关押病犯作为主要功能，受到上级职能部门和疾控部门双重管辖。当地人大、政协同监狱的业主单位和上级职能部门之间的博弈展现出了鲜明的空间争夺的特点，普通民众担忧的是监狱带来的潜在环境与社会风险，而人大和政协则担忧监狱对当地经济发展的影响，当地政府的沉默则处于不平等的权力配置的权力空间内，使得当地政府难以就规划的监狱而直接反对上级部门。

上海杨浦区养老院事件和南京红山街道老年护理院事件高度相似，居民反对将带有临终关怀设施的社区养老机构开进自己的小区内。除了文化观念原因之外，居民反对社区养老机构重要原因是这一设施对房价下跌的影响。在既往中国政府主导型经济发展过程里，通常对养老等公共服务考虑不足，未能够给这一类公共设施留下足够的空间，尤其是在寸土寸金的城市中心区域，带有临终关怀设施的养老机构选址空间本身稀缺。但是，随着老龄化社会到来，临终关怀设施的养老机构就越发必要，这一邻避设施引发冲突将更加频繁，尤其是这一类设施本身对居民住房交换价值产生的负面影响来说，居民很难同意。同时，养老机构的安排通常也有着封闭权力空间的特点，即通过非参与的封闭式决策进行“自以为是”的安排，这就使得居民更加感受到不尊重，对政府更加不信任。因此，寸土寸金的稀缺空间、住房对居民极端重要性、养老机构的非有不可，就使得空间矛盾无可避免地产生，空间争夺随即展开。

通过四个案例与邻避冲突发生逻辑进行理论对话，没有再产生新的概念范畴、类属，也没有产生新的理论洞见。因此，能够判断理论达到饱和，扎根过程可以结束。

3.2 邻避冲突发生逻辑的案例解释与分析性归纳讨论

3.2.1 典型邻避冲突的案例解释

3.2.1.1 社会整体邻避冲突案例

扎根理论要求“在选择性编码中，研究者将要为关联的类属寻找更多的例子和证据。这一做法将分析引向关于个案故事的详细阐释或表述”①，对案例的详细阐释是验证从原始材料中“浮现”的解释性理论的主要验证方法。通过扎根理论三级编码程序，研究从典型邻避冲突案例原始材料里得出了七个关键的概念范畴，分别是：政府主导型经济发展、权力空间、治理信任、空间矛盾、空间争夺、空间合作性重构、“迎臂”。其中，空间争夺和“迎臂”是被解释现象，而权力空间、治理信任、空间矛盾、政府主导型经济发展、空间合作性重构则是解释条件。通过扎根理论“浮现”的解释性理论回到案例中，就会给理论以具体性，此时，“研究者可以说，在这些条件下（列举这些条件）这会发生；在那些条件下，那会发生。”②因此，由材料“浮现”的典型邻避冲突解释框架还需要回到案例中，一方面赋予解释框架以具体性，另一方面也为更进一步的理论分析奠定基础。

在社会整体邻避冲突案例解释里，选择厦门 PX 事件和广东番禺垃圾焚烧发电厂事件作为解释框架的验证材料，选择这两个案例有四个方面的考虑。

第一，厦门 PX 事件和广东番禺垃圾焚烧发电厂事件是中国典型邻避冲突案例，并产生了广泛的社会影响。同时，PX 事件是商业型邻避设施引发邻避冲突，而垃圾焚烧发电厂事件则是公共服务型邻避设施引发邻避冲突，案例类属也比较完整。

第二，案例材料比较丰富，并且也有后续进展，呈现出了邻避冲突的完整过程。

第三，该案例的治理方式当时获得了盛赞，但是其后续进展却无法支撑其当时舆论对事件治理方式和互动方式的意义、价值阐释。

第四，虽然两个案例具有相似性，但也存在差异性。差异主要表现在两点，（1）邻避设施类型不同（邻避设施目标），（2）邻避状态的不同

① ［德］伍德·弗里克，项继发译，林小英校．扎根理论［M］．上海：上海人民出版社，2021：64.

② ［德］伍德·弗里克，项继发译，林小英校．扎根理论［M］．上海：上海人民出版社，2021：65.

（前者是以相对弱势的漳州古雷民众空间权益损害为体现，而后者则是以事件平息，项目复建后，民意遭遇不同对待为体现）。由于两个案例存在相似性，对解释性框架验证将以厦门 PX 事件为主，而对广东番禺垃圾焚烧发电厂事件则主要关注其自身的特点。

厦门 PX 事件是厦门市政府拟在与厦门岛距离较近的海沧—嵩屿的台商投资区引入腾龙芳烃（厦门）有限公司的 PX 项目引发的市民散步邻避冲突事件，事件的社会影响从厦门扩展到了全国，并在当年的全国两会上引起了反响。最后，事件以厦门市政府让步，而项目迁移到漳州古雷结束。从邻避冲突过程来看，经济发展与财税收入持续增长是厦门政府城市发展与治理的关键目标，而引入 PX 项目则可以顺利地实现这一目标，PX 项目总投资 108 亿元，而项目建成后每年至少有 800 亿元工业产值。然而，项目拟落地的海沧—嵩屿地区却与项目发生了冲突。原因在于，海沧—嵩屿地区的空间规划的投机性导致的混乱，整个地区空间规划呈现出了房地产、旅游业产业规划和商住定位的海沧新城同石化化工工业项目集中大型工业区相互冲突的现状。海沧—嵩屿地区拥有深水良港本身可以发展工业，也预先被规划为化工项目集中工业区。在政府主导型经济发展范式下，地方政府更多扮演了经营型政府的角色，这一角色要求政府发挥类市场主体功能，而市场调节盲目性、滞后性、投机性也会对政府产生影响。因此，当厦门将海沧—嵩屿地区规划为化工产业区，并进行大量的优惠政策乃至工业用地的低价出让时候，就有可能面临着招商引资并不如意的情况。同时，城市化发展和人口的持续涌入，客观上使得房地产发展具有了现实基础。区别于工业用地低价出让和持续的财税收入，发展房地产直接收入和工业用地改为商住用地地价差额对地方政府有着强烈的吸引力。因此，厦门市政府在空间规划上就呈现出了投机性，空间规划就展现出了混乱的特点，原本适合工业发展用地因周边环境的变化，就不再适合发展工业。由于我国政府公共决策更多是封闭式决策，厦门随意更改空间规划就很难有纠错的可能。

政府主导型经济发展与封闭式决策不仅使得政府混乱空间规划难以纠错，也使得政府职能缺位越位、政府角色扭曲，为了招商引资而替企业越俎代庖，放松监管，并在利益分配上与企业形成联盟，形成了扭曲的政企关系。海沧区居民持续地对海沧区化工企业的污染投诉和政府治理的无力就是扭曲政企关系的体现，结果就是治理的低信任。在厦门政府引入 PX 项目之前，混乱空间规划和政府监管不力带来了空间的稀缺（化工企业与当地居民争地，化工园区规划与城市次中心规划争夺政策资源），而引入 PX 项目之后，空间的稀缺迅速转变成为空间紧张，较低的治理信任也加剧了空间紧张，使得厦门市民众和社会的空间被挤压，邻避冲突从愤怒情绪和普遍社会心理转变成社会行动就有了客观的社会条件。

厦门市民众与政协委员、人大代表共同反对 PX 项目，但是政府却策略性对待民意，并通过管控社会舆论方式，试图让 PX 项目强行过关，而这就引发了厦门市民更为强烈的反弹——“散步”反对。当市民“散步”反对后，厦门市政府被迫与市民进行沟通，并将封闭式决策转变为民主和开放决策，整个过程呈现出鲜明的空间争夺特点，如表 3 – 4 所示。

表 3 – 4　　厦门 PX 项目事件中的话语竞技与空间争夺

争夺主体 争夺方式	社会与民众	政府与项目主体
空间认知	具体空间，对居住质量和环境安全重视	抽象空间，更强调空间交换价值和治理单元
概念化空间话语		
专业知识话语	厦门地区春冬两季为正东风，污染物往九龙江河口内方向迁移并影响该地区的空气质量。夏季盛行西南风，污染物主要往海沧及集美东北方向迁移。秋季盛行东北风，污染物主要往西南方向迁移。如果在不利气象条件（如静小风、熏烟、最不利风向）下，污染将更严重。一旦发生突发性重大事故，污染不堪设想	在生产工艺方面，该企业在建厂的设计、设备选型与采购以及施工上，首先重视工业安全与环保，相关投资额达 16.88 亿元，占总投资额的 15.63%。采用了国内外最先进的工艺与设备，并采用当今世界最先进的控制系统，如集散控制系统（DCS）、连锁式安全仪表系统（SIS）等，以避免人为疏忽可能造成的安全事故

续表

争夺主体 争夺方式	社会与民众	政府与项目主体
治理知识话语	受翔鹭石化公司 PTA 项目的影响，目前在静小风的天气条件下，海沧区居民即可嗅到空气中的酸臭气味，为此当地环保局经常接到居民投诉。 翔鹭集团因为环评报告披露的历年污染事实，成为众矢之的	海沧年产 80 万吨的 PX 项目，已被国家纳入全国“十一五”PX 产业规划。 PX 项目经化工权威专家多年反复论证认可，国家有关部门依法严格审批，手续合法、严谨、科学，符合国家产业政策和厦门市有关规划
治理问题解决方式	不反对建 PX，但反对建在厦门。 政府如果坚持上马 PX 项目，将要付出可能 1 000 亿元的搬迁成本，厦门承受不起	只要严格管理和监控，PX 项目和城市次中心二者可和谐共处
地方化空间话语		
态度	翔鹭集团合资已在海沧区动工投资（苯）项目，这种剧毒化工品一旦生产，厦门以后的生活将在白血病、畸形儿中度过。我们要生活、我们要健康！ 可是，要是有很好的环保措施，是不是就没有问题了 就五个字，请离开厦门	民间的情绪有无炒作的成分？有无“利益集团”在背后操控？海沧区个别房地产商为了自身利益，煽动、组织市民参加游行。 即便是房地产业，其发展也离不开工业的发展，引进石化龙头企业是对的，必须尊重科学，用发展、理性的眼光看问题。新加坡是化工小国，却能和谐发展。此外，大连、青岛也有 PX 项目，厦门也可以发展 PX，民众没有恐慌的理由，应加强宣导
国外想象	国际上的 PX 项目集中在亚洲地区，尤以韩国和中国为多。中国台湾和韩国等地的项目与较大城市的直线距离一般大于 70 公里，而中国大陆则一般约 20 公里。厦门年产 80 万吨的 PX 项目距市中心仅 7 公里，是目前国际国内距离最近的项目。PX 项目的投产，就像是在厦门放置了一颗“不定时的原子弹”	将 PX 项目比成吉化双苯厂，不恰当地夸大了安全隐患。不恰当地认为 PX 工厂与联苯厂同样存在着重大的安全性隐患，而距离城市 100 公里建厂的要求，不但不符合世界潮流的趋势，同时也不符合国内经济建设的现实情况

（研究者根据相关资料制作）

政府对邻避项目辩护往往是从项目的经济利益、安全性上入手，试图以此压服民众和社会。但是，民众和社会关注的却是厦门这一生活空间和社会空间的使用价值，试图从项目规划科学性、风险性，政府决策和项目主体合法性上入手，来正当化自己诉求。双方话语竞技的焦点就在项目的客观风险和项目规划安全性上，尽管政府和项目主体反复论证其安全、可控，但社会和民众同样可以用概念化空间的专业知识、治理知识的方式来解构政府和项目主体话语。在项目客观风险、项目规划安全性争论之下，民众和社会的实质诉求（风险担忧）可以表达为两点：一是空间的紧张，项目客观风险和项目“入侵”居民生活空间，使得民众对这一项目本身就充满了忧虑；二是治理信任，项目规划区域的环境污染、项目运行主体既往的不安全生产和政府的疏于监管，使得民众已经很难信任政府和项目主体说辞。因此，无论政府和项目主体如何辩护，民众和社会在先在的不信任情境和项目本身的客观风险下，都无法接受政府和项目主体说辞。

厦门政府停止项目原因很多样，但比较根本的原因是厦门市民“散步”的直接行动，而厦门当地政协委员、人大代表将 PX 项目带到全国两会上，使得厦门 PX 项目从一个地方性的社会事件演变成一个全国性的事件。厦门政协委员和人大代表行动给当时国家环保总局重新审查 PX 项目提供了机会。但是，由于同意 PX 项目的还涉及发展改革委，囿于当时环保总局无论是在政治地位还是在行政层级上都低于发展改革委，环保总局无力单独改变项目走向，只能通过“冻结”厦门其他项目方式来表达意见和表示对厦门市民支持。厦门市民“散步”行动触及到了社会稳定，厦门市政府为了消除社会影响，也就不得不与厦门市民展开对话，而在对话过程中，厦门市政府和社会、民众达成了项目迁移的共识，发展改革委和环保总局也同意了 PX 项目迁移。

厦门开启 PX 项目服从了资本积累的需要，而厦门停止 PX 项目则服从了权力生产的需要，正是因为厦门市民的直接行动和当地代表、委员的持续努力，厦门政府不得不让步，而与此相关的国家部委也同样“乐见其成”让步（审批项目的国家部委更关注的是项目落地，而非项目落地于何处，前者是其责任范围，后者则是地方政府职责）。

尽管项目迁移，但应当被视为实现了“迎臂”，即政府与民众、社会关系修复，治理信任的恢复。但是，当考虑到项目迁移到漳州古雷遇到的情况时，就无法证明厦门PX项目引发邻避冲突治理实现了“迎臂”，厦门PX项目引发的邻避冲突并没有通过空间合作性重构来达成“迎臂”，厦门PX项目迁移和邻避冲突的平息客观上是建立在厦门相较于漳州更重要的政治与经济地位上，在国家部委和当时福建省省委、省政府志在必得的PX项目规划上，经济相对落后、政治地位较低、社会声誉较弱的漳州就承接了这一项目。换言之，厦门邻避冲突的平息是建立牺牲漳州古雷民众的空间权益之上的。

漳州政府与厦门政府一样，同样扮演了经营型政府角色，而承接PX项目的时候，也引发了漳州民众愤慨，但漳州民众没有形成有力的抗争。当PX项目在漳州古雷落地时，古雷当地民众被迫放弃了当时能够给他们带来巨大收益的鲍鱼养殖业，而不得不搬迁。搬迁后生产生活方式巨大变化和政府有限利益补偿使得搬迁民众生活水平大幅下降。获得审批并落地的漳州PX项目在安全生产和运维上一直存在着问题，PX项目造成环境污染也使得古雷鲍鱼养殖业无法维持。漳州古雷PX项目两次大的安全生产事故，使得当时社会舆论大为震惊，为这个落地时没有引发冲突的“古雷奇迹”项目而错愕。漳州古雷PX项目给厦门PX邻避冲突事件提供了一个反面但又完整的注脚，厦门邻避事件抗争平息获得的盛赞是虚浮的，漳州古雷PX项目对当地民众空间权益剥夺和空间价值的挤压证明了政府封闭式决策、经营型政府、扭曲政企关系和维稳作为政策工具的路径依赖性，也指出了不同地区因政治经济地位差异而带来的抗争行动的达成和抗争效果的巨大差异。漳州古雷PX项目安全生产事故后，就有专家指出：“漳州民众利益受损的结果，并不是厦门人保护自己利益造成的。当合理的环境规则没有建立时，只能靠‘利益集团’之间的博弈来决定环境污染让谁来承受。企业通过政府支持确立污染项目获得利益，政府通过批建工厂获得政绩和财政收入，普通公众只能通过媒体披露、公益诉讼和‘散步’等行动来保全自己利益。而无力组织有影响的社会运动的民众群体，只能承受环境污染的代价。”① 这一评价充分地说明了厦门 PX 项目事件的平息并没有实现“迎臂”，而仍然延续了邻避状态，只不过这一邻避状态是由漳州古雷民众代为承受。

总的来看，厦门 PX 项目事件从宏观上来看是高度封闭而内部不平等的权力空间同政府主导型经济发展互动的结果，从中观的情境来看，这一互动的结果呈现在空间矛盾上——失效的空间规划带来的空间稀缺，而商业型邻避设施的主动供给则使得空间稀缺演变成空间紧张。从微观的行动和话语竞技来看，厦门 PX 项目事件展现出了对空间的争夺，较低治理信任使得民众与社会难以信任政府、项目主体辩护话语，民众和社会在概念化空间和地方化空间两个场域同时和政府、项目主体展开了空间话语竞技和街头行动。由于厦门市民和当地政协委员、人大代表行动，直接触及了社会稳定，为了权力的稳定生产，厦门市政府也不得不让步，通过项目停工并迁址漳州的方式平息了邻避冲突。然而，在高度封闭和内部不平等权力空间和依旧延续的政府主导型经济发展宏观条件下，厦门 PX 项目事件的结束就建立在弱势的漳州古雷民众空间权益受损上。因此，厦门 PX 项目事件仍然延续了邻避状态，没有实现“迎臂”。同一个项目在厦门和漳州的不同待遇，也指向了对邻避冲突发展方向有着更根本影响的可能是邻避冲突的宏观社会条件——权力空间和政府主导型经济发展带来的空间矛盾。

广州番禺垃圾焚烧发电事件与厦门 PX 事件总体上也是高度相似的。广东番禺垃圾焚烧发电厂事件不同于厦门之处在于——封闭且内部不平等权力空间使得番禺垃圾焚烧发电设施选址始终面临着空间的稀缺窘境，同时也使得民众在无法发起有力行动的情况下，民意依旧出现了被策略性对待的问题。广州番禺负责处理整个广州市垃圾，但是番禺又是地产界著名华南板所在地，房地产业是番禺的主要产业。因此，权力空间的治理资源

① 新浪环保. PX 项目风险与机会并存 中国未来出路仍有争议［EB/OL］. 20111025［20210513］. https://news.sina.com.cn/green/news/roll/2011-10-25/174323360571.shtml.

等级化配置就使得番禺的功能定位和政府发展经济产生内在的张力，这一张力就体现在空间稀缺上。番禺一方面需要房地产业发展，一方面又要处理广州市城市垃圾，这就使得番禺不可避免出现空间紧张的情况。同时，政府封闭式决策和扭曲政企关系造成的既往垃圾焚烧发电设施环境污染问题（李坑垃圾焚烧发电设施）使得番禺民众普遍不信任政府，番禺政府想要安排垃圾焚烧发电设施就显得难上加难。在整个抗争过程中，番禺政府同当地民众、社会组织良性互动被称赞为“公民成长的番禺样本”①。但是，两年之后，垃圾处理依然是一个悬而未决的问题，当政府重新提出选址方案，选址地之一的会江村民力图重新抗争时，民意就遭遇到了政府的“称量”，会江 5 000 村民的反对意见被番禺区相关职能部门算成 1 票。② 两年前，番禺政府被称赞为“尊重民意”，而两年后，面对着不成声势的民众抗争，番禺政府采用了通常的方式——策略性地对待民意。由此，政府封闭式决策依然没有改变，而中国城市治理的封闭权力空间也没有改变。对于邻避冲突而言，封闭权力空间仍然是主导冲突进程的结构性条件。

3.2.1.2 局部邻避冲突案例

不同于整体的邻避冲突，即受邻避设施负外部性影响的空间民众整体性地同政府和项目主体抗衡，局部邻避冲突里，并不是受负外部性影响的民众都会发起行动。在局部邻避冲突案例里，往往存在着选址地附近民众支持或者不反对，而选址地之外的民众则表示反对的现象。局部邻避冲突案例提供了一个启示性的典型性，通过这一启示性典型性能够更加全面认识邻避冲突的多样性。

典型邻避冲突案例“浮现”的解释性框架在局部邻避冲突案例的验证

① 新浪财经．公民成长的番禺样本［EB/OL］. 20100226［20210516］. http：//finance. sina. com. cn/roll/20100226/22327467530. shtml.

② 民主与法制网．广东番禺垃圾焚烧厂选址称量民意［EB/OL］. 20110607［20210520］. http：//www. mzyfz. com/html/1403/2011 - 06 - 07/content - 77637. html.

将基于北京阿苏卫垃圾焚烧发电厂事件和山东乳山核电站事件。选择这两个事件有以下三个原因。

第一，两个事件都是局部邻避冲突案例，同时一个是公共服务型邻避设施，而另一个是商业型邻避设施，案例类型完整。

第二，两个案例邻避冲突都呈现出设施附近民众支持（至少不反对），而设施之外的民众反对的情况。

第三，阿苏卫垃圾填埋场（改建为垃圾焚烧发电厂）附近村民支持发电厂建设更多是出自价值贬损后对补偿的需要，而后者（支持邻避设施建设民众）并不存在价值贬损。两个案例虽然具有相似性，但也具有差异，差异在于从民众对补偿的渴求到民众更为主动地接受邻避设施建设。两个案例具有相似性，在解释性框架验证的时候，将主要阐释阿苏卫垃圾焚烧发电厂事件，而山东乳山核电站事件将关注于其与阿苏卫垃圾焚烧发电厂事件的差异之处。

北京阿苏卫垃圾焚烧发电厂事件可以概括为：垃圾焚烧发电厂规划选址地附近奥北别墅区居民偶然间看到了垃圾焚烧发电厂规划建设公告，奥北别墅区代表附近高端住房小区民众从制度内的抗争，发展到直接行动的上街抗争，再到政府不得不与住房小区居民展开对话，并开启了公民参与式治理。在当年，垃圾焚烧发电厂项目规划也因抗争而停止。在这一过程里，局部的邻避冲突体现在两个方面上：一方面是位于舆论中心的高端住房小区民众，他们持续地反对阿苏卫垃圾焚烧发电厂项目，并扩展到反对垃圾焚烧这种处理方式，而非反对选址本身；而另一方面，阿苏卫垃圾焚烧发电厂选址地（原垃圾填埋场）附近村民则希望垃圾焚烧发电厂落地并开启建设，能够获得拆迁补偿。事件最后，阿苏卫的高端住房小区民众仍然未能与政府达成垃圾焚烧发电共识，而原垃圾填埋场附近村民的搬迁也无下文。

垃圾焚烧发电设施往往选址在垃圾填埋场原址上，而从常识上来看，垃圾填埋场附近一般不会有居民区或者其他工业区。但是，诸多垃圾焚烧发电厂引发邻避冲突都指向了一个问题：垃圾填埋场附近的空间环境发生了改变，大量商住区和产业区规划在垃圾填埋场附近。一份北京市环保局1995年对六里屯垃圾填埋场环评审批就指出“填埋场界外500米之内不宜兴建永久居住设施、现有设施应予搬迁。”① 虽然六里屯属于海淀区，而阿苏卫属于昌平区，但是阿苏卫垃圾填埋场在建设时候，也没有迁移当地的村民，而当阿苏卫垃圾填埋场改建为垃圾焚烧发电设施的时候，周围空间环境早已发生了改变，按照规范的环评要求，阿苏卫垃圾填埋场及其改建的垃圾焚烧发电设施已经不符合环评要求了。无论是阿苏卫还是六里屯抑或是其他的垃圾填埋场和其改建的垃圾焚烧发电设施，其选址地附近的空间环境都已经改变，而这些早先建设垃圾填埋场按照严格规定，附近空间环境是不能发生变化的，换言之，附近用地性质是不能改变的。但是，土地性质改变和空间环境变化也验证了解释性框架提出的空间规划失效的问题，这一空间规划失效同样指向了政府主导型经济发展和封闭而内部不平等权力空间上。

由于中国形成了土地金融——土地财政和招商引资——开发城市发展模式，由此带来了资本以空间价值资本化为支撑的三次循环。土地成为地方政府发展经济的关键性要素，也带来了高速的城市化。城市化的背后则是人口涌入、产业集中、房地产市场发达，能够直接服务于资本积累的经济类基础设施迅速推进，实现了生产和消费的人造环境供给。与此同时，则是空间越发的稀缺，有限的空间面临着服务于短时的、直接的资本积累还是长远的、持续的资本积累的集体消费的矛盾（即用于发展经济还是用于提供基本公共服务）。在经营型政府角色模式下，面临着经济发展要求和客观有限的空间，政府倾向于随意和投机对待空间规划，改变土地使用性质，带来的后果就是：能够服务于短时的、直接的资本积累的商业型邻避设施主动供给和服务于城市最低限度运转要求和劳动力再生产需要的公共服务型邻避设施的滞后安排。而无论是哪种类型邻避设施，都面临着空间稀缺的问题，而邻避设施的安排则会造成事实上的空间紧张，商业型邻

① 央视网．环保总局要求北京六里屯项目缓建并公开论证［EB/OL］．20070613［20200521］．http：//news.cctv.com/society/20070613/100110.shtml.

避设施安排正如厦门 PX 项目一样，而公共服务型邻避设施安排则如北京阿苏卫垃圾焚烧发电设施一般，都会带来周边居民的强烈反对。

和厦门 PX 项目事件一样，当阿苏卫周边高端住房小区民众无法通过制度化参与获得有效反馈的时候，直接行动就成为必然选择，而直接行动触及社会稳定，也迫使政府坐下来与抗争民众展开协商，这一协商正是一个空间争夺的体现，如表 3 – 5 所示。阿苏卫的抗争民众同样是在不信任的前提下，展开与政府的协商和合作，尽管抗争民众试图在更抽象层面和更大的范围（反对垃圾焚烧处理方式，提倡垃圾分类）与政府进行合作，但是抗争民众对垃圾焚烧技术本身的风险质疑、政府决策不透明的不满、其他垃圾焚烧发电设施的监管不力和安全生产堪忧，使得抗争民众和政府围绕关键性议题——到底要不要采用垃圾焚烧处理方式无法达成共识。

表 3 – 5　北京阿苏卫垃圾焚烧发电项目事件中的话语竞技与空间争夺

争夺方式 \ 争夺主体	抗争民众	政府与项目主体
空间认知	具体空间，对居住质量和环境安全重视	抽象空间，更强调空间交换价值和治理单元
概念化空间话语		
专业知识话语	垃圾焚烧发电厂的操作、运行非常复杂，要让固体污染物也就是垃圾在焚烧后不产生气体污染，需要严格执行烟气净化系统。最后，垃圾焚烧发电的设备也必须要在高温下进行，炉温至少要超过 1 000℃。因为像塑料或一些高分子材料垃圾在 360℃到 820℃的温度下燃烧会产生 10 多种致癌物质，而只有当炉内的温度超过 820℃，低于 360℃时才不会有致癌物质产生。这里有一个技术控制的关键：垃圾焚烧发电时要求设备在起炉和停炉的时间要短，停炉时需要在 3 秒内即将炉内温度从 1 000℃下降到 360℃以下，这可是一项需要超高技术的活儿	世界各国曾经发生过的多次二噁英污染事件几乎都与生活垃圾焚烧厂的烟气排放无关。由于我国生活垃圾中含氯化合物和重金属含量相对较少，只要生活垃圾在焚烧炉中能达到完全燃烧，控制炉膛温度大于 850℃，保证烟气在炉膛内停留时间大于 2 秒钟，加上其他喷射活性炭、设置袋式除尘器等辅助措施配合，烟气中二噁英的排放浓度是可以有效控制的，不会超过环保标准

续表

争夺主体 争夺方式	抗争民众	政府与项目主体
治理知识话语	公共政策信息如此不透明，让我们怎么能够相信政府，怎么能不害怕在技术和管理上都更为复杂的垃圾焚烧厂呢？ 垃圾处理厂偷排垃圾渗滤液等问题曾经发生过，如何保证此类行为不再重演	北京现有14座垃圾处理场，未来4年就要填满了，4年之后垃圾无处可去。如果现在不马上着手这件事，我们就面临着垃圾无处可去。 除可吸入颗粒物因本底值存在超标现象外，其他指标叠加本底值后均可满足相应质量标准。不会对环境质量造成影响。 焚烧系统产生的飞灰属于危险废物，已委托专业公司进行收集处理；二噁英摄入量对健康带来的风险也“处于可接受水平”
治理问题解决方式	限制包装、净菜进城、重视旧货交易和废品回收，才是解决垃圾问题的主要方法。与其忍受巨额投资大规模兴建垃圾处理厂，而且还要长期背负着运营负担，为什么不直接减少垃圾的产生呢？ 垃圾围城是社会问题，但也不能让老百姓承担这个问题，可是我们也要退一步，替政府寻找解决出路。 通过对日本和中国澳门等地的考察，以及经过我们对国际上垃圾处理的研究，我们认为垃圾焚烧要具备若干前提，这些前提不具备的情况下，简单地用垃圾焚烧的方式进行处理，会是一场大灾难。 在垃圾焚烧厂的问题上，如果政府妥协了，结果是迁址，对一部分人来说是赢了，但对别人来说，还是输了；如果政府赢，是悲剧，因为市民的抗议被压下了。我们认为要充分沟通理解，携手面对，才能达到政府和百姓的双赢，希望北京走出一条这样的路	要全面执行《中华人民共和国固体废物污染环境防治法》，已经引起了政府的高度重视。比如，北京市现在下大力气做大垃圾分类。大垃圾分类包括，建筑垃圾、园林垃圾、医疗垃圾、电子垃圾等。这些垃圾的分类，政府已经做了。如果再加上居民垃圾的分类，就是全面的分类。 不能改变我们的计划，还要积极建设末端处理厂。同时，要把重心前移，抓减量、抓分类，抓前端并不意味着改变末端的努力

续表

争夺主体 争夺方式	抗争民众	政府与项目主体
地方化空间话语		
态度	如果政府按照程序、法律办事，严格决策，充分尊重民意，事后监管到位，公众就会相信政府，垃圾焚烧厂就是建在阿苏卫，也不是问题。 如果焚烧厂建成后，不但房价有可能降低，生活品质也有可能受影响。举个例子，以前我去你家，你告诉我怎么找时会骄傲地说，那块有一个高尔夫球场，然后左边一拐就到了。以后你再介绍就得说，看到那个垃圾焚烧厂的大烟囱没？烟囱底下左拐500米就是我家。 宣传没危害也不行，还是不放心	民众之所以对垃圾焚烧和政策产生如此激烈的抵触情绪，和“反烧派”长期“有预谋、有计划、有组织”的宣传有关，媒体上把垃圾焚烧说得那么恐怖，民众没有理由不反对，谁不为自己的健康和财产担忧啊？ 给公众讲解技术问题没用，他们听不进去
国外想象	谈什么国外的垃圾焚烧不会产生危害。我们不希望被蒙在鼓里，只要告诉我们北京哪个垃圾厂是成功的典范，但是没有	我们希望媒体多报道外国的情况，让公众更多了解垃圾处理技术本身。 这“驴屎蛋儿”都见了，在日本，和垃圾厂一墙之隔的是居民区。可“驴屎蛋儿”离垃圾厂在4公里之外

同厦门的PX项目引发抗争相似，政府、项目主体和相关专家站在抽象空间的认知上，反复强调项目的科学性、安全性和风险可控性，并同时将项目与社会公共利益关联在一起。而反对垃圾焚烧处理的民众、专家则站在具体空间角度展开抗争，通过专业知识话语和治理知识话语来解构政府话语合法性。从现象上来看，政府、项目主体和相关支持专家始终想将议题控制在技术安全层面，而反对垃圾焚烧处理的民众则不仅在技术安全层面提出了合理的质疑，更是将技术安全问题扩展到决策程序和监管企业的治理问题。而抗争垃圾焚烧民众的核心诉求已经超越迁址而走向了更为普遍的公共利益（更好处理垃圾）上，然而关于垃圾处理的具体方式，政府始终没有正面回应监管失效、决策不当、空间规划混乱带来的低治理信

任问题，反而一直“纠结”在技术层面。换言之，让公众无法接受垃圾焚烧处理方式的并不是技术，而是对政府的信任。

在这一案例里，阿苏卫垃圾填埋场附近的村民的空间权益则处于双重剥夺的情境中。由于村民的集体行动能力较差，持续地遭受填埋场造成的环境污染带来的空间权益和空间价值的损失。村民对填埋场持续的抗争仅仅是填埋场改建为焚烧厂的原因，填埋场改建为焚烧厂的关键在于填埋场已经无法处理城市化带来的垃圾问题。当垃圾填埋场改建为焚烧厂的时候，自身空间价值贬损、拆迁补偿和村干部威胁，使得村民倾向于支持垃圾焚烧发电设施建设，希望能够脱离被填埋场污染的故土。然而，阿苏卫附近高端住房小区民众的抗争行动，迫使垃圾焚烧发电项目停止，也使得村民希望拆迁来获得补偿乃至拥有正常生活空间没有了下文。封闭权力空间和高端住房小区民众的抗争客观上使得填埋场附近村民的空间权益遭受了双重侵犯，也使得高端住房小区民众和填埋场附近村民的空间权益产生了冲突，但是问题并不在于高端住房小区民众的抗争，问题的根本在于政府主导型经济发展和封闭权力空间带来的空间规划混乱、空间稀缺和空间紧张，使得当地村民持续遭受垃圾填埋场污染之外，以自己身家购买住房的民众在信息不透明情况下，也成为受害者。换言之，封闭权力空间、政府主导型经济发展带来的空间稀缺和公共服务型邻避设施滞后安排共同造成的空间紧张的结构性问题的巨大代价，以村民和居民空间权益共同受损的方式表现了出来。

将北京阿苏卫垃圾焚烧发电设施引发邻避冲突和发生在北京其他地方的垃圾焚烧发电设施引发的邻避冲突（六里屯、高安屯、苏家坨等）综合在一起考察，同样可以得出封闭权力空间内部的治理资源等级配置的影响。受制于治理资源等级化配置，北京非主城区垃圾处理都是各个区自己完成①，然而各个区发展程度不一、需要处理垃圾量也有所不同，包括可

① 中国固废网．垃圾焚烧厂为何建在北京上风口［EB/OL］．20070330［20210527］．https：//www.solidwaste.com.cn/news/168030.html.

以用来建设垃圾焚烧设施的空间稀缺程度也有差异。当各个区只能够自己完成垃圾处理而无法在更高层面来统合完成的情况下，垃圾处理设施能够选择空间就相当有限。各个区只能在自己辖区寻找空间处理垃圾，不断地再生产着等级权力。同时，阿苏卫垃圾焚烧发电设施为核心的循环经济产业园的规划和建设也有着为节庆献礼的目的，而已经造成污染的高家屯垃圾焚烧发电设施则是服务庆典。即便垃圾焚烧发电设施作为公共服务型邻避设施，也服从着权力生产的逻辑。从阿苏卫的个案来看，邻避冲突的走向仍然在根本上受制于封闭权力空间和政府主导型经济发展带来的空间矛盾。

垃圾焚烧填埋场附近村民之所以支持设施建设，是因为其空间价值损失殆尽，否则村民也不会对故土毫无留恋。由于经济社会地位弱势，垃圾填埋场改建垃圾发电设施，村民能够通过拆迁获得补偿。但是，垃圾焚烧发电设施客观的负外部性影响范围较大，远远超过规定拆迁的物理距离，政府无法对附近高档住房区居民提供补偿。这些高档住房区居民购买住房主要是为了居住，而非投资，这就使得这些居民的空间权益是无法得到补偿的，是处于损失的情况。村民们支持垃圾焚烧发电设施是无可奈何的理性之举，但在山东乳山核电的案例里，当地民众却非常支持核电的建设，反对的主要是外地购房者和投资者。那么，当地民众对核电支持的原因就值得探究。

与厦门 PX 项目事件、阿苏卫垃圾焚烧发电设施事件一样，政府同样是投机性对待空间规划。早在 20 世纪 90 年代初，乳山就有建设核电站的想法，甚至有了初步规划，但是在缺乏上级政府支持情况下，乳山无法依靠自己力量去竞取核电站项目，核电站规划就搁置了起来。乳山核电站原本规划于银滩，银滩被视为不可多得的核电站选址，而银滩也因其自然风光而在整个北方享有盛名。当核电站项目规划搁置起来，地方政府在发展经济压力下，自然就选择在银滩发展房地产业，而银滩房地产也因银滩而顺利发展。选择来银滩购房主要以外地购房者为主，本地购房者并不多，外地购房者在银滩置业主要出于投资、养老和度假需要，并且呈现出鲜明的季节性特点。

当乳山要发展核电项目的时候，反对者主要是这些外地购房者，而本地居民对核电项目并不反感，甚至支持核电项目建设。对于反对者来说，核电站选址银滩带来的潜在环境风险使得购买住房获得空间价值贬损，外来购房者自然反对。对于本地民众来言，为什么不反对核电站建设反而支持？在解释框架里，治理信任往往起着对空间紧张是否转变为空间不公平的调节功能，较低的治理信任会加剧空间紧张，让空间不公平主观心理感受转变为客观的抗争行动。但是，乳山的案例指出，如果有较强的治理信任，那么并不是所有民众都会产生空间不公平，更不会视为空间紧张，而是视为发展机遇。乳山开展核电规划和系统、全面宣传时间较长，将近十多年间都在对核电进行脱敏工作。乳山也积极组织选址地附近村民前往其他核电站参观，使得村民信任核电站安全措施，并看到核电站对当地经济社会发展的功用，就有村民表示：“每个人能拿到几万元的补偿，又能帮助发展地方经济，何乐而不为？”①

乳山核电项目引发邻避冲突能够看到，同一空间在不同经济社会地位民众视野中也存在着相当大的差异，对于外地购房者来说，投资和度假的需求远远大于日常生活价值，交换价值和季节性使用价值是外地购房者所重视的。相对于外地购房者来说，在高治理信任情境下，本地民众对空间更多是出于长远利益考虑和日常生活使用价值处着眼，当本地民众认为空间价值总体是升值的，那么民众就不会去抗争。因此，尽管封闭权力空间和政府主导型经济发展带来的空间矛盾仍然在根本上对邻避冲突产生响，但是治理信任却能够在中观情境—微观行动（主观心理和客观行为）上起着调节作用，如果有着较高治理信任，那么，就可能对邻避冲突的演变起到抑制功能。

① 新浪财经．乳山核电多方利益博弈：谁能代表民意［EB/OL］．20080113［20210520］．http：//finance. sina. com. cn/g/20080113/07444398662. shtml.

无论是社会整体邻避冲突还是局部邻避冲突，左右邻避冲突进程的仍然是邻避冲突宏观社会条件——封闭且内部不平等权力空间和政府主导型经济发展带来的空间矛盾（空间规划失效造成空间稀缺，而邻避设施扭曲安排和空间稀缺共同造成了空间紧张）。空间矛盾演变成了空间争夺，而一般结果都是事件平息，但邻避冲突宏观社会条件依然没有发生改变。换言之，空间争夺只有触及到社会稳定，触及到权力再生产稳定进行，才有可能改变项目进程，但是邻避冲突宏观社会条件依然没有触及。更进一步来看，邻避冲突进程主要是由邻避冲突社会条件来控制的。然而，从中观情境—微观行动来看，邻避冲突转变为“迎臂”也存在着可能，山东乳山支持核电站建设本地居民的现象说明了治理信任对邻避冲突起着调节性的功能。

3.2.1.3 邻避向“迎臂”转换的典型邻避冲突案例解释

在典型邻避冲突案例里，成功实现邻避向“迎臂”转向案例不多，而这些成功实现邻避向“迎臂”转向的案例，其成功治理的关键在于治理信任的恢复和新的共享空间的形成，也就是从空间争夺向空间合作性重构转变。典型邻避冲突案例“浮现”的解释框架在实现“迎臂”转换案例的验证将以湖北仙桃垃圾焚烧发电设施事件为主要阐释案例。此外，也将对海南三江麻风病康复医院事件进行阐释，虽然案例没有实现向“迎臂”转换，但也展现出了邻避向“迎臂”转换的条件。

与一般的典型邻避冲突案例相似，湖北仙桃垃圾焚烧发电项目也因为政府封闭式决策和较低治理信任引发了当地民众的邻避冲突。但是，仙桃垃圾焚烧发电设施在一年后就复建，当地民众从反对、不支持转变为支持。仙桃化解邻避，实现“迎臂”，其意义不仅在于项目复建，也在于改善了社会、民众与当地政府间关系，而恢复信任的路径就在于空间的合作性重构。

民众对邻避设施的抗争出于强烈的空间不公平感，而这种空间不公平感的客观基础就在于空间价值的贬损，空间价值的贬损是稀缺空间和负外部性邻避设施共同作用的结果，而治理信任则对民众是否接受政府的辩护话语起着调节的作用。进步一来看，有着较强的治理信任能够改变民众对客观的空间紧张的主观认知，避免空间紧张演变成主观感受的空间不公平，而治理信任的基础就在于政府的开放式决策和正常的政企关系（专家的中立和政府对项目主体的严格监管）。治理信任的存在仅仅是避免邻避产生的基础，而民众对邻避项目的支持需要将“邻避”转变成“邻利”，将“风险”转变成“机遇”，实现这一目标就需要通过新的可持续发展的共享空间价值的生成。具体来说，就是要将邻避造成的空间价值贬损，转变为空间价值的提升，而这一空间价值提升不仅是交换价值（经济利益），也有使用价值（安全、社会认同、美学景观价值）。

在发生邻避冲突后，仙桃政府同样停止了项目建设，并开启了公民参与决策进程，但是其参与范围和程度和广州番禺、厦门这一类东部沿海发达城市相比还不够高，但是其治理效果却超过了番禺和厦门。一般来言，当遇到邻避冲突，项目停止和抗争平息成为通常的应激性处理方式，但项目往往就悬置起来，没有明确的说法。但是，仙桃政府依然坚持项目建设，但要求项目建立在民众信任和支持的前提下，仙桃市委书记就有这样的表述：“我们不能回避矛盾，仙桃一马平川，地下水位低，垃圾填埋不是长久之策，垃圾焚烧才是治本之举。项目要建，但在没有征得群众充分理解支持的情况下一定不开工，整个工程要全程确保群众知情权！”① 在之后的治理过程里，仙桃政府的重点在于降低民众对垃圾焚烧设施的恐惧，并以此为基础恢复信任。仙桃政府的具体路径就是群众工作，通过持续不断地组织当地民众参观垃圾焚烧发电设施来降低民众对技术和项目本身的恐惧，而在不断做工作过程里，也在解决既往治理存在的问题，这些问题

① 澎湃新闻．湖北仙桃化解邻避效应：曾引发质疑的垃圾焚烧发电厂已试运行［EB/OL］．20180502［20210524］．https：//www.thepaper.cn/newsDetail_forward_2107972.

从宏观来看比较细碎，但却与民众的生活质量息息相关（物业收费等问题），解决细碎的治理问题能够从日常生活中恢复对政府的信任。经过持续沟通，就有民众表示“不看不知道，一看放心了。垃圾焚烧发电利国利民，我们一定要支持”[①]，也有民众期待“当地循环产业园旁边的村民都是受益者。像这样干，我们西河村村民也将成为受益者”[②]，更有民众直言：“来参观之前，听说烧垃圾排出的二噁英毒得很，影响子孙后代生育能力。垃圾焚烧发电厂就在我家附近，这哪受得了啊！我愁得天天睡不着觉。不看不知道，一看放心了。”[③]

当地民众将空间视为自己日常生活的一部分，是自己身体的自然延伸，也是人生价值的重要载体。空间价值对于当地民众来言是多维和丰富的，同时也是具体而非流动的，当地民众重视空间所具有的经济发展的交换价值，但也重视空间的使用价值，即安全感、社会认同、景观等。因此，当参观民众看到垃圾焚烧发电设施“像进了公园”[④]，而“垃圾焚烧发电厂居然距离镇政府仅 1 000 米，周边不足500 米范围内全是居民社区，”[⑤]就化解了对垃圾焚烧发电设施的恐惧。化解对邻避设施和技术本身的恐惧只是第一步，而在其他案例中，民众对技术的恐惧并不是不了解技术本身，而是不信任政府对企业监管和企业安全运维。因此，仙桃政府对邻避设施运维主体不仅严格监管，更是将监管透明化，以此取信于民。居民对空间的价值的判断不仅来自于自身的生活经验，也来自与其他空间比较，受到社会一般看法的影响，即便民众认为自身空间不受影响，但是其他不了解社会主体可能会因为垃圾焚烧发电设施的存在而对设施安排的空间产生相对负面的看法，进而影响了空间的交换价值。因此，政府以垃圾焚烧发电设施建设作为突破口，将其作为整体的循环经济产业园来拉动周边区域发展，产生了新的共同空间，并且空间价值也是可持续的和共享的，就有村民表示：“以前，村民流转土地，200 块钱一亩都没人要；现

①②③④⑤ 澎湃新闻．湖北仙桃化解邻避效应：曾引发质疑的垃圾焚烧发电厂已试运行［EB/OL］. 20180502［20210524］. https：//www. thepaper. cn/newsDetail_forward_2107972.

在，附近虽建垃圾焚烧发电厂，但一点都不受影响，你出800块钱，人家还不给呢！”①

将仙桃与九江、余杭实现“迎臂”案例综合在一起考察，邻避转向“迎臂”需要通过空间合作性重构实现，而空间合作性重构的目标是生成新的共享的空间价值，而其实现路径则需要通过开放式决策、公民参与和对项目主体严格监管、透明化监管来恢复治理信任，并持续、积极地沟通，在沟通过程中，解决既往的问题，提高治理信任。在恢复治理信任后，通过产业发展、项目安全运维和提升空间景观价值的方式，来生成新的共享空间，这一共享空间是开放的，同时其价值也是持续增长的。值得注意的是，并不是全部开放式决策、公民参与和持续的沟通，就能实现项目复建，“迎臂”的基础仍然是政府治理信任恢复和官民社会关系改善。项目复建本身就是一个情境化的治理目标，不同城市空间资源情况存在差异，民众对空间价值的看法也存在差异。就城市而言，城市居民对空间看法更为复杂，在城市居民视野里，空间交换价值和使用价值同等重要，甚至交换价值在人生际遇上有着更关键作用，城市居民住房具有虚拟资产的性质，也是城市居民财富的形式，这就使得城市居民对自己住房价格弹性就更加敏感。就农村而言，由于土地制度差异，村民拥有多重空间（宅基地和承包地区分，以及承包地本身的流转），村民更加看重的是空间的使用价值。

山东乳山居民对发展核电支持同样印证了治理信任调节功能，展现了邻避转向“迎臂”的可能路径，即作为前置条件的治理信任。海南海口三江镇麻风病康复医院事件并没有实现邻避向“迎臂”转化，反而一直陷入到邻避状态，但是这一案例同样展现出了邻避向“迎臂”转化条件，区别于山东乳山政府的持续宣传，三江镇麻风病康复医院的“迎臂”可能植根于社会环境，形成于普通居民和麻风病康复者朝夕相处。

---

① 澎湃新闻．湖北仙桃化解邻避效应：曾引发质疑的垃圾焚烧发电厂已试运行［EB/OL］．20180502［20210524］．https：//www.thepaper.cn/newsDetail_forward_2107972．

海口三江镇麻风病康复医院引发邻避冲突“剧本”与其他邻避冲突案例也是相似的。原本位于城市空间地租较高位置的麻风病康复医院在客观上阻碍了地方政府对空间均质化和抽象化，影响了土地金融——土地财政和招商引资——开发城市发展模式。因此，麻风病康复医院、部分传染病医院打包在一起，从城市核心位置迁出，而拟规划在社会经济地位相对弱势的三江镇，而这一规划本身也遭遇到了其他地区的抗争，三江镇民众与当地政府爆发了冲突，而这一规划也停滞下来。在这一过程里，政府为了抽象的地区发展利益而滥用空间规划的权力，除了侵犯三江镇村民空间权益外，也侵犯了麻风病康复医院疗养者的权益。在抗争过程里，三江镇村民对项目抗争客观上也造成了对麻风病康复者的污名化，换言之，麻风病康复者空间权益遭受到了双重侵犯。地方政府和专家在对村民进行麻风病疗养者科普和宣传时，经常提及的就是原康复医院周围都是高档商品房小区，居民和麻风病疗养者都能够和谐相处。由于麻风病医院建立较早（1959 年建立）①，城市化发展晚于麻风病康复疗养院，而周围的居民在朝夕相处的过程里，与麻风病疗养者结下了友谊，一些甚至形成了世交，麻风病康复医院附近居民就表示“我们每天都会来一趟，没问题的，我爸还进来和老人聊天，以前没饭吃的年代，我家里人都是来这里蹭饭吃”②，而麻风病疗养者也表示“我在这里习惯了，回到家里，他们都在上班，我一个人很无聊，在这里还可以聊天、打牌，挺好”③。麻风病康复者与周边居民友好相处并不是刻意为之，而是朝夕相处的结果，这一朝夕相处也形成了牢固的社会信任。麻风病康复医院也是一个典型邻避设施，这一邻避设施的客观性质一直存在，但是长期交往形成的信任使得这一设施不再是邻避设施，而是正常化了，成为共同空间的一部分。邻避冲突转化成“迎

①② 澎湃新闻．“村民反对建麻风康复院掀警车”让康复者心酸：我们不是瘟神［EB/OL］．20141125［20210605］．https：//m. thepaper. cn/newsDetail_forward_1280861.

③ 环球网．海南拒建麻风病院事件调查：项目地块存权属争端［EB/OL］．20141124［20210609］．https：//china. huanqiu. com/article/9CaKrnJFRYJ.

臂”效应，并不是朝夕之事，“迎臂”效应长久也植根于邻避设施与周围居民持续的良好相处，持续良好相处形成的社会信任为基础的共同空间，可能会更为长久。

邻避冲突转化为“迎臂”效应，需要通过空间合作性重构实现，而空间合作性重构关键在于以下两点。

第一，治理信任的恢复，恢复治理信任可以通过持续沟通、政府开放式决策、对项目主体严格监管实现。

第二，共享空间价值的生成，关注的是空间价值贬损向空间价值提升的转变，这一转变是共享和全面的，强调从基本安全到经济利益增长再到社会文化和美学景观价值的提高。

但是，邻避冲突转化为“迎臂”效应的空间合作性重构路径回应的更多是中观情境—微观行动层面，强调的是治理，却无法回应邻避冲突的宏观社会条件，换言之，空间合作性重构路径对于邻避冲突这一表面上的治理问题，实际上的政治经济问题的解决在理论上来看是不足的，其成功的案例可能也具有偶然性。更进一步来看，空间合作性重构能够为恢复政府与社会关系、恢复治理信任乃至实现邻避项目落地提供启示性的答案，但是空间合作性重构路径却没有办法回应：为什么邻避设施能够安排的空间资源是稀缺的这一前置性的结构问题。空间合作性重构实现有赖于受邻避设施负外部性影响的民众对空间的看法，即邻避设施客观存在的负外部性风险在主观认知里能够得到调节，但是并不是受负外部性影响民众都在沟通后还改变原有看法。再进一步来看，为什么民众会如此敏感于邻避设施，即便邻避设施技术安全和风险控制本身不存在问题，政府也能做到安全监管，从空间使用价值上来看，邻避设施能够做到尽可能不影响民众的空间使用价值。问题就回到了风险异议上，为什么民众会认为邻避设施存在着风险，更进一步来说，为什么邻避设施就会损害到民众的空间权益。换言之，即便解决了“我还是怕”的问题，也不意味着民众就会接受邻避设施，那么空间对于民众来言，必不可少的功能到底是什么？为什么民众会如此珍视空间？对这一问题的探讨，就将涉及结构性空间生产异化在意识形态——认知框架上的表达。

3.2.2 类邻避冲突对邻避冲突发生逻辑的分析性归纳讨论

3.2.2.1 城市更新背景下的“类邻避”冲突

研究的另一重要对象是类邻避邻避冲突，而研究构建的发生逻辑则是空间生产理论视角与典型邻避冲突案例材料互动的结果。基于典型邻避冲突案例材料构建的发生逻辑并不一定能够完全契合类邻避冲突，尤其是在类邻避冲突案例里，政府等外部主体是不直接在场的，发生冲突的主要是围绕邻避属性的集体消费设施而产生不满的个体。因此，需要通过扎根理论的最后一个环节——分析性归纳来对构建的发生逻辑进行检验，其检验的方式与选择编码类似，要求解释性框架与具有异质性的案例进行对话，以对发生逻辑的外推性进行考察，若出现发生逻辑与案例有差异的情况，则需要对发生逻辑进行调适。

类邻避冲突能够检验典型邻避冲突“浮现”的邻避冲突发生逻辑，是因为在本质上，二者都是土地驱动的城市化和工业化发展道路的产物。典型邻避冲突案例材料构建的发生逻辑解释的对象与“类邻避”冲突在现象上有着较大的差异。但是在空间生产理论视角下，从理论抽象来看，二者又有着高度的一致性。从宏观上来看，典型邻避冲突的社会条件是政府主导型经济发展和封闭的权力空间；而从中观层面上来看，政府主导型经济发展和封闭的权力空间造成的空间矛盾，即空间规划混乱带来的空间稀缺和邻避设施的扭曲式供给共同造成了空间紧张；在微观层面上来看，政府主导型经济发展和封闭式权力空间带来的低治理信任使得空间矛盾演变成空间争夺，即民众、社会和政府、项目主体在不同的空间立场和认知框架下对空间价值和意义的话语竞争。

从邻避冲突概念来看，类邻避冲突的特点主要体现在它不是群体性的向政府和项目运行组织等外部主体发起的具有“政治性”① 特征的抗争，而是发生在准公共领域里的，因邻避属性的集体消费设施引发不满的个体间的“非政治性”的冲突。类邻避冲突和典型邻避冲突，都是因为邻避设施而引发的矛盾和冲突，同时两者都是空间相邻关系难以调整的表现。具体到中国情境，在房改之后，中国空间居住形态以不同等级的封闭式小区（私有产权的商品房或者其他产权类型住宅）为主，不同等级的封闭式小区与城市空间等级高度关联，公共服务也相应的呈现出差异性配置。封闭式小区作为中国人日常生活的基本单元，其部分具有邻避特点的“公共设施”（实质上是封闭式小区的俱乐部设施）的调整就可以被视为法理上业主所发起的集体消费行动。② 既然是具有邻避特征的业主集体消费设施，那么就存在着部分业主乃至整体业主得利但又可能对其他业主权益造成损害的可能，业主围绕邻避特点的集体消费发生的冲突就是类邻避冲突。因此，类邻避冲突发生的场域被框定为准公共领域，而这一共同体以封闭式的居住小区为典型，共同体的成员是业主，更进一步来说，私人领域的邻避冲突正是封闭式小区内部的物权冲突的一个重要组成部分。

总体来看，业主的物权冲突可以分为非政治性的冲突和政治性的冲突，前者主要是业主以制度化的手段，同其他业主、业委会、物业服务组织或者社区、街道、房管部门的冲突；政治性的冲突则采用的是激进的制度外手段（上街等）来表达自己的诉求。类邻避冲突以非群体性、政府等外部主体不直接在场为特点，这一特点将类邻避冲突限定在了准公共领域的邻避设施引发的个体业主间的非政治性冲突的抗争上。由于中国封闭式小区多以中高层

---

① 在中国的社会治理语境里，“政治性”强调的是民众的抗争是否走向了制度外的同政府的对抗，典型的形式就是“上街、堵路、挂横幅等”，而指的不是民众抗争的具体诉求。“非政治性”强调是民众在制度框架内的抗争，包括信访和法律途径等。界分“政治性”和“非政治性”的关键不在于是否同政府发生对抗，而在于对抗的方式是否在制度框架内，是否会对社会稳定产生影响。

② 根据《中华人民共和国民法典》第278条规定，涉及到对共有物权的调整需要业主共同决定，封闭式小区的集体消费设施涉及到对共有物权的调整，集体消费在法理上可以视为是业主共同发起的。

集合式住宅[①]为主要的居住空间形式，空间的相互依赖和物理的不可分割导致了复杂的相邻关系，这就决定了业主在处置专有物权的时候，并不是完全独立的，有可能对其他业主的专有物权和整个楼栋乃至整个小区共有物权造成损害。封闭式的居住小区的类邻避冲突同样如此，作为集体消费的邻避设施，它服务于一部分业主，但又会损害利害相关业主的权益。

在类邻避冲突案例里，从空间生产理论视角和中国城市化总体实践来看，中国中高层密集的集合式住宅带来的复杂相邻关系和相应制度缺陷，是中国封闭小区类邻避冲突得以产生的社会条件。房改之后，中国的空间私有化进程迅速开启，商品房档次标识了民众的经济社会等级，除了住有所居的使用价值需要外，房价的上涨也使得民众将房产视为虚拟资产，提供了民众通过房价上涨实现财富增值进而分享经济发展成果的可能，住房的交换价值也是民众极其看重的。住房不仅仅是居住，还意味着以此来实现改变生活境遇的机会。由此，空间呈现出私有化——碎片化——同质化的特点，即通过房改和土地制度为核心的一系列改革，使得民众通过购买住房的方式实现了空间的私有化，也使得政府能够将土地价值虚拟化，以土地为依托来融资，作为发展经济的依托。空间的私有化使得空间呈现出碎片化的趋势，空间的个体所有使得计划经济时代不可分的空间被分割了。空间的私有化也意味着空间的商品化，意味着根据空间，具体来说，就是土地的区位、禀赋、供需情况带来的级差地租使得空间呈现出了财富上的等级化趋势，而这一财富上的等级化趋势与原先的空间的权力等级化配置共同形成了等级化的空间。空间的不同等级以空间的不同功能为表达形式，社会地位（经济、声誉、政治等影响因素复杂作用）差异和享受公共服务的差异根据空间的不同等级来配置。空间私有化、碎片化和等级化

① 中国中高层的集合式住宅，其空间特点就在于业主的住房在建筑形态上是不独立的，是相互支撑的。那么，在物权上就表现为业主对其专有部分的相应权利的实现不能脱离其他业主的专有部分权益和共有部分权益的保障，这就意味着中国封闭式住宅小区的物权在客观上面临着复杂的相邻关系，这种复杂关系体现为专有物权、关联物权、共有物权间的矛盾。（参考自王德福．业主自治的困境及其超越［J］．求索，2019（03）：88－96．）

也使得空间同质化，换言之，对于意图通过开发城市进行经济发展以获得超额利润或者提高政府组织利益的增长联盟而言，空间是没有“生气”的商品或者自然科学化的同质化治理单元。而对居民来说，也形成了空间同质化的认知，即将空间更多视为服从自己价值需要的私人财产，而非具有其他社会价值的社会关系。这一系列变化最终在社会结构的基本财产关系和社区治理层面，形成了一个以业主物权为基础的“房权社会”。

所谓的“房权社会”在房改之后形成。房改使得中国掀起了一个空间私有化的进程，民众以储蓄购买住房，成为业主，物权权利就成为民众日常最关心的话题。更进一步来看，拥有住房及住房等级在客观上已经成为衡量人价值的标尺，住房已经关涉到民众的人生际遇，交易和维护住房也成为了人们日常生活中的头等大事之一。以业主的物权权利为基础，房价为标识，形成了一个复杂的城市社区的空间分层结构，这一城市社区的空间分层结构可以称为“房权社会”。“房权社会”在人们的意识形态——认知框架上就展现为人们对自身物权的重视，工具性地对待他人物权；在微观的日常生活和社区治理层面上，“房权社会”就展现为因复杂相邻关系而引致的物权间的冲突；如果微观日常生活和社区治理层面的物权冲突无法有效解决，就有可能扩展到对政府的制度外行动，而这就成为了房权政治。总的来看，“房权社会”已经成为中国社会微观治理和日常生活层面上的主要特征，当住房成为了人的价值的延伸，甚至成为衡量人的价值的主要标尺，那么只要涉及到对居民自有住房权益（法律上的物权——住房“虚拟资产”特点带来的收益和居住的使用价值——社会评价）的调整，都会引发民众的高度关注，也是经久不衰的社会热点议题。[①]

中国的政府主导型经济发展和封闭权力空间形成土地驱动的城市化和工业化发展道路，而这一发展道路在城市化上就突出地表现为房地产业的发展。政府通过工业用地低价出让和基础设施建设来招商引资，吸引产业入

① 参考自马梦岑，李威利．“房权社会”与圈层结构：中国城市空间权利的兴起及其治理［J］．甘肃行政学院学报，2020（06）：102－110＋128．

驻，而政府前期的巨大的相关支出（如征地拆迁补偿和“九通一平”等）就需要通过商住用地的高价出让和控制商住用地供给来弥补，房地产商通过高价获得的地块进行开发，就需要将成本向购房者转嫁，并获得更大的超额利润，房地产商自然愿意设计并建造中高层的集合式住宅，通过提高容积率的方式来获得超额利润，而这就使得封闭式住宅小区的空间呈现出高度稀缺的特点，无论是业主的专有物权、关联物权还是全体业主的共有物权都可能在现实互动里发生冲突。房地产业的发展及其结果就是在社会结构上形成了空间私有化为基础的基于业主物权的“房权社会”，而这一“房权社会”在意识形态——认知框架上的表达就是对自己物权权利为基础的空间权利的重视，对其他业主和全体业主的整体性空间权益的工具性认知。在具体的物权冲突上，高层集合式住宅的复杂相邻关系形成的空间稀缺和业主专有物权处分的不能事实上的完全独立，就使得物权冲突经常通过空间争夺来表达。在类邻避冲突里，物权冲突总体上可以表现为部分（少部分到大部分）业主意图谋求更多的物权权利与其他业主专有物权权利或者关联物权乃至整体业主共有物权权利的冲突。而在类邻避冲突里，旧改和城市更新背景下的既有住宅（旧步梯楼）加装电梯引发冲突是类邻避冲突里具有典型意义的一类邻避冲突。

不同于其他商品，作为消费和生产的建成环境的空间（从厂房、住宅到基础设施），其折旧是缓慢和渐进的，破坏性的空间重构无法频繁发生，这就意味着依靠土地金融化为基础的建成环境投资的经济发展方式和资本循环方式有着自身的局限之处，同样可能面临着资本在建成环境这一次级循环过度积累的问题。因此，消费和生产建成环境的城市更新一般来言，是缓慢、渐进的，被称为有机更新。同时，中国在21世纪初通过土地驱动的城市化和工业化发展道路和房地产业为支撑的产业结构来缓解资本在初次循环阶段过度积累，并推动国家工业化迅速发展和促进经济增长，而其产生的负面遗产已经越来越明显，典型表现在下列三个方面。

第一，以固定投资为渠道的国家金融供给，更多不是进入资本的初次循环，而是进入到建成环境的次级循环，面临着次级循环过度积累和经济发展的“脱实向虚”。

第二，地方政府将土地虚拟化，并通过单纯的空间构造的城镇化（造城）来获得巨大的一次财政收入，同时也面临着难以维系的债务问题。

第三，用地指标的全国性分配错位①和地方政府控制商住用地来推动地价的情况下，房地产商和其他投资金融机构、个人不断通过推高房价、设计相应金融产品分散风险的方式来获利，造成了住房上的严重民生问题。因此，中国不可能再通过大拆大建的方式来进行城市更新（收紧棚改和城市更新政策，防止城市更新地产化②），这也就意味着广义上的城市更新主要不是通过政府财政而是通过金融方式来实现的③，是在政府引导（政策供给）下，居民、政府、社会多元主体共同投资方式完成。

在当下中国，城市更新具体来言，除了公共基础设施更新外，更多是老旧小区和21世纪初早先建设的既有住宅的更新，这一更新在政治话语里被赋予了美好生活的价值，也被赋予了适老化的意义。老旧小区改造和既有住宅的有机更新主要体现在“物权”和“治权”上，前者以小区基础设

---

① 中国建设用地指标控制严格，一般通过中央分配年度新增用地指标到省，各省再分配到地方，用地指标无法进行全国交易。在西部大开发和限制大城市人口规模的考虑下，西部、东北地区和小城市里，居住用地增量速度比城镇人口增速快。而在东部和大城市，由于经济发展水平和工作机会，人口增速较快，但用地增量速度又比较慢。建设用地指标空间分配与人口流向趋势、经济发展水平不匹配，对土地供需有着负面的影响。2020年《中共中央 国务院关于构建更加完善的要素市场化配置体制机制的意见》提出“探索建立全国性的建设用地、补充耕地指标跨区域交易机制”已经试图去解决这一问题（参见兰小欢．置身事内：中国政府与经济发展［M］．上海：上海人民出版社，2021：174－177）。

② 住房和城乡建设部发布的《在实施城市更新行动中防止大拆大建问题的通知》指出要限制以城市更新为名，行地产开发之实的“习惯做法”，并提出要变城市开发模式为城市经营模式，这就意味着对于非棚户区和未进入集中连片更新的老旧小区来言，指望通过拆迁换房的方式实现住房价值的提升非常困难，老旧小区更新更多是通过“政府引导、市场运作、公众参与”方式进行，更进一步来说，业主是作为城市更新的主体出现的。

③ 旧城更新的受益人是特定人群，而非城市的全部居民。政府财政收入以税收为主体，从经济角度来看，是民众向政府购买公共服务。以财政方式作为主导来进行旧城更新，在市场制度作为基本内核之一的政治经济和意识形态框架里，无异于用全部居民的税收收入来服务于特定人群。同时，旧城更新不同于土地开发，旧城更新的成本和支出可能会变得更多，政府财政并不能够长远地支撑旧城更新。因此，旧城更新主要是通过金融的方式来进行融资，并以特定人群为主体进行自主的更新，避免过度依赖政府财政资金和政府深度介入（参见吴志强，伍江，张佳丽，等．“城镇老旧小区更新改造的实施机制”学术笔谈［J］．城市规划学刊，2021（03）：1－10）。

施改造（管线、绿化和停车位）以及楼栋的加梯为主，而后者则更多地针对老旧小区的业主自治问题（物业管理为核心）。“物权”和“治权”是紧密关联的，在中国封闭式的中高层集合式住宅小区的空间形态里，对既有“物权”的调整，都会面临着复杂的相邻关系带来的关联物权和共有物权的矛盾。因此，“治权”（典型的以业主大会及业委会、物业管理服务机构和社区为支柱的小区自治三驾马车）是调整“物权”的主要的协商性质的制度化平台，在解决“物权”的时候“依赖治权”但也可能创设并培育“治权”。

在本次研究里，将选择既有住宅（旧步梯楼）加装电梯这一具有邻避特征的类邻避冲突作为检验典型邻避案例构建的发生逻辑的异质性案例，一方面可以与典型邻避冲突案例置于同一时代背景下（城市化、城市更新）；另一方面可以起到扩展邻避研究的理论视域，将封闭小区的业主物权纠纷、物权冲突的社区微观治理问题同宏观的空间生产理论形成对话，也可以使得宏观的空间生产理论能够拥有更丰满的微观细节。同时，将加梯与小区自治联系在一起，将“物权”与“治权”联系在一起，在案例里，与发生逻辑进行互动，对既有住宅自主加装电梯为代表的类邻避冲突，即小区自治中具有邻避性质的集体消费进行探索。

广义上的城市更新以业主为主体进行自我更新，政府更多是提供政策支持，而不越俎代庖进行干预，作为城市更新下老旧社区改造的重要组成部分——旧楼加梯，同样是以业主作为主体，遵循着“政府引导、社区搭台、业主主体、各方支持、安全保障”① 的原则。在2018—2020年，既有住宅自主加装电梯都是政府工作报告的一个部分，而在2020年末，国家发展改革委等14个部门的联合发文《近期扩内需促消费的工作方案》将旧楼加梯视为促进内需和拉动消费的重要举措②，住房公积金和住房专项维修资金能够用于既有住

① C市人民政府. C人民政府办公厅关于进一步促进既有住宅自主增设电梯工作的实施意见［EB/OL］. 2021.01.06［2021.09.11］. http://gk.chengdu.gov.cn/govInfo/detail.action?id=125476&tn=6.

② 国家发展改革委. 等14个部门关于印发《近期扩内需促消费的工作方案》的通知［EB/OL］.［2022.01.02］. https://www.ndrc.gov.cn/xxgk/zcfb/tz/202010/t20201029_1249273.html?code=&state=123.

宅自主加装电梯和地方政府一系列的加梯政策支撑（财政奖补、金融支持直到审批流程的简化、各类咨询服务）都力图迅速推动既有住宅加梯。

以 C 市为例，C 市符合加装电梯条件楼栋有 3.7 万个，2019 年 C 市既有住宅自主加装电梯 162 台，而 2020 年则增加到了 398 台，2021 年 C 市计划既有住宅自主加装电梯 1 200 台，而在未来 3 年内则预期累计增设 4 500 台。[①] 在旧城改造、城市更新和适老化建设背景下，大力推动既有住宅自主加装电梯固然是一项提升城市品质和居民生活质量的民生工程，但是也面临着相当多的困难，这些困难总的可以分成两类来看：（1）加梯资金、审批过程、专业技术服务方面的困难；（2）加梯的业主协商方面的困难。解决第一类问题能够对有加梯意愿业主和处于观望状态的业主形成有效的激励，而现有的政策也更多地在解决第一类问题。而第二类问题则是“类邻避”冲突的体现，现有政策对第二类问题的应对主要是从加梯的决策条件和社区、街道对业主协商过程的有限度介入来调解业主加梯遇到的纠纷。

从 C 市的加梯实践来看，在 C 市印发的《关于进一步促进既有住宅自主增设电梯工作的实施意见》（以下简称《意见》）[②] 里，“6 层及以上非

---

① 中国网．推动老旧小区加装电梯，C 市有新招——成片连片推进加装量增 1.5 倍 [EB/OL]．2021.03.19 [2021.09.11]．http：//sc.china.com.cn/2021/yaowen_0319/398788.html.

② S 省住建厅联合省发改委等 6 部门在 2021 年 11 月 19 日发布了（《关于进一步做好既有住宅电梯增设工作的指导意见》（以下简称《指导意见》），自 2021 年 12 月 1 日起施行），这一《指导意见》对之前《关于进一步促进既有住宅自主增设电梯工作的实施意见》里的“申请既有住宅自主增设电梯，应当经本单元房屋专有部分面积占比三分之二以上的业主且人数占比三分之二以上的业主参与表决，并经参与表决专有部分面积四分之三以上的业主且参与表决人数四分之三以上的业主同意，利害关系人公示期间对增设电梯方案无实名制书面反对意见”条件进行了修改，修改为“有电梯增设意愿的业主，就是否增设电梯征求本单元全体业主意见，由本单元房屋专有部分面积占比 2/3 以上的业主且人数占比 2/3 以上的业主参与表决，并经参与表决专有部分面积 3/4 以上的业主且参与表决人数 3/4 以上的业主同意。”换言之，既往的其他业主的否决权被取消了，同时对于纠纷调解则按照“两调一诉”程序解决，即申请人与利害相关人协商不一致的，由社区居委会调解。如果调解失败，则由属地街道办事处组织调解。“一诉”则是指利害关系人可以通过法律途径解决。更进一步来看，S 省的规范性文件无异于在强调“行政的归行政、民事的归民事”，行政规划许可更改成立的同时，民事侵权也成立，利害关系人的救济就主要通过司法途径来实现。（参见天府发布．12 月起施行！S 省既有住宅加装电梯出台新规，有重大修改 [EB/OL]．[2021.11.19]．https：//mp.weixin.qq.com/s/pFFw9_W5dlcHI9Ekn74wxA.）本次研究对地方政府关于旧楼加梯的规范性政策文件使用主要以 2021 年 12 月 1 日新规之前的政策文件为主。

单一产权多层既有住宅或2008年7月1日前竣工的4层及以上非单一产权多层住宅符合本《意见》实施的项目”① 可以获得20万/台财政奖补，同时住宅专项维修资金和公积金的使用，使得居民加梯的资金压力降低。同时，在加梯表决上，和其他地方政府一样，C市也放弃了先前的利害相关人一致同意的原则，根据《中华人民共和国民法典》第278条规定②和其他地方政府实践，将参与并表决加梯的人数比例修改为“申请既有住宅自主增设电梯，应当经本单元房屋专有部分面积占比三分之二以上的业主且人数占比三分之二以上的业主参与表决，并经参与表决专有部分面积四分之三以上的业主且参与表决人数四分之三以上的业主同意，利害关系人公示期间对增设电梯方案无实名制书面反对意见”③，一个强绝大多数同意和弱一致同意的原则，仍然给予了小区利害相关人否决权（公示期间书面反对意见），保障了相关业主的权益。同时，为了制衡否决权的滥用和保护对电梯有着强烈需要的人群的权益，市政府还提出了优抚条款作为例外情况（即：“有一名及以上经专业机构评估认定为失能的人员；有两名及以上年满七十周岁或一名以上年满八十周岁的老年人；有一名及以上视力残疾或肢体残疾达到三级以上的残疾人”④），只要业主充分征求利害相关人意见但自主协商不成功且社区和街道协商均不成功，在符合优抚条款前提

①③④ C市人民政府．C市人民政府办公厅关于进一步促进既有住宅自主增设电梯工作的实施意见［EB/OL］．2021.01.06［2021.09.11］．http://gk.chengdu.gov.cn/govInfo/detail.action?id=125476&tn=6.

② 《中华人民共和国民法典》第278条就规定“下列事项由业主共同决定：（一）制定和修改业主大会议事规则；（二）制定和修改管理规约；（三）选举业主委员会或者更换业主委员会成员；（四）选聘和解聘物业服务企业或者其他管理人；（五）使用建筑物及其附属设施的维修资金；（六）筹集建筑物及其附属设施的维修资金；（七）改建、重建建筑物及其附属设施；（八）改变共有部分的用途或者利用共有部分从事经营活动；（九）有关共有和共同管理权利的其他重大事项。业主共同决定事项，应当由专有部分面积占比三分之二以上的业主且人数占比三分之二以上的业主参与表决。决定前款第六项至第八项规定的事项，应当经参与表决专有部分面积四分之三以上的业主且参与表决人数四分之三以上的业主同意。决定前款其他事项，应当经参与表决专有部分面积过半数的业主且参与表决人数过半数的业主同意。”（参考自全国人民代表大会．中华人民共和国民法典［EB/OL］．［2022.01.02］．http://www.npc.gov.cn/npc/c30834/202006/75ba6483b8344591abd07917e1d25cc8.shtml.）

下，那么社区仍然会同意电梯的增设。[①] 在加梯服务上，S省特种设备安全管理协会作为主要参与加梯的第三方机构，提供了详细咨询服务，并发布了《C市既有住宅自主增设电梯实施指南》。在资金方面，除了政府提供的财政奖补、公积金和住宅专项维修资金提取外，中国人民财产保险股份有限公司S省分公司、L市商业银行也提出了面向加梯企业的保险担保的融资服务，向加梯企业提供既有住宅自主加装电梯20万/台的贷款服务，相当于将政府加梯成功后申请获得的20万/台财政奖补通过金融手段提前到加梯工程之前。[②] 同时，银行和保险公司也通过保险担保模式，为业主加装电梯提供一系列服务，从工程款垫付、工程履约到电梯使用保险。[③]对有着加梯意愿的业主而言，现行政策和资金支持，基本上能够满足业主的需要。对既有住宅自主加装电梯来说，主要的问题是小区业主间的协商和相应的加梯法律争议，而这一问题的背后则是空间生产异化带来的空间问题的物理不可分割和空间的制度化分割间的矛盾，在物权上则体现为复杂的相邻关系下集体消费的物权冲突，在意识形态——认知框架上则展现出了空间私有化带来的平等的个体权利之间的“战争”。

3.2.2.2　既有住宅自主加装电梯失败的类邻避冲突案例讨论

作为类邻避冲突的典型案例，既有住宅自主加装电梯引发的物权冲突可以分为两类。

第一类是加装电梯可能占用绿化、停车位或者影响公共交通，而引发小区其他业主的反对，这一类冲突则是加梯业主与小区共有物权间发生的冲突；

第二类是既有认知里的加装电梯冲突，即低层业主不同意高层业主加

---

① C市人民政府．C市人民政府办公厅关于进一步促进既有住宅自主增设电梯工作的实施意见［EB/OL］．2021.01.06［2021.09.11］．http：//gk.chengdu.gov.cn/govInfo/detail.action?id=125476&tn=6.

②③ 封面．C市老旧小区加装电梯钱从何来？引金融手段20万补助可提前贷款获得［EB/OL］．2018.11.07［2021.09.11］．https：//www.thecover.cn/news/1347268.

装电梯引发冲突，这一类冲突是想要加梯的中高层业主为了提供更多的出行便利而与低层业主的专有物权发生的冲突。

在加装实践里，两类冲突都可能发生，而目前的研究和舆论主要关注的是低层业主与中高层业主之间的物权冲突，而对共有物权发生冲突的考察不足。考虑到研究现状和研究获取资料的详实程度，将主要对共有物权发生冲突而导致的加梯失败进行详细的考察。针对共有物权冲突引发的加梯失败案例，研究选择了 C 市 Z 小区作为案例，该小区 8 栋、9 栋都试图加装电梯，但都被小区其他楼栋的业主通过书面反对意见否决。同时，针对高层业主与低层业主间的专有物权和关联物权发生的冲突导致的加梯失败，研究选择了 C 市 Y 小区作为案例进行比较考察，小区 3 栋 1 单元试图加装电梯，但在协商阶段（还未到公示）被小区同一单元低层住户和作为利害关系人的其他单元住户激烈反对。与 Z 小区不同的是，Y 小区有业委会作为基本的自治框架，但是业委会对小区加梯引发的矛盾和纠纷无力调解，反而被业主激烈质疑。

对于加梯问题，目前普遍关注的加梯业主（中高层业主）同反对加梯业主（低层业主）间冲突，因此，研究聚焦于这一类冲突是如何得以解决的，关注的是加梯成功的案例。针对这一类案例，研究综合了 C 市 X 院和 M 小区成功加梯的经验，主要关注的是中高层业主，包括外部力量（社区）是如何让低层业主同意（至少不反对）加梯，并探索一般性的解决路径。在两个案例里，X 院是单位职工住宿区，保留着单位制院落具有的熟人社会。而 M 小区与 Z 小区一样，都是完全商品化住宅小区，但是 M 小区电梯加装却成功了。通过比较完全商品化住宅小区和单位熟人社会职工住宿区的成功加梯经验，可以探索出一般性的解决路径，与基于典型邻避冲突构建的发生逻辑的机制解释进行对话和调适。

Z 小区共有 14 栋单元楼，大部分单元楼都是无预留电梯井的中高层步梯楼，小区有物业管理，小区曾经试图两次召开业主大会并成立业委会，其中社区和 C 市推行的信托物业以“坝坝会”形式来参与解决小区业主自治失效，但都遇到了失败。[①] 目前，小区只有 1 栋建成了平层入户式的带连廊的电梯，而 9 栋早先试图加装电梯，就被小区其他楼栋业主否决。在 2021 年，8 栋试图加装电梯，但在公示阶段，小区其他业主都提出了书面反对意见，8 栋的低层业主也向社区提出了书面反对意见，继 9 栋加装电梯失败后，8 栋加装电梯也失败了。Z 小区 8 栋、9 栋加梯失败展现出了加装电梯楼栋与小区业主共有物权间的冲突，这一冲突突出地表现在 8 栋、9 栋位于 Z 小区的交通要道，加装电梯将会影响交通、挤占绿化，并带来不可预计的风险上。Z 小区 1 栋加装电梯成功，主要是因为 1 栋 1 楼是靠街面经营的商户，且 1 栋位于 Z 小区角落边缘，不影响公共交通，电梯入户位置也不面对房屋的卧室等隐私位置。因 1 栋的空间位置、楼栋的低层功能分配，1 栋的协商成本较低，由于采用的是带连廊的平层入户，相当于给加梯业主增加了套内面积，高层业主和中层业主在加梯上房屋价值提升（使用价值和交换价值），1 栋能够成功加装电梯。换言之，1 栋成功加装电梯有着自身的特点，这一特点更多是情境性的，具有偶然性。相较来言，8 栋、9 栋的空间位置和其整栋楼栋居住功能，就使得加梯变得非常的困难。对案例的讨论主要围绕 8 栋进行，研究关注的不是 8 栋自身的协商，而是 8 栋与其他业主之间的以话语竞争为形式的空间争夺。主要关注 8 栋，一是因为 8 栋目前正处于公示期（2021 年 8 月 31 日—2021 年 9 月 9 日），而在 9 月 2 日就有其他楼栋业主在签名共同反对 8 栋加装电梯；二是研究者通过私人关系找到了小区业主作为关键人物，通过该业主获得了小区业主微信群对 8 栋加梯的全部讨论资料（2021 年 9 月 1 日—2021 年 9 月 2 日）。

2021 年 9 月 1 日—2021 年 9 月 2 日，小区业主在业主微信群里围绕着 8 栋加装电梯进行了讨论，展现出了鲜明的以话语竞技为主要形式的空间

① 小区在 2016 年之前有业委会，但因物业管理费上涨，有业主怀疑业委会和物业管理机构存在着利益关联，要求改选业委会并重新选聘物业管理机构。业委会改选并不顺利，最后业主通过法律途径解散了业委会，但自此之后，小区有业主动议召开业主大会并成立业委会，都没有成功，改聘物业管理机构也就没有了下文。

争夺，8 栋加装电梯对公共交通要道和绿化占用是讨论的焦点，如表 3－6 所示。

表 3－6　　Z 小区 8 栋加装电梯的空间矛盾与空间争夺

争夺主体 争夺方式	反对加梯业主	加梯业主
空间认知	具体空间，强调个体空间的使用价值和交换价值	具体空间，强调个体空间的使用价值和交换价值
空间交换价值	对于用于出租而不是自住，以及家庭人口多的业主来说，并不完全是好事。从连廊平层入户，意味着有可能会把某间卧室做成通道，或入户人员要从窗外经过，这样的房子或者卧室的隐私容易泄露，或者少了一间租客可用的卧室（资料 JLJT02） 如果小区这样，装了电梯房子不得跌价吗（资料 JLJT02） 真要到处是电梯塔、柱子等乱七八糟的样子，怕不是增值而是要贬值（资料 JLJT02） 小区环境本就不足，也已陈旧，再加上不合理位置安装电梯，对小区而言，到底是升值还是贬值（资料 JLJT02）	没有电梯，这个小区品位上不去、价格上不去（资料 JLJT01） 现在有补贴就安，又不能等拆迁（资料 JLJT01） 我们小区都 20 年了，今后不可能拆迁，只有改造，其中安电梯是首选，大家多多想办法（资料 JLJT01） 增值还是贬值，建议还是综合起来看，对公共空间负面影响带来的贬值和不用爬楼带来的增值如果可以抵消，对房屋的整体价值就没太大影响（资料 JLJT02）
空间使用价值	老年人要去医院，走不动路，不得乘汽车啊（资料 JLJT01） 你考虑的，怕是不算哦。我们买房的时候，就没说会在这里装个廊桥，要不谁还会买这个小区的房子。交通要道，一个廊桥，视线死角（资料 JLJT02） 贬值就不说了，自己住起舒服吗（资料 JLJT02） 不要把电梯想象得有多好，坏了的时候就是一堆废铁（资料 JLJT02） 装了电梯，入户从卧室进入，也真是想得出（资料 JLJT02） 减少了一个房间，也存在隐私问题，尤其不适合出租。长廊可以看到三个卧室内部，隐私无法保证（资料 JLJT02） 我们住这里，不是为了增值，而是为了安全，为了增值就去买南门的房子（资料 JLJT02）	年龄越来越大没有电梯是恼火，现在还不觉得，退休了就麻烦了（资料 JLJT01） 请各位睦邻理解，楼里老年人多，真的很需要电梯，是自住需要，没办法（资料 JLJT02）

续表

争夺方式＼争夺主体	反对加梯业主	加梯业主
空间使用价值	不是规范完，你就可以当他是安全地带，楼下就没老人，就没孩子，一样的，这个位置装楼上，老年人下楼安全，不是反对装电梯（资料 JLJT02） 不能为了增值，就埋下安全隐患，这可是我们每天居住的家园（资料 JLJT02）	
公共空间争夺	这个是整个小区交通要道，单元就说了算？公用车道，一个单元可以说了算吗？什么逻辑（资料 JLJT02） 单元门口的路，是你们单元的吗（资料 JLJT02） 很搞笑，7 栋、8 栋应该是整个 Z 小区通道的瓶颈路段（资料 JLJT01） 对老年人来说，需要电梯，完全可以理解。加装电梯，需要占用公用道路。但对于年轻人来说，要工作，要出门，车得开，道路不能占，反而更通畅，不拥堵才好，也是完全在理（资料 JLJT01） 汽车怎么可能不进小区？外面又没有停车场（资料 JLJT01） 一楼建的有车库，为啥不进来（资料 JLJT01） 停车场是小区原建时候设计的基础设施。基础设施本来就在那里，你用不用是你的事。 对的嘛，同样也是基础设施。非去反对，质疑，很奇怪，只会激化矛盾。虽然我的车没有在小区停，但我觉得停车跟电梯同样重要啊，你怎么可能说服交了费，停在停车位的人家呢（资料 JLJT01） 现在的问题就是安电梯影响到了其他业主的利益（资料 JLJT01） 出 Z 小区大门，顺便瞄一眼，就看到连廊阳台支撑立柱的位置和大小了。Z 小区 1 栋的连廊阳台的支撑立柱立在花台内，电梯井基本上与花台平齐，没有影响公共交通。空中走廊不是空中	我个人认为，花园、停车位，都可以调整，根据电梯位置来调整（资料 JLJT01） 8 栋安装位置在花园边上，把路让出来的，不会妨碍行车（资料 JLJT01） 我觉得车道、消防道保障的前提下，其他都可以调整。大家觉得还有没有需要保障的前提（资料 JLJT01） 如果汽车不进小区，就好打整（资料 JLJT01） 消防通道肯定是不能占的，大家也该换位思考一下，那有汽车的人停在小区里，是不是也占了大家的公共地带呢？20 多年了，没有汽车的业主也没说什么。相互理解，相互支持，把小区建设得更和睦，环境更好，何乐而不为呢（资料 JLJT01） 原建到底有多少停车位？没有说有车的人亏欠谁。说得很清楚，相互理解，相互支持（资料 JLJT01） 大家互相理解，在小区里停车也好，安电梯也好，只要不影响别人生活安全，何乐而不为呢（资料 JLJT01） 建议汽车按基础建设的停车位停（资料 JLJT01） 我倒是觉得只要能够保证消防通道占用花园，我个人是不反对

续表

争夺主体 / 争夺方式	反对加梯业主	加梯业主
公共空间争夺	楼阁，要立柱支撑（资料 JLJT02） 本来小区道路就窄，还安装电梯，还说车辆通行没有任何影响。好好思考，也替别人想想（资料 JLJT02） 9 栋的方案加上 8 栋的，如果都通过，那道路就像迷宫了 之前 9 栋设计的连廊阳台，两端柱子立在大路中央，这样倒是增加了楼上住户的套内面积，但影响了他人利益，像这样的方案咋可能通过呢（资料 JLJT02） 让汽车，让行人都去钻洞嗦。商场里是一直有灯光的，头顶上有连廊还布局得非常压抑，但小区里黑黢黢的，在洞里汽车撞到人谁负责（资料 JLJT02） 方案侵占小区中庭唯一公共大花园面积，同时侵占公共停车位，小区公共区域涉及全体业主共同利益，方案需要征求全体业主意见（资料 JLJT02） 坚决反对，这栋 1 楼把后面通道已占用成私家花园，要修也应该拆除非法私家花园，修到后面通道上面（资料 JLJT02） 公共区域是用来停车，是因为车是大家的。大家都可以停。电梯不是大家的（资料 JLJT02） 那是另一回事，你跟这个电梯不冲突，就事论事（资料 JLJT02） 不是说别人占了公共车位，单元电梯就可以随意侵占，两回事（资料 JLJT02） 不能让小区业主天天开车在小区内钻长达十几米的隧道啊（资料 JLJT02） 先说电梯的事情，停车可以慢慢规范，先把电梯的事情解决，这是永久建筑，一旦建成，就没有退路，到时候你怎么规范？怎么保证路上行人安全（资料 JLJT02） 不管能不能停车，你那个位置不允许装电梯（资料 JLJT02） 利益相关人，不只单元，是全体业主	的，因为毕竟电梯安装之后还是有很多好处，而且现在小区里的那个花园，说实话算什么花园（资料 JLJT01） ZL 公寓与 Z 小区本就是两道门，车辆各进出各门，一定要从中间穿入吗（资料 JLJT02） 小区最初设计的车位多少，现在占用的车位多少，大家可以比较一下（资料 JLJT02） 很多公共区域，都被用来停车了。谁在收钱？谁在得利？谁来反对（资料 JLJT02） 两个车棚，已名存实亡，还在那里占道。谁在得利？谁来反对（资料 JLJT02） 现在车棚已没有多少车了，至少可以大大压缩。 把车棚改造出来，搞绿化，停汽车，都好啊（资料 JLJT02） 电梯要说，小区里不少汽车占用绿化带也要说，只要是占了大家的公共绿化带，都有权利说（资料 JLJT02） Z 小区绿化带名存实亡，7 栋、8 栋靠右边建电梯，将 8－7 栋中庭绿化靠左移，打造从物业至 Z 小区大门的直行通道为啥不可以呢（资料 JLJT02） 现在不只是考虑电梯怎么装，也要考虑汽车怎么停放。以前小区的基础设施建设到底能停多少车？现在小区里停的车都让人喘不过气，走路都要很小心地让，这不是一个问题吗（资料 JLJT02） 遍地停汽车就是最大的环境破坏（资料 JLJT02） 建议划区域停车，不能停车的地方，坚决不能停，小区里应该

续表

争夺主体 争夺方式	反对加梯业主	加梯业主
公共空间争夺	（资料 JLJT02） 8 栋、9 栋门口，无论怎么规划，都不满足要求，交通要道，不开玩笑（资料 JLJT02） 天天拿车说事的真的是找不到话说了（资料 JLJT02） 先把某某人占用的 1 楼花园退出来嘛，1 楼花园也是大家的，凭什么就私自圈占（资料 JLJT02） 不应该考虑调整大家公共的部分，而是应该考虑调整背后私占部分才对吧（资料 JLJT02） 增加面积肯定是不允许的，不增加面积但增加大家出行风险，安全不能保证，更不允许（资料 JLJT02） 小区的环境这么糟糕，这那么一小花园，还调整（资料 JLJT01） 提高小区的品质，就是挤占道路，缩小绿化面积（资料 JLJT01） 估计将来整个小区都不安全了（资料 JLJT02） 而且这样的问题是使得小区全体业主都受害（资料 JLJT02）	有大家活动的地方，散散步都方便一些，更安全一些（资料 JLJT02） 要说肯定一起说，因为我们的小区面积有限，都是相互相关的问题（资料 JLJT02） Z 小区初建规划就是有车入库，所以有卖车库，外面是没设车位的哦，现在的停车地是一而再、再而三地压缩可怜的绿化带扩出来的，这小区是以居住为主，而不是以车行为主（资料 JLJT01） 所有的安全都关系到我们小区里的每一个人，包括安装电梯，包括停车规不规范（资料 JLJT02）
设计方案	Z 小区 1 栋可以建平层入户，是因为楼下已有花台，连廊阳台的立柱建在花台内。8 栋建连廊阳台，两端立柱，只能建在距离楼脚外一两米的大路上。行车路将被完全截断。Z 小区所有业主的车就没法过了（资料 JLJT01） 7 栋的连廊阳台的两端立柱如果是建在花台内，对道路车辆的行驶的影响不算大，电梯井可能会冒出来一些（资料 JLJT01） 这两栋楼安装电梯都要占用公共绿化，且存在较大的安全隐患（资料 JLJT01） 8 栋是完全不适合带连廊阳台的平层入户电梯（资料 JLJT01） 4 栋、5 栋都没最多只适合建没有连廊阳台、仅有电梯井的错层入户。Z 小区临街的楼下有花台的，适合建带连廊	7 栋的方案是不占通道的，在方案制定的时候都有考虑，大家可以实地看一下。 电梯安装在红色位置，不会对行车有任何影响，通过连廊直接通到阳台，从目前的阳台侧面入户，没有任何搭建，不会像 1 栋那样搭建平台（资料 JLJT02） 在减少停车、规范停车的基础上，把现有的一些道路、花园、车棚区域做些调整、改造，再看看可否安电梯嘛（资料 JLJT02） 我是考虑，如果把 7 栋、8 栋那里的花园、道路调整一下，可否安电梯呢？安全肯定是第一位的。仅供参考啊（资料 JLJT02）

续表

争夺主体 争夺方式	反对加梯业主	加梯业主
设计方案	的平台入户，可以把两端立柱建在花台内而不是大路上（资料 JLJT01） 8 栋连廊的高度与每一层的地面都相同，为平层入户。也就意味着楼下的路会被截断。平层入户的电梯方案不适合 8 栋（资料 JLJT01） 不适合建带连廊阳台的电梯，为什么要拿来公示闯关呢？ 如果那 4.5 米是平层入户增加的连廊阳台宽度（乘以每户的室内面积长度，即为增加的套内面积，相当于每户增加几间房），然后小区汽车从几十米长的阳台下穿过，是利益关系人不会接受的啊（资料 JLJT01） 红色部分为电梯位置，平常车辆就易擦挂，安装电梯后，如果车辆碰上电梯，该怎么划分责任，是单元业主赔偿车辆，还是司机赔电梯（资料 JLJT02） 开玩笑，交通要道上建这玩意儿，那么狭窄的路面，错车倒车每天发生几百次的地方，修这么一个玩意儿，行人路过都看不到车，车也看不到行人，大家怕不怕（资料 JLJT02） 我们支持电梯安装，但发现这确实不太现实，小区布局方面有些单元根本不具备条件，还要想方设法地多占地方，真的是难以支持！花园下面估计没法挖，下面是化粪池（资料 JLJT02） 7 栋内缩了几米，8 栋是直接临路面，8 栋、9 栋都是单元门直临路面唯一单行通道。所以当时 9 栋的方案也被否定掉了。刚喘口气，8 栋又来了，8 栋门口比 9 栋还窄（资料 JLJT02）	安全方面只要符合，不影响交通，各方利益能平衡，也还是要考虑下两个单元的。 把 ZL 公寓那个车棚压缩一下，或可架起一部电梯，满足 2 栋的电梯需求。其他地方，大家都可以再观察下，只要安全保障、各方利益能够协调，都是可以的嘛（资料 JLJT02）

续表

争夺方式 \ 争夺主体	反对加梯业主	加梯业主
道德话语的合法化支撑	公示中未做声明，此公示有问题啊（资料 JLJT01） 不是所有的建筑都适合带连廊阳台的占有更多空间的平层入户。不适合平层入户的硬闯公示，会被否定的（资料 JLJT01） 9 栋公示平层入户被否决后，7 栋、8 栋就不明示平层还是错层？让利益相关的业主来猜？这不好吧，可能被一概否定的啊（资料 JLJT01） 故意的，怕大家发现一个大连廊，我昨晚仔仔细细研究了，真的很过分（资料 JLJT02） 而且走廊 4.5 米，也没按比例画，4.5 米的走廊够长的。然后电梯占用花园。以后汽车通过是走电梯下钻洞过（资料 JLJT01） 图纸上为什么不把现有的通道标注出来。这个作为施工图可以，作为对周围环境影响的评估肯定不行。不能拿一张施工图出来喊大家评估嘛，这种公示形式上就不 OK。既然是公示，形式上要符合，至少有周围环境评估，占用公共有地面积评估等数据（资料 JLJT01） 我对安电梯举双手赞成，但应在不影响小区通行安全，不会影响整体空间布局、通风的情况下进行。不具备条件的不能安装啊。而且在图纸上还要小心思，不按比例画，至少这点就不诚实（资料 JLJT02） 公示的时候，总想那些模糊化的不明就里、让人去猜的文件来糊弄闯关。Z 小区不是农民小区，专家级的业主不少，不容易糊弄啊。提醒后面准备建电梯的业主，越想糊弄，越搞不成（资料 JLJT02） 流程不知道，不清楚，他们遮遮掩掩（资料 JLJT02） 是反对 8 栋这个位置装电梯 有些人想混淆视听啊（资料 JLJT02）	老年人与年轻人要相互理解。年轻人往往也要老年人来帮忙，或来往（资料 JLJT01） 大家都换位思考一下，有车的替上楼难的老年人想想，没车的忍受一下环境的污染不就好了吗（资料 JLJT02） 是的，包括我都不能有老观念，我们是学区房，现在教育在改，学区房慢慢地就会不存在，国家新政策也慢慢让年轻人有公租房住，我们小区的住房环境要提高，需要我们小区业主的共同努力（资料 JLJT01）

续表

争夺主体 争夺方式	反对加梯业主	加梯业主
政治话语与外部权威的合法化支撑	国家鼓励安电梯也是说要符合条件才安，像上次1栋安电梯大家也没有反对（资料JLJT01） 小区的业主也是利益相关人。政府也考虑了利益相关人的利益，才给了利益相关人的否决权。公示期间的否决权（资料JLJT01） 国家的政策是有条件的才加装电梯，不要本末倒置了。居然不让人车通行。如果影响车辆通行，只有去社区提交书面反对意见（资料JLJT01） 根据《C市人民政府办公厅关于进一步促进既有住宅自主增设电梯工作的实施意见》，新增连廊净长不得超过1.5米，净宽不得超过1.2米。8栋电梯方案增设长6米，宽2.45米的超长超宽实体连廊，远远不符合文件要求，并极大影响通道采光，极大破坏小区美观（资料JLJT02） 1栋电梯没人反对，说明大家是理性的，安装也要适合可行才行呀（资料JLJT02） 按程序来，通得过就建，通不过就不建（资料JLJT01） 小区治理，也是基层民主，是多数人决定，个人意见不算数的（资料JLJT02） 社区的也是懒政，只要是没有书面反对意见，想怎么圈地就怎么圈（资料JLJT01） 这个电梯安装公司的人在群里，还专门搞这种事情，真的不是什么好货（资料JLJT02） 电梯公司的人，眼里只有钱。 @A XXSJ电梯，你们是什么意思，要与业主为敌吗（资料JLJT02） 不管怎么样，电梯不能建在这个位置，相关部门又不住我们小区，我们自己的小区，出行安全不是自己说了算（资料JLJT02）	安电梯，大势所趋！有条件的先装，没有条件的想办法创造条件，比如相邻单元、相邻楼栋数结合起来嘛（资料JLJT01） 国家近期出台了很多新政策，住房、教育……旧小区旧房改造是大趋势（资料JLJT01） 我看到很多老年人走路都恼火，爬楼更是不好整啰。现在有政策，有补贴，多想办法。在不影响车道、消防道路情况下，都可以想办法来设计安装（资料JLJT01） 老旧小区安装电梯是政府的民生工程、民心工程，安装过程中都会出现这样或那样的不方便，一个小区也是一个大家庭，互相包容，顺应政策才会更好。制定政策的人也一定会知道过程中会出现的困难，还是加大力度地推广，说明必要的可能性，更适合现在社会发展。大家多体谅多宽容（资料JLJT01） 1栋安电梯的路程也是千辛万苦，好在政府支持（资料JLJT01） 目前国家的政策什么是主？什么是次？政府部门会考虑的（资料JLJT01） 本小区每栋都有安装电梯的需求，只是先后而已，这是政策倡导的民心工程，有劳动能力的人标明规划下哪栋该在哪地方安最合适（资料JLJT02） 至于每栋电梯的设计是根据每栋的业主与电梯公司共同制定的工程最佳方案，也有层层政策的把关，大可不必费周章地注意细节。个人意见仅供参考（资料JLJT01）

续表

争夺主体 争夺方式	反对加梯业主	加梯业主
政治话语与外部权威的合法化支撑		既然是国家政策，有关部门应该审核的，不符合条件的，可能也不会让安的。符合条件的审核是会通过的。（资料 JLJT01） 汽车停放减少了，小区的压力也没那么大了，这是其中之一的问题，安电梯不占用消防通道，该安的有政策规定，通不通过也有相关部门审核的（资料 JLJT02）
空间资源	车和电梯都有关系，小区里空间就这么大，车停多了，也就意味着大家的生活空间少了，该停的地方才能停，不是说所有地方都能停，需要规范停车（资料 JLJT02） 调整的话，应该就得挤占。毕竟面积总量一定（资料 JLJT01） 实际上就现在花园变得小，路过车过人都有点恼火（资料 JLJT01） 绿化面积多得少不得（资料 JLJT01） 为什么车一定要开进小区，就那么一点纵深。很多好一点的楼盘都不会让车开进小区的啊（资料 JLJT01）	
宏观环境	一环路那么多 5 层楼老破小都没拆，我们这 7 楼房要拆，时间还长哦，估计很多人都等不到了吧（资料 JLJT01） 现在很多县城的老房子都是拆了原址重建（资料 JLJT01） Z 小区暂时的话，不太可能拆迁，规模也可以，而且老破小，关键是一说拆迁，闹麻了，都想多要得嘛，人家开发商听到脑壳都打了，直接不和大爷大妈些玩来哦，天府新区和东部新城还是荒郊野林，土地多的是（资料 JLJT01） 其实我个人觉得小高层比电梯好。动不动 20 多层，以后更难拆，哪个开发商配得起那么多人的房子，相对来说我们房子除了没有电梯和地下停车场，还是占优势的。好拆迁些，房子住太久总会拆，但房产商肯定会考虑拆除成本，我们层数少人少肯定占优势（资料 JLJT01）	
解决问题	化解矛盾，就是牺牲中间地带，譬如花园，赶快成立个业主委员会吧，咋就成立不起来，阻力在哪里？ 建议小区把每栋楼房的电梯位置留出来后进行一次重新规划（资料 JLJT01） 想安装电梯的，能否组织起来，找物管，找个靠谱的电梯公司，好好对整个小区所有栋进行评估规划（资料 JLJT02） 赞成统一规划，我们也想安（资料 JLJT02） 就是，整体规划，前前后后的安装更容易忽略整体，最后建得乱七八糟（资料 JLJT02）	

续表

争夺主体 争夺方式	反对加梯业主	加梯业主
解决问题	要统一规划，不能各个单元只按自己想法来，大家要是事不关己，到时候这个小区乱成啥子样子，到处立起柱子，连廊，遮天蔽日，花园绿化各处切角，挖洞，管网，路面，一塌糊涂（资料 JLJT02） 真的要换位思考，统筹规划才行（资料 JLJT01） 地下车库不建，电梯不安确实恼火（资料 JLJT01） 凡事不可求完美。有所得，必有所失。关键要分轻重（资料 JLJT01） 其实最好还是找安装电梯公司专业人士来规划更科学些。 电梯公司那么想拉生意，为啥不给我们小区整体规划呢？ 可以多找两三家对比一下方案和价格（资料 JLJT02） 对呀，其实想装电梯的可以组织一下。不装电梯的也得先把位置预留下，装与不装自便。就像现在这个，之前 9 栋的方案和现在 8 栋的方案就打架啊，试想现在 8 栋方案要通过了，9 栋估计咋都安装不了（资料 JLJT02）	

在早期商品房时代建设的中高层集合式住宅小区，受限于对当时经济发展、城市化趋势和民众生活水平的想象，在空间设计上比较紧凑，对停车位、电梯和绿化的考虑不足，这就使得这一类小区天然地呈现出了空间稀缺的特点。随着经济社会发展和城镇化进程的迅速开启，城市居民的收入水平和生活水平逐步上升，房产交易频繁，城市家庭购车也变得稀松平常，小区里规划的停车位已经无法满足居民的需要，占用绿化就成为了解决停车位不足的自然而然的选择。随着时间的推移，这一类封闭式小区也逐步地老化，其基础设施和旧的空间规划已经无法适应大部分居民的需要，典型的就表现在停车位不足、缺乏电梯和绿化老旧上。就小区内部而言，经济社会发展和民众生活水平提高对空间的新要求对过时的空间规划形成挑战，造成了空间的稀缺。

由于中国经济发展和城市化需要渐进式地摆脱土地驱动的城市化和工业化发展道路，解决土地金融——土地财政带来的资本在二次循环过度积累（脱实向虚）、政府债务和高房价引发的一系列社会民生问题，城市更新就无法再大规模地采用空间破坏性重构（大拆大建）方式实现。同时，城市更新和旧改主要采用渐进式的更新方式，在缺乏更多的金融创新和现有法律、制度障碍①的情况下，社会资本一般缺乏兴趣也无力投入到城市有机更新和旧改等投资周期长和利润低的项目，这就使得商品房早期发展起来的封闭式小区的自主更新只可能走“业主主体、社区支援、社会资本进入、政府政策供给”的方式。换言之，政府对老旧小区既有住宅加梯、停车位调整、管线调整和优化绿化及其他设施，无法也无力直接和全面地干预，只能通过宣传、号召、政策供给方式来引导，小区的自主更新在资金上主要依赖业主筹资和金融手段，而在集体行动上则依赖小区内部的业主自治和物业管理能力。

政府的政策供给（加装电梯的鼓励性政策）和目前小区羸弱的业主自治能力，使得稀缺的空间资源迅速产生了空间的矛盾——在加梯上，就表现为力图加梯的高层业主的更多通行权利同低层业主专有物权的矛盾（采光、通风、隐私、房价等），乃至关联物权矛盾（加梯对楼栋安全的影响等）、加梯楼栋的额外通行权利同小区全体业主的共有物权（停车位、交通、绿化、管线等）的矛盾。

围绕8栋加梯可能占用公共交通要道的问题，小区加梯业主和反对加梯业主开展了一场话语竞技为主要形式的空间争夺，其中对公共空间的各自表达成为了焦点，围绕这一焦点，双方站在各自对小区和住房价值（使用价值和交换）不同立场上，围绕着技术方案、道德话语的合法化支撑、政治话语与外部权威的合法化支撑展开了空间的争夺。赞同加梯的业主与反对加梯的业主基本上都是站在自身物权的基础之上来进行协商的，赞同加梯的业主想要获得额外的通行便利，加梯可能造成的对公共空间的影响

---

① 老旧小区改造针对的是城市功能的改善和民众生活水平的提高，服务的是劳动力的再生产需要，针对的是资本的长期的循环。因此，老旧小区改造和非地产形式的城市更新是单个资本不愿意介入的，老旧小区改造和后续的运维具有长期惠民型社会事业的属性，项目投资周期长、利润较低，即便个别资本要进入，是通过运营权益方式获得回报。在法律制度和金融支持方面，老旧小区和城市更新的市场化融资还缺少“运营权质押类的成熟产品、审批流程和风控标准，社会力量在运营权向金融机构申请贷款支持时，需要满足足额资产抵押和较高担保措施等硬性要求，担保公司也要收取较高担保费并提供反担保措施”（参考自吴志强，伍江，张佳丽，等．“城镇老旧小区更新改造的实施机制”学术笔谈［J］．城市规划学刊，2021（03）：1-10.）。

并不是加梯业主考虑的主要方面。反对加梯的业主关心的也是自己的物权（表现在通行便利），只不过因为8栋加梯占用的是交通要道，因此，对个体物权的关心是以对业主整体物权的关照的形式表现出来的，8栋老年人的出行需求并不是反对加梯业主考虑的主要方面。

在整个空间争夺过程里，反对加梯业主关注的始终是8栋的电梯方案对公共交通要道的占用和电梯建成后潜在的安全风险问题，而加梯业主对反对加梯业主的质疑没有正面回应，而是选择以小区停车占用绿化道等公共空间问题来质疑反对加梯业主的合法性。加梯业主站在楼栋老年人的出行便利需要和增加套内面积等可以明显提高房屋使用价值的立场上，以小区停车占用公共空间（绿化带）、停车无序，所以修建电梯可以占用交通要道和公共空间的补偿逻辑，试图从根本上取消反对加梯业主质疑加梯占用公共空间的合法性。反对加梯业主对加梯业主的逻辑则做出修建电梯和调整停车位、绿化是不同的问题的回应，并坚持认为8栋的电梯方案不是调整停车位和绿化的问题，而是8栋所在的区位就不能修建电梯的原则性问题。为了支持自己的立场，加梯业主以国家政策、外部主体的技术权威、老年人需要的敬老道德为依托，用传统的伦理治理的话语，试图证明自身的加梯需要先于其他业主的利益保障，也以外部主体（有关部门、加梯企业）的技术权威和严格审批流程来削弱其他业主质疑的合法性。同样，为了支持自己的立场，反对加梯业主也从国家政策出发来支撑自己的意见，并以对8栋技术方案存在缺陷为突破口来解构了加梯业主的外部主体的技术权威，同时以电梯安装对全体业主包括老年人的潜在风险解构了加梯业主的敬老道德依托。

虽然整个讨论针对的更多是8栋的加梯方案，但是在讨论的过程里，业主也对小区长期存在的治理问题和城市发展等宏观外部环境展开了讨论。小区有业主执着于加梯，也是因为目前的城市更新和旧改不再采用大拆大建的地产化方式，而是采用业主为主体的微更新等方式，换言之，加梯业主满足自身需要无法通过拆迁安置方式进行，只能走自筹和协商的路径。当有加梯需要的业主更多是出自自身的需要，而力图获得额外的通行便利的时候，就可能面临着复杂相邻关系里潜在的物权冲突，也会面临可能会侵占整个小区共有物权造成的冲突。也有小区业主认为需要以加梯为突破口，对小区进行统筹规划，避免各自为政而导致整个小区空间布局一团乱麻。但是，小区的统筹规划涉及对小区共有物权的调整和重新配置，共有物权的调整和重新配置只有在业主大会及业委会能够成立并有效运转的前提下才能进行，做出的决定才有法律依据和约束力，即“物权”的解决和“治权”的创设和培育是同一个过程。就目前的小区现状而言，虽然参与讨论的业主都意识到了业主大会和业委会成立的必要性，小区两次成立业主大会和业委会因投票人数没有达到成立门槛的失败经历，也从侧面指出了在一个典型的完全商品化住宅小区成立业主大会和业委会的难度。

与 Z 小区不同的是，Y 小区有业委会，Y 小区拥有“治权”可以调节“物权”，但是 Y 小区在加梯协商过程发生的意见分歧指出了“治权”调节“物权”的局限性。Y 小区建于 2002 年，共有 14 栋住宅楼，都是早期的无电梯井的步梯楼，研究者通过私人关系，获取了小区业主在 2021 年 4 月 30 日、5 月 21 日、5 月 25 日、5 月 28 日围绕 3 栋 1 单元加梯的协商资料（业主微信群聊天记录）。

与 Z 小区相似，加梯业主与反对加梯业主都围绕着空间展开了话语竞技。支持加梯的业主基本上是从老年人出行困难的角度出发（资料 JLJT03：每个人都会慢慢老去，国家在推动这个事的时候已经往后面早就考虑好的，安装电梯往后走是个好事情，当然楼栋之间有矛盾是正常的，我们 3－1 单元现在楼上 5 楼 6 楼总共 3 位 80 多岁的老婆婆，已经都走不上去了，论感情应该考虑一下他们的感受），选择国家政策的支持（资料 JLJT03：大家担心的安全、噪音问题是不存在的，国家层面大力推行老旧小区改造，安装电梯，是正确的，现在全国各地都在分批改造，这是大趋势，挡不住。如果有问题的话，国家也不会大力推行）、外部权威的支撑（资料 JLJT04：麻烦多学知识，起码掌握一点常识！现在是什么年代了？安装前都会做相关的地质构造排查，施工方会有相应的方案和安全措施，别说6层楼，60层又如何？啥年代了，不要以点概面、危言耸听！说白了还是以自我为中心吧）、容忍其他业主的不当行为而应享有补偿的朴素逻辑（资料JLJT03：如果说安电梯是一种错，那么我们一楼两家开麻将馆的有没有错？我们是不是天天去找别人闹，让别人不开麻将馆？我们楼上邻居们也考虑了别人只要晚上不打麻将都没事，大家都是相互理解和包容的心态最好，所以安装这个电梯能不能安装还是政府说了算，也是大势所趋，一个事情永远都有对错，看大家怎么去平衡最好）来将自己的加梯意见合法化，并以形式和姿态上的诚恳，但话语上的强势来“压服”不同意见的业主。

反对加梯的业主主要是站在自身物权被损害、加梯对楼栋安全造成的不可预计的风险带来的责任分担的立场上。针对加梯业主的合法化依据，反对加梯业主则以楼栋加梯安全风险（资料JLJT04：我就是学地质工程的，我也是中间楼层，我站在中间层说，除开高楼层和低楼层的私欲。安全才是第一。建筑每年都有沉降，安装请地勘公司来测。不均等沉降会导致外加建筑牵引房体本身。久而久之是会造成开裂，倾斜。这肯定不可避免。C市不是地震带，只是离地震带比较近。偶发地震带来的牵引，也算影响之一。说白了，利益都是身外物。生命才是最重要的。我觉得全体业主都有权利知道这些，并且做出自己的决定）、电梯事故责任划分（资料JLJT04：如果电梯出事了，不仅仅是财产赔偿。涉及到伤亡的刑事责任，谁来担呢？）、自身物权损失（资料JLJT04：买房的时候要便宜，住房的时候要方便，怎么可能把啥都占到呢？我当初就是因为住6楼，不想爬楼梯，才过来这边买低楼层。人要换位思考，你爬不动，可以换房，现在那么多电梯房）、政策支撑（资料JLJT05：当然，三分之二同意就可以安电梯的指导安装政策，有一个前提是：没有人表示明确反对。一旦有人表示反对，那也无法推进。毕竟这只是指导性政策，又不是强制性法律制度）来合法化自己的意见，并解构加梯业主的依据。

在此案例里，反对加梯的低层业主是通过换房的方式来提高自己的住房使用价值，但面临所在楼栋加梯的动议，反对加梯的低层业主由于是近期购买住房，其房屋价值面临着迅速贬损。而其他反对加梯业主则认为高层业主可以通过出售房屋来换房的方式解决自身的出行不便问题（资料 JLJT05：其实高楼层安个电梯出十万元，这些钱加着都可以在旁边蓝岸丽景买个电梯房了），没有必要通过旧楼加梯的具有潜在的楼栋安全风险（资料 JLJT04：新闻视频里是加装电梯引起的地基塌陷和房屋损坏吗？新闻说成为了危房，然后拆迁了。好结果）和责任划定困难（资料 JLJT04：到底是谁牵头谁负责，还是谁签字谁负责，还是说物管担责，还是说审批的社区担责。总要明确责任主体。这样对全体业主，都有保障）的方式来实现。面对小区业主间关于加梯的冲突，并带来邻里关系的损害。（资料 JLJT05：本来是和谐的小区，让那些部门和电梯公司搅乱啦！道德绑架！增加邻里矛盾），小区业委会的治权并没有发挥出调节物权冲突的功能，反而被其他业主质疑立场不公。

小区业委会在 5 月 25 日发布了小区加梯指导意见，重点是规范加梯可能对共有物权造成的侵犯（资料 JLJT05：考虑到小区原有建筑风格不被破坏，以及中庭休闲娱乐过道等安全问题，确保小区绝大多数业主利益得到有效保障，请各单元楼栋在决定加装电梯时，务必绕开中庭花园设计与施工，不易从中庭安装电梯，以防因选址不当出现矛盾造成项目难以推进），但整个指导意见的基调和行文风格是偏向于加梯业主（资料 JLJT05：此项工作体现了党和政府对广大人民群众的关怀，是一项利国利民的好事，希望全体业主求大同存小异，充分考虑老年与体弱多病业主的实际需求，相互体谅配合，把好事办好，确保既解决实际需要又不产生新的矛盾），不自觉地将国家和地区的政策不恰当地用以调解私人领域的物权纠纷，并为加梯业主进行背书。① 这一指导意见的基调和行文风格引发了反对加梯业

① 中国有着浓厚的官本位和公私不分的政治与文化传统，这就使本质上作为小区共有物权的自治组织——业委会，也无意识地将自己视为管理业主的“政府”，但是其实际上拥有的有限治理权力，是建立在相关法律规定和业主大会授予之上的，不具有等同于政府的强制力，而是协商的权力。换言之，业委会和业主大会也仅仅只是小区共有物权调整的协商框架和发起集体行动的法理平台，业委会与业主大会的权威也有赖于自身对小区物业的治理绩效和小区本身的社会关系紧密程度。业委会依赖于业主支持和配合的自治组织定位，有限治理权力并不支持具体的业委会成员所作出的“为民做主”的承诺，这种法理、治理上的有限性和政治、文化传统的“官本位”、公私不分的“家长本位”形成的矛盾，削弱了业委会的权威。

主对业委会的强烈质疑（资料 JLJT05：业委会是为全体业主服务，如果不是，那可以改选！业委会是为业主服务的，不是业主的家长，不能代表反对安装的业主！我反对的是我的合法权益，请别代表我！业委会今天发的内容屁股坐偏了，坐在安电梯的那边，不能公正如何以理服人?!）在业主质疑后，业委会也仅仅是表示“（资料 JLJT05）业委会只是执行国家政策，不会代表任何人签字”，业委会在调解的过程里，因其不恰当的指导意见基调和行文风格，丧失了合法性，而在后续协商过程里，业委会的缺席也使得业委会丧失了调解物权冲突的机会。在协商过程里，业主对业委会和物业的不信任也来自既往小区问题的悬置（资料 JLJT06：一幢六单元顶楼搭建一层，导致了 2、3、4、5 楼室内雨水倒灌把房子里泡起，现在 2 楼房子开裂变形，2 楼业主已经自己出钱维修，不上不晓得后事如何发展，这怎么安电梯？6 幢 2 单元靠中庭这边地面严重沉降变形开裂，这个状况怎么安电梯）。

Y 小区即便有着业委会，但更多也是形式意义上的，小区业主对业委会存在着强烈的质疑。在小区加梯引发的矛盾里，业委会不仅仅没有起到调解的作用，反而还因为不恰当的介入方式，使得自身的立场也被业主怀疑。因小区加梯，业主之间争论不休，共识无法达成，邻里关系也被破坏，这也指出了在一个完全商品化的住宅小区里，物权的调整可能会带来对小区邻里关系的负面影响，政府通过政策供给的方式意图实现小区适老化改造和微更新，但是既往的运动式的治理习惯和政策语言表达，将可能把政府从隐秘在场推向直接在场，面对复杂的私人领域的相邻关系和物权冲突问题（就有加梯业主表示：（资料 JLJT05）“所以安装这个电梯能不能安装还是政府说了算”）。

在依托典型邻避冲突案例材料构建的邻避冲突的解释性框架里，政府主导型经济发展和封闭权力空间造成的空间矛盾在较低的治理信任的加剧下，会演变成空间争夺，而“迎臂”治理，就需要通过空间合作性重构实现。在以既有住宅自主加装电梯这一典型的类邻避冲突案例里，政府主导型经济发展和封闭权力空间形成的土地财政—土地金融和招商引资—开发城市的发展模式，其支撑在于通过商住用地控制和房地产业的发展，将居民储蓄通过购买住房的方式动员到地方经济发展和基础设施建设上来，相当于地方政府将土地虚拟资产化并面向社会的大型 Initial Public Offering（IPO，首次公开募股）①，居民购买住房相当于获得了地方政府发行的永不分红的股票，通过房价的上涨分享经济增长的剩余。由于中国本身的资源和人口分布不均的先在条件，加上房地产商意图通过高容积率来获得更多利润的冲动，中国的整个房地产形成了以中高层集合式住宅为空间形态的商品房小区，这种形态的住宅小区本身就有着复杂的物权上的相邻关系。

随着房地产的发展，空间的私有化成为趋势，住房对于居民来言，不仅仅是使用价值（居住、享受公共服务和社会认同），而且也意味着改善未来生活可能的投资特征的虚拟商品，高的交换价值对于居民来说同等重要。空间私有化在社会结构上形成了业主权利为依托的“房权社会”，而在空间的意识形态和认知框架上则形成了空间的平等和空间私有化的观念。换言之，对居民来说，重要的是住房的价值的持续增加的可能（至少不贬损），每个人的住房价值都是形式平等的，由此为依托的空间权利也是抽象的平等（资料 JLJT05：旧楼加装电梯，安全隐患大，噪音更使以后每天的日子更难过。不能以损害一部分人的利益而去保障另一部分人）。这就意味着，在物权问题上，作为业主的居民，并不天然地就认为老年人或者残障人士的出行权利在道德、法律的地位就高于自己，更不会无视对增加部分人的额外通行权利而造成的对自己权利的贬损（资料 JLJT03：我是接到过电话，对方明确说了自己家有电梯房，我明确反对装电梯。是每个人都会老，老了换房的邻居们多了，而不是道德绑架别人的理由）。

在适老化改造和城市更新背景下，现行政策都在道义和政治上赋予了

---

① 赵燕菁．是“土地金融”还是“土地财政”地财政改革的增长逻辑与新时期的转型风险［J］．文化纵横，2019（02）：68－79＋144．

老年人等群体出行权利高于其他人权利的地位①，并将其作为一个类政治任务来推动。但是，以老旧小区改造为城市更新仍然是一个政府直接干预受限的准公共领域的集体行动问题，“业主主体”的基调也指出了政府对这一领域既是无力也是缺乏必要的、合法的工具来介入。因此，在市场经济和空间私有化的宏观背景下，关心自己物权权利的业主并不会就此向其他业主让步（资料 JLJT03：其实安电梯是个你情我愿的事，不能打破现有平衡，以牺牲他人而获利）。更进一步来说，多层复合式住宅小区的复杂相邻关系带来了空间问题的物理不可分割性和空间的制度性分割的矛盾，这一矛盾使得任何集体行动都可能面临困境，这一困境又是合理且正常的，因为这一困境本身就是空间私有化的结果。既有住宅自主加装电梯为代表的类邻避冲突的“不反对建电梯，但反对建在我家或者影响我的权利”背后，正是两种地位平等的权利相互冲突的体现（资料 JLJT03：没事，大家都站在各自的立场上说是对的）。

从治理的角度来看，对小区加装电梯、停车位、管线、充电桩等其他设施的加装和由此引发的空间物权的调整，需要通过业主大会和业委会的平台才能完成。但是，业主大会和业委会仅仅是治理的必要条件，而非充分条件，业主大会和业委会的集体决议也不能以强势地侵犯业主的物权为代价。问题的实质——空间问题的物理不可分割性和空间的制度性分割矛盾带来的集体行动困难仍然存在，业主大会及业委会与社区、物业服务机构的治理结构，给私下交易的集体行动提供了一个制度化的协商平台，但协商的成功并不能够通过业主大会和业委会来保障。更进一步来说，当小区意图通过集体消费提高整体福利，但又不得不侵占小区部分业主合法的物权权益的时候，二者在“房权社会”和空间私有化的意识形态——认知框架里，其地位都是平等的，不存在互相否定的正当性，只可能通过协商的途径来尝试达成共识。在治理的层面上，小区治理至多能够为解决空间

① 郭圣莉，尹露．老旧小区加装电梯政策演变及逻辑意涵——基于67份政策文本的量化分析［J］．行政论坛，2021，28（01）：82－91．

问题的物理不可分割性和空间的制度性分割的矛盾而影响的集体行动提供可能性，而并不一定就能解决问题。

更进一步来说，“物权”的解决虽然与“治权”的培育是同一个过程，甚至二者在一定程度上可以形成正反馈循环。但是，“物权”本身的空间问题——空间的物理不可分割性和空间的制度性分割仍然使得“治权”难以在根本上调节“物权”，而是反过来被“物权”所裁决。物权是原子化个体财产权利的一个部分，财产标识着个体的价值。因此，除开公共利益调整之外，物权的调整本质上是法权上形式平等且独立的个体间关于财产交易的合约达成。因此，物权基础上的治权，是平等、独立的业主间为了解决共有物权调整问题而产生的非强制性的集体协商框架和平台。这就意味着治权不可能强制地去调整物权，更遑论业主间的专有物权或者关联物权间的冲突了。物权即空间的法律和制度分割却并没有改变客观自然性上的空间问题不可分割性，而后者需要的是整体的、一致的应对和处理，换言之，空间问题的不可分割和空间的制度性分割人为地形成了外部性的问题，而外部性的问题需要内部化来处理。建立在物权基础之上的治权无法将外部性的问题内部化来处理，而是至多能够提供一个可以让其他业主和业委会以社会交往逻辑来介入业主间私下交易，以便合约能够更快速达成的途径。

从 Z 小区和 X 小区的案例来看，基于典型邻避冲突案例材料“浮现”的发生逻辑对完全商品化封闭式住宅小区加装电梯失败为典型的类邻避冲突案例也有着比较强的解释力。那么对于加装电梯成功的案例，这一发生逻辑是否还有着解释力，需要进入到案例里通过与材料对话的方式进行检验才能够判断。

3.2.2.3　既有住宅自主加装电梯成功的类邻避冲突案例讨论

实现成功加梯的小区和楼栋在加电梯动议之初，遇到的问题和加电梯失败的案例是相似的。无论是完全商品化住宅小区还是有单位制留存的熟人社会的院落，反对加电梯的业主理由总体是两类：（1）从专有物权上来看，反对加电梯业主理由一般是影响采光、噪音、隐私还有房价下跌等；（2）从关联物权和共有物权的角度来看，反对加电梯业主理由一般是占用公共空间、加电梯对老旧住宅楼栋安全带来的潜在风险等。从加电梯成功案例来看，加电梯成功的关键在于反对加电梯业主能够感受到自身权益被尊重，甚至能在加电梯过程里实现自身物权损失被补偿乃至生成新的价值，而加电梯成功的案例也呈现出了“物权”调整的顺利实现和创生并培育“治权”的相互强化，使小区邻里关系有明显的改善。

C 市 X 院是老旧的单位院落，老年居民居多，在既有住宅加电梯之前，整个院落缺乏基本的物业管理，也缺乏运转顺畅的自治体系，仅仅有个别的小区热心居民自发地进行基本的院落管理。当有居民提出加装电梯的动议，个别热心居民自发的院落管理是无法应对涉及物权调整的事宜的，加装电梯也陷入到困境。因此，居民向社区寻求帮助，社区认为 X 院缺少一个基本的院落协商民主自治框架，集体行动缺乏依托。在社区介入和指导下，X 院成立了基本的自治组织（院委会、党小组、居民代表），并以基本自治组织为平台，开展加电梯的协商工作。由于自治组织提供了制度化的协商框架和平台，加梯居民和反对加电梯居民的意见都能够得到集中的展现。同时，X 院是原单位院落，老年居民居多，仍然是一个熟人社会，换言之，规范的自治组织的成立唤醒了熟人社会“沉睡”的治理资源，既往的共同工作经历使得“同事”间的信任关系被重新激活，居民能够在一个平等、相互尊重、相互体谅的氛围里，全面地提出自己的观点和考虑。能够全面提出自己观点和考虑固然是加梯协商的一个前置性条件，但并不意味着加电梯就能成功。在协商加梯过程里，社区和院落自治组织将议题从“加梯与否”转移到“加梯的好处”上，使得加电梯协商从加电梯“损失”的列举变成对加电梯“收益”的考察，也使得协商向更多考虑如何让不同意见和利益导向的居民共同受益上靠近。对反对加电梯居民的采光、隐私等考虑，院落自治组织在电梯设计方案上尽可能避免对低层居民的影响；而对加电梯有资金顾虑的居民，小区也有其他业主愿意先行垫付。在解决加电梯问题的同时，院落自治组织与居民也解决了院落长期存在的老问题（因物业费上涨引发的冲突、院落绿化等）。

X院在解决物权冲突里（加电梯），实现了治权（院落自治体系和自治能力）培育和成长，邻里关系得到了升华。在这一过程里，X院也面临着C市政府的城市更新项目（J江夜消费商圈）对院落的改造。院落改造最具突破性的是对一楼住户的“拆墙透绿”，这一改造本身是对一楼居民专有物权的重新调整，一楼居民的支持显得至关重要。小区院落加装电梯和自治能力培育同城市更新在同一过程展开，成功的加电梯使得一楼居民更信任院落自治组织和外部的社区、政府，支持“拆墙透绿”，其中一家住户还将自己客厅贡献出来，打造成为C市的“城市会客厅”。在“拆墙透绿”协商过程里，社区和院落自治组织将居民和施工方请到一起，开展了多次“坝坝会”形式的民主协商会议，充分尊重居民的更新主体地位，将居民的意见有机地融合到城市更新市政工程改造里。在一楼住户的“拆墙透绿”协商里，针对一楼住户顾虑的治安和隐私等问题，社区和院落自治组织提出了治安联合巡逻队，加装监控设备和电网等来应对。市政工程和加装电梯带来的物权的调整，在社区的介入下，成为了院落治权的发起和培育的契机，空间的合作性重构成为治权的主要内容。空间合作性重构将个体对自身物权损失的关注转换成对共享的可持续增长的空间价值的重视，进而实现了院落物权调整的目标，同时也使得院落具有了可以通过不断的空间合作性重构来生产可持续增长的共享空间价值的社会关系基础和制度框架。

X院的加电梯实践和对城市更新项目的支持，指出了院落的“物权”调整和“治权”培育属于同一过程，“治权”能够让“物权”实现调整的基础是低层业主感受到自己的权益被尊重，并且自己的住房使用价值能够尽可能地不受影响，同时低层住户也获得了其他的收益，主要体现在顺畅的院落自治和由此带来的良好物业管理、改善的邻里关系等，甚至在参与社区相关比赛（“2020年美丽阳台评选”）获奖、得到政府认可后（入选“C市首批小区（院落）民主协商提能增效创新示范点”），还收获了较高的社会评价。X院的案例表明，以既有住宅自主加装电梯为代表的类邻避冲突要实现“迎臂”治理，其关键不在于邻避问题的解决，而在于解决邻避问题框架的搭建和产生新的可持续共享的空间价值，即空间的合作性重构。在既有住宅自主加装电梯里，低层业主之所以反对，是因为低层业主的专有物权确实遭受了损失。而要让低层业主点头答应或者不反对，（1）要让低层业主的专有物权损失程度尽可能降低，并且在情感上尽可能体谅低层业主，在协商过程中，尊重低层业主，支持加电梯业主的协商态度需要诚恳；（2）需要通过空间的合作性重构，让低层业主的物权损失能够通过其他方面获得补偿。具体来说，可以通过解决小区既往存在的治理问题使低层业主能够通过良好的物业管理和改善的社区环境来获得共享空间价值。在其他成功加电梯案例里，“服务”换取“支持”就是成功经验，有社区这样表示：“比如都能加装电梯，为何不解决小区违建的问题，不整治小区环境卫生，不处理楼道内乱停放车辆的问题。只要他提出需求，在合理范围内，我们都会帮着处理，以此来换取他们对加装电梯的支持。”①“服务”换取“支持”就是空间共享价值的生成与增长，是空间合作性重构路径的表现，它能够抑制业主的空间个体化立场和空间关系物化的工具理性逻辑，并将其一定程度上转变成将他人空间视为自身空间平等看待的空间主体间立场和“设身处地”“将心比心”的规范性空间交往逻辑。同样，“服务”换取“支持”的空间共享价值和空间合作性重构路径在典型邻避冲突转向“迎臂”的湖北仙桃垃圾焚烧发电厂事件里，也有体现（政府对既往问题的治理）。

X院成功加电梯经验更多指向了现代基本民主协商自治体系对熟人社会治理资源的激活，表明了因解决“物权”的需要而对“治权”的创设和

---

① S省新闻．民生实事期末考！既有住宅加装电梯C市已增设1605台［EB/OL］．2021.12.10［2021.12.14］．http：//scnews.newssc.org/system/20211210/001227114.html.

培育是将因加装电梯引发的类邻避冲突转变为“迎臂”的可行路径，“治权”对“物权”冲突形成调解的关键在于空间的合作性重构，即“物权”受损的业主能够在解决邻避冲突的过程里，尽可能地降低损失，同时可以获得新的空间价值，这一空间价值是通过合作性重构方式实现的，是共享的，更多针对于空间使用价值的提升（居住环境、邻里关系、社会声誉等）。

相对的，在陌生人社会的完全商品化的住宅小区，又是如何实现成功加电梯的？M小区是一个完全商品化的住宅小区，是一个典型的个体原子化的陌生人社会，相对于熟人社会的单位院落而言，完全商品化住宅小区的业主缺乏共同工作和共同生活积淀的情感纽带、符号认同和由此形成的信任关系，缺乏现代基层民主协商自治体系能够借助的治理资源①，这就使业主之间关于加电梯发生的冲突会冲破“面子”“关系”等传统治理的礼俗规范，使其调节冲突的功能丧失，更加直接地呈现出利益冲突。因此，在不少商品房小区，加装电梯并没有实现通过“解决物权”而实现培育“治权”的潜在目标，而是破坏了原本就疏离和潜在的不信任的邻里关系，使得邻里关系更加恶化，甚至形成了业主之间的激烈冲突。② 那么，一个能够成功加装电梯的完全商品化小区经验就显得弥足珍贵。

---

① 在准公共领域内发挥调节冲突、达成共识和实现集体行动的基层民主协商自治体系和框架，其权威本质上是建立在信任为基础的社会关系之上。信任使人们能够自觉地服从自治体系和框架，提高基层民主协商自治体系和自治框架的运行效能，形成正反馈循环。由此，熟人社会存在着信任关系，基本民主协商自治体系和框架可以更好地生根发芽。对于完全商品化住宅小区和陌生人社会来言，基层民主协商自治体系和框架是建立在地方性的、个别的、具体的社会关系之上，建立在个别信任之上，而不是建立抽象的、普遍的原则之上。同时，现代社会里的职住分异和工作时间的弹性化遮掩的工作超时、工作时间对闲暇时间的无偿占用，也使得作为劳动者的个人实际上无力去实现作为小区业主的自治权利，更多情况是自身物权利益被侵害而不得不通过维权的方式来试图实现自身的自治权利。因此，基本民主协商自治体系和框架反而很难在陌生人社会生根发芽。

② 在新闻媒体报道里，就有低层业主和高层业主间补偿问题（低层业主要求补偿车位）无法达成共识，高层业主对低层业主进行暴力骚扰和威胁（踹门）。也有低层业主通过小区建议（实质上是另一种形式的“大字报”）要求高层业主对低层业主进行直接的现金补偿，并提出限制高层业主对自身物权的处分（转租、转售）。

M小区高层业主因自身出行需要，提出了加装电梯的动议，但无一例外被低层业主反对，高层业主和社区一同和低层业主进行持续协商，从形式上看，M小区的加电梯情况和其他小区并无二致，但M小区取得成功的原因在于高层业主“将心比心”“设身处地”地同低层业主进行协商。不同于其他小区高层业主借助国家政策和敬老文化“仗势欺人”式的不平等的协商（通知和命令），M小区高层业主则是以低姿态的方式取得低层业主的理解，同时尽可能让低层业主提出自己的顾虑和诉求，高层业主则以适当提高加电梯成本方式来让低层业主的物权损失尽可能降低。例如，针对采光和隐私问题，在不过度影响公共空间的前提下，高层业主就以电梯适当外移并以内部轿厢不透明而电梯井道透明设计方式弥补；针对噪音问题，高层业主则出资为低层业主更换防噪音的真空玻璃；针对绿化占用和破坏，高层业主则在设计和施工过程中，恢复并提升绿化等。正因为高层业主的真诚协商态度和设身处地解决问题，低层业主同意了高层业主的加电梯诉求，同时邻里关系也得到极大的改善。

加电梯发起人的高层业主自身的协商姿态和协商能力对于成功加电梯有着重要影响，在自身楼栋加电梯不影响公共空间而不被其他业主反对的情况下，换言之，即加电梯更多产生的是楼栋内的专有物权间、专有物权和关联物权的冲突，加电梯发起人的高层业主与反对加梯低层业主间的“私下交易”的协商就显得更为重要。在加电梯成功的案例里，除了小区自治组织的帮助和介入之外，通常能够加电梯成功的楼栋，高层业主都展现出了较强的协商能力和真诚的沟通姿态，低层业主满足了被尊重的情感需要，同时其专有物权的损失尽可能被降低的同时，还从楼栋间的邻里关系和现实的空间物理环境（楼栋附近绿化等问题的改善、文明施工等）改善上获得了新的可持续的共享的空间价值，低层业主就有可能从情感和社会道德规范逻辑出发，而抑制乃至替换物权的利益计算对业主先在的影响。

既有住宅自主加装电梯成功的案例表明了空间合作性重构是类邻避冲

突转向“迎臂”治理的可行路径，也指出了以封闭式住宅小区中高层集合式住宅为主要居住形态、业主物权为基础的“房权社会”产生的类邻避冲突问题，其解决的路径需要通过空间合作性重构来实现。在类邻避冲突里，“迎臂”治理指的并不是解决某一特点的治理问题，而是实现“治权”的创设和培育，以此来实现对“物权”冲突的调整，同时改善“治权”的基础——邻里关系。空间合作性重构是在降低业主物权损失的同时，能够形成可持续的共享的新空间价值，这一新空间价值可能会抑制业主基于物权的理性计算逻辑，抑制业主对住房的交换价值的追求，而让业主将更多目光转向住房的使用价值上，转向基于情感和道德的社会关系改善上。

更进一步来看，空间问题的不可分割和空间的制度性分割作为“物权”的内在困境，从根本上裁决了“治权”，其是对“物权”的能动反映，“治权”仍然在根本上坚持的是个体主义的原则，只不过倾向于调和平等的个体权利之间的冲突。但是，“治权”仍然可以在现象层面上，通过新的可持续的共享价值的生成和对个体受损权益的弥补，使持反对意见的业主倾向于不采用利益计算的逻辑来对自己的专有物权进行调整，而是采用“将心比心”的社会交往逻辑来调整专有物权，这即是“治权”对“物权”在现象层面上的能动反映和调节。但从作为结构的物权和由此形成的“房权社会”的内在逻辑来看，“将心比心”并不能够在根本上替代“利益计算”，而仅仅是处于一个发挥调节功能的维度上。换言之，空间的合作性重构对类邻避冲突得以产生的社会基础的回应，并不是在根本的结构层面，而是在现象的治理层面，是情境化的。

通过将发生逻辑和类邻避冲突案例进行对话，基于典型邻避冲突“浮现”的发生逻辑仍然能够对类邻避冲突案例形成解释。在宏观层面上，邻避冲突的社会基础是空间的矛盾，而这一空间矛盾又是封闭的权力空间和政府主导型经济发展的结果。这一结果在典型邻避冲突案例里呈现出失效的空间规划带来的空间稀缺和扭曲的邻避设施安排共同作用，使空间矛盾迅速演变成空间争夺。而在类邻避冲突里，则表现为城镇化在住宅空间形态上的表达——多层集合式住宅和社会结构在日常生活、微观治理上的表达——“房权社会”，其结果就是空间问题的物理不可分割性和空间制度性分割带来的集体行动困境，而这一困境又在现象层面上展现为“物权”对“治权”的裁决，“治权”对“物权”的能动反应。由于类邻避冲突主要发生在准公共领域内，“房权社会”在意识形态——认知框架上也使人们将业主权利视为根本，倾向于工具化地看待他人的物权，使他人的物权能够满足自身物权扩展的需要。当小区开展集体消费动议，并可能对物权进行调整的时候，空间矛盾就演变成为空间的争夺。在两类案例里，空间争夺都是以话语竞技的形式展开，都力图将自身对空间的理解凌驾于其他主体之上。在典型邻避冲突案例里，空间争夺在民众和政府、项目运行组织等外部主体上开展，前者重视空间的使用价值，从具体空间立场出发，通过概念化空间和地方化空间来对政府和项目运行主体的辩护话语进行解构，争夺对空间的解释权。

在类邻避冲突里，发生矛盾的双方，都是立足在自身对空间价值的重视之上，将他人的空间视为保障并增长自己空间利益的材料。邻避冲突要走向“迎臂”治理，使邻避走向邻利，初步来看是从治理的层面上进行回应，基本路径就是空间的合作性重构，使得受损主体的空间利益减少损失的情况下，增加新的共同的空间价值。对于典型邻避冲突而言，空间的合作性重构关注的是受损主体如何通过邻避项目而获得发展的可能，同时政府和社会的信任关系也能修复。而对于类邻避冲突来言，空间的合作性重构是在解决“物权”的同时，来创设并培育“治权”，夯实邻里关系，使得“治权”能够更好地调解“物权”本身的困境，让服从于“物权”理性计算的工具理性逻辑能够被重视，人与人之间的社会交往关系、重视空间的使用价值、将空间的个体损失转化为整体空间的改善的价值理性逻辑和情感感召上。

3.3 邻避冲突的发生逻辑

3.3.1 邻避冲突的宏观基础——中观条件——微观行动

3.3.1.1 邻避冲突形成的宏观基础

在空间生产理论视角下，基于典型邻避冲突案例材料“浮现”的邻避冲突发生逻辑，通过了类邻避冲突案例的分析性归纳检验，邻避冲突发生逻辑就得以形成。邻避冲突发生是空间生产理论视角与中国宏观的政府决策体系——政府主导型经济发展模式形成的土地驱动的城市化和工业化发展道路、中观的城市规划和邻避设施供给、微观的空间话语竞争对话的结果。邻避冲突发生逻辑以空间的生成与分配为概念枢纽实现了对邻避冲突的宏观社会基础——中观条件——微观行动的联结。邻避冲突发生逻辑比较完整地回应了研究问题——即邻避设施的安排，为什么邻避设施一定会与周围空间发生矛盾。而在既往的邻避冲突研究里，对邻避设施为什么一定要安排在可能与周围民众、企业、其他社会组织发生冲突的空间里，关注不足，更多的还是将邻避设施和位置视为无须考虑的问题，关注的是抽象的邻避决策问题。既往的研究讨论的是邻避设施应该如何通过民主的决策方式来决定邻避设施的去留，但没有考虑的问题：这一邻避设施为什么就要安排在这一空间，前者关注的是抽象的形式问题，而后者关注的则是具体的实质问题。

在邻避冲突发生逻辑里，中国政府主导型经济发展和封闭权力空间使整个空间规划服从于资本积累和权力再生产需要，并表现出较强的投机性。商业型邻避设施规划通过招商引资方式实现，而招商引资是地方政府竞争的重要领域。当政府手握关键性经济要素，并以此来对城市进行开发和经营的时候，地方政府就成为了企业化的政府，本身就服从于市场自发性调节。然而，市场自发性调节具有盲目性、投机性和时滞性，商业型邻避设施规划并不一定能够迅速落地，政府先期巨大投入也会因为招商引资不成功而面临财政上的缺口，并带来进一步融资的限制。因此，商业型邻避设施的规划空间就有可能被用作满足于同邻避设施存在冲突的商住和其他产业功能。同时，公共服务型邻避设施因其投资周期长、利润相对较低而滞后于城市发展，当城市必须要通过公共服务型邻避设施才能实现基本的运行时，公共服务型邻避设施的可用空间稀缺，这就使得公共服务型邻避设施与周围空间形成了冲突。在邻避冲突发生逻辑里，之所以要如此去安排邻避设施，不仅仅是民主与否的简单决策问题，而是呈现出了一个“不由自主”的特点。

商业型邻避设施往往是重资产的资本密集型行业（能源业、重化工业等[①]），是地方政府都希望得到的项目，这一项目的巨大投资对 GDP 的拉动、创造就业与吸纳劳动力、制造业和能源业为代表的资本密集型行业成长的溢出效应（相关的产业链配套——产业生态的形成、相关用地的需求增长和第三产业的发展、制造业和能源业带来的学习效应）、由其产生的可持续的财税收入，都是地方政府渴求的。在经济发展仍然是地方政府的关键治理目标的前提下，商业型邻避设施有着极强的吸引力。同时，地方政府间的招商引资形成了一个类市场的竞争格局，招商引资同样不可能一帆风顺，空置的土地对地方政府而言无疑是一个巨大的负担，地方政府期望将空置的土地利用起来，临时改变用地性质和相关规划也成为了常见的方式。当空置的土地和相应的功能区规划被事实上改变，而地方政府又成功引进了商业型邻避设施的时候，地方政府就“不由自主”将商业型邻避设施规划安排在居民区和其他可能形成冲突的产业区附近。

公共服务型邻避设施安排也有“不由自主”的特点。公共服务型邻避设施支撑着城市的基本运营，但是这一类设施通常是滞后的供给，并且其

---

① 陆铭，陈钊等．大国治理：发展与平衡的空间政治经济学［M］．上海：上海人民出版社，2021：6.

规划空间也经常被占用，这就使得城市发展需要公共服务型邻避设施，而公共服务型邻避设施又缺乏空间安排，就毗邻居民区附近。因此，封闭权力空间和政府主导型发展不仅造成了空间的稀缺，而且也倾向于对邻避设施扭曲式的安排（商业型邻避设施主动供给和公共服务型设施的滞后供给），邻避设施就与稀缺的空间产生了激烈的空间矛盾。

对于类邻避冲突来言，类邻避冲突的社会基础表现在以下两个方面。

第一，政府主导型经济发展和封闭权力空间的互动，实质上就是土地驱动的城市化和工业化发展道路的体现，其结果是空间的私有化，空间私有化带来了业主物权为基础的“房权社会”，住房不仅仅是满足居住需要，也被虚拟化，是对未来生活预期的基础，同时也有着社会评价的意义。这就使得在意识形态——认知框架上，人们重视自身的物权，将物权视为自我价值的延伸和体现。对他人的物权，则呈现出策略性、工具性看待的特点，倾向于将他人的物权视为满足自身物权保障和扩展需要的工具。

第二，中国经济发展以资本在建成环境的投入（次级循环）来支撑初级循环（制造业等实体经济）为主要方式，对商住用地控制和房地产业发展是这一方式的关键支撑，这就使得中国空间居住形态呈现出一个中高层集合式的形态特点，这一形态特点就形成了空间的不可分割和空间的制度性分割间的潜在困境，复杂相邻关系带来的物权的冲突是这一困境的表达形式，换言之，复杂相邻关系引致的物权冲突（专有物权、关联物权、共有物权）使得业主的空间资源是高度稀缺的。

老旧小区（老旧院落和房地产业发展早期建设的商品房住宅小区）在设计规划之初，受制于当时经济社会发展水平想象，对停车位、绿化、电梯、管线考虑不足，这种先在的物理居住条件的不足和业主本身就稀缺的空间资源互动，就使整个空间呈现出紧张的态势。在经济转型的当下，城市的有机更新、微更新取代了大拆大建的地产式改造模式，老旧小区条件的改善只可能走政府政策供给、社区调解、业主主体的方式，换言之，试图通过拆迁安置方式来实现对生活条件的改善的路径缺乏现实条件的支撑，老旧小区的治权问题就突出地表现出来。对空间的调整，涉及到对其他业主专有物权、关联物权和业主共有物权的调整，这一调整是业主与业主之间的“私下交易”的协商过程，这一协商过程就是小区“治权”的表现。空间私有化后，治权在本质上被“物权”所裁决，“物权”决定了“治权”的基本逻辑和对“物权”的调整限度，“治权”难以有力调整“物权”间的冲突也是空间私有化的自然结果。换言之，“治权”可以调解“物权”间的冲突，却无法应对“物权”的本质困境。类邻避冲突的空间矛盾，就是空间问题的不可分割和空间的制度性分割同特定居住形态带来的复杂相邻关系而形成的物权冲突，这一物权冲突表明了空间私有化——碎片化使得业主与业主之间的物权冲突，是平等的个体权利之间的相互冲突。

3.3.1.2 邻避冲突的中观条件——微观行动与空间合作性重构

从中观条件——微观行动层面来看，典型邻避冲突的中观条件主要展现在稀缺空间和扭曲的邻避设施供给形成的空间矛盾上，其微观行动则是典型的增长联盟同反增长联盟间的空间争夺。以政府——项目主体为代表的增长联盟，以宏观经济发展的涓滴效应为依据，将空间视为服从权力和资本生产的治理单元和商品；而以当地民众为代表的反增长联盟则站在具体空间和空间的使用价值立场上，去解构增长联盟空间话语合法性。类邻避冲突的中观条件主要展现在中高层集合式住宅带来的复杂相邻关系加剧的物权冲突，这一物权冲突凸显了空间问题的不可分割和空间的制度化分割之间的矛盾，这一矛盾使得准公共领域的集体行动的形成都面临着重重困难。

类邻避冲突的微观行动，则主要展现在为解决“物权”冲突而创设并培育“治权”的过程，这一过程同样展现出了平等个体权利间的相互冲突，即业主站在抽象平等的物权权利基础上，以自身物权为出发点，客体化其他业主物权而产生的空间争夺。

空间合作性重构是化解邻避，实现邻利，走向“迎臂”治理的有效路径。空间合作性重构有以下两个方面。

第一，信任的恢复或者生成，在典型邻避冲突里，就是民众与政府间破碎的信任能够通过持续的沟通、协商来恢复，而在类邻避冲突里，则是在基层协商民主自治框架里，进行真诚沟通，将他人的“物权”视为自身的“物权”平等地看待。信任的恢复和生成只是空间合作性重构的一方面，它的功能在于开启和巩固协商、对话的基础。

第二，新的可持续的贡献的空间价值的生成，共享的空间价值能够将受损主体对损失的空间价值的关注转移到新的空间价值的生成之上，共享的空间价值也不仅仅是交换价值维度，也有使用价值的维度，共享的空间价值能够生成新的相互信任的社会关系和以此为基础的良好的治理。空间合作性重构初步来看，是在治理层面来回应空间争夺，将空间争夺关注的焦点——空间的损失的各自表达，转变为对新的共同空间生成的关注，即悬置空间的损失（一定程度降低空间损失而非完全弥补），开启新的空间。空间的合作性重构能够在治理层面上回应空间争夺，能够在空间损失已经造成的情况下，将空间的损失转变为空间价值的增长（持续增长的共享空间）。

3.3.2 邻避冲突发生逻辑的完整表达

土地驱动的城市化和工业化发展道路使得地方政府被异化成为经济人，也投射了一个以服从个体空间权益扩大而牺牲他者空间权益的意识形态。在经济发展压力下，地方政府将空间作为自身掌握的、可以随意支配的经济发展的关键要素，倾向于随意地规划空间，投机地进行空间生产，以使空间能够满足政府组织利益的需要。投机的空间生产与随意的空间规划一方面造成了空间的稀缺；另一方面也造成了邻避设施的扭曲供给——公共服务型邻避设施的滞后提供和商业型邻避设施的主动安排。扭曲的邻避设施供给、封闭的决策程序和稀缺的空间相遇，使得邻避设施与居民发生了碰撞，空间争夺在所难免。

同时，土地驱动的城市化和工业化发展道路以房地产业作为支撑，高地价带来了高房价，与高房价如影随形的就是密集的中高层复合式住宅的空间居住形态，这一居住形态形成了复杂的空间相邻关系。房屋对于普通人的极端重要性和异化的空间意识形态在复杂的空间相邻关系上相遇，使任何类邻避设施的安排都会陷入空间争夺的困境里，如图 3 –5 所示。

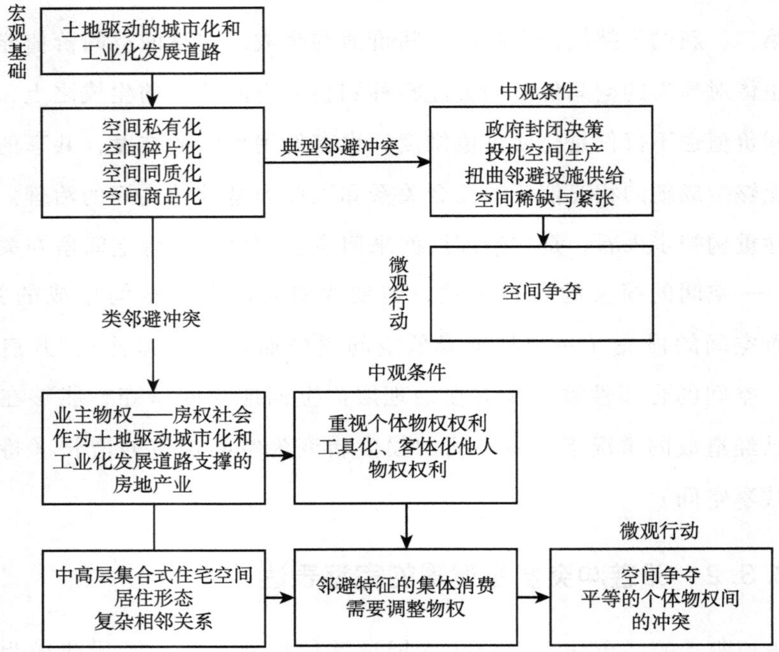

图 3 –5　邻避冲突的发生逻辑

（研究者自制）

4　邻避冲突的根源：异化空间生产

邻避冲突发生逻辑尽管能够说明地方政府在政绩压力下倾向于扭曲式供给邻避设施，进行空间规划以满足自身利益需要，但是仍然存在着解释的空白。这一空白可以用既往邻避冲突研究予以回应——通过民主和透明的决策，可以确保空间规划的科学性、民主性，并纠正扭曲式邻避供给，提高邻避设施的安全性。但是，既往邻避冲突研究没有办法回应的问题是——民主的决策、科学的规划和提高邻避设施的安全性，就一定能让民众接受邻避设施？同时，民主和透明的决策就一定能够纠正扭曲式邻避供给乃至纠正投机空间规划？换言之，民主决策至多是纠正扭曲式邻避供给和投机空间规划的必要条件而非充分条件。同样，民主决策、科学规划和提高设施安全性并不一定能够说服民众接受邻避设施，否则就无法解释为什么邻避冲突首先产生并盛行于号称多元主义、科学理性、并拥有更多的制度化参与决策渠道的西方国家了。同时，在新自由主义浪潮余波和市场逻辑扩展的当下，地方政府需要通过激烈的府际竞争来获得投资，才能发展经济和提供公共服务，在这其中还形成了政府、资本和社会集团构成的将城市作为资本积累的增长机器的增长联盟。然而，市场经济和资本逻辑作为“神圣的私人领域”并不受公共领域的民主政治的约束，这就意味着在发展经济和提供公共服务等形而下的满足人现实生命的再生产的物质领域，即便是民主决策的地方政府和积极有为的公民也不得不面对市场逻辑的支配和私人资本的裁判。

商业型邻避设施的积极争取和公共服务型邻避设施的滞后安排无不体

现着政府和社会受制于市场逻辑的支配和私人资本的强制的现实。更进一步来说，扭曲式邻避供给和投机空间规划的原因并不是决策的不民主、不透明单方面因素，而是复合因素共同作用；民众反对邻避设施也不完全出自对程序不透明、设施安全性存疑、规划混乱的顾虑，而有着更深层次的因素。

对邻避设施扭曲供给的复合因素作用和民众反对邻避设施的更深层次因素的追问意味着邻避冲突发生逻辑的逻辑起点——中国土地驱动的城市化和工业化发展道路本身成为一个值得关注的问题，而不是一个可以被视为可以接受的既定的前提。更进一步来说，土地驱动的城市化和工业化发展道路为什么使得邻避设施扭曲供给不可避免，又为什么使民众反对邻避设施。土地驱动的城市化和工业化发展道路需要通过与空间生产理论的对话，得到更进一步的抽象分析和理论阐释，即是对邻避冲突根源的讨论。

因此，可以从如下两个方面来展开土地驱动的城市化和工业化发展道路同空间生产理论的对话。

第一，在空间生产理论视域下，土地驱动的城市化和工业化发展道路的内容是什么，本质是什么，后果又是什么。对土地驱动的城市化和工业化发展道路的内容与问题进行讨论，并抽象化为异化的空间生产，并对其后果进行剖析。以此为基础对邻避安排的“不由自主”和空间争夺的“各执己见”进行分析，回应邻避设施供给扭曲的“不以人意志为转移”特点和居民反对邻避设施的问题。

第二，在空间生产理论视域下对土地驱动的城市化和工业化发展道路的讨论，就可以对邻避冲突的实质进行抽象，为研究提出的以空间合作性重构路径治理邻避冲突开拓理论的空间。

4.1 异化空间生产的现实缘由

4.1.1 资本循环的时空修复的策略：空间生产

4.1.1.1 资本循环的周期性瘫痪：一般利润率趋向下降及其缓解

空间生产理论对资本主义下的城市化带来的一系列后果的讨论建基在马克思对资本主义的政治经济学批判之上。在马克思主义政治经济学视野下，空间生产理论对资本主义发展史进行了全面的考察，尤其是对新自由主义及其全球化指向所蕴含的资本循环的时空修复策略的揭示，以研究空间的破坏和空间的生产为关键，实现了政治经济学视野下的资本批判、权力视野下的治理批判、意识形态视野下的日常生活批判的全面统一。

西方国家的城市绅士化的城市更新、发展中国家的大规模城市化标识着空间已经从资本循环的配角转变成了资本循环的主角，成为了剩余价值的主要来源。具体来说，空间的建设和发展原本只是为了产业资本的循环而提供辅助和支撑，它作为固定资本和生产成本的一个部分，剩余价值和利润仍然是通过实体产业来实现。空间生产以国家投资和功能性资本市场为依托，通过建筑业和房地产业来实现，建筑业和房地产业有着较低的资本有机构成和较高的利润率①，而国家投资和功能性资本市场能够吸纳过度积累资本和剩余劳动力，将其转变为固定资本实现周期性贬值，同时空间也可以被生产成为金融产品，实现资本的迅速增殖。当不动产动产化，被虚拟资本化，就意味着空间可以被用来作为谋求剩余价值的主要来源，那么空间的破坏与空间的生产就成为了“资本主义生产关系投射和规划的

① 亨利·列斐伏尔著，李春译．空间与政治（第二版）［M］．上海：上海人民出版社，2015：78－79．

核心领域”①。

空间生产服从于资本的积累和相匹配的权力生产，即是空间的破坏性重构，其带来的剧烈变化，使得空间变得稀缺，同时也使得空间变得微观的个体化与宏观的碎片化。基于资本积累和权力生产的需要，无论是商业型邻避设施的主动安排还是公共服务型邻避设施的“不由自主”的被动安排，都与稀缺的、碎片化的同时又是高度个体化的空间相遇，也正是在这一时期，邻避冲突成为了横跨不同国家的显著社会景观。从具体的现象层面来看，邻避冲突是空间的争夺，是不同利益主体对空间的占有的辩护和意义的表达，但是又不能仅仅就局限在空间的利益冲突和意义争夺之上，止步不前，“一切生产都是个人在一定社会形式中并借这种社会形式而进行的对自然的占有”②，对邻避冲突的考察离不开对空间生产及其后果的分析，否则就无法解释为什么是20世纪70—80年代后，邻避冲突才成为显著的社会景观，而在20世纪70—80年代之前，邻避设施和社会冲突却没有结合到一起的问题。

为什么要生产空间，而生产空间的后果是什么，就关涉到了对西方国家经济发展的考察，西方国家正是通过对国家内部空间的不断破坏性重构，即对城市的反复规划和重新建设，不断地对其他国家进行资本输出和一般产业转移，来实现对发展中国家的空间占有，才使自身能够在一定程度上摆脱了20世纪70年代的普遍经济危机。因此，追溯空间生产，就需要考虑西方国家经济发展的历史，也就是对资本循环的周期性瘫痪及其克服的考察。

在马克思政治经济学视野里，资本循环周期性瘫痪的根源在于生产的社会化和生产资料私人占有间的总矛盾引发的生产相对过剩。这一总矛盾

---

① 林密，杨丽京．政治经济学视域中的空间拜物教问题及其批判——以列斐伏尔和苏贾为中心的考察［J］．福建师范大学学报（哲学社会科学版），2020（02）：57－64＋168－169.

② 马克思，恩格斯著，中共中央马克思恩格斯列宁斯大林著作编译局编译．马克思恩格斯全集（第30卷）［M］．北京：人民出版社，1995：28.

如何产生了资本循环的周期性瘫痪的具体机制，有着“一般利润率趋向下降、资本有机构成提高、比例失调、消费不足”① 四种观点表达。在阿尔都塞、列斐伏尔的理论视域里，资本循环的顺利进行有赖于生产关系的再生产。综合来看，资本循环周期性瘫痪讨论的是资本主义再生产难以进行的问题，生产关系的再生产的讨论与生产力（生产资料和劳动力）再生产讨论是同一过程的不同方面。

抽象地来看，资本循环是资本在运动（生产——流通）中实现自行增殖的过程，这一资本循环首先表现为产业资本的循环。产业资本循环是货币资本——生产资本——商品资本——新的货币资本（剩余价值的实现）的循环，任何一个环节循环出现问题，都可能导致资本循环的瘫痪。货币资本通过购买劳动力和生产资料，意图实现货币资本到生产资本的转化，而这一转化的目的就在于攫取劳动力创造的剩余价值。生产过程结束后，包含有剩余价值的生产资本就会转变成商品资本，商品资本则需要通过市场顺利交换的形式实现剩余价值，将商品资本转变成为新的货币资本。新的货币资本就包括了劳动力创造的剩余价值，实现了资本的增殖，完成了资本的循环。

资本循环的目标是雇佣劳动力、并占有劳动力创造的剩余价值，通过市场交换将剩余价值实现（商品资本到货币资本转化），从而实现资本的增殖。实现资本增殖在于如何增加剩余价值并实现占有，从资本主义发展来看，激烈阶级斗争使得直接占有绝对剩余价值来实现资本增殖的老方式已经不可行，增加和占有剩余价值更多是通过对相对剩余价值的占有而实现，而相对剩余价值的增加就在于个别资本通过提高个别劳动生产率，缩短个别劳动时间，进而获得必要劳动时间和个别劳动时间的价值差额。

对相对剩余价值的不断占有是资本循环难以实现的一个重要的前置性条件。在市场竞争压力下，技术发展会促成整体的劳动生产率提高和必要

---

① 保罗·斯威齐著，陈观烈等译．资本主义发展论——马克思主义政治经济学原理［M］．北京：商务印书馆，1997：166－210.

劳动时间的缩减，资本有机构成不断地提高，相应的，劳动者劳动力再生产的价值也就不断下降，以此为基础的劳动者收入增长速度就远远低于资本积累的速度。同时，资本有机构成提高趋势也使得劳动力创造剩余价值减少，出现资本替代劳动力的情况，劳动者不断地被排斥在市场之外，劳动力过剩。由此，劳动者实现劳动力再生产也变得愈发困难，劳动者消费需要也就不断地下降，商品资本——货币资本的转换就难以实现，而货币资本难以实现，就意味着其他个别资本或者个别部门的商品资本到货币资本转换也难以实现，形成了商品积压为主要表现方式的资本过度积累，投资就会下降，资本循环就会陷入崩溃。

资本循环周期性崩溃具体机制就展现为：个别资本意图攫取相对剩余价值→个别资本有机构成提高→个别资本获得超额利润→市场竞争加剧与技术、组织等知识的扩散、学习效应→整体资本有机构成提高→一般利润率下降与劳动者收入相对下降→商品交换形式局部崩溃→资本过度积累，资本过剩，资本替换劳动→更多生产，量的增加来保持利润的稳定→更加激烈市场竞争，资本相互兼并和集中，相对资本劳动人口过剩与产业后备军的增加→商品交换形式整体崩溃→投资下降与劳动者普遍贫困→资本循环崩溃。[①] 为了攫取剩余价值，资本有意提高相对剩余价值，使得资本的有机构成提高，进而导致一般利润率下降，导致了劳动者收入相对于资本增值增幅下降。资本竞争而形成的高度集中和资本对劳动力的替代，产生了大量的过度积累的资本和剩余劳动力，资本倾向于减少投资，而劳动者有效需求不足，使得过度积累资本和剩余劳动力无处可去，整个资本循环陷入崩溃。

马克思主义政治经济学对资本循环周期性崩溃做出了结构层面的深刻判断，但由于这一判断针对的是产业资本循环，同时默认了生产资料再生产、劳动力再生产都是通过商品化的方式进行，就使这一解释对资

---

① 参考自：杨继国．基于马克思经济增长理论的经济危机机理分析［J］．经济学家，2010（02）：5－11.

本主义发展历史中国家积极干预和调节的考虑不足，很难对历史上资本主义如何克服自身循环的周期性崩溃形成恰当的解释。随着经济危机而加剧的阶级斗争和对资本主义形成挑战的意识形态——马克思主义和共产主义运动的发展，资本主义自身也进行了不断的改良，使得资本循环的周期性崩溃至少可以通过两个方式来实现缓解：（1）国家的积极干预，具体表现在凯恩斯主义和福利国家上；（2）资本循环的时空修复策略，对外通过资本全球化扩展、产业链转移和产业结构比例调整（提高资本有机构成较低的产业比例，如第三产业等，通过提高资本有机构成较低的产业比例，能够降低整体的资本有机构成，延缓利润率下降趋势），实现对其他国家的空间占有。同时，在自身内部，则通过城市化和城市更新，通过房地产业和文化工业发展，对空间进行破坏性重构，也就是不断地对城市进行规划、改造和更新，改变原先的城市空间等级和相应的社会文化，并以空间的虚拟资本化为主要方式，实现了空间生产支撑的金融化的资本循环方式。

在20世纪80年代的新自由主义改革之后，空间的破坏性重构与国家的干预结合到了一起，国家通过金融市场和宏观经济调节，对劳动者兜底式保障和对资本直接支持，以投资集体消费但个别资本实现供给的方式，来将过剩积累的资本实现贬值，有秩序地重新开启资本积累，减缓一般利润率下降的趋势。

为什么空间普遍成为了商品，还需要对凯恩斯主义和福利国家调节资本循环失败历史进行考察。经济大萧条和“二战”结束宣告了凯恩斯主义——福利国家的正式登场，凯恩斯主义和福利国家力图通过行政性再商品化来实现对资本循环的控制和调节。行政性再商品化主要在两个层面上展现：（1）通过积极经济干预和产业政策实现对竞争失败商品和资本的保护，提高其商品化的可能；（2）通过社会福利来构建和谐的劳资关系，减少资本有机构成提高导致的劳动者收入增速下降而引发的阶级斗争。国家通过社会福利与社会保障的方式，为失去交换价值被包容性排斥[①]在市场交换之外的劳动者提供一定程度上的保障，劳动者得以以去商品化的方式来维持自身劳动力再生产，并可以维系消费，能够保证一定比例的消费需求。国家站在整体的资本长期循环角度，通过凯恩斯主义和社会福利政策来推动行政性再商品化，并构建一个阶层合作社会来实现生产关系再生产。但是，行政性再商品化同样会面临崩溃，国家时刻面临着权力的物质内容和象征符号之间的张力，前者意味着国家权力的物质内容来自建立在私人积累之上的财税收入，而后者则意味着国家权力的轮替来自选民的选举授权。权力物质内容和象征符号持续张力带来了选民不断增长的福利要求，也带来了“利益集团”要求国家更多的政策偏向，结果就是不断增长的财政赤字、公共投资和伴随而来的公共部门规模扩大、公共机构官僚化趋势不断向社会扩张。但是，凯恩斯主义和社会福利却是建立在对私人积累的汲取之上的，面对着持续的资源汲取，个别资本通过减少投资的方式来应对，而这就导致了政府无法稳定获得财政收入，公共部门为中心的一系列行政性再商品化制度安排和政策供给就面临着不可持续性。

---

① 包容性排斥（或称包涵性排斥）本是阿甘本（Giorgio Agamben）讨论生命政治和神圣人的哲学术语，其后被应用到了政治经济学对产业后备军或者剩余劳动力的描述。所谓的包容性排斥，指的正是暂时难以满足现阶段资本增殖而被排斥在市场之外的劳动力。由于劳动力再生产主要是通过市场化、商品化的方式进行，那么当劳动力变成剩余劳动力的时候，就意味着其劳动力再生产的过程被中断了，这是所谓的排斥。包容则体现在这一产业后备军或者剩余劳动力对资本主义体系的功能上，资本主义虽然在此时将这些劳动力排斥到了市场之外，但是它会将这一不断增长劳动力作为平衡资本主义内部各个部门间比例的压舱石和劳动力市场供求关系的平衡器，是稳定资本主义体系的重要砝码。同时，剩余劳动力和产业后备军的存在在资本主义意识形态上也是一个对个人自致的优绩主义原则的支撑，处于资本主义日常的商品化体系中的劳动者通过对于剩余劳动力和产业后备军的“居高临下”的“幸运”或者“恐惧”的注视，而对加深了资本主义秩序的认同（因为自身的努力而得到成功的奖赏，或者认为他人的失败是不够努力，进而认为自己需要更努力的焦虑）。从国家对资本主义的宏观调节就可以看到，大量剩余劳动力可以被吸纳到长期的固定资本投资上（消费与生产的人造环境），被包容性排斥的剩余劳动力又通过国家干预，提高了商品化程度，重新回到了正常的市场交换体系里。因此，包容性排斥正是资本主义国家的治理术，根本上不存在任何能够逃脱资本主义社会关系统摄的空间，而排斥与包容之间的界限的动态性和模糊性，是稳定资本主义体系的策略（参考自：王庆丰，苗翠翠．“产业后备军”的生命政治［J］．国外理论动态，2019（04）：16－25）。

20 世纪 80 年代的新自由主义改革并没有放弃国家的干预和调节，而是将国家干预和调节的重点放在了更多支撑资本积累而非对劳动者支撑上，一系列能够对劳动者社会福利和有利于劳动者集体行动能力的制度安排和公共政策被极大地削弱。在冷战结束的背景下，国家对资本管制趋于放松，支持资本的全球化流动、一般产业转移和产业的纵向整合，支持金融化，使得资本能够更加便捷地寻找新的实现剩余价值的渠道，劳动者商品化程度大幅度提高。在这一过程里，空间成为了资本循环的支撑，围绕着空间的虚拟资本化，形成了金融主导生产——流通的资本循环方式。

4.1.1.2 资本循环的时空修复策略："购买时间"引导下的"购买空间"

任何缓解资本循环周期性瘫痪都只能做到延缓一般利润率的下降，资本循环的调整一般是通过时空修复的策略来实现，而时空修复重点在于"购买时间"引导的"购买空间"。

所谓的"购买时间"，指的就是国家通过功能性的资本市场，将过剩积累的资本集中在一起，投入基础设施建设为主要内容的生产和消费建成环境建设，劳动力再生产需要的教育与社会服务、科学技术方面投资等集体消费里。建成环境和集体消费是生产资料再生产、劳动力再生产和生产关系再生产的基础，在功能性资本市场的支撑下，大量过剩积累私人资本就可以进入功能性资本市场，从而投入生产环境建设和集体消费里。同时，这一类投资通常是周期较长、资本周转速度较慢的准公共产品或者纯公共产品，这一类投资转变成了固定资本，是周期性的缓慢折旧。建成环境和集体消费的投入正是国家投资固定资本的一个表现形式，"固定资本的周期性贬值提供了资本主义生产内部固有的一种手段，来检查利润率的下降，并且通过新资本的形式来加速资本价值的积累。"①

---

① 大卫·哈维著，董慧译．资本的城市化：资本主义城市化的历史与理论研究［M］．苏州：苏州大学出版社，2017：16.

"购买空间"也就在"购买时间"的需要下产生了，所谓"购买空间"，直观地来看，就是消费与生产的建成环境的投入。当市场上的过剩资本能够被国家集中起来投入资本主义再生产需要的公共产品为核心的集体消费和建成环境投入上，同时具体供给往往是通过公私合作伙伴关系（Public - Private - Partnership，PPP）方式来完成的[①]，政府通过选择合作的社会资本实现对整个城市空间的破坏性重构，从城市区域规划乃至整体规划、开发、建设或更新的外包，将城市作为商品来进行营销，重视城市的品牌建设，再到城市房地产开发商和物业管理服务机构以大片土地集中开发作为商住空间或者封闭式的住宅小区方式来代替政府提供公共服务（物业方式），形成了俱乐部式的治理，房地产开发商和物业服务机构一定程度上成为了城市运营商。[②]

国家通过功能性资本市场和具体的"PPP"为主要渠道的建成环境建设、集体消费投入供给方式，不仅消耗了过剩积累的资本和以不稳定就业方式来消耗过剩劳动力，同时还使产业资本循环能够顺利地继续，而建成环境和集体消费供给也成为了资本循环的新路径，整个资本主义经济体系不同部门的比例会得到重新的调整，使整体资本有机构成提高速度得到控制，一般利润率下降趋势得到缓解。"公共商品中的国家投资一般来说不以营利为目的，被认为是资本贬值的一种形式，通过资产阶级针对随着时间而不断下降的利率来获得：通过不断亏本的投资，私有机构的普遍利率保持了平衡，或相对整个社会资本来说，是一个相对较低的持续的增长……建成环境中的国家投资一直是由私人资本来运作，无论是通过补贴落后的工业部门的革新使它更具竞争力，还是通过确保一种主要的组织架构以便资本的调动，或者通过财政或职能部门的帮助使私人的利润能够扩大他们资本的能力。"[③] 当过剩

① 吴晓林，侯雨佳．新自由主义城市治理理论的批判性反思［J］．中国行政管理，2017（09）：139 - 145．

② 陈杰．破墙开围：公平正义优于利弊得失［J］．探索与争鸣，2016（04）：52 - 56．

③ 马克·戈特迪纳著，任晖译．城市空间的社会生产（第二版）［M］．南京：江苏教育出版社，2014：142．

资本能够转移到周期长、利润低的生产与消费的建成环境（基础设施、城市基本运维）和集体消费（社会福利、教育与科技、意识形态）上，过剩资本得以周期性贬值，被转化成固定资本缓慢消耗，相对地，资本主义生产资料、劳动力与生产关系就得以实现再生产，而新的资本循环就可以开始，也就意味着整体资本循环可以比较顺畅进行，不发生间断。

“购买时间”和“购买空间”是同一个过程的不同侧面，“购买时间”针对的是过剩资本如何转变成长期性投资以便将过剩资本转变成固定资本的周期性贬值，消耗掉资本循环过程里愈发多余的资本。“购买空间”针对的就是何种长期性投资能够实现“购买时间”的目标，同时还能够为资本循环寻找到新的支撑点，正如哈维所言：“需要一种特别的空间组织形式来消灭空间，需要长期周转的资本来推动其他资本的快速周转。”①

在资本主义长期发展历史里，“购买空间”在国家内部主要是通过城市化和城市更新来体现的。通过国家支撑的功能性资本市场，城市化和城市更新能够吸收过度积累资本和过剩的劳动力，并且将更多的剩余资本吸引到城市化和城市更新的支撑性产业——房地产业与建筑业上，而这些产业可变资本有着对不变资本高比例，资本有机构成往往较低，利润率较高，使得整个部门资本有机构成能够得到平衡。“购买时间”与“购买空间”不仅仅是将过剩资本到满足生产关系再生产、生产资料再生产和劳动力再生产的固定投资和集体消费上，使得原本会闲置和迅速贬值的过剩资本缓慢地贬值，更是通过房地产业和建筑业的发展，吸引了新的资本的投入，使得资本的整体循环还能够得到加快，更进一步地让私人资本积累变得有效。列斐伏尔对资本的时空修复策略就有着这样的精准的判断：“在资本主义里，长期以来，‘不动产’并不是很重要。土地曾经属于一个战败的阶级的残余，属于地主，这是一个源于封建社会的阶级。作为一个次等的，首先几乎是手工性的生产分支部门，建筑业的重要性，曾经不及钢

① 戴维·哈维著，胡大平译．正义、自然和差异地理学［M］．上海：上海人民出版社，2010：280.

铁生产和制糖业（尽管常言说：建筑行，百业举）。然而，这一分支部门的定位，已经完全改变了。而且不仅仅是在那些大工业国家……由此，那些曾经的‘不动产后来被动产化（建筑、金融投资）的倾向，便在资本主义中处于中心地位了，因为新的工业更少地受制于那些阻碍传统工业的障碍、饱和与困难了……这一具有特权的部门可能具有一个核心的功能：抵制平均利润下降的趋势。建筑业（私有的或公有的）已经并且仍在让高额利润回落到平均利润。这并没有考虑到投机，但投机本身是影响了平均利润的；在建筑业中，通过建筑业自身，依靠一种中介——空间——金钱又带来了金钱。”①

在时空修复策略之后，资本循环展现出这样一个过程：资本主义体系总代理人的国家站在资本长期积累和总体循环的基础上，依靠国家的相对自主性，构建功能性资本市场，投资生产与消费的建成环境和集体消费等需要长期投资的固定资本领域，这些长期投资的固定资本领域往往还会通过“PPP”的方式，由私人资本进行具体的生产和供给。由于国家的生产与消费建成环境投资（城市化——城市更新与旧城改造等——产业园区建设）和集体消费领域是以空间的虚拟资本化和固定资本被渐进地转移到促进经济发展、人口涌入带来的财税收入等长期、稳定的预期收益上，这些稳定的、长期的预期收益为抵押的政府债务吸引着金融供给和市场上过度积累资本，同时剩余劳动力也可以进入这一领域。由此，这些在产业资本循环过剩的资本就以国家投资的固定资本周期性贬值的方式消耗掉，可能造成需求不足和社会不稳定的剩余劳动力被转移，也带来了需求的维持，促进了资本的进一步循环，维持了私人资本的平均利润率。由此，货币资本得以再次地实现，新的资本循环开始，如图 4 – 1 所示。

城市化、城市更新的房地产业发展和基础设施、集体消费也吸引了更多的私人资本进入。城市政府通过土地获得的收入和以土地未来收益质押

---

① 亨利·列斐伏尔著，李春译．空间与政治（第二版）［M］．上海：上海人民出版社，2015：78 – 79.

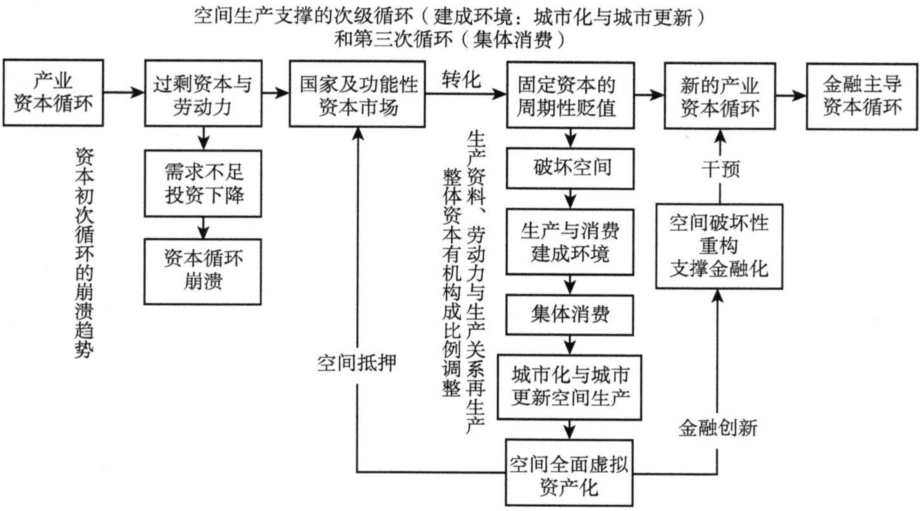

图 4－1　时空修复策略下的资本循环

而获得的融资，使得城市政府能够更大程度地进行城市更新，吸引工商业入驻，提高有利于私人资本积累的经济型、消费型公共服务质量。同时，个人通过金融机构以较低利率提供的贷款方式来购买房产，在房产价格上涨的预期下，将房产抵押进行投资（房产或者实质为债券的金融产品）。在整个社会意识形态上，就形成了经济增长与房产价格不断上涨的乐观预期，和房产价格上涨带来的拥有住房的家庭财富效应，使得人们也愿意接受空间破坏性重构，接受增长联盟所提出的宏观经济涓滴效应的合法性辩护。因此，新自由主义的城市经济学观点“新自由主义经济的一般秘方（让政府不再严格约束土地和房地产市场的任何经济互动；以社会公正和区域平等的名义，使对城市、区域和空间规划的干预最小化）用于城市事务是扩大经济增长（也就是资本积累）的最好途径……自 20 世纪 80 年代中期以来，新自由主义的城市政策（例如整个欧盟地区）得出的结论是，向弱势街区、城市和区域重新分配财富是徒劳的，相反，应当把资源注入‘创业的’增长极。这种恐惧渗入式的设想，是说在长期发展中（其实绝不会到来)，最终会照顾到所有区域、空间和城市不平等问题”① 就成为了整个社会的基本共识。

4.1.2 中国场景下异化空间生产的制度基础：分税制改革与缓解生产过剩策略的共同作用

经济社会发展离不开权力结构——意识形态的基础和与其匹配的制度框架的塑造。1994 年分税制改革为代表的一系列政府行政体制与财税体制的改革，构建了一个能够适应并巩固中国特色社会主义市场经济发展的制度框架，中国 20 世纪 90 年代尤其是 21 世纪初期的高速经济发展，离不开分税制改革为关键的一系列改革及其后果的影响。20 世纪 90 年代末期到 21 世纪初期的中国经济发展可以概括为土地驱动的城市化——工业化发展道路，这一发展路径具体的来说就是土地金融——土地财政和招商引资——开发城市，其支撑就在于空间生产，更进一步来说，就是土地及土地的虚拟资本化。土地制度的变革，是中国经济发展的一大支柱，“农村土地制度改革促进了农业增长和人口出村，为中国经济转型提供了微观基础，在严格保护耕地和粮食安全的前提下，对有发展机会的区域实行土地的宽供应，保证了经济高速增长；地方政府以扭曲的工业用地价格招商引资，利用土地提供园区基础设施，促成了高速工业化，使中国成为了‘世界制造工厂’；利用土地资本化和以地融资，获得了中国城市发展所需的巨额资本，助推快速城市化。”②

中国改革开放和经济发展并不是制度的单一改革，而是总体改革和关联改革，土地制度的一系列改革也来自对经济社会发展需要的反映，之所以土地制度会有一系列改革，是为了给地方政府经济社会发展寻找新的关键经济要素，地方政府对新的关键经济要素的渴求，则来自分税制改革为

① 大卫·哈维著，叶启茂等译. 叛逆的城市：从城市权利到城市革命［M］. 北京：商务印书馆，2016：28－29.

② 刘守英. 土地制度与中国发展［M］. 北京：中国人民大学出版社，2018：14.

代表的一系列财税体制改革和政府体制改革带来的财权事权倒挂的后果。分税制改革带来的财税收入重新分成、金融制度改革带来的中央调控金融能力强化、国有企业改革的“抓大放小”和组建央企、政府行政体制改革对具体的、行业的经济计划管理部门裁撤，使地方政府“藏富于民”，即地方政府收入依靠企业的工业化经济发展模式受到了影响，地方政府经济社会发展就需要新的除了政策之外的关键经济要素，才能在财权事权倒挂的前提下，去寻找新的财源，发展经济并提供公共服务。因此，土地制度的改革也来自财税制度为代表的一系列改革的现实问题的驱动。

财税制度关涉到了国家权力的物质内容来源与各级政府间分配，其关于财税收入分配和相应事权调整则对不同层级政府会形成差异性的激励框架。在分税制改革前，中国实行的是财政包干制的财税制度，这一制度是建立在高度集中计划经济体制转型的基础之上的，目标是中央通过向地方下放企业和相应的经济管理权限，让地方政府能够有更多的发展经济的动力，进而获得更多的改革支持，形成地方政府竞争格局，夯实市场经济制度的基础。对于地方政府而言，“利改税改革之后，政府收入不再主要来自于企业利润上缴，而是来自税收。税收就成为了包干基数承包的主要部分，基数一般确定后不会发生太多变化，超出基数越多，那么地方留成就会越多。”① 因此，地方政府增收的关键在于税收规模扩大和税收增长速度。同时，税制延续了既往的税收划分方法，即流转税（以产品税和后来的增值税为主）②按照属地原则征收的情况下，地方政府倾向于扩大属地企业固定资产规模来提高流转税的增长，进而满足地方政府的组织利益。③作为流转税的主要组成部分，产品税按照产品销售收入额来计税，并不考虑企业的经营情况。在 1986 年之后，部分产品税开始逐步改变为增值税，而产品税和增值税的特点在于——只要企业开工生产，有销售收入，就要

①② 周飞舟，谭明智．当代中国的中央地方关系［M］．北京：中国社会科学出版社，2014：33.

③ 周飞舟，谭明智．当代中国的中央地方关系［M］．北京：中国社会科学出版社，2014：42.

征收。这就意味着，企业规模越大，产品流转规模越大，产品税和增值税征收也就越多。此外，国有企业两种承包方式——“含税承包”与“税前还贷”，前者意味着企业只要缴税超过基数就能够获得国家返还，缴得越多返还得越多，后者强调在缴纳所得税前需要将还贷部分扣除，这就意味着新增贷款的利润无须缴纳所得税。① 国有企业承包制的两大制度设计使得企业倾向于扩大生产规模，地方政府也愿意帮助企业获得更多的信贷支持，进而获得持续增长的流转税收入。

财政包干制带来了两大后果，使得中央政府决心改变这一财税制度，(1) 财政包干制并没有有效实现政企分开和建立市场经济制度，在财政包干、企业承包和流转税作为主要税种制度设计下，地方政府通过“放水养鱼”，即各种各样的行政手段来帮助企业扩大规模，获得持续增长财税收入，深度介入了企业的具体生产经营和管理活动，这就意味着相当于是地方政府自己在经营企业，而这与市场经济是背道而驰的。(2) 地方政府通过行政手段来干预企业发展，控制了关键的经济要素，并通过各种方式来提高自己的财税收入，使得中央政府财政收入占 GDP 的比重与中央财政收入占总财政比重下降。② 第一个后果意味着财政包干制的制度目标并没有完全达成，第二个后果则意味着中央的调控能力下降，后者也是前者能否实现的支撑性条件。因此，1994 年的分税制改革也就呼之欲出了。

分税制改革作为 20 世纪 90 年代中国一系列重要经济体制和政府体制改革的核心，可以分为两个部分来考察：第一部分是税制改革，即调整税种；第二个部分是财权和事权重新配置。在税制改革上，统一在生产和流通环节征收增值税（统一 17% 税率）并实行价外计税方法。在增值税基础上，对部分消费品征收消费税，以三档不同税率对九个行业征收营业税。企业所得税实行统一税种和税率（33%），统一计税标准，取消税前还贷，

---

① 周飞舟，谭明智．当代中国的中央地方关系［M］．北京：中国社会科学出版社，2014：39－40.

② 周飞舟，谭明智．当代中国的中央地方关系［M］．北京：中国社会科学出版社，2014：43.

统一征收个人所得税，并开征土地增值税。[①]

在财政体制，也就是事权和财权配置上，事权支出责任不变，而财权发生了变化。中央税包括了消费税、关税、海关代征消费税和增值税，中央企业所得税，铁道、银行总行、保险总公司等部门的主要税收（营业税、所得税、利润和城市建设维护税）。而地方税则包括营业税、地方企业所得税、个人所得税和其他规模较小的税种。共享税则是增值税（中央75%、地方25%）、资源税（海洋石油资源税归中央、其他资源税归地方）、证券交易税（中央和地方各50%）。[②]同时，也实现了税收返还和转移支付制度。分税制和其他一系列改革后，形成了新的央地关系格局，地方政府财力缺口巨大，但是又担负着发展经济和提供公共服务的重要责任，那么为地方政府寻找新的发展经济的关键要素，就成为分税制改革后，中国经济社会发展的重要问题。

随着外资涌入和农村劳动力进入城市，原先工业化和城镇化逐步形成了联动式的发展，但在20世纪90年代，工业化和城镇化联动发展处于“自然状态”，地方政府并没有过多在意。工业化和城镇化联动发展源自1998年的房改和《中华人民共和国土地管理法》出台，这使城市土地价值发生了重大变化，工业化和城镇化联动发展成为地方政府发展经济的两大推手，而两大推手的关键就在土地。中央政府之所以在1998年推出了两项具有关键性作用的制度改革，与1997年的东南亚金融风暴不无关联。1996—1997年，中国面临着内部产能过剩和东南亚金融风暴引致的外部出口难以实现的问题，经济增长受阻，制造业出现了资本过度积累（因交换无法顺利实现）的情况。此时，中央在房地产业能够促进消费和拉动生产的观点下[③④]，将

①② 周飞舟，谭明智．当代中国的中央地方关系［M］．北京：中国社会科学出版社，2014：49.

③ 孟晓苏，梁运斌．住房建设成为国民经济新增长点的政策研究［J］．城市发展研究，1998（06）：21－25＋64.

④ 中房孟晓苏就向时任国务院副总理朱镕基建议，将房地产作为新的经济增长点，得到了朱镕基的认同。随后，在1997年，就成立了《住房建设成为国民经济新增长点的研究》课题组，在1998年向国务院房改办提出了初步的房改方案，推动了1998年的住房体制改革。

房地产业作为国民经济增长点，进行1998年的住房体制改革，释放市场对住房的需求。[①] 换言之，土地驱动的城市化——工业化发展道路的激活，直接原因就是资本在初次循环的过度积累引发的经济增长受阻。《中华人民共和国土地管理法》则通过农地转为建设用地，需要通过征收方式转变成国有土地的方式，建立了政府对土地的垄断权力。同时，金融也与土地开始配合，2001年房地产行业上市解禁。[②]在2002年8月26日，《国土资源部 监察部关于严格实行经营性土地使用权招标拍卖挂牌出让的通知》又明确经营性用地（商业、旅游、娱乐、商品住宅等各类经营性土地）需要采用“招拍挂”制度。至此，土地正式成为地方政府控制的关键经济要素，与劳动力[③]和地方政府的政策一道，开启了中国工业化和城镇化的发展路径。2003年，金融资本过剩，国家又将金融资本转移到固定资产投资上[④]，2003年8月12日，《国务院关于促进房地产市场持续健康发展的通知》将房地产明确地视为国民经济的支柱产业，在2016年，房地产业也成为了过剩资本循环的出口，房地产业的回暖带动了其他行业的复苏。[⑤]工业化与城镇化的发展路径，其支撑在土地价值的虚拟资本化，围绕着土地，地方政府可以获得巨大的土地收入，周飞舟教授对土地收入有一个明确的界定：“土地收入是指政府通过征税、收费或者经营形式获得的、与土地征用和出让有关的收入。其中既包括了通过土地出让得到的土地出让金，也包括了各种与土地有关的税费收入。”[⑥] 与土地相关的税费收入，主要由四个部分组成，如表4－1所示。

---

①②④ 李阿琳．近15年来中国城镇空间构造的经济逻辑［J］．城市发展研究，2013，20(11)：7－13.

③ 此处劳动力，主要指的是城乡二元分割的户籍制度产生的廉价劳动力的农民工，在城乡不同权的制度背景下，农民工的工资差额和未强制社保，为中国的城镇资本积累贡献了近11.6万亿元（参考自：孔祥智，何安华．新中国成立60年来农民对国家建设的贡献分析［J］．教学与研究，2009（09）：5－13）。

⑤ 第1章2016年中国宏观经济运行分析［A］．济南大学金融研究院．中国投资银行竞争力研究报告（2017）［C］．济南大学金融研究院，2017：16.

⑥ 周飞舟，谭明智．当代中国的中央地方关系［M］．北京：中国社会科学出版社，2014：72.

表 4-1　　　　　　地方政府土地开发有关收入①

收入类型	来源
土地有关直接税收（直接归属地方政府）	城镇土地使用税，实际占用面积计税，固定税额
	土地增值税，土地级差地租与增值收益计税
	耕地占用税，占用耕地面积征收，固定税额
	契税，所有权发生转移变动的不动产征收
间接税收（营业税归地方政府、增值税 50% 和所得税 40% 归属地方政府）	土地使用权转让有关的营业税
	建筑业和房地产业营业税与企业所得税
	房产和城市房地产税
部门收费项目	土地管理部门收费（例如耕地开垦费、管理费、业务费、新增建设用地有偿使用费）
	财政部门收费（地方政府自行规定）
	其他部门收费（省级政府自行规定）
土地出让金（归属地方政府）	土地出让的总收入，土地拍卖、协议等方式出让之后，地方政府的总所得 土地出让金净收益 = 土地出让金 - 土地出让成本（出让土地缴纳税费、土地补偿税费、土地开发费用、土地出让业务费）

分税制和其他相应的行政体制改革一方面强化了中央的调控能力，是一个“集权”倾向的改革，但另一方面，国有土地使用权转让的决定权和收益的下放不啻于向地方政府的新的分权，只不过这一分权是在城市土地价值被激活之后，才呈现出来。在政治锦标赛体制塑造的府际竞争格局和发展经济、提供公共服务、社会稳定作为关键治理目标的制度框架里，分税制和土地制度的一系列改革使得土地、政策成为地方政府的关键性经济要素，生发出了一个土地价值虚拟资本化支撑的城镇化与工业化并举的发展道路，这一发展道路带来了中国经济社会高速发展（高速工业化、迅速增长的城镇化、GDP 快速增长）②，也带来了一系列的严重问题，这些问题在

①　研究者根据相关资料整理：周飞舟、谭明智．当代中国的中央地方关系，中国社会科学出版社，2014，72-80；刘守英．土地制度与中国发展，中国人民大学出版社，2018，228；兰小欢．置身事内：中国政府与经济发展，上海人民出版社，2021，65.

该表对相关税种及央地分成、相关收费的介绍和引用截止时间是 2016 年营业税改增值税前。

②　刘守英．土地制度与中国发展［M］．北京：中国人民大学出版社，2018：14-18.

类邻避冲突上，就表现为空间的生产带来的空间稀缺与空间紧张。

4.2 异化空间生产

邻避冲突的基础是异化的空间生产，而其体现则是土地驱动的城市化和工业化发展道路，换言之，土地驱动的城市化和工业化发展道路的本质即是异化的空间生产。在空间生产理论视域下，土地驱动的城市化和工业化发展道路，是将空间异化为资本积累的商品和政府无差异的治理单元，空间的生产服从于资本增殖与权力生产的需要，被资本和权力操弄。土地驱动的城市化和工业化发展道路，要义在于将土地为基础的空间价值虚拟资本化，通过房地产业发展和土地金融的方法，使得开发城市和招商引资成为可能，进而成功地实现人口的聚集、产业的引入，使得土地金融能够转变为土地财政。因此，当空间生产不再由普通民众主导，空间也不再优先地服从于居住和使用，而是服从于交换和治理，就意味着空间生产的异化。邻避冲突的基础正是空间生产的异化及其破坏性重构的表现，造成了空间困境，这一困境在空间相邻关系上的表征即是邻避冲突。

4.2.1 异化空间生产的体现

4.2.1.1 土地驱动的工业化和城市化发展道路的内容

异化空间生产是土地驱动的工业化和城市化发展道路的本质（见图4-2）。实现土地驱动的城市化和工业化发展道路的关键在于空间的不断生产，要求构成空间基础的土地的不断供应和将土地虚拟资本化的融资。在经济增长的总体预期下，地方政府将土地虚拟资本化（土地价值未来收益为质押），向金融机构融资（金融机构则将土地债券化，包装成各种金融产品向社会分散风险），对土地进行基本的开发（征地和“九通一平”等）。此后，将土地分类处理，将工业用地以扭曲价格和一系列的优惠配套（税收上的“三免三减半”等）来招商引资。同时，控制商住用地供应规模，高价出让给房地产开发商，获得巨大的土地收入。以土地收入来支撑工业用地和基础设施建设、公共服务供给巨大投入，并偿付金融机构债务。

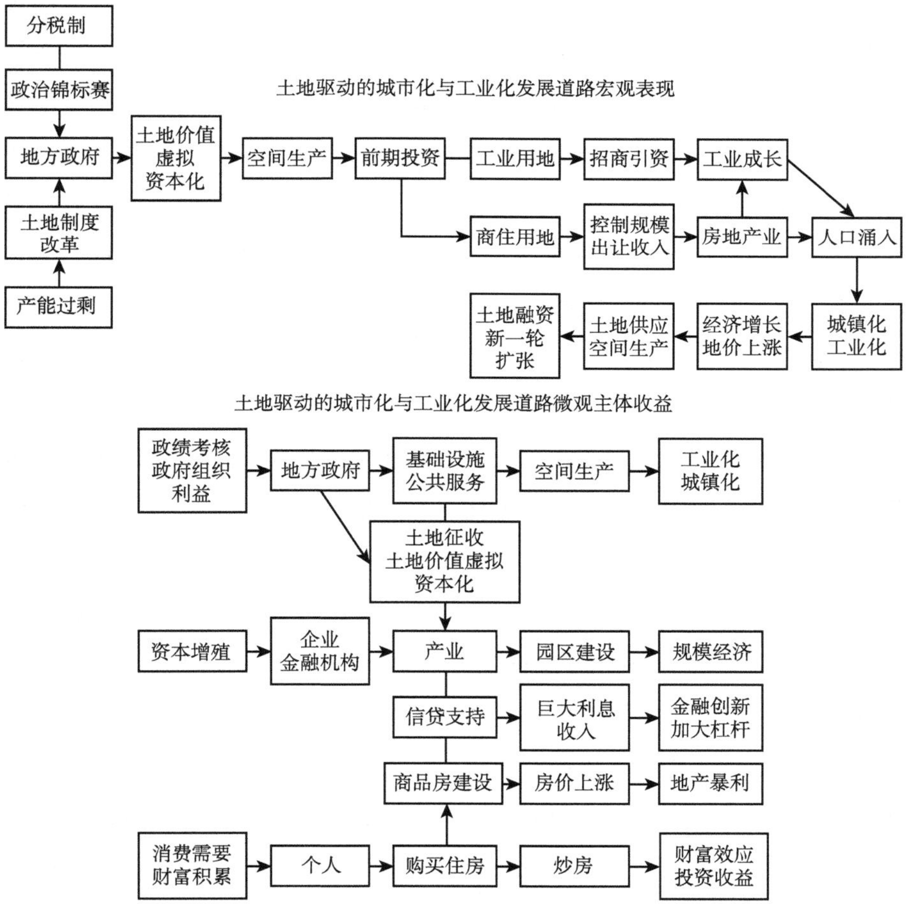

图 4－2　城市化与工业化发展道路的宏观和微观表达①

（研究者自制）

---

①　在微观主体利益实现上，研究者参考了冀福俊，宋立（2017）“关于资本的城镇化生产过程”相关讨论（参见：冀福俊，宋立．资本的空间生产与中国城镇化的内在逻辑——基于新马克思主义空间生产理论的视角［J］．上海经济研究，2017（10）：3－12）。

成功的招商引资也带来了重资产产业，其吸收就业、学习效应和溢出效应使得地方政府能够获得持续和稳定的财税收入。对地方政府而言，重资产产业因为投资规模巨大，能够形成对 GDP 的强力带动；由于税收收入主要来自企业，其中较为重要的增值税又在生产环节征收，且与生产规模直接相关。因此，地方政府乐于通过招商引资来招揽重资产产业，不仅能够吸收农业部门转移出来的劳动力，而且其产业的溢出效应也有着很强的吸引力——完整的产业生态带来的更多相关税收收入、配套的第三产业用地需要与劳动力涌入产生的居住用地需要带来的相关税费收入和土地出让收入。产业收入——商住用地出让带来相关财税收和土地的不断供应，又可以让地方政府以新的土地来质押融资，撬动更大规模城市化和工业化。以土地价值虚拟资本化为支撑，空间的不断生产实现了商住用地——房地产——城市化和工业用地——园区建设——工业化的相互援引，使得中国经济能够得到飞速的发展。

土地驱动的城市化和工业化发展道路在宏观层面上形成了这样一个循环：经济增长—土地价值虚拟资本化→空间生产→土地融资→基础设施建设与公共服务投入→工业用地扭曲价格配置—招商引资（投入成本）—商住用地控制规模，获得巨大土地相关收入—房地产业发展（反哺工业与基础设施建设）→人口涌入与地价上涨（以新还旧）→实现工业化与城市化→土地继续开发、融资—空间生产→经济增长。

从微观层面上来看，不同主体在土地驱动的城市化和工业化发展道路里都满足了自身利益诉求。地方政府通过土地价值虚拟资产化撬动了更大规模的信贷支持，以投入基础设施建设和公共服务供给，成功的招商引资也使得地方政府获得了稳定的经济增长支撑，这就使得地方政府不仅完成了经济社会发展的治理目标，其主政官员也在激烈的府际竞争格局里占据了优势。

对于企业而言，企业通过房地产来支撑产业园区建设，同时以转让土地融资撬动更大规模信贷支持，源源不断地获得超额利润，而产业园区的建设也为企业提供了稳定的利润来源。对于金融机构而言，只要土地不断供应、国家金融供给不断地支持、经济不断地增长，向地方政府和企业的金融支持就会持续获得巨大的利息收益。

对于个人而言，购买住房一方面满足了消费和改善生活的需要；另一方面也可以满足投资的需要，房价的持续上涨使得住房在整个家庭财富占比不断提高，居民以此来分享城市经济发展的剩余，并通过房产价值上涨带来的财富效应改善生活，甚至在房地产市场通过个人投机而获得暴利。

4.2.1.2 土地驱动的工业化和城市化发展道路的问题

土地驱动的工业化和城市化发展道路意味着投机的空间生产，将空间作为商品和治理单元，使得空间生产服从于资本积累和权力生产需要，即是异化的空间生产，造成了空间的高度稀缺。土地驱动的城市化和工业化发展道路在具体操作上展现为土地金融——土地财政与招商引资——开发城市，土地价值的虚拟资本化与巨大土地收益支撑了土地驱动的城市化和工业化发展道路。地方政府以土地为基础的空间生产，是一个巨大的投入过程，无论是土地一级开发（土地整理与基础设施建设）还是工业用地的扭曲价格配合有着巨大优惠力度的招商引资政策（税收“三免三减半”、政府控制的投资平台和当地国有企业参与投资、法律政策协助、企业部分高管个人收入所得税返还、招工服务、人才补贴等）①，政府都需要巨大的投入，这些投入就是以土地价值的虚拟资本化来获得的。地方政府完成土地一级开发过程，并确定工业用地和商住经营用地各自规模，就需要通过商住经营用地的出让获得一次性的、直接的巨大土地出让收入，对先前的土地投入形成的支出进行补充同时对土地融资的债务进行偿付。因此，以土地价值资本化来支撑的空间生产，包括商住经营用地出让获得的一次性巨大土地出让收入和相关税费收入，仅仅是土地金融，而非土地财政。土

① 兰小欢．置身事内：中国政府与经济发展［M］．上海：上海人民出版社，2021：41－43．

地财政则依赖于工业化的发展，依赖于稳定的、具有竞争力的产业落地和扩展，并以此带来的第三产业发展、商住经营用地增加和人口的持续流入。招商引资的成功和产业生根发芽使商住经营用地——房地产带来的城镇化有了坚实的支撑，城市化也就有了工业化的内核，土地金融也就可以转变成土地财政，使得经济发展能够相对稳定地持续下去。

但是，在地方政府府际竞争格局下，招商引资地方政府和寻找好的落地环境的工业资本，形成了一个竞争性的市场，服从于市场自发性交换的规律。因此，地方政府的招商引资和空间生产不可避免地具有自发性、滞后性和盲目性，在选择产业、选择项目上也会存在着完成政绩的短期利益冲动。换言之，由于地方政府形成了一个相对独立的利益主体，社会稳定、发展经济与提供公共服务构成了地方政府的关键治理绩效，其中经济发展处于一个枢纽的位置，而社会稳定则是底线，公共服务供给里能够支撑经济发展或者可以被用来服从资本积累的更被地方政府重视。同时，作为组织的地方政府，其自我利益来自整个区域的健康、持续的长期经济发展提供的财税收入，但是地方政府决策却是以任期限制的、对上负责的流动官员主导，这就使得地方主政官员具有着强烈的满足短期利益的冲动，空间生产就会呈现出追求短期收益（政绩）特点。

因此，空间生产呈现出极强的投机性，这种极强的投机性表现在扭曲的土地供应结构和较低的土地利用效率上。商住用地控制规模和工业用地的宽供应，是用地结构的主要特点，工业用地和基础设施用地占地规模都比较大，而商住用地有意控制规模使得土地已经成为地方政府收益最大化的工具。同时，工业用地和基础设施用地大部分仍然采用行政划拨和协议方式出让，建设用地就出现了相关单位和企业超占、多占的情况，根据相关调查，“城市建城区闲置土地占建城区面积的四分之一”①，“在珠三角和长三角地区出现工业用地比重过高、城市功能用地紧缺、功能滞后，而中

① 刘守英．土地制度与中国发展［M］．北京：中国人民大学出版社，2018：230．

西部地区政府将建设用地主要以划拨方式用于城市基础设施建设，但作为城市化内涵的商业、服务业、金融业等第三产业没有相应发展”①。扭曲的用地结构和不高的土地利用效率，充分地展现出了政府空间生产的投机性，工业用地扭曲价格配置—招商引资期待和基础设施建设的巨大投资，能够形成一次性的巨大的投资劳动 GDP 增长，而商住用地控制规模，则能够获得巨大的土地出让收入，同时以此质押来撬动更大的杠杆，进行土地的开发。当房地产和城市化出现了困难，地方政府就会通过投资基础设施来拉动经济增长；当房地产和城镇化比较顺畅的时候，政府又会通过调节商住用地规模，甚至改变工业用地和相关区域规划，来发展房地产业，进行城市化，以获得巨大的土地出让收入。

空间生产的投机性也展现在城市化与工业化脱钩乃至城市化与人口流入脱钩而形成的单纯城市空间构造（造城）上。对于地方政府而言，工业用地和招商引资（重资产产业）固然很重要，但投资实业是一个比较复杂的过程，并且产业资本相对于地方政府来言是高度流动的，相较于工业资本投资来言，地方政府处于招商引资的买方市场上。但是，商住用地服务的更多是本地居民和外来的游资，相较于本地居民而言，地方政府在商住用地上却是垄断供应的。因此，通过商住用地的高价出让乃至政府隐性地鼓励投资群体对房地产进行投资，以维持较高的房价，进而维系巨大的土地出让收入，并且以土地质押融资进行更大规模城市化的基础设施建设和房地产业发展，更符合地方政府的短期利益，同时相较于投资实业来说，也更为简单。因此，即便在全国范围内已经出现了居住用地的非均衡扩张，供应大于需求②，但地方政府依然采用行政手段同企业、金融机构、投资者共谋，来维系商品房的高房价水平，进而实现土地融资和土地收入，并以此为基础，再次扩大城市基础设施建设和提高城市化水平，呈现

① 刘守英．土地制度与中国发展［M］．北京：中国人民大学出版社，2018：230.

② 李鑫，马晓冬，肖长江．中国城镇土地非均衡扩张路径与治理策略研究［J］．人文地理，2016，31（02）：83－88＋144.

出了一个鲜明的与人口流入、工业化都没有关系的纯粹的空间构造的城市化特点。换言之，在理想形态上，土地驱动的城市化和工业化发展道路应是一个城市化支撑工业化，工业化填充城市化的资本循环逻辑，空间生产作为资本循环的新的阶段，只是为了吸收过剩的产能、开启新的资本循环和国家为了实现再生产而进行的集体消费和建成环境的建设，资本还是需要回到产业资本循环上。但是，在中国，土地驱动的城市化和工业化发展道路在不少城市已经逐步变成了政府短期政绩、金融机构的利息收入和企业的短期资本增殖、个人投资需要共同驱动的城市化发展路径了，土地金融——土地财政和招商引资——开发城市变成了土地金融和开发城市，资本在建成环境上反复循环，呈现出极强的金融化特点。

最终，高度投机的空间生产就使得整个城市空间变得稀缺和混乱（见图4-3），招商引资不成功，就将工业用地转为商住用地，用以发展房地产业，一旦招商引资成为可能，已经是商住用地的空间又被改造成为工业用地。在发展房地产和进行城镇化过程中，重视能够满足政绩提升（短期出成绩）和能够满足资本积累的经济发展类基础设施建设，而在投资周期长、利润率不高、不容易出成绩的公共服务上显得相对滞后。当城市发展到一定规模的时候，这些投资周期长、利润率不高和不容易出成绩的公共服务设施又需要建设，才能维系城市的正常运行，这些设施的用地又面临着稀缺的问题。一方面是空间的生产；另一方面却是空间的稀缺，究其原因在于，空间生产本身就是满足权力再生产和资本积累的需要，同时空间生产又是通过行政手段和市场手段共同配置，空间生产自然呈现出了投机性，空间的配置就呈现出了高度混乱特点，结果就是空间的稀缺，居民良好居住环境稀缺、因城市功能规划相互冲突而引致的特点工业的用地稀缺、必要公共服务设施用地稀缺，这些稀缺空间往往还在空间分布上高度纠缠，这就导致了空间的紧张，而这正是邻避冲突得以产生的社会基础。

西方国家的城市绅士化的城市更新，发展中国家的大规模城市化，中

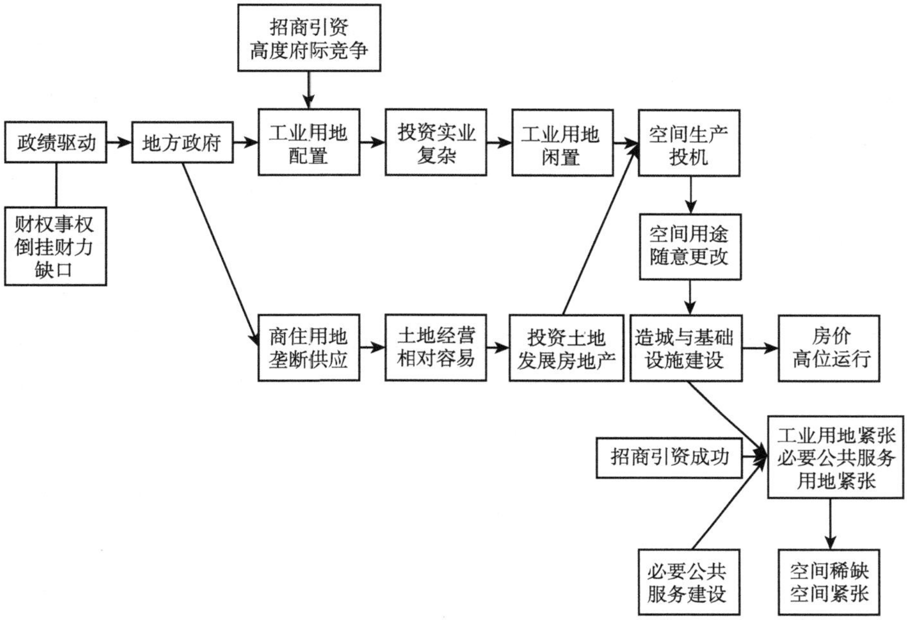

图 4－3　地方政府投机空间生产与空间稀缺

（研究者自制）

国土地驱动的城市化和工业化发展道路标识着空间已经从资本循环的配角转变成了资本循环的主角，成为了剩余价值的主要来源。具体来说，空间的建设和发展原本只是为了产业资本的循环而提供辅助和支撑，它作为固定资本和生产成本的一个部分，剩余价值和利润仍然是通过实体产业来实现。空间生产以国家投资和功能性资本市场为依托，通过建筑业和房地产业来实现，建筑业和房地产业有着较低的资本有机构成和较高的利润率①，而国家投资和功能性资本市场能够吸纳过度积累资本和剩余劳动力，将其转变为固定资本实现周期性贬值，同时空间也可以被生产成为金融产品，实现资本的迅速增殖。当不动产动产化，被虚拟资本化，就意味着空间可

① ［法］亨利·列斐伏尔，李春译．空间与政治（第二版）［M］．上海：上海人民出版社，2015：78－79．

以被用来作为谋求剩余价值的主要来源，那么空间的破坏与空间的生产就成为了“资本主义生产关系投射和规划的核心领域”①。土地驱动的城市化和工业化发展道路正是资本循环空间转向的普遍趋势在中国的注脚，这也意味着异化空间生产的产生。

土地驱动的城市化与工业化发展道路的本质是异化的空间生产。土地驱动的城市化与工业化发展道路将空间的虚拟资本化作为长远的基础设施建设、城市化和教育、社会服务与科学技术等集体消费的支撑，使得在直接生产过程过剩积累的私人资本能够被缓慢折旧，进而开启新的资本积累周期。同时，空间的虚拟资本化就是将土地的未来收益质押作为信贷支持的依托，而土地的未来收益取决于地价——房价的上涨、人口的涌入、经济的持续发展和宽供应的土地与信贷。因此，即便是通过土地的出让和未来收益质押，私人资本获得的土地抵押和房地产发展，个人的房产投资都能够让政府、私人资本和个人获得短期的巨大收益，土地已经成为谋求剩余价值的重要来源。当土地及其延伸（城市建设，工业园区——房地产业，投资性住房等）成为满足地方政府组织利益和政绩的工具，成为私人资本剩余价值的重要来源，成为个人投资暴利的主要渠道，就意味着土地为基础的空间就不再是使用价值和居住优先的美好生活的家园，而是交换价值和投机优先的商品，空间承载的丰富的、地方性的社会关系被单向度的、服从资本积累和权力生产要求的社会关系取代。

4.2.2 异化空间生产的结果

4.2.2.1 空间破坏性重构的内涵

城市化和城市更新作为空间生产的表征就是一个不断的空间破坏性重构的过程，是资本与权力共同操弄的结果。新的空间的生产往往是建立在

① 林密，杨丽京．政治经济学视域中的空间拜物教问题及其批判——以列斐伏尔和苏贾为中心的考察［J］．福建师范大学学报（哲学社会科学版），2020（02）：57－64＋168－169．

对旧的空间的系统性摧毁的基础之上，城市低收入阶层和人群被不断地调整和迁移，而空余下来的空间就被国家和私人资本用以改造，并“生产”出来进行售卖或者以空间的未来收益质押，实现空间的虚拟资本化，以此来进行新一轮的旧的空间破坏和新的空间的生产。

异化空间生产的结果即是空间破坏性重构。空间的破坏是对原有空间整体性、社会与文化传统、美学价值的野蛮破坏，也是对低收入社会阶层的强势驱离，相对应的，新的代表着更为强势的社会文化和更有经济价值的空间就被生产了出来。更进一步来说，空间的生产，即空间的重构与空间的破坏是同一个过程，旧的空间被摧毁与新的空间被生产不仅是外在的物理意义上的空间改变，更意味着旧的局部的不符合资本和权力需要的社会关系被废除，取而代之的就是新的符合资本与权力口味的新的社会关系，空间就被当成了生产资料、消费对象和政治工具。① 空间的生产即是重建空间从而生产新的社会关系，而空间的破坏则是通过拆毁空间而消灭原有的社会关系。空间正是社会关系在当代的主要存在形式，一体两面空间的生产与空间破坏，最终都指向了社会关系的生产与废除。

总的来看，资本与权力操弄的空间生产异化形成了空间的破坏性重构，有三个方面意涵。

第一，旧的空间被破坏。以土地为根基的空间被政府和私人资本以“公共利益”名义征收，进行城市更新和开发。原有的社会关系就被行政力量和市场力量通过居民搬迁和分散的方式，强行破坏。

第二，新的空间的生产。旧的社会关系被拆毁，意味着旧的社会关系所定义的空间成为了一片没有权利的空白。政府和私人资本就可以对这一空白的空间进行重新定义，建构一个符合权力与资本需要的社会关系。

第三，空间的全面虚拟资本化。空间的全面虚拟资本化标识着符合权力与资本需要社会关系的主要内涵，这一社会关系一方面是空间的居住与

① ［法］亨利·列斐伏尔，王志弘译．空间：社会产物与使用价值．载包亚明主编．现代性与空间的生产［M］．上海：上海教育出版社，2003：49－50．

生活功能让位于投资和交换的功能；另一方面，原本人通过对空间的实践来形成对自身价值的外在化的显现和认可，并与其他主体在对空间实践过程里形成新的丰富的社会交往关系，使得空间具有了自身价值的外化肯定和对他人价值的关照。但是，当空间是被投资和交换的时候，就意味着人已经不再将对空间的实践标识的外在的自我价值和与他人交往关系的发展视为空间的主要价值，而是将空间迅速地出卖，这就使得空间的货币成为唯一能够标识人的价值的符号，人在这一过程里，不自觉地主动将自己异化。

4.2.2.2 空间断裂

不断的空间破坏性重构意味着旧的空间不断被摧毁，新的空间不断被生产，旧的不符合规范和要求的社会关系被新的符合规范和要求的社会关系取代。在空间剧烈变化的表象之下，是社会关系的剧烈变化。由于当下社会关系的主要存在形式就是空间，通过空间的破坏性重构，原先整体的生活空间和人与人相互依赖的关系空间就断裂了，变成了同质化的抽象空间和碎片化个体空间。在空间破坏性重构过程里，空间也被逐步地私有化与商品化。

旧的空间被破坏，新的空间被生产意味着空间的断裂，这一断裂就在两个层面上体现。

第一，在社会经济层面上，空间被私有化——商品化，带来了空间的碎片化——同质化；

第二，在其投射的意识形态层面，则展现出了抽象空间与生活空间的纠缠、个体空间与关系空间的纠缠。

异化的空间生产是资本与权力共同操弄的结果。在马克思主义视野里，资本是一种强迫性的社会关系①，它以生产资料私人所有和对劳动力

① 徐和．政治经济学概论［M］．北京：中国人民大学出版社，2011：91．

的雇佣来占有劳动者创造的剩余价值，并在生产资料与劳动力都需要通过市场交换，而无法制度性使用超经济强制来实现的竞争迫切性的压力下，不断地理性计算成本——收益。作为社会制度的资本主义，它在形式上是理性自利的原子化个体间的“自由契约”和“自由竞争”的交易关系。要使得“自由契约”和“自由竞争”的交易关系得以可重复地进行（制度化），就需要对参与交换的人的价值（劳动力与劳动创造物）进行化约，才能进行普遍的利益计算。在普遍的利益计算和对人的工具理性考量下（将人视为资本积累的客体），现实的人的具有创造性的劳动就被抽象化了，同质化了。同时，人的创造性的劳动本身是一个合作的过程产物，生产是社会化的，但是社会化的生产往往需要分解到个体上才能计算成本和收益，这就使得作为一个整体的社会生产被碎片化了。

对于空间而言，同样如此。当资本循环以空间的破坏和空间的生产为主要支撑，使得城市化、城市更新、建成环境及其直接的载体——房地产业和建筑业从“从属性的经济复兴功能”摆向“调节功能”乃至“统治功能”时[①]，意味着空间需要碎片化和同质化，才能更为方便地破坏和生产。空间原本是一个关联性的整体，而空间存在的问题本身也是无法分割的，但为了服从资本理性计算的需要和权力治理的需要，空间就需要制度性的碎片化，能够更为方便地计算空间的价值和指导空间的改建（废除原先使用价值，增加新的使用价值来提高交换价值），或者重建空间（使用价值和交换价值的重新生产），同时也能够更为便利地出售空间。对于权力而言，由于需要统一的规划空间和经营空间，就需要对多样化的、纷繁复杂的空间抽象化，使得不同的个性的空间能够被同质化，进而被视为建筑材料一般，在意识形态（资本积累与权力生产）指导下，用知识性（规划科学）的手段和方式，将空间打碎、重组，使得空间能够服从权力治理和资本积累的需要。就如奥斯曼的巴黎重建工程，“合并郊区和重新设计

① ［法］亨利·列斐伏尔，李春译．空间与政治（第二版）［M］．上海：上海人民出版社，2015：79.

整个街区”[①] 一方面体现了第二帝国强大的治理权力，120 米宽的巴黎新林荫街道[②]设计夸耀了拿破仑三世的政治权威；另一方面，整个巴黎的空间的同质化也实现了空间的碎片化和以此为基础的重组，使得社会资本（私人资本、国家资本等）能够更加方便地去计算空间的改造成本和收益，进而通过功能性的资本市场，购买债券，进行融资，参与巴黎的改造工程。

空间的碎片化——同质化的实现从宏观上来看，是一个资本和权力治理、操弄的结果，从微观的机制来看，则是在空间的私有化——商品化支撑下完成的。资本和权力共同治理与操弄空间破坏和重建，是在市场交换的原则之下，应用宏观的经济调节（区域尺度重组、行政区划调整、发展规划的制定、土地用途管理与总量控制等）来实现的。对空间的宏观调节是通过市场经济的自发性的个体本位和理性计算的交换作为支撑的，空间的碎片化和同质化需要通过空间的私有化和商品化来实现，否则私人资本就无法参与。

空间的私有化——商品化与空间的碎片化——同质化共同使得当下的空间呈现出了一个看似杂乱无章、充满个性与差异但在本质上却又高度同质、毫无生气的景观。空间的私有化对应着空间的碎片化，在微观层面上，空间的碎片化使得空间被私有化成个体所有，空间就可以被个体充分和自由地处置；在宏观层面上，空间的私有化使得权力和资本可以通过经济利益交换和空间私有化带来的集体行动困难而引致的社会抗争的无力，更好地将空间碎片化。

空间的商品化对应着空间的同质化，从微观上来看，空间的商品化意味着私人资本对空间的经营变得有利可图，私人资本可以不断地重构空间，使得空间商品化程度提高，空间在表象上变得丰富多彩，满足了消费主义对于多样个性的需要；从宏观上来看，空间的商品化也意味着表面上空间多样的形式和个性，仅仅是服务于空间的交换价值，服务于空间的资

---

①② ［英］大卫·哈维，叶启茂等译．叛逆的城市：从城市权利到城市革命［M］．北京：商务印书馆，2016：8.

本增殖可能性，也就意味着空间的同质化。空间对于私人资本来言，是毫无生气的同质化的商品，空间对于现实的人的意义让位于空间对于私人资本的积累需要。对于国家而言，空间就是同质化的治理单元，是划定领域的满足特定功能需要的治理对象，空间的调整和规划都以能够有利私人资本积累进而更好地获得权力的物质内容为目标。

空间生产的异化，即是空间生产服从于私人资本积累和以私人资本积累作为物质内容的权力生产的需要。在当下时代，它通过空间的私有化——商品化，使得整体的、差异的空间能够被制度性地切割，能够被碎片化，进而使得空间能够尽可能地满足资本积累的可交换和权力生产的可治理的需要。因此，作为社会关系存在形式的空间——其不服从资本与权力的部分，被私有化，被国家规划，以使得其能够服从于可交换的需要，社会关系就被摧毁。取而代之的，则是满足资本与权力的社会关系和空间形式，那么，空间的碎片化和同质化也就产生了。随着空间的碎片化和同质化的趋势的强化，空间的可交换性（商品化程度）和可治理性（对国家治理的服从和忠诚）成为衡量空间的唯一标尺，一切不满足这一标尺的空间都会被国家以公共利益（抽象的个人空间权利的复现）空间规划和私人资本的空间市场重塑（以商品化方式来处置基本的生存权利），“同质化的趋势以一种任由它支配的方式实施着压制与压迫”①。服从于同质化（可交换性和可治理性）的空间在现象上展现出了高度的碎片化的特征，这一碎片化的空间被用以交换，部分空间聚集了更多的资源，形成了事实上的空间的等级，这一空间的等级在城市功能区划分和居住分异上表现得尤为突出，“它制造出贫民区、单位、密如织网的独栋住宅，还有那些与周围环境以及市中心都没有关系的虚假的聚居区。于是就有了这样一种刻板的分区：住宅区、商业区、休闲区、边缘空白区，等等”②。空间的碎片化和同质化也使得作为具体的空间的地

---

① 亨利·列斐伏尔著，刘怀玉等译．空间的生产［M］．北京：商务印书馆，2021：454.

② 亨利·列斐伏尔著，刘怀玉等译．空间的生产［M］．北京：商务印书馆，2021：法文第三版前言（1986）XXⅥ.

方，面对着的是高度流动的资本，资本在挑选和雇佣地方。因此，空间的碎片化和同质化也使得空间呈现出高度竞争资本的格局，资本也与特定的地方结合在一起，同其他的资本和地方的联盟进行竞争。空间的竞争要求资源一定程度地集聚，空间的中心和边缘就产生了，空间的等级也就形成了。空间的等级化的形成有两个基本的方向：（1）空间的同质化自然使得碎片化的空间形成级差的等级格局，正如同“凝结着人类无差别劳动”的商品，也有着高低差异的价格一样。（2）因空间的高度竞争，而形成的资源集聚和空间的中心化。空间的等级化与空间的碎片化和同质化并不是并列的关系，相反，空间的等级化是空间的碎片化与同质化的结果。

空间的等级化作为空间的碎片化和同质化的结果，它标识的要么是空间资源、符号和权力的等级，要么是作为行动者对资本高度流动的渴求和资本对行动者的需要的互动关系（资本尽管是高度的流动，但也需要同国家和政府的结合）的结果（政府对空间的功能和层次的规划而形成的空间资源分配的中心——边缘结构等）。那么，空间的等级化在空间生产理论当中，是作为一个理论的结果，而不是理论的构成部分来考虑。在邻避冲突研究里，空间的等级化也更多发挥了描述现象的功能，而非作为解释的原因。更确切地说，在部分案例（漳州古雷承接了厦门迁移的 PX 项目，广州番禺需要承接全市的垃圾处理，北京海淀也需要通过自身来完成垃圾处理）解释上，空间的等级化似乎有着一定的解释能力，但是这些案例的空间等级化指的是行政层级和政治地位的差异在空间功能、资源配置上的再现，与空间的碎片化——同质化之间并没有因果关联，这里的“空间的等级化”应该是空间的等级。由于邻避冲突及其发生逻辑的研究并不主要关注空间等级化（与空间碎片化——同质化关联的空间等级化）的问题，空间的等级化与邻避冲突也没有事实上的因果联系。因此，即便列斐伏尔提出了空间三位一体（空间碎片化——同质化——等级化），但是能对研究起到实质性作用的是空间的碎片化和同质化，空间的等级化与研究主题没有逻辑上的关系，空间的等级化就没有采用。

因此，空间的破坏和空间的生成，在社会经济的微观层面上，就展现为空间的私有化和商品化，以此支撑着宏观层面的空间碎片化和同质化，空间就被视为了资本积累的商品和国家治理的对象。

4.2.2.3 空间意识形态矛盾

空间断裂在意识形态上的投射，形成了生活空间、关系空间同抽象空间和个体空间的纠缠。旧的空间被破坏和新的空间被生产，在社会经济层面上，构造了微观的空间私有化——商品化，宏观的空间碎片化——同质化。这一空间的社会经济层面的变化也投射到了意识形态上，形成了对空间的认识。尽管从理论抽象来看，整体的、人与人相互依赖的关系的生活空间已经被转变成了资本积累的源泉和治理的无差异单元，但是在实践中，空间的转变呈现出的是断裂的特点，这一断裂的特点在经济社会层面上，出现了空间的私有化——商品化和空间的碎片化——同质化，而在意识形态上则呈现出了抽象空间同生活空间、个体空间同关系空间的纠缠。换言之，在现实的生活里，人们并没有完全丧失对自己生活和空间的自主控制权，虽然资本和权力操弄的空间破坏和空间生产的逻辑已经严重侵蚀了生活空间和关系空间。由此，在空间的破坏和空间的生产引发的政府、企业同社会冲突，个体之间的冲突，在意识形态上就展现出了生活空间和抽象空间的纠缠、个体空间和关系空间纠缠的态势。

空间的私有化——商品化和空间的碎片化——同质化都指向了空间的窄化、抽象化和空间价值（使用价值与交换价值）的个体化，这就在意识形态上投射出了一个抽象的空间。抽象空间不仅是列斐伏尔认为的政府和专家视域里的无差异的、物化的空间，也会影响到普通民众对空间的看法。抽象空间具有意识形态性和知识性两个方面的特点，呈现出意识形态性指导知识性，而知识性遮蔽意识形态的特点，政府、专家、企业等对空间的破坏和生产是在规划科学的指导下进行的，但是这一规划科学在根本上服从资本积累和维持权力的需要，而资本积累和维持权力的需要在意识形态上通常以空间改造带来经济发展，实现社会整体福利提升和空间改造能够提升社会治安水平的话语表现出来。

因此，在空间破坏和生产的时候，政府、专业和企业都经常拿出科学、理性和经济发展的话语来为自己的空间改造计划辩护。但是，抽象空间并不会完全充满人们对空间的看法，人始终需要在空间中展开生活和社交，即便这一行动在政府和资本视野下，只是劳动力的再生产，但于具体的、现实的人而言，空间的生活和社交就是生活空间，而生活空间承载和培育着抵御异化和保持差异的生活空间。当政府宣布宏伟的城市更新计划的时候，民众并不全然买账，一方面民众担忧城市更新对空间破坏和生产会对自身空间利益造成损害；另一方面担忧自身的社会关系和文化传统会消失。因此，在意识形态上，空间其实表现出了抽象空间与生活空间的纠缠。

空间的私有化——商品化和空间的碎片化——同质化除了指向抽象空间和生活空间的纠缠之外，也指向了个体空间与关系空间的纠缠，前者更多地表现在城市化和城市更新计划引发的民众、社会同政府、企业、专家抗争上，而后者则更多地表现在私人领域的空间问题解决和空间集体行动达成过程里，民众为了自身的空间利益相互争斗。空间破坏与空间的生产使得空间被碎片化和私有化，空间的价值（使用价值和交换价值）就愈发地个体化，空间价值的个体化根本上与空间问题的不可分割是对立的。空间价值的个体化带来了个体空间，而空间问题的解决需要的是关系空间，是集体控制的空间。空间问题的不可分割和空间的制度化分割带来了集体行动的极大困扰，这一困扰不仅体现在空间问题的难以解决上，更体现在了个体对自我空间价值的高度重视和对他人空间的客体化态度，或者说物化空间关系态度，破坏了人与人之间的社会关系，空间问题更加难以解决。

但是，个体空间也没有完全占据现实的人的大脑，既往的关系空间带来的互助和情感上的补偿与填充，仍然让事事都面临着高度理性和竞争压力的现代人向往，向往一个可以不商品化的和合作的社会关系。因此，象征着人通过互动社会实践来将自己价值外在化得到他人肯定，并生成共同空间的关系空间的想象仍然存在，它标识的理解、共情和合作的社会交往逻辑仍然抵御着个体空间标识的自我、排斥和竞争的工具理性的计算逻辑，个体空间和关系空间呈现出纠缠的状态。

社会经济层面的资本与权力操弄的空间破坏与空间生产，尽管带来了强烈的空间私有化——商品化和空间碎片化——同质化趋势，并投射了一个抽象空间与个体空间的空间意识形态，这一意识形态反复将现实的人和社会关系构造成一个抽象的、原子化的自利的个体存在，构造一个高度竞争和物化的社会关系。但是，社会经济层面的空间破坏与空间生产趋势，意识形态层面的抽象空间和个体空间一旦进入现实的社会生活里，就会面临巨大的生活空间和关系空间的抵抗，人们在内心当中依然相信着互助、合作、共享的共同空间的可能，向往一个去商品化的社会关系，保持自身差异并拥有集体控制空间改造的权利的空间正义。空间生产带来了空间的断裂，但由于生活空间和关系空间的抵抗，使得空间呈现出了资本与权力的投射同现实的人的需要相纠缠的状态。

4.3 “不由自主”的邻避安排

异化的空间生产是邻避冲突得以产生的基础，其表征是空间的破坏性重构，而具体到中国场景里，则体现为土地驱动的城市化和工业化发展道路。随着新自由主义改革的全球化指向，20 世纪末到 21 世纪 20 年代的近 20 年时间，中国的经济社会发展模式同样受到资本循环的空间转向的巨大影响，形成了土地驱动的城市化和工业化发展道路，是一系列制度改革和经济社会发展共同作用的结果。

首先，财税制度和行政管理体制的改革使得适应社会主义市场经济体制的现代政府制度体系得以建立，同时也带来了央地关系的调整，央地财权事权倒挂成为了央地关系的主要特点。地方政府在把经济社会发展和公共服务供给作为主要目标的同时，也面临着极大的财力缺口。

其次，在20世纪90年代的东南亚金融危机和中国国内的生产过剩的情境下，中国参考了西方发达国家面临生产过剩的空间生产的应对方法，具体而言，就是将房地产业作为新的国民经济的支柱性产业，将生产领域过剩的资本积累转移到其他地方，并开启新的资本循环。房地产业的发展使得土地的价值变得极为重要，相应的土地制度改革，为地方政府寻找到了经济发展和提供公共服务的新的财源和关键经济要素。地方政府越来越将城市作为品牌进行开发和经营，城市越来越像一个不断寻求资本积累的增长机器，地方政府也逐步被其经营型逻辑所支配，变成了市场上的经济人，同样受到市场自发性交换固有的投机性、滞后性缺陷的影响。

高速的经济社会发展的代价则是投机的空间生产和空间高度稀缺，邻避冲突的前置环节——邻避设施的安排呈现出服从于资本积累和权力再生产需要的“不由自主”的特点。在经济发展和自身财力不足的双重约束下，流动的资本显然相较于本地的居民而言，对政府更加重要，流动的资本能够帮助政府完成经济社会发展的目标。因此，有助于资本积累、经济发展和政绩实现的商业型邻避设施就能够得到政府的积极安排。然而，对于城市运营至关重要的公共服务型邻避设施，因其投资周期较长和难以迅速展现政绩，政府往往滞后性地安排。投机的空间生产带来了空间的高度稀缺，在邻避设施的扭曲式安排共同作用下，政府“不由自主”地去主动安排商业型邻避设施，又在城市运行难以为继的时候，“不由自主”地去强硬地安排公共服务型邻避设施，空间紧张与空间争夺形式的邻避冲突就此发生。因此，邻避冲突也就难以在源头上实现治理，而是更多是对邻避冲突造成的社会影响进行弥补。

4.3.1 “不由自主”的典型邻避安排

4.3.1.1 投机空间生产与政府空间态度差异

在投机空间生产下，政府空间态度存在着差异，这一差异取决于政府面对的是强势的流动的资本还是弱势的生活的民众。对于前者，政府可能倾向于让空间能够服务于资本积累和权力的生产；而对于后者，政府则可能倾向于牺牲居民的生活空间来满足政府经济发展与实现政绩的需要。投机的空间生产是主责经济发展的地方政府将土地价值资本化作为空间生产内容，进而实现城市化和工业化驱动经济发展的自然结果。特定的制度框架形成的激励体系，使得行动者的认知——策略——行动展现出了稳定性和可复制性。当地方政府面对财力缺口，但又不得不发展经济和提供公共服务的时候，土地权限的下放和土地的宽供应（土地供应和金融供给），就使得政府无师自通般地学会了以土地价值虚拟资本化为内涵的空间生产，来实现土地驱动的城市化和工业化发展道路。在这一过程中，地方政府将土地视为关键的经济要素而"善加利用"，但是工业用地——招商引资和商住用地——房地产分开使用的策略并不一定能够成功，这就会造成较低的土地利用效率、混乱的区域空间规划、相互冲突的城市功能配置等一系列问题，造成了空间的稀缺和空间的紧张。

投机的空间生产有着"不由自主"的特点，地方政府无法全能理性地判断市场、判断未来发展趋势，适时地引进并成功落地产业；同时，囿于土地开发和基础设施建设的巨大投入，地方政府又需要通过商住用地的土地出让收入和房地产相关收入来支撑前期投入和清偿债务，因此，地方政府就倾向于将工业用地改为商住用地来使用。以此为基础，地方政府进行更大规模空间构造和基础设施建设，而这一类空间构造（造城）和基础设施建设又可能受到地方政府主政官员追求短期利益的政绩观的影响，大量基础设施可能是投资周期较短、比较容易出成果的表面的城市建设（宽马路、大广场和公园等），对于城市运行需要的必备的公共服务设施考虑不足。在这一过程中，政府仍然不会忘记招商引资，重资产产业的相关税收收入、吸收就业、学习效应与溢出效应和大量投资对 GDP 拉动都吸引着地方政府，一旦实现招商引资，地方政府就倾向于积极为重资产产业提供用地，而此时的空间已经非常稀缺，并且合适用地都因投机规划而变得不再合适，但是，地方政府仍然会“自顾自地”将重资产产业落地。

在投机的空间生产里，可以看到政府在不同类型用地上的不同态度和策略。在工业用地上，政府非常积极地招商引资，唯恐产业不能落地发展；而在商住用地上，政府则控制商住用地规模，同时以行政手段来维持房产价格泡沫，唯恐房价下跌。政府在不同类型用地上的不同态度和策略形成了不同的空间态度，工业用地上，形成了流动的资本对政府的强势；而在商住用地上，则形成了政府对生活于此的民众的强势。地方政府态度差异受两个方面的影响。

第一，资本的高度流动特点。对资本而言，并非只有一个城市才能落地，而相对于资本，地方政府能够动用的关键性经济要素——土地和政策，都是固定的、高度地方化的，如果资本不青睐地方政府掌握的关键性经济要素，那么这些经济要素就无法进入经济过程，参与资本循环，地方政府自我利益和治理任务就可能落空。“地方性主体在资本流动面前极其无力。因为资本可以任意流动，所以地方主体能做到的就只有努力吸引投资。城市政府削减社会服务，转而将资本直接投向经济发展和城区建设，被这种‘新城市政治’（New Urban Politics，NPU）视为首要目标。依此观点，投资资本无形且不定，而城市却只能拘囿于一地。卡斯特尔（Castells，1989）曾悲观地说，当前的全球政治经济正处于‘无地之力对无力之地’（placeless power vs. powerless place）的困境之中。”[①]

第二，生活于此的居民的弱势。对于居民来言，住房构成了消费的刚需，居民需要通过购买住房（房贷）来实现居住权利。固然，住房对居民也有一定的投资功能，但对于大部分居民来言，住房更多是满足消费（自住或者改善性住房）。同时，由于住房占到家庭资产近六成，而城镇居民在2019年的负债里就有76%是房贷，住房成为了中国家庭的财富压舱石。[②] 相较于

---

① ［美］詹姆斯·德菲利皮斯（James DeFilippis），李春奎等译．全球资本下的社区治理［M］．上海：上海人民出版社，2017：9.

② 兰小欢．置身事内：中国政府与经济发展［M］．上海：上海人民出版社，2021：182.

流动的资本来言，劳动者的流动性较弱，其劳动力的再生产高度依赖于家庭的支持，这就使得当地政府在商住用地供应上，形成了相对于本地居民的卖方市场。更进一步来说，只要劳动者还在当地生活，还要依赖于自身家庭和社会网络提供劳动力再生产的支撑，住房与公共服务的享受形成事实上的关联，就使得劳动者不得不购买住房，保障自身居住权利并享受与住房价格相匹配的公共服务，住房价格差异也起到了作为标识社会阶层符号的象征性功能。

在地方政府投机的空间生产下，地方政府倾向于积极地招商引资并提供一切能够提供的便利，服务于资本。而在城市发展上，地方政府就倾向于维持高房价来获取巨大的土地出让收入和土地金融的可能，对关涉城市运行的必要的“不赚钱”的公共设施动力不足，将公共服务作为调节人口流入和维持房价的工具来使用。要弥补基础设施建设、招商引资的投入和偿付债务，商住用地的高价出让传导到房地产业上，就表现为房价的高位运行，而房价最终是要居民（生产领域的劳动者）来承担。同时，房地产和城市建设也有着极强的投机性。投资周期长、利润率较低的项目，无论是私人资本还是地方政府，都不愿意主动地提供，而倾向于提供那些投资周期较短、利润较高的项目，或者是能够迅速出政绩的项目和设施，即能够满足政府短期政绩和迅速实现资本积累的建设环境投入。城市建设环境投入的选择性供给，也使得那些城市必要的公共设施无法得到及时的安排，而在城市扩张后，缺乏必要公共设施导致城市运行困难的成本就需要居民承担，这些必要公共设施建设又会面临着空间不足带来的落地困难。

在投机的空间生产造成的空间稀缺后果下，政府面对强势的流动资本与弱势的生活的民众，在地方政府土地金融——土地财政和招商引资——开发城市的经营逻辑、资本逻辑上，短期政绩冲动下，就形成了扭曲的邻避决策——重资产的商业型邻避项目的积极争取和邻避属性的公共服务型邻避设施的滞后安排。扭曲的典型邻避决策是“不由自主”的，在政府对两类邻避设施上体现得淋漓尽致：如果不积极地招商引资，那么重资产的商业型邻避项目就会落户他地，地方政府的发展规划和 GDP 拉动及长期、持续收入就难以实现；如果不供应公共服务型邻避设施，那么城市运行将出现重大困难。这种“不由自主”在根本上受到了投机空间生产的塑造，它制造了空间的稀缺，也塑造了扭曲的邻避决策，使得稀缺的空间与邻避设施不可避免地相遇，形成邻避冲突。投机的空间生产还呈现出极强的自我复制性和路径依赖特征，它促使着地方政府不断“以地养地”“以债生债”，不断地投机地改变空间规划，唯有如此，才能够以此偿付债务和进行土地融资，并实现政府的组织利益和满足主政官员的政绩诉求。

4.3.1.2 低治理信任的扭曲邻避决策：商业型邻避设施的主动供给与公共服务型邻避设施的被动安排

邻避决策是扭曲的，一方面它在商业型邻避设施上主动供给，另一方面在公共服务型邻避设施上被动安排，这就体现出了政府和高度流动资本间的密切的联系。为了提高政绩和实现治理目标，地方政府倾向于为资本“保驾护航”，政企关系扭曲，对企业侵害社会、民众利益和污染环境等问题上策略性的对待，消耗了治理信任。土地驱动的城市化和工业化发展道路塑造了政府投机空间生产的行动逻辑，造成了城市空间的高度稀缺。典型邻避冲突植根于政府投机空间生产的行动逻辑与城市空间的高度稀缺，政府投机空间生产的行动逻辑造成了典型邻避设施的扭曲决策，而典型邻避设施的扭曲决策则与空间稀缺发生了互动，形成了空间的紧张，空间紧张进一步就是邻避冲突。

典型邻避设施的扭曲决策有着结构上的基础，使得地方政府总是“不由自主”地做出邻避设施扭曲决策的行为，这一基础就在于土地驱动的城市化和工业化发展道路，财力的缺口、偿付债务的需要、发展经济为数不多的关键性要素、政绩要求，都促使地方政府将土地、空间、城市作为一项资产来开发和经营，促使地方政府为了政绩考核和资本落地而高度竞争，空间投机生产和邻避设施的扭曲决策不可避免。典型邻避设施的扭曲决策，分为两个层面来讨论。

第一，典型邻避设施的扭曲决策体现在对不同类型的邻避设施的态度上，重资产的商业型邻避设施，地方政府往往是积极争取，而公共服务型邻避设施，地方政府往往是消极看待。重资产商业型邻避设施一般投资巨大，能够短期内拉动 GDP，同时这类邻避设施也能给地方政府提供持续的财税收入，可以吸收就业并引入高素质人才，并且可以拉动商住经营产业用地需要，发展商业。从长远来看，重资产商业型邻避设施还可以形成完整的产业生态，强化地方政府的竞争能力，而完整产业生态提供的财税收入也是地方政府能够继续推动基础设施建设、城镇化、公共服务的重要支柱。在典型邻避设施引发抗争里，核产业设施、PX 为代表的重化工业设施落地，地方政府都有着完善产业链的考虑，而类似核电站一类的设施，则是解决经济发展的能源问题。那么，相较于商业型邻避设施的积极争取而言，城市运行必需的公共服务型邻避设施（垃圾焚烧处理设施、社区的养老和临终关怀设施），政府往往又没有那么高的积极性去考虑。这一类设施引发的邻避冲突，通常是城市经济社会发展、规模扩大和人口涌入，使得这一类设施如果再不提供，城市运行将面临着巨大困难，这在很多城市政府在为垃圾焚烧处理设施的辩护话语里能够看到。换言之，公共服务型邻避设施的供给有着“临时抱佛脚”的特点，更重要的是，这一类设施往往用地稀缺，其原因在于规划的合适用地已经被作为他用（商住用地、房地产或者其他产业用地）。城市运行必需的公共服务型邻避设施，往往有着投资周期较长、利润率较低、不容易出成绩的特点，这一类公共服务型邻避设施从抽象来看，是服务于城市运行和劳动力再生产的集体消费设施，这一集体消费设施通常是由国家来提供，是吸收积累过剩的资本，将其转变为固定资本周期性贬值。但是，从具体情境来看，由于地方政府的自我利益存在和地方政府企业化、经营化倾向，这一类集体消费设施，地方政府往往也不愿意积极主动地提供。

第二，决策方式的扭曲和政企关系扭曲带来的治理信任的缺失。在邻避项目规划和决策上，长期以来延续的是政府封闭决策方式，民众实质参与不足、其他国家机关对政府封闭决策的监督和干预缺失。同时，面对强势的流动的资本，地方政府的招商引资和对企业的“帮扶之手”也出现了逾越正常政企关系的界限。地方政府发展经济和提供公共服务治理目标在实践当中，被逐步替换成了支持企业资本积累和向企业提供服务，这就使得地方政府无论是在劳动保护、社会保障还是对企业的安全运营、环境污染上的监管力度大为弱化，甚至漠视企业的违法行为。政府与企业扭曲的政企关系和政府决策的封闭、不民主，就使得民众对政府的信任下降，这种下降的信任使得民众先在的在观念上就认为政府的邻避设施说明、承诺和相关企业、专家的说明，都是靠不住的。因此，无论政府、专家和项目主体用各种科学话语和承诺来为邻避项目辩护，无论为邻避项目戴上多大的“帽子”（经济社会发展），受到影响的民众都很难认同，都会用对应的科学话语、政治话语来解构辩护，政府的着眼点在于技术安全、风险可靠和项目巨大收益，而民众着眼点则在于潜在风险、对政府监管能力的不信任、项目巨大收益惠及社会的怀疑。

4.3.1.3 “各执己见”的空间争夺

政府、专家和项目主体与民众、社会对于同一空间，其观念上的认知是冲突的，形成了抽象空间与生活空间的矛盾，表现出了空间争夺的“各执己见”特点。政府、专家和项目主体对于邻避设施落地的空间定位是抽象的、同质化的，当典型邻避设施落地的时候，民众的抗议和质疑，政府、专家和项目主体无法理解，倾向于将这种抗议和质疑污名化为“情绪的发泄”。对于同一空间来言，政府、专家和项目主体是外在于空间的，是悬浮在空间之上的，是审视、治理空间的，而民众则是栖居于空间，空间对于居民而言，就是生活的场所，是人的价值的重要体现，更遑论空间对于居民而言，还有着极强的财富贮藏的意义。政府、专家和项目主体对空间的理解也正是对民众生活的理解，抽象的、总体的、同质化的、单一的理解下的空间自然而然是一个统计和规划的问题，是一个服从整体战略而可以自主调配的资源，是“物”而非人。

典型邻避设施扭曲决策形成的抽象的、同质化的看待空间的观念在进入司法系统的邻避冲突里也有着典型的体现，通常而言，进入司法程序的邻避冲突多是通过城市空间配置的行政许可（规划许可、环评许可）程序争议来表达。[①] 进入司法程序的空间争夺形式的邻避冲突面临着两个问题。

第一，作为被邻避设施影响的邻避主张者是否在法律上有资格成为邻人的认定。按照《行政诉讼法》规定，除了行政相对人之外，“其他与行政行为有利害关系的公民、法人或者其他组织”因其权利受到行政行为的损害，也可以寻求司法救济。[②]那么，决定邻避主张者是否成为邻人，具有原告资格的，就关联到利害关系的认定上，对于这一问题，国内的司法实务并没有明确的、统一的共识，是否构成利害关系，主要依靠的是法官的判断，而法官判断的依据则来自于技术规范，换言之，是技术规范决定了邻避主张者是否有成为“邻人”的资格。一方面，随着现代社会的发展带来的高度复杂性和客观风险性，司法机关一般秉持着克制的司法审查策略，认为行政机关才是现代社会治理的主角；[③] 另一方面，邻避设施作为建设项目，其公众参与的范围、大小是与建设项目本身的风险关联在一起的，而对建设项目风险大小的判断，本身就是由行政机关根据自身经验和专业知识做出的，是行政机关的自由裁量权范围。换言之，司法机构审查利害关系，决定邻避主张者的邻人资格，进而决定是否将其纳入司法程序，本身就是建立在邻避主张者诉讼对象的行政机关的判断之上。

第二，司法机关面对邻避主张者的权利诉求，应当如何判断的问题。同样，这一判断依据仍然是建立在技术规范标准之上的。在法院看来，技术标准规范设定在最低标准之上的城市空间利益，属于规划行政许可自由

---

①② 鄢德奎．市域邻避治理中空间利益再分配的规范进路［J］．行政法学研究，2021（05）：41－54．

③ 张佳俊．当法律帝国遭遇行政国家［J］．读书，2019（04）：102－110．

裁量权处分的公共利益，项目周边的民众应当对符合技术标准的建设行为负有必要的容忍义务。技术规范标准成为了调节城市空间利益的重要标尺，但是这一实践上的通用做法也面临着争议，即公法上合乎技术标准不能作为私法权利义务增减的抗辩理由。① 从司法实务实践和由此引发的争议来看，政府、项目主体和专家对空间的抽象化、同质化、非人化的看待，使得技术标准也充满着意识形态的偏好——技术上的最低标准，往往考虑的是周边居民最起码的可见的安全风险，但是没有考虑更多维度的风险、损失和长期问题。更进一步来看，联系政府的投机空间生产，其邻避设施的社会利益、公共服务的辩护说辞就更经不起推敲，司法程序所言的技术规范标准规定需要居民负有起码的容忍义务也很难成立。换言之，即便技术标准能够决定行政行为的合法与否，但不能决定私法上是否侵权，邻避设施对邻人的影响需要落实到容忍限度上来考虑②，而容忍限度本身就是情境化的、私人化的，它只可能通过自愿协商方式来解决。

土地驱动的城市化和工业化发展道路塑造了地方政府投机的空间生产，面对着强势的流动的资本和弱势的生活的民众，地方政府“不由自主”地采取了不同的策略，针对前者是尽可能服务，而针对后者则是相对忽视，这种基本的策略映射到邻避设施上，就是商业型邻避设施的主动争取和公共服务型邻避设施的滞后安排，与投机空间生产造成的空间稀缺产生互动，产生空间紧张，使得邻避冲突的环境得以形成。土地驱动的城市化和工业化发展道路形塑了地方政府对空间抽象化、同质化、工具化的看法，物化居民的意识形态与空间认知观念，地方政府在观念上可能很难与栖息于空间的居民形成共情和理解。同时，邻避决策的封闭性、排他性，招商引资带来的政企关系的扭曲性，使得治理的信任下降，民众在对政府的先

---

① 谭启平．符合强制性标准与侵权责任承担的关系［J］．中国法学，2017（04）：174－187.

② 焦富民．容忍义务：相邻权扩张与限制的基点——以不可量物侵扰制度为中心［J］．政法论坛，2013，31（04）：113－120.

在观念怀疑之下，就很难相信政府、项目主体和专家的辩护话语。

4.3.2 “不由自主”的类邻避安排

4.3.2.1 “房权社会”下的复杂空间相邻关系：难以调解物权矛盾的业主治权

在“房权社会”下，空间相邻关系高度复杂，而旨在调节空间相邻关系的业主治权却对物权矛盾的治理程度有限。自从中国开启商品房改革以来，房地产业和建筑业与居民购买住房已经成为土地驱动的城市化和工业化发展道路关键，空间生产的新的社会关系正是以房地产——商品房为载体而生成的，这一新的社会关系即是“房权社会”。

土地驱动的城市化和工业化发展道路需要不断地将土地价值虚拟资本化，而土地价值虚拟资本化是建立在地方政府的偿付能力和银行为代表金融机构对该地未来经济发展潜能的评价，无论是偿付能力还是地区未来经济发展潜能判断，繁荣的房地产业——建筑业和不断上涨的房价，构成了金融机构对地方政府控制的关键经济要素——土地的评估内核。同时，由于土地出让相关收入和房地产——建筑业相关税费收入相较于企业税费收入来言，对地方政府财政收入具有更强的支撑作用，同时也能够更快地收回投资，这取决于建筑业和房地产业的资本更多是流动资本，而非固定资本的特点。那么，当地方政府控制商住用地规模，并以此来进行融资，获得信贷支持，从而进行大规模城市化建设，并通过调节公共服务资源的配置，来实现对人口的调节和聚集，同时，也会采用行政手段和社会投机力量共谋，对保障用房建设态度消极，将房价维持一个比较高的水平，进而维持较高地价。由此，地方政府通过商住用地高价出让，而房地产商则通过高房价来收回成本，或者将土地质押来获得融资，进行投资，从而获得超额利润，最终传导到房价上，由居民承担。换言之，居民购买住房相当于是购买了地方政府的“股票”，以经济增长——房价上涨和公共服务改善来分享地方经济发展的剩余，居民通过劳动创造财富和高储蓄①，被商品房转移出来，成为地方政府建设资金、偿付资金的重要支撑。

高房价建立在高地价之上，作为社会资本的房地产商，资本增殖和积累是其主要目的，为了追求资本增殖和积累，就需要追求超额利润，整个商品房住宅小区设计就会向高建筑密度和高容积率方向靠近。因此，中国商品房小区经常呈现出设计规划居住人数上万人乃至上十万人的巨型商住小区②（相当于一个小城市规模）。房地产商对小区规划和设计需要同时满足当地政府城乡规划和国家的强制性标准，国家的强制性标准主要针对的是普遍意义上的社会最低容忍程度，也就是人作为“社会生物”意义上的能够实现劳动力再生产的最低标准，自然很难谈得上舒适和愉悦。当地政府城乡规划也对商住小区设计、规范提出了相应标准，这些标准需要不低于国家强制标准，但是为了提高地价，地方政府倾向于用比较低的标准（满足国家强制性标准）来进行规划，这也给房地产商带来了较大的利润空间和成本控制空间。因此，房改之后的中国住宅小区就呈现出了总体上的高建筑密度、高容积率的一般特点。

房改意味着单位制向街居制的转变，职住分异成为一个常见的现象，工作场所和工作形成社会关系同居住场所和日常生活形成社会关系分离，两者都有转变成比较纯粹的利益关系的趋势。商住小区的承诺配套也使得房地产商和后续的物业服务机构成为了城市公共服务的承包商和代理人，而商住小区的房价也与城市一般性公共服务挂钩，不同房价标识着不同的区域，分配着不同等级的公共服务资源（基本教育、医疗等、基础设施等）。从内部来看，住宅小区也呈现出居住人数众多、职业差异较大特点，形成了一个比较典型的陌生人社会的基于利益关系的社会交往关系。

土地驱动的城市化和工业化发展道路需要空间生产的支撑，而空间生

① 李嘉．中国城市住房金融化论［M］．北京：经济管理出版社，2021：122.

② 典型的例如贵阳花果园社区规划人口就达30万，而长沙湘江世纪城规划人口达到了10万。（参考自吴晓琳．房权政治：中国城市社区的业主维权［M］．北京：中央编译出版社，2016：83.）

产的枢纽就在于高地价——高房价的依托，中国的普通劳动者以高储蓄和高债务支撑起了中国经济发展，使得住房成为中国人财富的主要组成部分，2014 年房地产资本占居民非金融资产就达到了 90.7%，占全民总资产的 53.8%①，房产已经成为中国居民财富的压舱石，伴随的就是居民的高负债，这一高负债和尚不健全的社会保障，使得中国居民倾向于预防性储蓄，将储蓄转化成房产，对于将储蓄向其他消费品和投资品转化积极性不高。②住房有着消费和投资的两重属性，居民购买住房一方面是满足消费需要（刚需或者改善需求）；另一方面则存在着投资的需要，房价的上涨使得居民愈发依靠贷款来实现对居住权的落实，但是也使得已经购买住房的居民可以通过房价的上涨来实现投资或者改善住房的需要。

因此，住房对于居民来说，是至关重要的，住房所在的小区品质、配套和周边的公共服务资源、商业资源和自身住房的禀赋（户型、楼层等）直接决定了居民住房用于消费（居住）的使用价值，而使用价值和小区、区域乃至整体经济发展、房价变化和公共服务的供给又决定了交换价值（售卖房价）和抵押贷款能够获得的资金支持，对居民人生际遇有着至关重要的影响。换言之，对于一般居民而言，住房的使用价值和交换价值是一体的，不存在分离，使用价值支撑着交换价值，交换价值也不仅受使用价值的影响，也受更为中观和宏观因素的影响。由此，居民住房为基础，生发出来的物权，成为居民重要的权利，这一权利总体上是高度个体化配置的，但是在实践上又离不开集体权利和他人物权的支撑，这种权利之间的相互依赖体现为复杂的空间相邻关系，空间私有化形成空间个体化权利和复杂的空间相邻关系，是中国空间生产宏观进程在居民日常生活政治上的结果。高建筑密度、高容积率商品房小区是复杂空间相邻关系的基础，居民对自身专有部分专有所有权处分在实践上都可能影响到邻人乃至共有部分的物权。房改和空间私有化带来的空间个体化，以及住房成为居民财

①② 李嘉．中国城市住房金融化论［M］．北京：经济管理出版社，2021：3.

富重要组成部分前提下，居民对住房权利尤为看重，更为敏感，形成了以自身物权保障和扩大为起点，对他人物权倾向于工具理性逻辑支配下的利益计算的社会关系为主要纽带的“房权社会”。

中国空间生产在居民日常生活领域，产生了基于空间私有化——住房的“房权社会”，“房权社会”有两个方面。

第一，以业主作为主要的行动者，形成了空间个体化，业主对自身物权的重视和扩大为起点，同时，对其他物权（集体物权或者其他业主物权）则倾向于在工具理性逻辑支配下将他人或者集体物权作为实现并扩展自身物权的资源，形成了对空间关系的物化。

第二，“房权社会”以中高层集合式住宅的物理空间形态为载体，使得业主对自身物权的处理在实践上不得不面临着复杂的空间相邻关系的调整，这就意味着为调整复杂的空间相邻关系，建立在业主专有部分专有所有权、共有部分的持分权以及成员权基础之上的业主自我管理、业主共同体的自我治理显得尤为重要，它是业主之间通过协商的“私下交易”方式来取得对空间相邻关系调整共识的具有一定法律效力的制度化平台。

更进一步来说，“房权社会”首先是空间的私有化和个体化形成的业主对自身物权的保障乃至扩展的重视；其次是业主与业主之间的关系是一个工具理性逻辑居于支配地位，以保障乃至扩大自身物权为目标，导致了业主与业主之间的关系空间的物化趋势；最后是业主之间的关系空间物化为基础的空间相邻关系的调整，需要通过业主自治的制度化平台来实现，并予以确认。

“房权社会”的兴起、形成和发展也意味着空间的私有化（个体化）——商品化及其碎片化的结果，空间的私有化——商品化及其碎片化是对物理空间、社会空间、个体空间的强行割裂，这就造成了物权上的困境：空间问题的不可分割和建立在集体空间控制权利之上的共同行动，但是空间的制度化分割导致的空间个体化和空间的碎片化，使得任何需要集体行动解决空间问题都面临着极大的协商困难，对空间的整合也面临着合法性的质疑。

具体到中国封闭式商品化住房小区来看，空间的私有化、商品化及其碎片化使得业主物权得以形成，也使得业主的共同自治是建立在对自身物权保障、扩大及其延伸的基础之上，然而与空间私有化、商品化和碎片化并行的是空间的职住分异、表面灵活多样但实际工作与休闲时间无法区隔的工作制度、商品关系与利益关系作为主导的社会结构，这就使得业主与业主之间的共同合作和集体行动天然面临着时间、精力、经济代价上的阻碍，但与之相对的，则是房地产、物业机构、政府主管部门的强势和共谋，这就体现在作为最基本的集体行动平台——业主大会及业委会成立困难和其相对尴尬的法律与制度地位上，具体可以体现在：房地产业、物业服务机构、社区和房管行政部门因自身的利益和社会稳定诉求，倾向于为业主大会和业委会成立设置障碍抑或是在房地产总体供给大于需求导致的空置率较高的情况下，入住率较低，业委会难以成立；《物业管理条例》对业主、业委会的赋权和对房管行政部门、物管企业赋权的不平衡，后者具有更大的优势；业委会独立民事主体资格处于模糊地位；业主对业委会监督与制约有限。[①]

从更深层次来看，业主大会及业委会即便作为一个具有独立民事主体资格的组织，也仅仅是一个自治组织，以业主大会和业委会为平台来实现对空间相邻关系的调整在规范上更多处于辅助性的地位，发挥的是有限的调节性的功能。整个小区空间的集体利益是个体物权的抽象，以集体利益为名来对小区空间相邻关系调整，或者部分业主以扩展自身物权为目的来对空间相邻关系的调整，都会面临着相对人的正当的抗争。因此，“房权社会”下的复杂的空间相邻关系，可以概括为两个层面。

第一，在结构层面，“房权社会”下的复杂的空间相邻关系意味着空间问题的不可分割和空间的制度化产生了矛盾。

第二，在治理层面，“房权社会”下的复杂的空间相邻关系则意味着业主自治对空间相邻关系调整的有限性。换言之，“房权社会”下的复杂空间相邻关系可以概括为业主物权投射业主治权，业主物权矛盾限制了业

① 吴晓琳．房权政治：中国城市社区的业主维权［M］．北京：中央编译出版社，2016：15－17．

主治权的治理限度。

4.3.2.2 类邻避安排的难以实现

由于类邻避设施大多属于准公共领域内的集体消费设施，政府等外部主体直接干预程度受限，更多需要业主进行集体协商。然而，在“房权社会”的情境下，类邻避安排同样陷入到了“各执己见”的空间争夺里，类邻避安排难以实现。在当下中国，居住小区内的类邻避安排意味着对空间相邻关系的调整，其典型的体现正是如火如荼的旧楼加电梯工程。旧楼加电梯工程是对原有小区规划的调整，意味着对空间相邻关系的调整，也意味着原有的空间相邻关系和相应物权权利（采光权等）基础而形成的平衡的邻里关系的打破。因此，旧楼加电梯也是当下社区治理的一个难点和重点问题。

旧楼加电梯成为一个重点问题，源自三个方面。

第一，经济发展路径整体转型意味着土地价值虚拟资本化为内涵的空间生产支撑的土地金融——土地财政和招商引资——开发城市的城镇化——工业化发展路径的难以持续，这就使得大量的在房改初期建设的存在先天缺陷的小区，难以通过拆迁重建的方式来实现对住房条件的改善，而只可能通过微更新的方式进行改善，以避免城市更新为名，而土地一二级联动开发为实的地产化的城市绅士化的城市更新模式。①

① 2021 年 8 月 31 日，《住房和城乡建设部关于在实施城市更新行动中防止大拆大建问题的通知》（建科〔2021〕63 号）对城市更新政策进行了收紧，力图将城市更新从地产发放的经营性属性转变为公益属性，其划定的“四道红线”（拆旧比、拆建比、就地与就近安置率、租金年度增长率）改变了城市更新的盈利模式，既往的城市更新盈利关键就在于土地一二级联动开发，即绕过招拍挂的正式土地出让制度，通过协议转让、补交出让金、毛地出让等，将土地的一级开发和二级开发全部交给地产公司来进行，地产公司能够更好地控制成本，形成一体化的改造，并拥有巨大的空间，能够将城市更新转变成城市区域再开发，以地产开发的超额利润去平衡一级开发的投入。但是，63 号文对于拆旧比、拆建比的规定和对存量建筑的尽可能保留的规定，使得地产公司能够进行拆迁和重建的部分大大减少，对地产公司而言，城市更新项目的吸引力不再。相对地，城市更新就会转向城市的长期运营形成的人口吸引、产业入驻带来的持续的财税收入，这就意味着地方政府在城市更新上责任更大，也意味着国有背景的城投平台将可能成为城市更新的主力军。（参考自：中华人民共和国中央人民政府．住房和城乡建设部关于在实施城市更新行动中防止大拆大建问题的通知［EB/OL］.［2022.01.03］. www.gov.cn/zhengce/zhengceku/2021－08/31/content_5634560.htm.）

第二，需要旧楼加电梯的大多属于老旧小区，老旧小区居住老年人居多，随着老龄化社会到来，适老化建设成为紧要的社会议题，而家庭养老作为支撑性养老模式，就意味着相当部分老年人需要居家养老，那么旧楼加电梯，从解决老龄人的出行困难上，就显得尤为必要，与中国传统的敬老道德结合在一起，而获得了道义上的正当性。

第三，由于中国城市内部的空间不平衡发展和住宅的自然折旧，有存量巨大的老旧小区需要改造和加装电梯，这成为了拉动消费和提振内需的短期性重要举措。因此，旧楼加电梯无论是在经济层面（拉动内需）、社会治理层面（适老化建设）还是在政治层面（通过加电梯和老旧小区改造来实现对社区自治组织的充实）都是一个重点问题。

旧楼加电梯也是一个难点问题，体现在两个方面。

第一，随着空间私有化进程开展和房产用途多样化，在同一个小区居住的业主由于诉求差异和经济背景差异，对于旧楼加电梯这一本身就以扩展部分业主物权权利，而损害另一部分业主物权权利的类邻避设施安排，就容易产生利益的纠纷和意见的对立。同时，由于中国的居住小区公共生活发育比较缓慢，有限发育的小区往往是因共同维权行动而生成了公共生活，具体体现就是能够在保障业主共同权利和监督物业管理机构上有所作为的业委会和业主大会。在缺乏制度化地调整空间相邻关系（尤其是电梯对小区共有部分的占用，不仅是平面的，也有空间的，不仅是通行、消防、建筑风险等出行和安全方面的，也有小区景观整体协调等美学价值）的前提下，业主因旧楼加电梯对空间相邻关系的调整，就涉及对小区原有规划许可的更改，小区内部难以协商的问题，就传导到了社区、规划主管部门和法院上，而这就是旧楼加电梯面临的第二个难点。

第二，旧楼加电梯意味着对小区原有规划的调整，是对相邻关系的调整，也是对相应业主的物权权利的扩展或者缩减，这就意味着旧楼加电梯是在改变小区既往的平衡的邻里关系，小区相关业主围绕这一问题都会产生相当大的分歧，物权的扩展或者缩减往往意味着业主住房使用价值的增减，也就意味着其住房交换价值的增减，直接关涉到了业主财富的增减。通常而言，旧楼加电梯使得高层住户使用价值增加带来交换价值的提升，而低层住户使用价值的缩减和交换价值的减少，这无异于对之前的利益分配格局的颠覆性重构，是将低层住户物权利益来补偿高层住户，是一种“私人征收”。但是，小区业主之间就这一问题难以协调，问题就会转移到社区和规划部门。对于社区和规划部门来言，旧楼加电梯成了一个类政治任务，加强宣传，使得加电梯成为“政治正确”，尽可能以推动加电梯为目的的政策供给和调解策略，潜在上就倾向于支持缩减受影响业主的物权权利。在目前大部分城市的加电梯政策中，“双三分之二”条款（本栋本单元三分之二以上的业主以及建筑面积占三分之二以上的多数业主同意）加电梯，规划部门就可以批准成为各地方政府加电梯政策的主要依据。[①] 而在司法实务里，就有案例：“在规划许可合法且无人质疑的情况下，法院认为，有关建设者与相关邻权人之间补偿费用过低的问题，应属于平等主体之间的民事纠纷，并非行政主管部门核发规划许可证所须审查的范围，因而当事人应另寻法律途径解决。”[②] 针对加电梯可能对小区公共部分占用情况，是否应当取得小区全体业主“双过半同意”问题（原《物权法》第76条第2款）的问题，法院认为，应根据案件事实及证据来判断，“如果该电梯工程足以影响小区消防安全及通行等小区业主共同重大利益，则应获得‘双过半同意’，如果未获得‘双过半同意’就颁发规划许可，属于程序违法。如果占用小区公共绿地或道路加装电梯，未影响小区业主共同重大利益，则认定为合理利用，无须获得‘双过半同意’”[③]。

无论是在地方政府规范性文件、政策还是在司法实务里，旧楼加电梯已经成为一个默认的不需要过多争议的问题，旧楼加电梯被阻挠是一个需要解决的问题，阻挠加电梯的物权利益受损的业主，无论是在政府视域、司法实务视域还是在舆论视域里，都被视为了“问题的来源”。从空间生

---

①②③ 肖泽晟．论规划许可变更前和谐相邻关系的行政法保护：以采光权的保护为例［J］．中国法学，2021（05）：202－223.

产形成的“房权社会”来看，旧楼加电梯是平等的民事主体之间围绕空间相邻关系调整而进行的“私下交易”，但是在现有政策、司法实务里，旧楼加电梯这样一个合意的私人领域的财产调整问题被转变成了一个少数服从多数的适用于集体领域和公共领域的民主决策问题，部分业主的物权权利（通行权利）事实上已经被扩大为公共利益。因此，对于旧楼加电梯，潜在的逻辑就是——作为一项民生工程，邻里之间应该相互体谅，高层的老年业主出行权利高于其他业主被影响的物权权利，其他业主对此负有容忍的义务，而容忍的标准则来自国家的相关强制性规范和地方相关规定。换言之，只要加电梯符合双三分之二且建设规划符合国家相关强制性规范和地方相关规定，就意味着加电梯的规划许可能够得到规划部门的同意，对于难以协商成功的低层业主而言，其物权权利只能陷入到缩减的境地，其救济也面临着困难。低层业主固然可以另行主张权利，要求补偿，但是“向建设者主张补偿缺乏民法上的依据，尤其是在规划主管部门已经作出加装电梯许可的情况下”①。在现有的加电梯政策和实践背景下，“行政的归行政、民事的归民事”成为了潜在的逻辑，规划许可合法的同时，民事侵权也可以成立，但在司法实务里，民事侵权的诉求往往意味着对规划许可的质疑，法制的统一性就遭到了破坏。

目前需要厘清的问题就在于——符合国家强制性技术标准且通过双三分之二，是否就意味着行政规划部门就可以下发规划许可，来对第三人的物权权利进行调整，而这一调整相当于同意“私人征用”。

城市空间权利配置，是行政规划部门根据国家强制性标准而进行规划，之后房地产商在不低于国家强制性标准的前提下，被行政规划部门许可，进行建设，根据房价差异，分配了空间相邻关系，配置了实际程度不等的物权权利，而购房者通过购买房产，就已经确认了空间相邻关系和相应配置的物权权利，并以此为基础形成了业主物权和业主整体的自治权

① 肖泽晟．论规划许可变更前和谐相邻关系的行政法保护：以采光权的保护为例［J］．中国法学，2021（05）：202－223．

利。换言之，现有的空间相邻关系是两层契约的结果，第一层契约是规划部门的城乡规划，提供的是符合国家强制性技术规范的物权配置标准；第二层契约，则是建立在第一层契约基础之上，是业主同业主、业主同房地产商、业主同物业管理服务机构以合同的方式确认的物权分配和以此为基础形成的相邻关系及邻里关系。

旧楼加电梯意味着部分业主为了自身物权权利的扩张，而意图改变现有空间规划，改变相邻关系，进而对第三人的物权权利造成了减损，如果建设者和第三人无法达成共识，行政规划部门就下发规划许可的行为构成了侵权。这就相当于规划部门直接绕过了第二层契约，而按照第一层契约来直接地强行改变相邻关系和物权分配。具体来看，（1）任何改变空间规划的行动只有得到规划部门下发的规划许可，才是合法的，这就使得行政规划部门已经成为了私人物权调整是否合适的判断者；（2）在非公共利益的情况下①，行政规划部门为了部分业主（建设者）物权权利扩张，而将本应属于相邻权人的物权权利转移给了建设者，如果建设者不给予相邻权人以其满意的补偿，就违反宪法规定的平等待人原则。因此，从规范层面上的空间相邻关系的调整来看，仅仅依靠“双三分之二”原则就给建设者下发规划许可的行为，即便是未违反国家的强制性标准，也构成了对相邻权、人物权权利的侵犯，符合国家强制性标准并不能够构成不侵权的抗辩理由，违背了平等待人原则，对邻里关系也是破坏，还使得相邻权人的救济陷入困境。从法制统一和避免相关政府部门陷入侵权可能，要求业主间先达成共识（至少不反对并且有补偿）应当和“双三分之二”原则构成加梯的前置性条件。换言之，在法理的层面上来看，即从市场经济的个体形式平等和自由交易精神出发，一致同意的原则才能支撑旧楼加电梯的合法性。

严格地从建基在市场经济基本结构的法理制度和法理精神出发，旧楼加电梯这样的涉及对空间相邻关系的调整的类邻避安排，就重新回到了业

① 即便在公共利益下，对第三人物权利益即便没有造成公法意义上的损害（符合国家强制性标准），也会带来私法上的侵权，因此，也需要行政主管部门进行补偿。

主与业主之间的“私下交易”的协商里。意味着在“房权社会”下，空间相邻关系调整首先是一个政府不能直接干预的准公共领域的合意问题，其次才由行政规划部门来予以审查和确认。准公共领域的合意问题，就是一个高度情境化的问题，无论合意与否，都是一件极其正常的事情，正如商事关系里签订合同一样，能否签订也是一件极其正常的事情，并不会被认为是存在值得被公权力和社会舆论关注意义上的“问题”。就这一层面来看，“旧楼加电梯”是一个政府主导发展和治理作为基本制度框架，在适老化建设背景、拉动内需的短期政策、城市有机更新成为趋势的前提下，一个被政府、相关企业、有需求的部分业主“构造出来的问题”。

当不去思考和分析空间生产带来的“房权社会”的宏观背景的前提下，“旧楼加电梯”为代表的类邻避安排的实现，确实不是一个需要公权力和社会舆论“看见”的问题。一旦去思考空间生产带来的“房权社会”背景，类邻避安排本身就是一个存在的、需要关注的问题，在现有的空间相邻关系和物权利益分配关系下，邻里关系是平衡的，但并不意味着邻里关系是“良好的”：一部分业主因为自身经济实力或者年岁增长问题，出行权利客观上由于较高楼层受到了客观上的阻碍；整个小区内部的共有部分公共问题也因为小区业主在自身物权权利扩展和工具理性逻辑支配下的物化空间关系，面临着难以形成合力，使小区要么面临着失管，要么被更为强势的物业管理机构和相应政府部门干预的境地。

在空间生产的理论视域下，小区内部以“旧楼加电梯”为代表的类邻避安排难以实现本身就是一个值得关注的，而非“构造出来”的问题，但是类邻避安排之所以面临着如此多的争议，其关键在于对这一现象的发问本身出现了问题。在理论研究、社会舆论关注和政策介入过程里，针对现象的发问是至关重要的，它代表着有干预能力的行动者在特定的意识形态和认知框架的塑造下，对于特定社会现象或者治理问题的问题界定——原因分析——解决方案的“问题式”，也就是一套完整的预先设置而后进行调适的解决方案。发问方式的问题表现在两个方面，如表 4－2 所示。

表 4-2　　类邻避安排两种不恰当的发问方式

发问方式（问题式）	观点	问题界定	归因	解决方式
支持旧楼加电梯	忽视空间生产与“房权社会”带来的空间私有化与空间价值个体化	旧楼加电梯是城市更新和适老化建设必由之路	旧楼加电梯遇到阻挠是一个需要解决的问题，关键在于低层业主的反对	通过政策干预、社区偏向性调解和司法实践对加电梯支持
反对旧楼加电梯	承认空间生产与“房权社会”的合理性	旧楼加电梯应该是一个平等民事主体的合意问题，属于私人领域而非公共领域	旧楼加电梯被政府和社会舆论过度干预	将旧楼加电梯重新定位到准公共领域，避免政府过度干预

（研究者自制）

第一，就目前加电梯政策和司法实务来言，其逻辑就在于为了实现对部分业主物权利益扩展，不顾邻里关系和对其他业主物权权利关照而营造“私人征收”的社会氛围，并允许规划变更。这一逻辑并没有直面“旧楼加电梯”问题的基础——空间问题的不可分割和空间制度化分割之间的矛盾，而只是粗暴地直接调整物权利益，这就相当于让个体来承担本应属于国家的公共服务的社会责任和其他个体需求的变化带来的成本。同时，不恰当发问又使得物权利益受损的个体处于一个“失语”的状态，被视为一个需要解决的问题和风险。

第二，反对公共机关（社区、行政规划部门、司法体系为代表）用偏向性社区调解、政策导向、司法实践干预旧楼加电梯，将旧楼加电梯这一私人领域的平等民事主体的合意协商转变为公共领域问题，倾向于公共机关的不干预，将旧楼加电梯重新定位于私人领域，私人间的自主协商优先于公共机关的偏向性的干预。在旧楼加电梯里空间权益受损的业主、主张的市场交易行为风险自担（购买高层住宅就要承担高层住宅可能面临的不便；不能既“享受”低房价的好处，又要损害他人空间权益而享有更多“通行”的便利；反对对低层业主的“道德绑架”）的业主以及相当程度的社会舆论都倾向于以这样的观点来讨论旧楼加电梯问题。这一观点直接承认了空间生产形成的“房权社会”的合理性，而无视了所谓平衡的邻里关系并不一定是良好的邻里关系，这一关系的维系仍然可能以部分业主经济实力差异（当初因经济实力不足而购置房价相对较低高层住宅或者无力以房换房）而带来的出行权利因自身条件而难以实现为代价。

4.3.2.3 “各执己见”的空间争夺

在以旧楼加电梯为典型的类邻避冲突里，类邻避安排表现出了“不由自主”和“各执己见”的特点。房地产业和居民购房，使得高地价与土地价值资本化得以形成，支撑了土地驱动的城市化和工业化发展道路。高地价传导到房地产上，就是高密度和高容积率的中高层集合式住宅的封闭商品房小区，传导到消费者上，就是高债务的购房。在城市更新逐步放弃了地产开发模式，就意味着老旧小区改造和旧楼加装电梯需要通过小区业主作为主体出资参与改造的方式实现，而老旧小区改造和旧楼加装电梯就涉及对原有的空间相邻关系的改变，这一改变对部分业主的权益产生了巨大的影响，尤其是旧楼加电梯，在房价上就展现出了高层房价与低层房价的重新配置，这无异于居民的家庭财富的重新分配。因此，就业主而言，无论是支持加电梯还是反对加电梯，都有其自身的立场与理由。

第一，支持加电梯的业主在无法通过“大拆大建”方式重新改善住房的前提下，寄望于旧楼加电梯，一方面能够扩展自身的出行权利；另一方面也能够通过可能的加电梯设计来增加居住面积，甚至实现家庭财富的增加。

第二，反对加电梯的业主，由于付出了更高的价格购买了相对舒适的住房，而加电梯则是对自身房产价值的贬损，不仅是交换价值的变化而引致的家庭财富的缩水，也有使用价值的降低。

对于政府而言，由于老旧小区配置安排滞后和住房的自然折旧，同时“大拆大建”式的地产开发的城市更新已经不再可行，老旧小区只可能通过逐步的微更新和有机更新的方式才能保持城市活力，吸引产业入驻，维持城市的经济发展潜力，政府就不得不介入到本是私人领域的业主自治的住宅小区改造。但是，由于住宅小区改造仍然是私人领域的业主自治和集体行动，政府介入干预的程度和工具就比较有限，一般是通过政策调节、社区调解和司法实践的方式来实现政府治理目标，以旧楼加电梯为例，通过便利加电梯业主和为反对加电梯业主维权设置或多或少的障碍和营造舆论氛围的方式，以实现自身的治理目标。

在城市有机更新和微更新的限制下，面对先天不足和自然折旧的老旧小区改造，政府为了实现自身的治理目标（维持城市活力和经济潜力）和有限的介入和干预的前提下，就“不由自主”地采用政策、基层调解偏向、司法实践倾向来支持愿意进行改造的业主。同时，在舆论宣传上，则通过老龄化社会和美好生活等合法性指称，为愿意改造业主营造舆论，这就使得不愿意改造的业主被视为“自私自利”。对于老旧小区改造和旧楼加电梯的业主而言，支持改造和加电梯的业主将自身的出行权利用社会道德规范和国家政策话语进行包装，而反对改造和加电梯的业主则以市场经济的个人自致和私有财产权利对自身的物权权利进行保护，双方都“不由自主”地将自身的物权权益放在第一位，而将他人的物权权益放在次要的位置，使得关系空间物化。在空间生产形成的“房权社会”下，政府站在整体的社会福利立场上，运用政策等宏观调节的方式进行引导和治理，支持或者反对改造（加电梯）的业主也站在各自的得到不同社会规范支持的立场上和逻辑上，在协商过程里，相互否决，呈现出了空间争夺的“各执己见”。

空间的生产带来了空间的私有化——商品化，造成了空间碎片化，形成了“房权社会”，而“房权社会”则存在着空间问题的不可分割和空间的制度化分割之间的矛盾，这一矛盾使得业主以自身物权权利保障和扩展为出发点，倾向于物化空间关系的理性计算逻辑，也使得业主间的自治权很难形成对物权矛盾的调整。同时，在中国高容积率和高建筑密度的中高层集合式住宅的空间形态下，“房权社会”带来的空间问题的不可分割和空间的制度化分割在复杂的空间相邻关系上被强化和放大，空间是高度稀缺的，又是个体化和碎片化的，同时个体化、碎片化的空间权利事实上还是建立在相互依托、支撑的物理空间上（典型的例如加电梯需要占用小区公共部分，也需要对其他业主的建筑外立面进行占用，同时还会对小区整体景观、部分业主采光和隐私形成占用），这就带来了复杂的空间相邻关系。在这种情境下，类邻避安排涉及对小区的现有邻里关系、空间相邻关系、物权利益的调整就会难以落地，每个业主都以自身的物权（包括共有部分的持分权）为出发点，考察自身物权利益的增减，而将其他业主物权视为自身物权保障和扩张的对象，这就展现出了类邻避安排的“不由自主”和空间争夺的“各执己见”的特点。

类邻避安排的“不由自主”和空间争夺的“各执己见”是互文的。由于类邻避安排的私人领域的集体行动性质，政府的政策主张、支持改造与反对改造的业主都有其自身的能够得到社会认可的理由，政府与支持改造的业主站在抽象的社会利益与敬老道德立场上，而反对改造的业主则站在私人物权上，这两种立场在空间高度稀缺下相遇，并互相否决，空间争夺的“各执己见”就凸显了出来。空间争夺的“各执己见”使得类邻避安排呈现出三种“不由自主”的情况。

第一，站在私人物权立场上的反对改造的业主获得了胜利，类邻避安排难以落地，空间相邻关系及其支撑的邻里关系得以维持，原有利益分配方式不变，但存在困难的业主不得不继续忍受困境。

第二，站在社会利益与敬老道德立场上的支持改造的业主和背后的政府获得胜利，类邻避安排以牺牲反对业主物权的方式落地。

第三，类邻避安排得以落地，同时得到了空间受损业主的同意，邻里关系没有恶化，甚至得到改善，其经验并不能够提供其他小区乃至楼栋业主就必然会同意的论证支持。换言之，受损业主是否同意其他业主的改造需要并不来自强制或者规范性的义务，而受到协商过程的心理感受、自身对空间的评估等高度情境化的因素的影响。

4.4 邻避冲突的实质：难以应对空间困境的空间治理

在空间生产的理论视域里，邻避冲突是异化的空间生产，也就是不断的空间的破坏性重构的结果。邻避冲突是空间相邻关系难以调整的体现，也是空间困境的表征，邻避冲突意味着空间争夺对解决空间问题的遮蔽，而空间困境的内涵正是空间制度化分割遮蔽的空间的实质不可分割。不断的空间破坏性重构不断地产生空间困境，也使得建立在空间破坏性重构基础之上的空间治理，难以回应空间困境，让空间困境的治理，陷入到了“强制压服”或者“顺其自然”里。资本循环的空间转向与空间破坏性重构带来的一系列后果，也指出了空间困难的难以治理，其根源在于空间生产集体控制权利的缺失。

4.4.1 空间困境

4.4.1.1 空间困境的表征

在邻避冲突，都可以看到这样一种现象：不同行动主体围绕自身的空间权益而展开相互斗争，展开对现有空间利益配置的控制权的争夺，而真正的空间问题被忽视了，悬而不决了。

在典型邻避冲突里，政府和私人资本以整个社会空间利益作为合法性的指称，但是邻避项目本身的受惠群体局限和建立在涓滴效应上的项目经济发展效应的无法实现，城市运行必备的邻避型公共设施，也因为扭曲的政企关系带来的低治理信任，使得整个社会空间利益说辞变成了一个空洞的话语。在社会空间利益话语之下，是政府和私人资本无意识地、不自觉地将空间抽象化的行动，以满足私人资本积累和政府权力的再生产，与其说是社会整体的空间利益，不如说是政府和私人资本的个体利益，空间不是整体的、有机的空间，而是抽象的，将民众生活空间平均化的抽象空间，是政府和私人资本的空间个体化对社会整体的、有机的空间的投射和改写。

反对邻避设施的民众，站在自身的具体的生活空间之上，来抗争政府和私人资本意图损害自身空间来满足其自身空间诉求的策略和行动。但是，反对邻避设施的民众的诉求往往是邻避设施不影响到自己的空间权益，至于对他人的空间权益的损害，并不是其考虑的主要方面，正如邻避的字面意思“不建在我家门口”一样，反之，建在别人家门口是能够接受的。政府和私人资本为了权力生产和资本增殖的需要，将自身的个体化空间诉求和对居民生活空间抽象化的企图包装成社会空间利益，而反对的民众，本身是为了自己的生活空间权益而提进行抗争，一旦设施不影响到自己，抗争就停止了。典型邻避冲突其实就是个体空间利益的冲突，是一方意图改变现有空间利益配置，而另一方反对的博弈和抗争，这一博弈和抗争被形形色色的空间争夺的话语和知识冲突所遮蔽，表面上讨论的是具体的治理问题或者共同的空间发展诉求，实际上讨论的是自身的空间权益的保障和扩展，这就使得有待解决的问题被悬置起来。

在类邻避冲突里，实质的空间问题是整个小区面对的共同的治理问题（停车位、管线改造或者增设养老设施、公共食堂乃至小区的饭店和娱乐设施等），也有可能是部分业主面对的问题（老年业主出行不便利等）。但是，在“房权社会”下，空间私有化和个体化成为业主的物权，业主的物权也意味着人的物质财富和社会价值。同时，小区的高度空间稀缺就使得任何共同治理问题的应对和意图改善部分业主的通行权利，就可能造成对其他业主空间物权的贬损。在空间私有化和个体化投射的空间关系物化的意识形态下，围绕着共同的治理问题或者改善部分业主通行权利的问题，作为个体的业主将自身的空间权益视为唯一出发点和落脚点并冠以整个小区全体业主的空间权益的名号或者社会发展、道德规范的指称，与持相反意见业主进行空间的争夺，这也体现出了当现有空间利益配置发生改变后，发生的空间争夺就是以他人空间的物化为途径的自身空间权益保障和扩展引发的抗争。结果就是，共同的空间问题或者部分业主通行权利被悬置起来了，无法解决。

邻避冲突直接源于空间问题引发的空间相邻关系的变化。空间问题，直观地来看，即是对第三人产生影响的外部性问题。外部性问题指出了物理上的空间是无法分割的，物理空间出现的问题并不会因为制度化的空间隔离而不会扩散。同时，从经济社会层面上来看，空间的改善需要空间规划的改变，即是对现有空间配置格局的改变，现有空间配置格局的改变就意味着对第三人空间权益的变更，空间配置的改变需要征得他人的同意，也说明了空间实质上是不能分割的，之所以要征得他人的同意，大概因为空间被制度化地分割了。

空间的实质不可分割有着三个层面的意涵。

第一，物理层面的空间不可分割。正如段义孚（Yi－Fu Tuan）所言："人类会根据自己的身体或者与他人接触获得的经验来组织空间，以便所组织的空间能够满足自己的生物需要和社会关系需要"①，空间是延续的，而不是间断的，人在改造空间就是在进行社会交往，人对空间的主观感受和对空间的占有也需要他人的承认。因此，物理层面的空间不可分割在人与人的社会交往关系上得到了事实上的承认，人无法孤立地占有空间。

第二，社会经济层面的空间不可分割。社会经济发展需要对空间进行安排，对空间的安排和分配是一个社会化的过程，而非人孤立地静态地改造纯粹的物质空间。通过合作等社会化途径，空间就得以按照人的需要进行配置，并逐步沉淀下来，从纯粹的劳动合作的场域逐步变成社会价值观念的具象。

第三，空间在文化观念与社会价值上的不可分割。人们在满足自身生物和社会关系需要上通过合作来确定空间，并将空间逐步染上情感纽带和

① ［美］段义孚，王志标译．空间与地方：经验的视角［M］．北京：中国人民大学出版社，2017：27．

社会价值符号的色彩，空间也就沉淀下来，变成生活发生的场所，变成邻里与家。空间的实质不可分割正是空间的物理不可分割、社会经济发展的合作过程不可分割、文化观念与社会价值不可分割三个层面的统一，共同指向了人的社会性存在，人是社会关系的产物的判断上，也指向了空间是社会关系的载体。

当实质空间不可分割被制度化分割后，就意味着空间的断裂，意味着空间的私有化——商品化所造成的空间碎片化和同质化，也意味着抽象空间和生活空间的纠缠、个体空间和关系空间的纠缠。空间的断裂使得空间问题出现了两个特点：（1）空间问题被凭空制造出来；（2）实质真实存在的空间问题难以应对。

空间生产意味着空间成为谋求剩余价值和国家权力再生产的主要来源，空间的生产即是空间的破坏性重构，空间的破坏性重构一方面是对物理空间的改造；另一方面也是对定义物理空间的社会关系的改造。对于植根于市场竞争—交换体系和权力物质内容依靠私人积累的资本主义和国家来言，空间要成为资本循环的新出口和剩余价值的来源，需要提高空间的可售卖性和可交换性——空间需要被私有化，才能让空间被售卖，而空间的私有化就意味着空间的个体化，同时社会保障与社会福利的撤出，空间私有化后对整体性空间及其社会关系的打击，也使得劳动力再生产的非商品化途径被缩小。那么，拥有空间但不拥有货币的个人和拥有货币、拥有权力的私人资本和国家，就能在市场上进行顺利的交换，以实现对空间的占有和改造。结果，空间就被分割为结构上的服从于政府的治理和资本积累的同质化的、单元化的，如同乐高积木一样可以被随心所欲地搭建的抽象空间和对应的居民的生活空间。与此同时，共同体的生活空间也出现了个体化的倾向，生活空间被分裂成了碎片化的个体空间。

空间被分割为抽象的空间和生活的空间，前者是概念和话语里描述的同质化的、碎片化的抽象空间，政府和私人资本对其进行把握；而后者则是个体生活的地方和邻里，充满着情境性和差异性，是社会价值沉淀下来的地方。在资本主义眼中，充满着情境性和差异性的空间，是不够同质和难以售卖的，而这一类高度地方化和邻里化的空间往往碎片化程度较低的问题，换言之，就是产权不够清晰、不够私人化，不能满足资本主义将空间抽象成为可计算的生产资料的需要，原先空间上的邻里和地方的社会关系也抗拒着资本主义力图将劳动力再生产全面商品化的企图，抗拒着商品逻辑。因此，资本主义和国家通过知识性的空间规划指引下的权力操作，来实现对空间抽象化的意图，以使得空间能够从杂乱无章变得整齐划一，满足资本积累和权力再生产的需要。更重要的是，通过对空间的抽象化来将原先的不利于资本主义和国家的局部的、抵抗性的社会关系转变为忠诚和服从的社会关系，完成意识形态的再生产。

抽象空间对生活空间的殖民对应的更多是结构层面上的，是非人格化的国家和资本基于资本循环的长期需要和以私人积累为基础的政治权力的再生产，对生活空间的定义和控制，空间的碎片化和空间的同质化是空间的商品化和私有化的结果，也支撑了抽象空间对生活空间的殖民。那么个体空间和关系空间的纠缠则是空间被制度化分割后在微观层面、现象层面的展现，空间的个体化使得关系空间被物化，形成了一方空间的保障和扩展是建立在对另一方空间的侵占之上的空间关系，空间关系恰如市场上的高度竞争关系一般，实现自身的利益就意味着将他人客体化和对象化。空间的个体化和关系空间的物化使得微观层面和现象层面的空间又展现出杂乱无章的，缺乏整合和协调的特点，人们的行动出自自身的空间权益，形成了人与人之间围绕着空间相邻关系而开展的不断的争夺。

在空间实质不可分割被空间制度化分割之后，空间被不断地交换、售卖乃至抵押，空间上的所有权关系就变得越来越复杂，制度承认的空间资源就变得高度的稀缺，紧张的空间相邻关系就得以产生。在这种紧张的空间相邻关系下，试图拓展空间利益的行动者就会面临其他行动者的激烈反对，空间问题就被制造出来，如图 4－4 所示。从邻避冲突现象来看，大量的商业型邻避设施，例如 PX 设施、核电站设施等，政府和私人资本为了扩张自己的空间利益，随意改变空间，但又不得不在自身空间生产的结果——空间的稀缺和空间紧张下，面对难以协调众多的空间所有者，这一现象在一般理论视域和公共话语里，就被冠以邻避的术语。本就真实存在的空间问题同样也遭遇到了空间制度化分割带来的协调和集体行动的困难，在邻避冲突的现象里，尤其是公共服务型邻避设施，其面对的都是真实存在的城市运行必须解决的问题，但是空间的制度化分割却使得每个个体的目光始终是从自身的空间出发，而无法从整体的角度出发，真实存在的城市治理问题就难以被解决，平息的仅仅是空间利益冲突而引发的抗争。

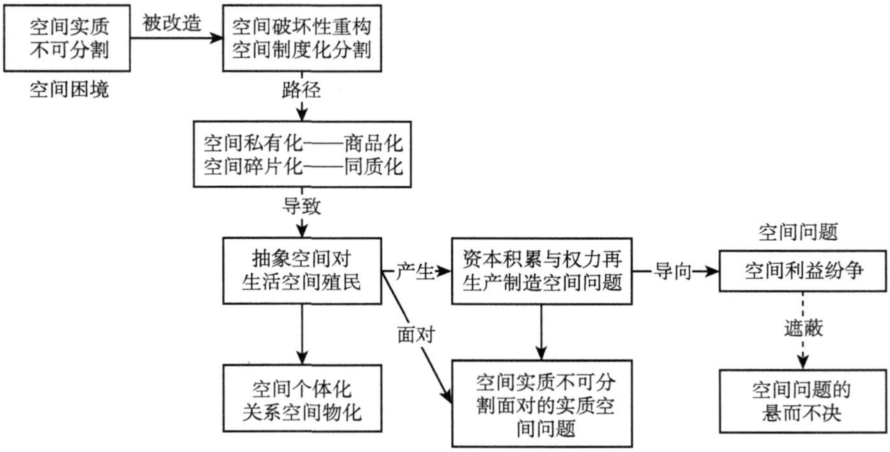

图 4－4　空间困境与空间问题

空间生产造成了空间的制度化分割对空间的实质不可分割的遮蔽，使得人们将精力集中在空间的制度化分割形成的空间个体利益配置格局的调整上，而无法着眼于本就真正存在的空间问题的解决和共同改善空间现状的可能。空间的制度化分割遮蔽了实质存在的物理上的空间问题，也遮蔽了空间相邻关系是一个集体的合作过程而非个体间的竞争，也使得人们更关注于自身，而非邻里，使得物理空间——经济社会层面空间——文化价值层面空间的统一性被割裂，陷入到“和平内战”的空间争夺中。

4.4.1.2 空间困境的根源与空间生产集体控制权利的落空

当空间成为资本循环的出口，成为政府和私人资本用以满足权力的生产和资本积累的需要，也就意味着空间的生产正是一种破坏性的重构，它造成了空间的断裂，形成了空间的制度化分割对空间的实质不可分割的遮蔽，基于空间相邻关系的邻避冲突就会频繁地发生。

空间生产本身是一个正常的现象，人们在社会交往过程里，在实践里都会产生对空间的需要，都会对空间进行变更，在变更空间的过程里，更适应时代的社会关系就得以生成，空间就完成了更新，完成了生产。但是，空间生产作为正常的现象，依赖于空间的合作性重构，而空间的合作性重构则有赖于空间生产的集体控制权利的落实。所谓的空间生产的集体控制权利，哈维将其界定为城市权利："城市权利远超出我们所说的获得城市资源的个人或群体的权利，城市权利是一种按照我们的期望改变或改造城市的权利。另外，改变城市不可避免地依赖于城市化过程中集体力量的运用，所以，城市权利是一种集体的权利，而非个人的权利……是一种对城市化过程拥有某种控制权的诉求，对建设城市和改造城市方式具有某种控制权的诉求，而实现这种对城市的控制权需要采用一种根本的和激进的方式。"① 空间生产的集体控制权利正是哈维所言的城市权利，这一城市权利不建立在"个人权利和私人物权"② 基础之上，而是建立在集体之上。空间生产的集体控制权利的目标在于对共享资源的创造和分配，而共享资源就是空间合作性重构，"共享资源并不是作为一种特定事物、资产甚至特定的社会过程建立起来的，而是作为一种不稳定的和可以持续发展的社会关系而建立起来的……创造共享资源的核心是这样一个原则：社会集团

① ［英］大卫·哈维，叶启茂等译．叛逆的城市：从城市权利到城市革命［M］．北京：商务印书馆，2016：5.

② ［英］大卫·哈维，叶启茂等译．叛逆的城市：从城市权利到城市革命［M］．北京：商务印书馆，2016：4.

和作为共享资源对待的环境之间的关系将是集体的和非商品化的，不受市场交换和市场估价规则限制。”①

通过空间生产的集体控制权利，使得空间生产以空间合作性重构而非破坏性重构面貌出现，从而创造和分配共享资源，这样的论述还显得有些空洞，德菲利皮斯进行了更明确的论述“经济结构和经济关系的构建必须以地方和社区为基础”②，换言之，不是资本挑选地方和社区，将地方和社区视为可以交换和流动的经济要素，而是地方、社区雇佣和控制资本。德菲利皮斯所指出的地方和社区雇佣和控制资本，让“无力之地”能够束缚和驾驭“无地之力”，使哈维的城市权利主张能够得到经济基础的支撑。

反过来看，城市权利的无法实现，空间生产集体控制权利的落空，并不仅仅是决策的封闭和排斥性，而是在于经济生产过程的不民主和缺乏参与，经济生产过程的不民主和缺乏参与又在于资本的私人所有。经济生产过程的不民主和缺乏参与并不被认为是不正当的，反而被认为是正常的，这与政治领域高昂的民主和自由旗帜形成了鲜明的对比，“美国人乐于相信，美国的政治是参与的、民主的。那么，美国的经济呢？”③

在马克思主义视野里，资本主义生产关系的实质是生产资料私有制为基础的雇佣劳动制度，这就意味着在本质上劳动者除了出卖劳动力来换取工资，进而维系劳动力再生产外，是没有其他渠道和途径来维持劳动力的再生产。在劳动力市场上，劳动者自由的只剩下劳动力，而生产资料所有者则拥有货币，劳动者为了维持生计，除了出卖劳动力外，别无他法。从形式上看，在流通领域，劳动者和生产资料所有者是高度的形式平等的自主自愿的交换关系，甚至在特定的时候，劳动力市场还会形成有利于劳动

---

① ［英］大卫·哈维，叶启茂等译．叛逆的城市：从城市权利到城市革命［M］．北京：商务印书馆，2016：74.

② ［美］詹姆斯·德菲利皮斯，李春奎等译．全球资本下的社区治理［M］．上海：上海人民出版社，2017：3.

③ ［美］詹姆斯·德菲利皮斯，李春奎等译．全球资本下的社区治理［M］．上海：上海人民出版社，2017：1.

者议价的卖方市场。但是，从长期来看，劳动者不是将劳动力出卖给这一生产资料所有者，就是另外一个生产资料所有者。但是，无论是卖方市场还是买方市场，一旦进入生产和劳动过程，劳动者就不再是劳动者，而是劳动力的“寄宿容器”。生产资料私人所有者购买的是劳动力，购买的是特殊的有理智的商品。因此，生产资料私人所有者对待劳动者，更多是对待生产资料一样，形成了一个支配与服从的强迫性的生产劳动关系，在这一生产劳动关系里，生产资料所有者反而将自己视为了劳动者。因此，经济的不民主和缺乏参与就被视为正常的，无论是在流通领域自由地出售劳动力，还是在生产和劳动领域被支配和管理，劳动者在出售劳动力的那一刻，就已经在观念上和制度上从人变成物了，变成劳动力的“寄宿容器”了。民主和参与的对象是人，而非物，劳动者是劳动力的“寄宿容器”，是物，而非人。更进一步来看，经济过程的不民主和缺乏参与甚至被认为是一个不存在的问题，因为这是一个关于私人如何处置自己财产的天经地义的事情。

对于空间生产而言，同样如此。空间的私有化和商品化本身就是异化空间生产的结果，空间被个体化，同时也被碎片化和同质化。相对的，就是个体从自身物业出发，而难以形成有效的集体行动去同更具有组织性的私人资本竞争，制止国家和私人资本制造空间问题，也难以脱离自身的狭小视角和立场，去共同解决本就存在的空间问题。更令人无奈的是，国家和私人资本制造的空间问题经常和原本的空间问题被混淆在一起，并以似是而非的“邻避”概念进行不加区分的指称，最典型的莫过于将重资产的商业型邻避设施同公共服务型邻避设施混淆在一起，对居民的抗争进行污名化，也对国家和私人资本自我空间利益进行辩护。空间的私有化——商品化引致的空间的个体化和空间的碎片化——同质化，使得资本循环更加容易了，空间生产的集体控制权利落空，相反，则是人们为了维持自身私有的生活空间的难度更大了，也更容易承担私人资本和国家制造的空间问题的成本，更容易陷入无法解决实质存在的共同空间问题的窘境，如图 4 -5 所示。

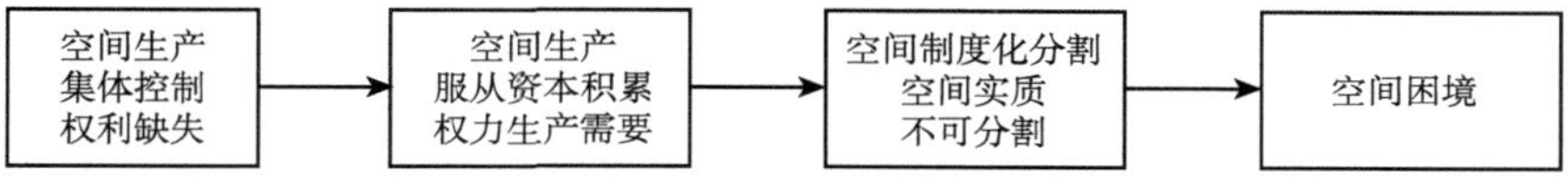

图 4－5　空间困境的根源

4.4.2　空间生产集体控制权利的缺失

4.4.2.1　空间治理的逻辑

在空间生产异化下，空间治理的逻辑即是空间的个体化与空间的争夺。资本通过国家的支撑以“无地之力”凌驾于居民生活栖居的“家”与“邻里”的“无力之地”，使得居民丧失了对自身的空间，对城市的生产的集体控制权利。同时，资本和国家通过空间的生产也实现了对新的社会关系的塑造和旧的社会关系的隔离和削弱，空间私有化和商品化在意识形态上投射出了个体化的空间，并将关系空间物化，整个空间相邻关系的调整和配置是以个体空间权益的保障乃至扩大是以他人空间权益作为对象的单向度行动。

空间私有化和商品化也构造了空间的碎片化和同质化格局，并在现象上又展现出了空间的杂乱无章特点，在意识形态上则投射出了抽象空间对生活空间的殖民。列斐伏尔就这样评论资本主义社会关系下的空间的特点：“这个空间是抽象的吗？是的。但它在具体抽象物（abstractions concretes）的意义上也是‘真实’的，正如商品与货币是真实的一样。”① 空间的碎片化和同质化正是空间的抽象的一面，它是资本增殖的新源泉，剩余价值占有的新领域，是可计算的、无差异的、无个性的。但是，空间的私有化和商品化又使得空间在现象层面上是具体的，是随意的。具体的、随意的、混乱的同时也是私人化的空间使得空间能够服从市场的自发性交

① ［法］亨利·列斐伏尔，刘怀玉等译．空间的生产［M］．北京：商务印书馆，2021：41．

换的“似自然规律”，进而展现出了空间在抽象层面上的同质性。正如列斐伏尔所言“做如此理解的空间，就其本性而言，既是抽象的又是具体的：谓其‘抽象’，是由于它在所有的组成部分的可交换性，因而其无物可保存；谓其‘具体’，是由于它在社会意义上是真实的，并因此可被定为。所以，它是这样一个空间，即一个同质的、然而同时被割裂成碎片的空间。”①

空间的碎片化和同质化，在空间的结构层面上，意味着空间的生产围绕着提高空间的可交换性和可销售性为目标，以提高空间的交换价值来驱动对使用价值的改造，空间高度同质化就在于此，空间的价值在于售卖。空间的碎片化也支撑了空间的同质化，空间的碎片化意味着空间的个体化而非集体化，空间的个体化意味着空间的商品化，意味着空间的可计算性提高，而空间的集体化则意味着空间及其社会关系具有抵御商品关系的可能性。因此，当空间碎片化后，空间的同质化也就得以实现，空间也就能够变成商品。从现象层面来看，空间的碎片化和空间的个体化又使得空间呈现出杂乱无章的形态特点，空间属于个体物业，而个体对空间的处理属于不可议论的私人财产权的范畴，是个体的物业权利，但是这一杂乱无章的形态特点之下又是空间的高度同质化，杂乱无章的形态特点是作为业主的个体对空间市场判断的结果——为了提高自身的空间可销售性和可交换性，在差异性的资源（时间、知识和现有货币）约束下，个体对空间的自我判断而对空间进行的行动，正如市场上琳琅满目的商品或者不断迭代、更新的电子产品、时尚服装一样，丰富多彩的外表和形态之下，仍然是高度同质化的性质和目标——商品和交换价值。

空间的生产及其意识形态的结果也形成了当下空间治理的假设和逻辑。当下空间治理的假设就在于空间的个体化为起点的私人物权，而其治理的逻辑有两点。

---

① ［法］亨利·列斐伏尔，刘怀玉等译．空间的生产［M］．北京：商务印书馆，2021：中译本代序言 XII.

第一，空间相邻关系的调整应以个体间的“私下交易”来实现，这一“私下交易”以自身空间物权利益的保障和扩大，对他人空间物权利益的工具理性地行动为主要方式。

第二，涉及整体空间的调整和重新配置，通常是以社会空间福利的增长和宏观经济的涓滴效应作为潜在答案的方式来开展。

然而，空间治理的假设和逻辑不仅没有实现对空间的有效治理，还使人们陷入了“空间争夺”中，难以自拔。当下空间治理的假设和逻辑所带来的问题也正是资本增殖、国家权力生产和市场竞争逻辑带来的问题在空间上的镜像。对这一问题的考察需要暂时离开空间生产的局部语境，而去往发源于西方的现代政治思想史的脉络里进行简要的梳理，而这一脉络的枢纽就在于霍布斯（Thomas Hobbes），这一现代意识形态主流——自由主义的主要奠基者的思想上。

霍布斯将自己生活的英国内战时期的政治经济景观和社会生活方式投射到了的自然状态上，并在这一自然状态上讨论了自己对人的看法。霍布斯指认的自然状态是一个永恒的战争状态：人们为了保证自己的生命、劳动和财产安全而相互攻击。霍布斯之所以将自然状态视为战争状态与其对人的界定有关。霍布斯认为人之所以为人，是因为人能够通过包括劳动在内各种方式来满足自身需要。那么，人的界定关键就在于“满足自身需要”的限度，这一限度在霍布斯看来是“外界障碍不存在的状态”[①]。换言之，只要人为了自己的生命、劳动和财产的需要，都可以获得自己需要的材料，排除障碍。那么，霍布斯为什么说自然状态是人与人间的战争在逻辑上就得以解释了：当人界定自身，是朝向自我的确证，并将我之外的“非我”视为对立，那么其他人就是自我确证可资利用的材料或者有待排除的工具，人与人的战争就是不可避免的。既然人与人的战争是不可避免的，人性就是自我持存和趋利避害的。

① ［英］霍布斯，黎思复等译．利维坦［M］．北京：商务印书馆，1985：97.

永恒的战争使得每个人都无法持续地保存自我的生命和财产安全，那么人们之间就产生了一个共同的需要，这一共同的需要是基于人性的自我持存而产生的，即一个强大的共同体来保卫每个人的生命和财产安全，这就是霍布斯的契约论。霍布斯的契约论主张所有订约者交出自己的全部权利，首先，从杂多的群众结成政治体的人民[①]；其次，由人民将权利交予第三方——主权者，一个强大的拥有无限权力的利维坦就此诞生了。利维坦由政治体的人民和作为人民这一躯体的精神——主权者共同构成，形成了身体的隐喻。[②]

作为身体隐喻的利维坦有着多重含义，体现了人被异化的完整逻辑过程。从个体的人的角度来看，利维坦的产生是为了保障人的生命和财产安全，人通过放弃权利而结成抽象共同体的人民，并接受主权者的绝对统治，以主权的绝对权力和“让人死”的暴力威慑使用，获得了主权者对生命和财产安全的保障；从主权者的角度来看，主权者在逻辑上并不会出现肆意侵犯公民的生命和私人财产的情况，这一判断与霍布斯本身的部分论述和其他学者对霍布斯契约论的批评存在差异。[③] 做出这一判断的理由有两个方面。

第一，当杂多的群众共同放弃权利而结成政治共同体的人民的时候，作为个体的人就已经丧失了人的独立政治性生命，而成为了人民共同体内部的一个类似细胞的构成性生物生命。

第二，作为利维坦的精神的主权者，主权者的治理是针对是抽象的人而非个体，换言之，是针对作为身体的人民共同体，而非人民共同体上的细胞（个人），个人就丧失了被治理的资格。那么，主权者治理自己的身

---

① ［英］霍布斯，黎思复等译．利维坦［M］．北京：商务印书馆，1985：97＋126＋131－132.

② ［英］霍布斯，应星等译．论公民［M］．贵阳：贵阳人民出版社，2003：70.

③ 参见：申林．利维坦．中国家主权与个人自我保存权之间的张力［J］．武汉大学学报（哲学社会科学版），2014：67（03）：63－69；［英］霍布斯，黎思复等译．利维坦［M］．北京：商务印书馆，1985：169－170.

体的目的是让自己的身体强壮和健康（国家富强），而国家富强需要对自己身体的调节机制有所了解。

利维坦的人民共同体调节机制就是作为雏形的市场经济自发性调节，利维坦对自己身体的干预也需要根据市场经济自发性调节来进行，考虑在必要的时候进行有节制的干预①；视阈再移到微观的个体上，利维坦的身体正常运行就是市场经济的自发性调节，个人进入市场制度中，就意味着进入一个不得毁人性命和财产的“和平内战”中。换言之，自然状态并没有改变，而是被规范化了，人依然没有逃离一个人与人为敌的状态，人将人当成工具的状态。当利维坦的身体无法正常运行的时候，主权者就会将一部分身体的组织、器官和细胞隔离起来，以便恢复正常的功能，甚至将其切除。主权者的这一举动是合乎逻辑的，因为主权者的宣称是人民的权利或者公民的权利，这种宣称要么基于抽象整体，要么基于抽象个体，从来不是基于真实的、具体的人。

霍布斯在本质上将人与人的竞争社会关系和雏形的市场经济体系合法化，只不过采用了一条激进的绝对主义来支持经济上的自由主义和个人主义道路。② 当人是趋利避害的，人的自我实现要建立在客体化他人基础之上，人与人的关系就是战争关系。人们对安全的需要就只能建立在放弃自己的权利，将自己变成一个细胞的前提下才能实现，否则人与人之间就只剩下无休止的战争，无法实现和平。一旦人放弃权利，将权利交予主权者以形成绝对的正当权力的时候，人就不再拥有自由的地位和资格，而是以细胞的形式结成主权者的政治身体。作为个体的人，就只剩下两个命运：要么在高度的市场竞争中进行“和平的内战”，不断地实现主体和客体的轮换；要么被主权者以人民的权利或者公民的权利等合法性指称，合法且

---

① ［英］霍布斯，应星等译．论公民［M］．贵阳：贵阳人民出版社，2003：134；［法］路易·阿尔都塞，吴子枫译．政治与历史：从马基雅维利到马克思（1955－1972年高等师范学校讲义）［M］．西安：西北大学出版社，2018：342－343＋485.

② ［意］罗伯托·埃斯波西托（Roberto Esposito），陈国兴译．免疫范式，载汪民安等主编．生命政治：福柯、阿甘本与埃斯波西托［M］．南京：江苏人民出版社，2011：196.

正当地被剥离种种社会身份，这就展现出了指导着资本主义和国家的自由主义理念的吊诡之处，越抽象、越彻底的个体主义，就意味着越抽象、越彻底的整体主义。[①]

当目光重新返回到当下的空间生产语境及这一语境支配的空间治理的逻辑的时候，霍布斯与自由主义理念的吊诡之处也得以体现。从宏观上来看，空间的私有化和商品化力图实现空间的碎片化和同质化，在这一趋势下，空间被国家和私人资本力图塑造为只有交换和售卖的唯一价值的无差异商品，与之相伴的，空间之上的社会关系就被改造成单向度的个体本位的利益计算关系，这是一种深入人的社会关系的抽象和彻底的整体主义。另外，这一力图彻底地埋葬差异的整体主义在微观上，在现象上，却又体现出了空间个体化之后的杂乱无章的、看似充满着个性和个人自致的空间形态，是一种力图彻底地将空间个体化的趋势。可以说，越抽象、越彻底的个体化的生活空间，就意味着越抽象、越同质、越彻底的无差异的整体的抽象空间，竞争性的、物化的关系空间联结的生活空间就构成了抽象的整体空间。

人们在相互竞争的“和平空间内战”里，不断确认空间的私有化和个体化，确认空间的唯一价值在于可交换性和可销售性，而相对的国家和私人资本则力图更加彻底地将空间及其社会关系商品化、私有化，用其强大的治理与经济权力，以足够的货币同居民的空间进行交换，购买和改造居民的空间，使其服从于自身的需要。即便是国家与私人资本的空间规划暂时地遇到了困难，也并不能够说明现有的空间生产和其意识形态受到了挑战，反而再一次确证了这一意识形态——空间交换的双方形式上是平等的，意志上是自由的，空间是私有的，高度个体化的。随着商品化趋势的加速和深入，金融化的扩展，劳动者劳动力的再生产将不得不完全地依靠市场，多种多样的消费主义和金融投机的观念也诱惑着劳动者“自主”地

① ［加］C. B. 麦克弗森（C. B. Macpherson），张传玺译．占有性个人主义的政治理论：从霍布斯到洛克［M］．杭州：浙江大学出版社，2018：266.

将自己的物业投入到市场上进行交换，或者抵押，结果仍然是一个无主体的国家和私人资本获得了长期的胜利。

回到空间治理上，空间治理立足在空间个体化、私人所有的基本假设上，个体空间通过关系空间的物化而联结在一起，对整体空间的规划和调整以空间市场（个体空间的竞争——交换关系）的涓滴效应作为辩护，就产生了两个后果。

第一，在保障权力和资本积累的结构层面，空间治理的逻辑维系了单向度的、剥削性的空间生产。

第二，在日常的治理上，空间治理则极其有限，它要么以权力的直接入场和强制性的压服的方式，来应对问题或者实现自己的诉求；要么就以空间个体化、私有化和空间相邻关系的调整应该是私人领域合意的结果，将空间治理交给空间市场，顺其自然。空间治理的限度，其结果就是——空间问题的遮蔽和难以解决。

4.4.2.2　难以治理的空间

以空间个体化与空间争夺作为逻辑布展的空间治理，难以应对空间困境，使得空间呈现出强制压服与顺其自然的两种结果。一般而言，空间治理指的就是日常的空间治理，这一日常的空间治理存在着矛盾，列斐伏尔多次谈及了这一矛盾，在《空间：社会产物与使用价值》一文里，列斐伏尔就将空间矛盾描述为“源自私人财产造成的空间粉碎化（pluveriztaion of space）、对可以互相交换之断片（fragments）的需求，以及在前所未有的巨大尺度上处理空间的科学与技术（咨询）能力。‘中心/边缘’的矛盾来自‘全体/部分’的矛盾，因为所有的全球性构造，都导致集中的中心性（centrality）的建立”①，在《空间与政治（第二版）》里，列斐伏尔对空间的矛盾是这样讨论的：“这些矛盾来自于实践的、社会的，特别是资本

① ［法］亨利·列斐伏尔．空间：社会产物与使用价值．载包亚明主编．现代性与空间的生产［M］．上海：上海教育出版社，2003：51.

主义的内容。事实上，这个资本主义社会的空间追求的是理性，然而在实践中，它却被商业化、碎片化，并被一部分一部分地出售。由此，它是总体性的，同时又是零散性的。它显示出了逻辑性，并被不合理地分割了。这些矛盾表现在制度性的规划中。在这些规划中，人们发现，资产阶级，作为同质阶级，拥有对于空间的双重权力：首先，通过被扩展到了整个空间的土地私有制而保持了集体和国家权力的运行；其次，通过总体性，即知识、战略和国家本身的行为。在两方面之间，存在着一些冲突，特别是在抽象的空间（想象的或者观念的、总体性的和战略性的）与直接的、被感知的、实际的、被分隔和被售卖的空间之间。在制度性的规划之上，这些矛盾出现在了管理的普遍性规划和空间商品的局部性规划之间。”① 列斐伏尔对空间矛盾的表达正是空间困境在空间治理上的体现，空间的制度化分割遮蔽了空间的实质不能分割，一方面，政府和私人资本制造空间问题；另一方面，真实存在的空间问题又因为空间的制度化分割带来的巨大的协商困难而难以解决。

空间的治理服从于空间治理的逻辑，在类邻避冲突上，空间问题的解决有赖于各方对自身空间权益的取舍之后的行动，而个体对空间的认知和理解是多样化的，意图达成集体行动就成为了一个高度情境化的问题。换言之，任何外部主体或者内部的行动者力图用直接的、明显的强力来压服对方，进而实现自己的空间利益的扩张都会面临着其他空间主体的激烈对抗。但是，如果依靠个体自主的协商，空间问题解决就成为了“运气”，在既有的空间生产及意识形态框架下，外部主体并没有资格强力地对处于私人领域的类邻避治理现象进行强烈的、主动的干预。

在典型的邻避冲突上，政府和项目主体以社会整体利益为指称，通过抽象空间的意识形态来指引空间规划，意图对居民的个体化的生活空间进行改造和“殖民”，自然，居民对此会产生巨大的质疑和反对。相对地，

① ［法］亨利·列斐伏尔，李春译．空间与政治（第二版）［M］．上海：上海人民出版社，2015：33.

政府和项目主体可能会采用“威逼”和“利诱”两种方式来实现自身的空间利益诉求。

在空间生产实践里，政府和私人资本从不惮于使用强大的行政权力或者暴力手段来直接地进行空间掠夺，哈维就曾谈道：“在20世纪90年代的首尔，建筑公司和开发商雇佣了相扑选手般的打手队，在整个街区大打出手，不仅摧毁那些在20世纪50年代沿着山坡建设起来的住宅，而且还砸烂了那些居民的个人财产，原因是那里的地价在20世纪90年代后飙升起来。现在，那里建设起了大量高层建筑，完全看不出当初清理土地时的残暴场面。”① 在海南的三江镇麻风病康复医院邻避冲突事件里，原本在市区中心地段的麻风病康复医院就因地价的上涨，而被市政府搬迁出去，以优化整个空间的配置，搬迁的麻风病康复医院还有其他的传染病医院被打包在一起，形成了一个“康乐花园”项目。在三江镇居民的激烈反对下，项目整体停止，但是麻风病康复医院的疗养者却陷入到了无处可去的境地，这一无处可去并不仅仅指的是已有的安身之所陷入到巨大的不确定里，也有外界对他们污名化的恐惧，原本的麻风病康复者的“邻里”与“家”就在政府意图空间生产和规划用地居民“污名化”的反对里，被牺牲了。“康乐花园”项目代表着一大批政府和私人资本意图进行空间改造和空间生产的商业型邻避项目所采用的单向度的决策和强制性的手段所遭遇到的巨大反制。而公共服务型邻避设施遭遇的反对，则使得政府、当地私人资本和民众都陷入到了双输的境地里，政府和私人资本都是流动的，而居民则是栖居于此的，政府和私人资本的空间生产形成的空间稀缺，扭曲邻避设施安排带来的空间紧张，居民的空间个体化，使得整个意图解决城市迫在眉睫的实质空间问题的公共服务型邻避设施被转化成了利益的争夺，长期生活于此的居民更有可能面临着实质空间问题难以解决带来的危害。

空间治理是有限度的，它面对的是无数个碎片化的、分散化的个体化

① ［英］大卫·哈维，叶启茂等译．叛逆的城市：从城市权利到城市革命［M］．北京：商务印书馆，2016：20.

的空间所有者，而无数碎片化的、分散化的个体化的空间所有者发现自己面对的则是少数但又强大的“利益集团”和支撑“利益集团”的政府，而自身又无法超越狭小的视角与个体的立场从而实现整合。强大的“利益集团”和支撑“利益集团”的政府通过“威逼利诱”的方式，来将自身的空间利益诉求强行地让居民服从。相对地，无数碎片化的、分散化的个体空间所有者的居民要么陷入无力反抗的境地，要么会暂时地联合在一起，进行激烈的街头政治般的社会抗争，迫使政府和私人资本停止侵害，但这一抗争本身就是“片断”式的，它能够制止一起政府和私人资本的空间殖民，却无法从根本上去停止这种殖民式的空间生产。同时，围绕着自身居住小区为代表的共同空间问题的解决或者部分居民的必要的空间诉求，无数碎片化的、分散化的个体空间所有者又陷入了空间利益争夺的“和平内战”里。

作为空间资源分配者和空间权益承认者的政府，在这空间治理里，也陷入了困境里。流动的资本使得政府在决策时不得不高度重视其影响，否则，资本的离开可能会使得已有的公共投资期待的经济发展效果“化为泡影”。因此，政府可能倾向于为资本“保驾护航”，以便政府能够维持城市运转并满足自身的组织利益需要，同时扩大城市竞争能力，政府与资本就形成了“增长联盟”。为了留下资本与项目，政府不自觉地采用各种方式去削弱成本，强力推行项目，可能会遭遇巨大反制将会使城市政府信誉贬损和资本离开，但是项目一旦成功的巨大收益和有组织的政府、私人资本面对无组织的居民带来的固有的博弈优势，又使政府愿意采用“威逼利诱”的强制方式，来强行让项目落地。但是，一旦面对着私人领域的共同的邻避问题的解决，例如小区旧楼加电梯，政府就不能过度和直接地干预，而是通过政策供给和资金支撑的方式，来间接地引导居民，实现政府的政策诉求和其背后的政治经济目标。

空间治理的限度就在于此：要么强制地“压服”，要么顺其自然，但无论是哪种方式，空间破坏性重构为内核的空间的异化生产仍然得到了维系。

5 邻避冲突治理路径：空间合作性重构

邻避冲突是空间生产异化，即空间破坏性重构造成的难以治理的空间困境在空间相邻关系上的表征。空间破坏性重构通过空间的私有化——商品化和空间的碎片化——同质化，实现了对空间的制度化分割，遮蔽了空间的实质不可分割，形成了空间困境，即以资本积累和权力再生产的需要而凭空制造空间问题或者回避、拖延应对本就存在的空间问题。同时，建立在空间制度化分割遮蔽下的空间实质不可分割基础之上的空间治理，即以其空间个体化和空间关系物化的空间争夺的治理逻辑，本就难以有效治理空间困境。换言之，空间困境和空间治理本身就共享着空间破坏性重构的同一套逻辑，空间治理是无法回应空间困境的，这就使得空间困境表现出了空间争夺来遮蔽空间问题，空间问题悬而不决。

在邻避冲突上，空间困境就在于邻避安排试图回应的实质存在的不可分割的空间问题被转变成了制度化空间分割而引发的空间争夺，或者是邻避安排凭空制造的空间问题也被转变成了制度化空间分割而引发的空间争夺。具体来看，前者主要指的是公共服务型邻避安排和处于私人领域的集体消费性质的类邻避安排，其回应的问题都是真实存在的亟须解决的空间问题，这一空间问题本身是不可分割，例如城市垃圾处理和住宅小区的物业问题，但在治理上，就被转变成了空间制度化分割而引发的空间争夺，例如物权权利平等的个体之间围绕相邻权的争夺。后者主要指的是商业型邻避安排，商业型邻避安排直接服务于资本积累和权力生产，凭空地改变了空间相邻关系，制造出空间问题，但在治理上，也被转变成了空间制度化分割而引发的空间争夺。

空间生产异化造成空间困境，其根源是空间生产集体控制权利的落空，即空间生产并不服务于栖居于空间的居民的需要，而是服从于流动且抽象的资本积累和权力生产的需要。空间生产异化，即是空间破坏性重构造成空间困境在空间相邻关系上的表征——邻避冲突的化解，将其转向“迎臂”，就需要将空间破坏性重构转变为空间合作性重构，落实空间生产集体控制权利，让空间生产服务于栖居于空间的居民的需要，让制度化分割的空间重新统一起来，实现抽象空间与生活空间重新联结。

空间合作性重构路径以差异空间正义作为规范，空间生产集体控制权利作为依托，力图实现共享空间价值和空间的共同所有。空间合作性重构路径有着现实必然性与理论上的合理性，它是空间生产辩证运动的结果。同时，空间合作性重构也是一个历史的、发展的概念和实践，这就意味着空间合作性重构实现不是一蹴而就的，而是阶段性地有条件地实现。在发展转型和城市有机更新背景下，当代中国的空间合作性重构路径的实现就是以发展空间共享价值作为突破口，在这一过程，不断实现空间生产集体控制权利，为空间合作性重构路径的形成奠定经济基础与社会治理基础。

5.1 “迎臂”的经验启发

有效治理邻避冲突，意味着邻避向“迎臂”的转向，这一转向首先来自实践的经验启发。在成功实现邻避向“迎臂”转向的案例里，共享的空间价值和空间关系的复位成为邻避向“迎臂”转向的重要经验，而这一转向过程上的经验启发也使得作为成功治理邻避的结果——“迎臂”具有了概念构建的可能。“迎臂”的指向应当是破损的空间关系的修复而非将项目的复建作为优先的考量。但是，邻避到“迎臂”转向的经验启发更多来自对成功案例的抽象，具有情境性和偶然性，邻避到“迎臂”转向还需要通过发展趋势上的必然性进行讨论。换言之，只有邻避冲突宏观基础——土地驱动的城市化与工业化发展道路，即是异化空间生产及其表征——空间破坏性重构转型，才能在发展趋势上说明邻避到“迎臂”的转向具有必然性。

5.1.1 “迎臂”的个别经验及其概念抽象

5.1.1.1 “迎臂”的个别经验

邻避到“迎臂”的转向需要建立在空间关系复位支撑的共享空间价值之上。在典型邻避冲突治理里，公共服务型邻避设施引发邻避冲突相较于商业型邻避设施引发邻避冲突更容易实现邻避向“迎臂”的转向。商业型邻避设施大多属于重资产的重化、能源和制造项目，这一类型邻避设施更多服从于市场自发性调节逻辑，地方政府引进这一类项目，从短期对地方政府政绩提升有着较大的帮助。从长期来看，商业型邻避设施引进对于整个地区既有产业链完善、政府财税收入也有着比较长期的正向影响，但是对于与民众生活更加直接相关的拉动就业、公共服务的享受关系相对间接。对于民众而言，城市服务业为代表的第三产业发展和第二产业中的劳动密集型产业能够吸收更多的就业，而商业型邻避设施等重资产的、技术密集型产业则拉动就业有限，技术与资本相对排斥劳动力。同时，商业型邻避设施提供给政府财税收入，来源于商业型邻避设施财税收入向公共服务的转换和提高公共服务质量，并不属于同一逻辑链。因此，对于商业型邻避设施，民众本身态度就容易冷淡。

更重要的是，由于中国长期以来的政府主导型经济发展和扭曲招商引资，使政府在经济发展过程中，更加倾向于站在流动的资本一边而非栖居于当地的民众，政府对社会公共利益的考察也更加倾向于从自身的政绩需要来进行理解和建构。因此，政府对企业的监管比较放松，双方之间可能存在着利益输送关系，这就使得政府的治理信任较低。在大连、厦门、茂名的PX项目里，民众都普遍怀疑政府和企业的项目安全辩护说辞，对项目安全辩护说辞更多不是从技术本身出发，而是从政府对企业既往的监管不到位和企业的不良的生产历史出发，怀疑的是政企关系和政府的治理能力。因此，在对政府治理能力和政府关系的先在质疑下，受益比较间接，但商业型邻避设施长期存在的污染问题的直接承担。就使得民众对商业型邻避设施项目比较反感，更容易引起邻避冲突。而政府在治理邻避冲突过程里，并没有站在民众自身的角度，而是倾向于遮蔽自身的问题，将民众对商业型邻避设施的技术风险、政府监管能力、商业型邻避设施的利益分配和成本承担问题简化为民众的自私自利和民众对科学知识的不了解，将民众的抗争污名化，并倾向于强硬地对待民众抗争，最终使得邻避冲突治理陷入到“一闹就停”的怪圈里。

但是，商业型邻避设施项目也并非简单的民众同政府和私人资本之间的二元对抗，在商业型邻避设施项目里，出现了设施选址地附近的民众支持项目，而设施选址地之外的民众反对项目的情况，一方面说明了在当下空间相邻关系的拓展；另一方面也说明了不同空间区位和社会层级民众对于商业型邻避设施选址的态度是存在差异的。在山东乳山核电站项目、四川什邡钼铜项目、广东江门核燃料园项目三个邻避冲突事件里，设施选址地附近的民众对商业型邻避设施本身持欢迎，至少持不反对态度，而距离选址地相对较远的民众则更为反对商业型邻避设施。由于商业型邻避设施对于选址地有一定要求，一般选址在相对偏僻的地区，而这些地区附近居民往往经济实力相对薄弱，由于缺乏资本的进入，其土地价值一般较低。因此，当商业型邻避设施开始动员搬迁的时候，只要补偿适宜，当地居民比较容易接受，四川什邡钼铜项目、广东江门核燃料园项目里，当地居民愿意为合适的补偿而放弃自己的土地。在这三起邻避冲突里，选址地距离更远的民众并没有直接感受到项目的收益，但是项目的成本却可能对其产生直接的、长远的影响。山东乳山核电站项目里，反对项目的主要是在乳山银滩购买和投资度假房产的外地民众，而当地民众在乳山长期、持续的核电宣传里，对核电项目产生了比较正向的印象，信任政府的治理能力，相信核电项目的经济发展承诺。

尽管商业型邻避设施引发邻避冲突没有转向“迎臂”，但是设施选址地附近居民对项目本身的接受也为邻避治理提供了思路，对空间占用的利益补偿是重要的，利益补偿是否能够让当地居民改变意见，取决于当地居民对目前自身经济状况和搬迁后的发展可能的评估，认为通过对空间占用进行利益补偿就一定能够促使居民转变想法，也是偏颇的。在厦门 PX 项目搬迁到漳州古雷半岛后，漳州尤其是古雷民众虽然未能形成有组织的抗争，但是古雷民众表达出了对搬迁项目反对，尤其是在做出对搬迁项目可能自身的鲍鱼养殖业的摧毁性打击的评估后。

山东乳山核电项目选址地居民的同意，可以发现另外一条重要的经验：治理信任的生成。在邻避冲突里，政府监管企业不力和扭曲政企关系导致的环境治理不佳，是治理信任不高的重要基础。在缺乏治理信任的前提下，政府任何辩护说辞都不会得到民众的正面反应。但是，在乳山的核电项目里，政府持续深入的宣传使得居民产生了对核电项目的信任，并且认为核电项目带动地方经济发展，也会对自身生活的改善有所助益。占用空间的利益补偿乃至项目利益分配和治理信任是商业型邻避设施引发邻避冲突里，能够总结出的可以实现“迎臂”转向的经验，这一“迎臂”转向还比较局限，更多是针对如何让民众接受项目，而非反对项目。换言之，如果将“迎臂”转向视为如何让民众接受项目，政府会产生机会主义的策略行为。

在公共服务型邻避设施引发邻避冲突里，江西九江、浙江余杭和湖北仙桃的垃圾焚烧发电设施引发邻避冲突及其治理里，就呈现出了邻避向“迎臂”的转向，这一转向的基础就在于治理信任的恢复和共享空间价值的生成，治理信任恢复和共享空间价值的生成不仅仅是实现了项目的复建，更重要的是修复了政府与社会之间的关系，使得政府能够从“高高在上”的抽象空间来建构对居民生活空间理解，并以此为依据来对居民生活空间的强硬改造转变为对民众栖息生活空间的理解，二者就能够生成一个共同的空间，这一共同的空间是整体的、不可分割的，它是可持续的利益共享、也是对政府治理能力和项目主体安全生产的信任，这一共同的空间也逐步嵌入居民的生活空间里，成为居民生活空间常见的景观，成为日常生活的一个部分。湖北仙桃的垃圾焚烧发电项目在起初也遭到反对，这一反对来自对政府封闭决策模式质疑、利益分配与成本分担不公、潜在风险，在既往治理里累积起来的矛盾也对政府形象产生了负面影响，政府治理信任较低。仙桃垃圾焚烧发电项目在叫停后，并没有完全中止，而是进入一个系统的沟通和关系修复过程里，这一沟通和关系修复的关键在于治理信任的恢复和共享空间价值的生成，治理信任恢复一方面是针对直接的项目风险本身的风险异议化解；而另一方面则是对日常积累矛盾的化解。治理信任的恢复更多是提供了良好的沟通的基础，但是居民对邻避项目仍然可能不接受，邻避项目是对空间的损害，而居民主要承担了成本。因此，当地政府将垃圾焚烧发电项目扩展为循环经济产业园，并对当地进行投资，使得居民能够切实地感受到垃圾焚烧发电项目带来的经济发展收益。

在以旧楼加装电梯为典型的类邻避冲突里，能够实现成功加电梯的小区和院落，其形式可能是通过对物权的调整需要而生发的治权的培育，即原先缺乏业主自治的小区和院落，在解决物权问题的同时，实现了对治权的生发和培育。其形式也可能并不是通过对治权的培育，而是来自于业主之间的和谐的协商。但是，无论是前者相对正式的治权培育来解决物权问题，还是后者非正式的业主间的私下协商来解决物权问题，旧楼加装电梯为典型的类邻避冲突是准公共领域的集体行动，都需要基于业主自愿的原则。在“房权社会”框架下，业主房产是劳动者财产的重要组成部分，而旧楼加装电梯本身就是对居民房产价值（包括采光权等使用价值和房价等交换价值）的重新分配，因此，业主有充分的理由拒绝调整物权的倡议。更进一步来看，没有实现成功加电梯的小区和院落，无论是支持加电梯业主还是反对加电梯业主，基本上是站在空间个体化立场，将空间关系物化，以工具理性逻辑来对待他人物权。而实现成功加电梯的小区和院落，业主们能够站在对方立场上思考问题，避免完全站在空间个体化立场，以社会交往的“设身处地”的规范性逻辑来抑制工具理性逻辑，成功实现加电梯。空间个体化立场和空间关系物化走向空间的主体间立场和空间关系复位，即将他人空间客体化转变为将他人空间视为自身空间来看待，进而生发出合作、协商的“设身处地”的规范性逻辑抑制工具理性逻辑，是旧楼加电梯能够实现成功的经验。从现象上来看，反对加电梯业主放弃了对自身物权的优先立场，而支持了加电梯业主，但其前提是在降低反对加电梯业主空间价值损失的同时，加电梯业主通过对空间受损业主其他方面空间价值的弥补和增加，例如空间受损业主面对的物业问题的解决，获得了受损业主的理解，进而达成了一致。类邻避冲突向“迎臂”的转向，其关键也在于共享的空间价值的生成和双方信任的达成，这就使得“房权社会”框架下的空间个体化和空间关系物化所产生的将他人空间客体化和工具理性逻辑能够被抑制，共享的空间观念在一定程度上可以替代空间的个体化立场，共享空间观念生发的“设身处地”的规范性逻辑也可以在一定程度上抑制工具理性逻辑。

从经验上来看，邻避冲突实现“迎臂”转向，需要通过共享的空间价值和空间关系的复位来达成。共享的空间价值的生成包括两点。

第一，对受损空间主体空间损失价值的降低和弥补。

第二，产生新的可持续增长的共享空间价值。共享的空间价值的生成能够让受损空间一定程度上转变为共同增长的空间，空间价值受损的居民可以从价值共同增长和分享的空间里，获得经济利益、社会声誉乃至景观享受，能够让空间价值受损居民超越空间个体化的立场，激发出“设身处地”的规范性逻辑。共享的空间价值的形成也使得不同主体能够摆脱原有的断裂和对立的空间破坏性重构实践及其空间个体化、空间关系物化的意识形态投射，开辟出空间合作性重构路径和共享空间的可能。

邻避冲突是空间相邻关系难以调整的体现，而空间相邻关系的难以调整从微观上来看，一是行动者的空间个体化立场；二是行动者间的空间关系物化，即行动者都将自身的空间视为至关重要的，而将他者的空间视为服从自身空间权益保障乃至扩展的工具，倾向于从工具理性的行动逻辑来对他人空间进行计算。共享的空间价值的生成是在空间关系的复位过程中实现的，共享空间价值更针对于空间受损者改变其自身的空间个体化立场，而空间关系的复位则针对改变空间相邻关系的主张者和受益者的行动逻辑的转变。空间关系的复位同样包括两点。

第一，空间观念的转变，即主张者和受益者需要从空间个体化和他者空间的客体化转变为将他者的空间主体化来看待，即以对待自身空间价值的立场平等地对待他人的空间价值。

第二，行动者之间的真诚、平等的沟通和协商，这一沟通和协商需要从利益的分配、既往问题的解决、对邻避设施风险的理解三个环节展开。空间关系的复位使得共享的空间价值能够得以形成，在空间关系的修复过程里，邻避冲突就有向“迎臂”转向的可能。

5.1.1.2 “迎臂”的概念抽象

在最初的含义里，“迎臂”效应是作为邻避效应对立的概念出现，强调的是不同类型设施引发的不同社会反应，邻避设施往往引发的是附近居民的反对和激起社会冲突，而“迎臂”设施指的则是那些能够让附近居民接受甚至欢迎的设施（图书馆等）。随着邻避研究和对邻避现象讨论的社会观念的演进，“迎臂”的指向就得以扩展，不仅仅指的是那些本身可以获得居民欢迎的设施，也扩展到了邻避冲突的治理上，具体来说，就是邻避项目的复建。在国内的邻避冲突治理里，经常出现的就是项目的“一闹就停”的怪圈，对邻避冲突的治理实践和治理言说，都将项目的复建视为邻避冲突得到治理的最佳结果，邻避冲突的治理绩效的衡量就在于两点：（1）冲突状态的中止以及冲突的减少发生。（2）项目的复建。换言之，在目前的治理观念里，“迎臂”指向就包括了冲突状态的平息乃至减少发生和项目的复建两个目标，第一个目标是“迎臂”的底线目标，而第二个目标则是“迎臂”的理想状态。

但是，将“迎臂”指向定位在冲突的平息和项目的复建上，就会混淆两个不同的社会状态，两个社会状态在现象表征上是高度相似的，即邻避设施没有引发社会冲突，被纳入了制度化的治理过程里，项目也得到了复建。但是，这种相似的现象背后则可能存在两种不同社会状态：（1）邻避设施没有引发邻避冲突，可能是当地居民缺乏能力组织起有组织的抗争，而非不存在社会不满，这在漳州古雷 PX 项目和番禺垃圾焚烧发电项目的后续进展里有所体现，项目得到复建也不能证明民众对项目抱有正面或者积极态度。（2）民众支持邻避项目的复建，同时民众与政府、项目主体的关系得到修复，在邻避项目的运营过程里，民众、政府、项目主体甚至有可能形成共同体。前者显然不能被称为“迎臂”，而后者才可能被称为“迎臂”。

将项目复建视为优先目标，而将空间关系的改善视为服从项目复建的工具，就会出现机会主义的策略性行为，反而会损害项目建设的空间关系基础。同时，对于民众来言，邻避设施的进入对当地居民的生活空间会造成事实上的损害，空间相邻关系的调整也不啻于对财富的重新分配，民众对邻避设施的态度本身就相对负面，即便是空间关系得到修复，民众也不一定会支持设施的建设，而民众是否会支持设施的建设，则是一个比较高度的情境化的偶然性的问题——它可能会受到民众对邻避设施对自己未来生活际遇的评估、邻避设施协商过程的感受等多方面的影响。因此，即便空间关系的修复与共享的空间价值的形成是同一过程，被邻避设施影响的民众，也未必会接受共享空间价值对自身空间损失的弥补。

邻避冲突的“迎臂”转向，其指向就比较清晰：邻避冲突的“迎臂”转向，是通过空间关系的复位过程，生成的共享的空间价值，而非优先的项目复建；是从孤立的、断裂的、个体化的空间立场和物化的空间关系走向整体的、融通的共享空间观念和“设身处地”的规范性空间交往关系逻辑，将他者的空间同等地视为自身空间来看待。

基于经验启发的“迎臂”指向的讨论，还具有一定的偶然性，它更多是在微观的社会行动和“一事一议”的治理层面去应对邻避冲突，而缺乏对其理论抽象的规定，使其能够超越情境，走向普遍。因此，邻避冲突的“迎臂”转向还需要对其时代背景的变化进行讨论，讨论其必然性，也需要对其进行理论抽象的规定。

5.1.2 转向“迎臂”的现实必然性

5.1.2.1 空间破坏性重构的转型

空间的破坏性重构即是空间生产的异化，是土地驱动的城市化与工业化发展道路的本质。它发生在城市化与城市中心社会阶层置换的城市绅士化的城市更新背景下，将土地价值虚拟资本化，通过功能性的资本市场和国家干预，将在初次循环上过度积累的资本转向生产与消费的建成环境的投入上，将部分过度积累的资本通过国家的固定投资和服务于长期资本积累的基础设施建设、集体消费供给进行周期性的贬值。同时，由于国家的干预仍然是以市场自发性交换作为主要路径，这就使得社会资本能够参与到国家资本循环的时空修复策略，典型的体现就是房地产业和建筑业的发展支撑的城市绅士化的城市更新、工业园区建设、基础设施建设等，能够起到调整不同部门比例，进而控制资本有机构成比例，降低一般利润率下降的趋势的作用。

空间生产在短期上旨在为初次循环过度积累资本寻找出口，使新的资本能够不断地在初次循环中重新开始，并加快资本积累的速度。从长期来看，过度积累资本被功能性资本市场和国家投入到生产与消费的建成环境上，并以城市基础设施建设、集体消费供给（教育、科技、医疗等公共服务投资）、房地产业主导的城市绅士化的城市更新运动，实现生产关系的再生产，同时也给资本循环开辟了新的通道。但是，资本循环的时空修复策略，也就是资本在空间生产上也会造成过度积累的趋势，“从长期角度来看，创造和生产空间场所的活动显然是投机的，而且虽然这些活动的最初目的是消除过度积累，但通常会面临在今后出现更大规模过度积累的风险。所以城市和其他形式的基础设施投资（横跨大陆的铁路和高速公路、大坝等等）都具有易发生危机的特征。”①

资本的空间生产是通过国家投资和功能性资本市场将在初次循环过度积累资本投入到生产——消费的建成环境和集体消费（公共服务）上，而生产——消费的建成环境和集体消费投入有着投资巨大、投资周期相对较长的特点。因此，资本的空间生产就需要通过金融化的方式进行，将空间的基础——土地虚拟资本化，以土地作为未来收益质押，向金融机构和资本市场融资，才能获得投资的资金来源。同时，由于土地尤其是级差地租较高的土地天然是良好的抵押品，金融机构和资本市场也愿意向抵押者提供金融支持，从中获得高额利息收入，金融机构和资本市场还可以将土地这一抵押品和向抵押者的债务打包成为金融产品，进入资本和金融市场，将风险分散出去。

资本的空间生产是联结资本三次循环的轴心，在资本初次循环过度积累的资本，通过国家投资和功能性资本市场向次级循环投入，使得资本可以在初次循环上重新开始；同时，第二次循环产生的过度积累资本和初次循环过度积累的资本还可以向第三次循环（科技、教育等公共服务）投入。第二次循环联系了初次循环和第三次循环，而第二次循环的关键就是空间生产，即生产与消费的建成环境，而生产与消费的建成环境即是基础设施的建设与城市化、城市绅士化的城市更新运动，城市化与城市绅士化的城市更新运动使得房地产业蓬勃发展，以“住房私有化”来扭曲“住有所居”，形成了空间个体化和私有化的意识形态，将住房这一基本权利商

---

① ［英］大卫·哈维，叶启茂等译．叛逆的城市：从城市权利到城市革命［M］．北京：商务印书馆，2016：43.

品化和货币化，进而使得居民储蓄和社会资本都能够投入到房地产市场上，以房地产市场作为支撑，进入金融和资本市场，来支撑基础设施的建设，而基础设施的建设又会提高城市的吸引力和地租，进而支持房地产业的发展。在第三次循环上，公共服务的投入也与空间生产密切相关，公共服务的巨大投入通常需要通过资本在空间生产的第二次循环来支撑，而公共服务的招牌也为资本的空间生产提供了成本上的便利，公共服务的市场化生产和供给也为资本的空间生产提供了支持。

由于资本的逐利性特征，资本在空间价值的虚拟资本化支撑的空间生产上，会陷入到过度积累，并呈现出金融化的趋势，即悬浮在实际的价值生产上，而沉迷于流通货币资本的虚拟数额的放大，沉迷于泡沫之中。[①] 空间生产带来的虚拟资本的极大的迅速扩张，使得资本的初次循环和第三次循环都成为了资本在二次循环的工具，然而虚拟资本的扩张却是建立在其他部门的价值和剩余价值的生产之上，虚拟资本虽然具有相对的独立性，但是它的本质却是债务，债务需要不断地偿付本息，而本息则来自价值的生产。[②] 一旦价值生产和剩余价值的占有出现了极大的困难，虚拟资本就不可持续，而价值生产和剩余价值占有出现困难在空间生产的时代下，则本身就是空间生产带来的问题，即个体的资本更愿意在能够短期获利的空间生产上进行循环，而不愿意进入更为复杂的初次循环和第三次循环，即便在空间生产里，长期的基础设施投资由于其投资周期较长、利润率较低，个体资本也相对不愿意进入，而更愿意进入城市化和城市绅士化城市更新运动里的房地产业的发展，进行快速的资本积累和短期套利。

空间生产即是空间的破坏性重构，不仅仅是制造泡沫，同时也使得空间断裂，空间私有化——商品化支撑着空间碎片化——同质化，在意识形态上投射了空间个体化和空间关系物化，空间也成为高度竞争和工具理性逻辑支配的“市场自发性调节”的镜像。空间的破坏性重构带来了空间困

---

①② ［英］大卫·哈维著，叶启茂等译．叛逆的城市：从城市权利到城市革命［M］．北京：商务印书馆，2016：41.

境——空间制度化分割遮蔽的空间实质不可分割，空间的破坏性重构破坏了不利于资本积累和权力生产的社会关系，生产出了有利于资本积累和权力生产的社会关系，结果就是空间问题的凭空制造和真实存在空间的问题难以解决。空间破坏性重构一方面带来了空间困境；另一方面也产生了无法回应空间困境的现象表征的空间治理。空间问题悬而不决，空间问题被转变成为无限度的空间争夺，正如空间虚拟化的不可持续一样，空间的治理也难以持续。空间治理将空间问题转变成空间争夺，并没有切实地回应空间问题本身，反而将空间问题延后了，空间问题的爆发最终会传导到社会上，引起更大规模的社会冲突，正如空间虚拟资本化支撑的空间生产一样，在经济增长的前提下，难以偿付的债务可以被不断地打包成债券和金融产品将风险分散出去，但是当经济增长乏力、价值难以生产的时候，虚拟资本的泡沫就会破碎。

5.1.2.2 中国邻避冲突的新变化

随着空间破坏性重构发展道路转型，城市开发也逐步走向了城市更新，中国邻避冲突也呈现出了典型邻避冲突的逐步退场，而类邻避冲突正逐渐成为邻避冲突的主要形式的新变化。在中国，土地驱动的城市化和工业化发展道路在带来中国经济高速增长和促进工业化的同时，也累积了一系列的问题：(1) 资本在空间生产上过度循环，明显出现了脱实向虚的趋势；(2) 地方政府债务问题严重，过于依赖土地金融和单纯的城市空间构造；(3) 房价居高不下，商品房建设排斥经济适用房建设，带来了民生问题与加剧社会不平等；(4) 居民债务负担加重，影响消费；(5) 投射出了空间的个体化与空间关系物化的“房权社会”意识形态，使得涉及空间相邻关系调整的集体行动都变得异常困难，协商成本提高，社会治理难度加大。因此，土地驱动的城市化和工业化发展道路无论是在经济发展、政治秩序还是在社会治理，都已经产生了严重的后果，这一发展路径无法持续下去，它已经遇到了自身的界限，中国面临着经济发展路径的转型。

中国经济发展路径转型在城市治理上有着明确的体现，那就是城市更新已经告别既往的大拆大建式的地产式开发的城市绅士化的城市更新，而是向居民主体的有机更新和微更新方向改变，这一“告别”和“转变”目前并不完全是城市发展与城市治理实践意义上的，而更多是观念上的，即既往大拆大建式的城市更新已经不具有合法性了。同时，随着这一观念变迁被转变成一系列的现实的政策安排和制度规定，中国城市更新就走向了居民主体的方向，换言之，大部分城市小区更新和改造更多是局部的改造，需要居民共同参与，这就对于居民的自治能力提出了考验，而自治能力的提升最大的阻碍就是既往的空间破坏性重构带来的空间断裂，也就是空间私有化——商品化和空间的碎片化——同质化，以及“房权社会”的意识形态，使得居民难以超越狭小的空间个体化立场，这一难以超越，一是住房是居民财富的重要组成部分，也与居民的社会权利紧密地关联在一起；二是居民对自身住房的重视和对他人住房的物化观念。同时，政府的基层治理也不再仅仅是生产与发展的治理，即更多通过政府投资和市场的方式来进行经济发展，政府与民众之间的联系是相对悬浮的，而转向了对居民日常生活的治理。

在城市更新的当下，政府无法再通过完全市场化的、外在于民众的方式进行城市改造，即通过拆迁补偿和市场化购买住房的大拆大建式的地产式开发的城市更新。既往的城市更新意味着政府更多间接性地来通过供给商住用地，由房地产商售卖住房的方式，让居民购买住房来实现居民的住房权利。政府并没有介入到对居民日常生活的治理中，而是外在于居民，通过住房政策的方式来引导居民。城市有机更新和微更新是以居民为主体的更新，需要居民的自治，政府就需要深入到居民的日常生活中，进行大量的调解，以促进居民自治能力提升，完成城市更新，治理就成为了日常生活的治理，政府不再是静观和外在于居民，而是深入到居民生活中，去参与和周旋。因此，类邻避冲突的产生和治理将逐步取代空间破坏性重构带来的典型邻避冲突的治理，成为邻避冲突及其治理的主要场域。

在中国邻避冲突发生逻辑里，服从权力生产与资本积累的扭曲的邻避设施安排使得商业型邻避设施积极争取，而公共服务型邻避设施则滞后安排。投机的空间生产则使得空间规划混乱，空间变得稀缺，邻避设施与居民生活空间就发生了冲突，空间紧张，空间争夺形式的邻避冲突就得以发生。然而，随着土地驱动的城市化和工业化发展道路的转型，意味着严格的空间规划，尤其是对建设用地的控制，邻避型设施规划用地随意改变无论是在政策还是在经济绩效上，都已经不再合算，而城市更新告别大拆大建，强调居民主体的微更新和有机更新之后，典型邻避冲突的发生土壤就逐步被消除了，相反类邻避冲突则加剧了。

类邻避冲突同样是空间生产异化的结果，区别于典型邻避冲突的更多的政府行为和项目载体，类邻避冲突则更多地嵌入私人领域和居民的日常生活里。中国大规模建设的商品房小区也逐步地进入到了更新过程，不能通过大拆大建，就意味着无法通过市场化和商品化的方式实现住房小区的替换，也就意味着绅士化无法大规模开展。那么，老化的商品房小区就需要通过居民、社会、政府三方共同介入的方式实现渐进式的改造，而这一改造更多是私人领域的集体行动，由于老旧小区改造涉及对小区空间规划的改变，对空间相邻关系的改变，而中国小区由于其高层集合式住宅特点，其空间相邻关系复杂，相邻物权的改变会涉及对其他业主专属物权的占用，从而对业主物权产生影响，考虑到业主房屋价值在居民财富中的比重，这一改造事实上直接关涉到了对居民空间价值、对居民财富的改变和重新分配。因此，类邻避冲突治理就更加复杂和情境化，而不能采用过多行政干预的传统治理方式介入，否则极其容易面对居民的反感，并恶化邻里关系。换言之，类邻避冲突治理相较于典型邻避冲突治理来言，更需要将共享的空间价值生产和空间关系的复位放在首位，更需要通过空间的合作性重构来渐进地实现城市更新，将有机城市更新作为医疗中国空间破坏性重构带来的一系列后果的医疗和休养途径，逐步地削弱“房权社会”对中国城市治理与城市发展的影响。

由于中国政府在中国治理中的主导地位，大规模的城市有机更新无法完全让居民全过程地主导进行，其中的协商成本很容易让城市更新面临梗阻。因此，政府在城市有机更新引发的城市治理里，也有更为积极的作用，但这一积极的作用却面对着更大的挑战。在既往的城市发展与城市治理里，政府的治理更多是生产和经济意义上的治理，政府并没有深入地介入居民的日常生活，而是在外部通过政策的方式引导居民来实现政府的经济发展目标。但是，城市更新的居民主体就意味着，政府治理已经进入到了居民日常生活治理，这一治理面临着私人领域公共部门不宜深度干预的潜在意识形态规约，也面临着政府应当如何去介入居民日常生活的难题——政府是平等的协商者还是高高在上的引导者、领导者。政府对居民日常生活的深入介入正是在城市更新背景下生成的，政府对居民的日常生活深度介入是一个做群众工作、走群众路线的过程。因此，当政府深入介入居民日常生活，采用的是既有的运动化或者科层化的治理方式，就会与居民发生全面的冲突，而政府也无法理解居民，居民也无法理解政府，反而会造成政府和社会关系的负面影响。对于类邻避冲突的治理也是如此，政府对居民的治权和日常生活的介入，也可能会遭遇到居民的反对。

从中国空间破坏性重构发展道路转型，中国进入城市有机更新宏观背景着眼，中国典型邻避冲突发生土壤已经被逐步消除，而类邻避冲突却逐步成为一个显著的社会现象。从类邻避冲突的私人领域的集体行动着眼，政府对居民日常生活的全面但又矛盾的介入，居民与居民之间的利益——观念冲突，都表征着邻避冲突已经发生了改变，“迎臂”转向的机遇已经到来。在频繁发生矛盾和冲突的城市更新里，在多样的类邻避冲突里，政府和不同居民就有机会展开协商，开辟走向“迎臂”道路，而这一“迎臂”道路就是通过空间关系的复位来实现共享空间价值的生成。

5.2　实现“迎臂”

邻避冲突是空间生产异化引致的空间相邻关系难以调整的表征，也是空间困境的体现。因此，邻避转向为“迎臂”，从根本上来说，需要通过差异空间正义规范下的空间生产集体控制权利支撑的空间合作性重构路径来实现。空间合作性重构路径是空间生产辩证运动的结果，它具有实践上的必然性和理论上的合理性。空间合作性重构路径既是一个实现空间解放的路径，又是一个不断复位空间生产和解决空间问题的状态，因此，空间合作性重构是一个历史的、发展的概念与实践。

在当下中国，随着土地驱动的城市化和工业化发展道路转变和城市有机更新开展，典型邻避冲突将逐渐让位于处于私人领域的类邻避冲突，成为邻避冲突的典型景观，政府、居民、社会其他主体就需要更为深入和多层次的互动，才能妥善地解决类邻避冲突问题，而在深入和多层次的互动里，空间生产集体控制权利支撑的空间合作性重构的“迎臂”道路就有机会开辟出来。在中国现阶段的发展条件下，从发展空间共享价值入手，以群众路线为依托的政府日常生活治理，将为邻避转向“迎臂”，空间生产集体控制权利的夯实和空间合作性重构路径的阶段性实现奠定坚实的经济基础和牢靠的社会基础。

5.2.1　空间合作性重构的内涵

5.2.1.1　空间合作性重构的理论合理性证成

共享的空间价值生产与空间关系的复位标识了空间合作性重构路径的生成，区别于空间破坏性重构，这一私人物权与个体利益最大化逻辑在空间上的镜像，空间的合作性重构路径以空间生产的集体性控制权利为基础，尊重并保持差异的空间正义作为原则，空间共享价值的持续生成作为目标，需要证成自身的合理性。

空间的破坏性重构是当下空间生产异化的主要内核，其投射的空间个体化与空间关系物化的意识形态形成了对空间问题的归因和治理的理念和实践方式，最典型的体现莫过于在解决公共资源或者公共空间问题的引发的集体行动困难上了，而这一类问题也是类邻避冲突经常发生的领域。空间的破坏性重构在解决公共资源或者公共空间问题上，其倡导的是基于公共空间的制度化分割和私有化的产权清晰策略，以使得个体“趋利避害”的成本——收益计算逻辑成为个体行为的基础，进而对这一行为进行适当的刺激，求得个体的理性行为达成总体的福利的保障。但是，空间的破坏性重构的公共问题或者公共资源的空间治理逻辑并没有解决问题本身，反而加剧了问题，正如类邻避冲突的空间破坏性重构支撑的空间治理难以真正回应空间问题一样。因此，空间的破坏性重构需要走向空间的合作性重构。

然而，从反面批评空间的破坏性重构的无效是直接和简单的，但却无法支撑对空间的合作性重构路径的正面论证，换言之，前者至多是后者的必要条件，而非充分条件。由于空间的破坏性重构投射的意识形态的霸权性，空间的破坏性重构的治理逻辑已经成为现实治理观念与实践的隐秘的、无意识的框架了，要否决空间的破坏性重构，必须要直接地论证空间的合作性重构的合理性。支持空间破坏性重构来治理空间的观点则会抛出“如果空间不被分割和私有化，如果空间治理不从个体的成本——收益计算，那么搭便车的问题将如何解决。”因此，主张空间的合作性重构来治理空间，从根本上消除空间困境，并使得空间困境在空间相邻关系上的表征——邻避得以转向“迎臂”，就需要证明空间的合作性重构路径的合理性。对空间合作性重构路径的合理性的证明，首先还是需要从空间破坏性重构的不合理的反面入手，而后从正面论证空间合作性重构的合理性。在前一部分，空间破坏性重构的实践的不可持续已经得到论证，因此，这一部分将主要论证空间破坏性重构的理论上的不合理性，同时证成空间合作性重构的合理性。

空间生产的异化是通过空间的破坏性重构实现的，空间的破坏性重构破坏消灭了不适应于权力和资本积累的社会关系，生产出了适应权力和资本积累的新的社会关系，造成了空间的断裂，形成了空间的制度化分割对空间的实质不可分割的遮蔽，使得空间问题的应对和解决被转移到了空间争夺，空间问题悬而不决。与空间困境共享空间破坏性重构这一共同的制度框架、实践模式和意识形态的空间治理，也无法有效地回应空间困境，反而起到拖延空间问题的解决，再生产空间破坏性重构，服务权力再生产与资本积累的作用。因此，要回应空间困境，有效治理空间问题，进而从根本上去解决邻避冲突问题，就需要将异化的空间生产复位，使得其能够起到生产有利于解决空间困境的社会关系的功能，换言之，就是要从空间的破坏性重构走向空间的合作性重构。

对空间的破坏性重构支撑的空间治理的理论不合理性的讨论，可以从空间的破坏性重构的特有的“问题式”（即对问题的建构——归因——解决方式）来进行批驳，而比较好的策略，就是从空间破坏性重构经常采用的“公地悲剧”叙事入手。

空间的破坏性重构支撑的空间治理，认为通过私人物权和基于私人物权的个体间的交易或者协商能够解决空间问题，“自由主义理论中，私人物权存在的公正性在于，在通过公正和自由市场交换体制实现的社会融合中，私人物权应当使共同利益最大化。通过在强大国家权利框架内的竞争利益私有化产生共同财富（霍布斯所说）。”① 这一主张在对哈丁（Garret Hardin）提出的“公地悲剧”的讨论上显得极为突出，哈丁在《公地的悲剧》里写道：“看一个对所有人开放的操场。可以预料到的是，每个牧民都将努力利用这个公共福利喂养尽可能多的羊。由于部落战争、侵略、疾病使人和牲畜的数量远远低于土地的承载力，这种局面得以合理地没有冲

① ［英］大卫·哈维，叶启茂等译．叛逆的城市：从城市权利到城市革命［M］．北京：商务印书馆，2016：76.

突地存在了几个世纪。然而，最后，当人们长期期望的社会稳定成为现实的时候，开始清算的日子就到了。在这一点上，公地的内在逻辑无休止地产生了悲剧。”① 空间的破坏性重构及其意识形态投射的社会哲学与治理理论认为，之所以公共土地的“肥力”会丧失，是因为公共土地的产权不够清晰，只要公共土地的产权足够清晰，也就是公共土地能够被制度化分割，被私有化，公共土地的“肥力”丧失的问题就会被解决。哈丁的“公地悲剧”的产权清晰化的解决方式的逻辑是人的理性自利和私人产权使得个人能够对自己的物权有着更好的判断和使用，每个人都是对自己所有物的最好判断者，个人自然会对自己的所有物进行保护。

“公地悲剧”的解决方式逻辑的问题在于：公共土地或者更抽象地来说——公共空间是实质不可分割的，公共空间的制度化分割（私有化）将会使得共同空间问题难以解决，共同的空间问题相较于制度化分割的空间来言，就又变成了一个公共牧场和放羊人的问题，旨在于解决搭便车的空间制度化分割反而又制造了搭便车的问题，空间制度化分割后的私人物权及其人格化载体也没有动力去解决共同空间问题。更进一步来看，解决哈丁的“公地悲剧”的治理路径的逻辑反而会再度造成“公地悲剧”，只不过前者是以公共资源被耗尽为表征，而后者则是以共同的空间问题无法被回应为表征，学术界也称此为“反公地悲剧”②，“私人财产和个人收益最

① ［美］加勒特·哈丁著．公地的悲剧．载［美］赫尔曼·E．戴利，［美］肯尼斯·N．汤森编，马杰等译．珍惜地球——经济学、生态学、伦理学［M］．北京：商务印书馆，2001：151－152.

② 一般认为，“公地悲剧”是排他性产权缺失而造成竞争性资源被过度使用，而“反公地悲剧”是资源或者产权过度分割以致碎片化，使得资源过于排他，造成资源使用不足。对“公地悲剧”和“反公地悲剧”的惯常看法忽视了两个问题：一是“公地悲剧”的主要原因并不是排他性产权的缺失，而是排他性产权支撑的个人收益最大化逻辑对竞争性资源的毫无节制地使用。换言之，排他性产权的社会结构意义上的存在而非现象上的缺失，才是“公地悲剧”的原因；二是“反公地悲剧”虽然能够正确认识到空间的制度化分割带来的问题，但是仍然没有深入到空间问题的关键——产权私有化和个体利益最大化逻辑。“公地悲剧”倒果为因的治理逻辑反而会造成“反公地悲剧”，对“公地悲剧”和“反公地悲剧”的思考应该深入到使用者的使用逻辑及支撑这一使用逻辑的社会基础之上，而非对使用者使用对象的产权关系过度关注。（关于“公地悲剧”和“反公地悲剧”的界定参见：阳晓伟，杨春学．“公地悲剧”与“反公地悲剧”的比较研究［J］．浙江社会科学，2019（03）：4－13＋38＋155.）

大化行为才是问题的核心，而不是这个资源的公共财产属性”①。哈丁的“公地悲剧”的私人物权的治理路径所带来的困境正是空间生产的异化难以回应空间困境的空间治理的隐喻，在空间生产异化下，空间私有化——商品化和空间的碎片化——同质化投射出了空间个体化和空间关系物化，也是资本主义社会关系的“私人财产和个人收益最大化行为”的镜像，空间治理逻辑使得空间问题悬而不决和空间制度化分割对空间实质不可分割遮蔽的空间困境，都需要重新思考空间治理的出路，这一出路就需要直面空间私有化——商品化和空间的碎片化——同质化及其意识形态和社会治理理论的表达，正如哈丁的“公地悲剧”需要思考的不是公共土地的公共财产属性的产权不清晰，而需要思考的是牧民的牲畜为什么不是共同所有而是个体所有，牧民的行为为什么是个体收益最大化。对空间问题的思考也不能以造成空间问题的原因（私人财产和个体收益最大化行为逻辑的空间投射——空间的个体化和空间关系的物化）来作为解决空间问题的答案。

在空间生产理论视角下，邻避冲突实质是空间生产异化形成的难以治理的空间困境在空间相邻关系调整上的表征。邻避冲突之所以难以治理：(1) 在典型邻避安排上，地方政府倾向于吸引流动的资本，而非服务于栖息的居民，流动的资本能够给地方政府带来更为显著的收益。因此，邻避设施的安排总是“不由自主”地扭曲；(2) 在类邻避安排上，由于空间的个体化和空间关系的物化，民众对自身的空间总是高度重视，对他人的空间总是倾向于工具性的定位。那么，处于私人领域的类邻避安排就陷入到相互的否定中，难以达成。因此，邻避冲突要得到有效的治理，就意味着空间困境需要得到回应，空间生产异化现状需要得到改变。

问题就在于此，空间生产理论对邻避冲突实质的定位——空间困境，空间困境产生于空间生产异化和空间生产控制权利的落空，是一种基于结构的判断。而作为对策的空间合作性重构并不是结构层面的回应，而是基

① ［英］大卫·哈维，叶启茂等译．叛逆的城市：从城市权利到城市革命［M］．北京：商务印书馆，2016：69．

于主体向度的回应，它是从局部的、微小的邻避转向迎臂经验中生发出来的，这就使得空间合作性重构作为对策能回应空间困境和空间生产异化打上了问号。从一般的马克思主义和激进左翼的批判理论谱系来看，空间合作性重构并不具有某种必然性，或者更为明确地说，积极性，它也可以被解读为一种偶然性，尤其是在私人领域的类邻避冲突的治理上，成功与否也可以被解释为个体的自致，而个体自致本身就是偶然的。在旧楼加装电梯上，无论是否成功的、是否引起邻里关系的恶化，都可以被解释为私人领域的主体之间的合意的结果。当空间合作性重构被解释为私人领域的主体之间的合意的结果时，空间合作性重构是否还能够成为治理邻避冲突的有效路径，这就存在着疑问。

空间生产理论视角下指出的空间合作性重构和空间生产的集体控制权利，对现实的空间生产异化和邻避冲突治理的回应存在的是否能够成为有效路径的疑问，是马克思主义和激进左翼批判理论里的一个持久的结构向度与主体向度的争论的体现。安德森（Perry Anderson）认为：结构与主体各自的地位是“解释人类文明发展的历史唯物主义之最重要和最基本的问题之一”①，“在马克思的著作中，他一方面把历史变革的原动力归因于生产力与生产关系的矛盾（想一想著名的1859年《〈政治经济学批判〉导论》就知道了）；另一方面又将历史变革的原动力归因于阶级斗争（想一想《共产党宣言》也明白了）。第一点实质上涉及到结构的实体，或更确切地说涉及内在结构的实体：这就是当代社会学称之为系统综合序列（或用马克思的话，就是潜在的分裂）。第二点涉及到为控制社会形态和历史进程而互相竞争、互相倾轧的主体力量：这是当代社会学称之为社会综合的领域（这同样是分裂或再组合）”②。结构向度与主体向度间的断裂和对立仍然是一种机械的形而上学的观点影响下的结果，这一结构要么表现出无须实践和行动，解放就会自动到来；要么表现出对主观性的过于强调，

---

①② 佩里·安德森著，余文烈译．当代西方马克思主义［M］．北京：东方出版社，1989：39.

而导致其对客观趋势和结构的忽视。换言之，结构向度和主体向度之间的断裂和对立，本身是对结构和主体的误解，是将结构视为一个共时性的、不变的状态，也是将主体视为一个外在于结构的抽象的状态，结构对于主体来言，更多是一个类似个体可以进行理性计算和实施策略的情境条件，而主体对于结构来说，则是一个被支配和操控的对象。

那么，应当如何去理解结构向度和主体向度之间的联系，将对立和断裂的结构与主体联结起来，不仅关涉的是抽象的批判理论如何发展的问题，也关涉到了本次研究的关键进程——空间合作性重构的理论合理性的证成，即阐明定位于主体向度的空间合作性重构，同时也是结构向度的体现。

因此，回应空间困境和空间问题，应将异化的空间生产复位，而这就需要通过空间的合作性重构才能实现，它力图让空间的制度表达和空间的实质不可分割重新一致，也就是空间需要回归集体对空间的共同所有和共同控制，而非将空间再度切割。当空间是共同所有和共同控制的时候，就意味着空间的合作性重构有着坚实的制度基础，而空间的合作性重构也会投射出空间的“设身处地”的主体间的共同体立场和合作而非物化的空间关系。

空间的合作性重构并不是一个基于空间的破坏性重构的价值悬设的反义词式的空想，而是具有现实与理论的依据。空间的破坏性重构是服从于资本积累和权力生产的资本循环的时空修复策略的途径，成为当下空间的基本结构，是有待突破和改变的社会存在的重要组成部分，列斐伏尔提出的“空间生产的三元辩证法”在理论上指出了寻求空间解放和空间正义的理论道路。空间生产的三元辩证法的核心观点是“人类以其身体性与感觉性、感知与想象，思维与意识形态，通过他们的活动与实践，进入彼此的相互联系之中。”① 在空间生产的三元辩证法视角下，空间是“空间实践、空间表象与表征性空间”共同作用的结果，空间是一个状态，但也是空间三元辩证法描绘的空间生产的三个环节相互作用的流动的过程。

---

① ［法］亨利·列斐伏尔著，刘怀玉等译．空间的生产［M］．北京：商务印书馆，2021，中译本代序言 XV.

列斐伏尔将空间生产的三元辩证法视为“三位一体的：感知的——构想的——亲历的（或活生生）的框架（用空间化的措辞来说：空间实践、空间表象与表征性空间）”[①]。抽象地来看，人对空间的认识与体验是空间生产的微观表现，这一微观表现蕴含着反抗结构而形成变革主体的道路。空间实践是空间生产里的感知的空间，它是人们得以形成对空间现实的、具体的认识的先在的、外在于作为认识主体的人的客观的对象。而空间表象则是空间生产里的构想的空间，它是人们得以对先在的、外在的客观的空间对象进行认识的“眼睛”，先在的、外在的空间认知框架和意识形态，它使得人们能够形成对外在的、客观的空间对象的认识。空间实践——感知的空间与空间表象——构想的空间对微观的人对空间的认识的形塑正如人对空间的阅读一般，空间表象——构想的空间使得人对空间实践——感知的空间进行了阅读，使得人形成了对空间的具有合法性的、社会所认同的认识，就如同人的社会化过程一样。表征性空间是对空间的直接体验，人对空间的直接体验一方面可能不断地复现空间表象和构想的空间言说的空间的认识，或者具体地说就是关于空间的意识形态和知识的论述，但是它总是存在着先在的空间意识形态——理论——知识无法说明或者统摄的“剩余”[②]，而这一“剩余”“并不服从连续性与统一性的规则，它们充满想象的与象征的元素”[③]。

列斐伏尔的空间三元辩证法对空间生产的阐释是一个从结构性的空间生产异化如何在微观和个体的层面，如图 5 - 1 所示，实现空间生产的复位，进而开辟空间解放与空间正义实现道路，构造革命主体的辩证运动。黑格尔的辩证法在典型的三段论上有着精炼的展现：“肯定——否定——否定之否定”，第三项是对第二项的否定和对第一项的更高层次的回归[④]，

① ［法］亨利·列斐伏尔著，刘怀玉等译．空间的生产［M］．北京：商务印书馆，2021：62.

② ［法］亨利·列斐伏尔著，刘怀玉等译．空间的生产［M］．北京：商务印书馆，2021，中译本代序言 XIX.

③ ［法］亨利·列斐伏尔著，刘怀玉等译．空间的生产［M］．北京：商务印书馆，2021：63.

④ ［法］亨利·列斐伏尔著，刘怀玉等译．空间的生产［M］．北京：商务印书馆，2021，中译本代序言 XVI.

列斐伏尔延续了马克思对黑格尔辩证法的改造，认为辩证法的起点不是唯心的自我同一性，而现实的社会生产实践，空间三元辩证法就呈现出了作为起点的生产生活实践，到抽象地对生产生活实践进行规定的思维活动，再到想象的对抽象的思维活动对生产生活实践的规定的空间生产的辩证逻辑。人的现实的异化的空间生产实践和为其进行辩护、规定的空间思维活动，使得人形成了对异化的空间生产实践的认识，这一异化的空间生产实践的认识将异化论作正常，并形而上学化。人就在对空间生产实践的认识里开展对空间生产实践的直接的体验，这一直接的体验可能会产生剩余——也就是预先的空间生产实践的认识难以解释或者无法自圆其说的解释，人们在得不到解释的情况下，就可能对既往的空间的抽象的思维活动同现实的空间生产实践的裂缝寻求新的解释，而这一新的解释就是对既往的空间的抽象思维活动规定的、辩护的异化的空间实践活动的怀疑乃至否定。

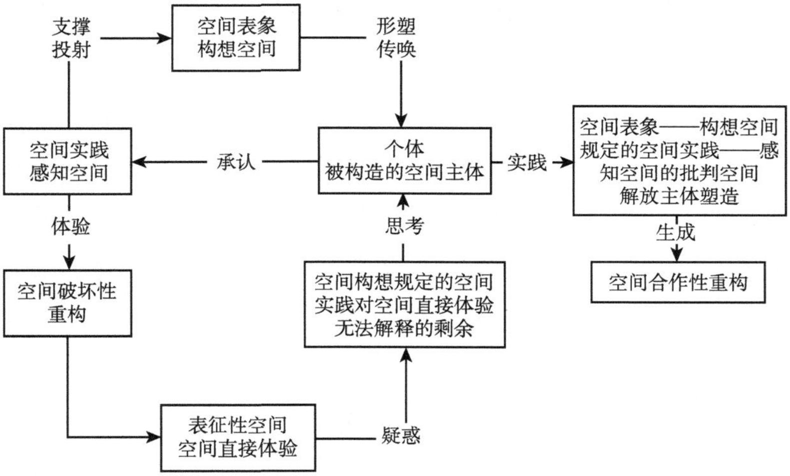

图 5-1　空间生产辩证运动的微观体现

空间的破坏性重构使得空间断裂，通过空间私有化——商品化与空间碎片化——同质化，并投射出了空间个体化与空间关系物化的意识形态，造成了空间制度化分割对空间实质不可分割的遮蔽，空间治理则将空间问题转移到空间争夺上，使得空间问题悬而不决，这构成了当下的行动者治理邻避问题的空间实践——感知空间和空间表象——构想空间。当行动者对邻避问题展开治理的时候，其对空间实践的认知受到空间表象——构想空间的形塑，即将共同的、不可分割的空间问题转移成空间争夺，认为空间问题正是自身的权益受损，而自身权益保障需要通过对他人空间的客体化实现。因此，无论是从政策、制度安排还是行动者行动来看，都将邻避冲突纳入文献述评里所提到的"外部视角和利益——制度叙事"上，认为邻避冲突的解决就是一个行动者博弈的程序问题和行动者的收益——成本计算问题。但是，邻避冲突不但没有解决，反而陷入到了"一闹就停"的怪圈，从哈丁的"公地悲剧"的隐喻来看，这正是一个"反公地悲剧"陷入"公地悲剧"的困境，也就是用私人产权和个人利益最大化投射的空间镜像来治理私人产权、个人利益最大化的带来的问题。

当行动者面对空间破坏性重构的治理实践带来的问题的时候，就意味着难以解释的剩余产生了，按照空间的个体化和空间关系的物化逻辑，非但没有解决问题，反而加剧问题的恶化。那么，行动者可能就会产生对空间问题的新的思考，在典型邻避冲突"迎臂"转向和类邻避冲突的"迎臂"转向里，都可以看到行动者放弃了空间的个体化立场和空间关系的物化逻辑，反而转向了空间的共同体立场和"设身处地"的规范性的空间的主体间交往逻辑之上，不仅实现了空间关系的复位，生成了新的共享的空间价值，甚至实现了项目的复建或者类邻避设施的安排。空间的合作性重构就在个体对空间的直接体验上生成了，它生成于空间意识形态、知识和理论与空间实践的解释剩余，并对空间实践形成了微小的、局部的改变，这一微小的、局部的改变正是希望的空间，对既往空间实践和空间表象的空间生产异化的日常生活的革命也不断地重现并确认这样一个基本事实："我们是最名副其实的政治动物，具有道德主张并因此能够变革处于任何市民社会中心地位的社会关系和制度"①。

① 大卫·哈维，胡大平译．希望的空间［M］．南京：南京大学出版社，2006：125.

列斐伏尔在《空间生产》一书里从空间生产辩证运动上对空间解放的路径进行了探讨，他将空间解放定位于直接体验的表征性空间，空间实践投射的空间表象形塑了人对现实的空间实践的认知，当人真正地去体验空间实践的时候，就可能会发现空间实践的直观的感性体验与空间表象的阐释是存在差异，当这一差异足够大的时候，人就会对空间表象及其辩护的空间实践产生质疑，而这就是列斐伏尔所言的表征性空间的剩余，剩余是开辟空间解放道路的微光。列斐伏尔的重点仍然是在空间生产，而不是空间解放上，他对空间解放的讨论还显得较为仓促，哈维接续了列斐伏尔对空间解放的讨论，作出了更令人信服的论证。

哈维对空间解放的讨论是基于两个方面做出的：（1）哈维提出了关系——过程辩证法；（2）哈维从资本积累的时空修复的宏观视域和资本积累的身体空间的微观视域两大方面，指出了空间解放的可能和实现路径。

哈维力图“提供一种强调关系和总体性的辩证方法，来反对那些孤立的因果链以及无数孤立的且有时矛盾的假设，这些假设知识在微不足道的统计学意义上才具有正确性”[①]，哈维提出了11个辩证法原理[②]的基本命题，这

① 大卫·哈维著，胡大平译．正义、自然和差异地理学［M］．上海：上海人民出版社，2015：7.

② 这11个基本原理分别是：1. 辩证思维强调对过程、洪流、潮流、关系的理解优先于对要素、物、结构和组织化系统的分析；2. 要素或“物”（如我所称）产生于在特定领域发生作用的流、过程和关系，该领域构成现有结构的系统或整体。结构化系统以及作为其组成部分的单个物，它们的辩证概念完全建立在对过程和关系理解之上，借助这些过程和关系，物和结构化系统才得以构造；3. “物”和系统是一种由多种过程建构的内在的矛盾性。社会个体作为各种过程（物理、生物、社会等）创造的一个矛盾“物”，并非被动地处在这个过程中，而是具有一定程度的创造性；4. “物”总是别视为“在每一个水平上都是内在的异质（即矛盾）的”，并且这种内在的“异质”性是由构造它们的复杂过程（或关系）导致的。这也就决定了，如果我们要理解“物”的质与量的属性，唯一的方式在于理解构造它们的过程与关系；5. 空间和时间既不是绝对的也不外在于过程，而是偶然的并包含在过程之中；6. 部分和整体相互构成对方；7. 部分和整体的相互交叉状态必然导致“主体与客体以及原因与结果之间的互换性”；8. 改造行为——“创造性”——源自矛盾（矛盾使双方都依赖内在化了的“物”之异质性）和更明显的系统内部异质性；9. “变化是所有系统和系统所有方面的特点”；10. 辩证研究自身是一个过程，它创造出诸如概念、抽象、理论以及制度化的知识结构等这样的永恒，它们又必然被持续的研究过程支持或破坏；11. 探究“可能世界”是辩证思维的有机组成部分（参见：大卫·哈维著，胡大平译．正义、自然和差异地理学［M］．上海：上海人民出版社，2015：57－65；林密．意识形态、日常生活与空间——西方马克思主义社会再生产理论研究［M］．北京：中国社会科学出版社，2016：323－324）。

11 个辩证法原理的基本命题可以被概括为三项基本原则：

第一，辩证法将结构和主体都视为变化的过程和关系的产物，过程和关系优先于结构和主体，而结构和主体的理解都需要从过程和关系上进入。

第二，结构和主体都是内在矛盾的。具体来言，主体在结构的约束下进行行动，主体行动是将结构表达出来，但也对结构进行了改变。结构与主体在主体能动的实践过程后发生的变化，形成了矛盾，或者用列斐伏尔的话来说，就是表征性空间里的剩余。矛盾的存在就使得下一阶段的结构和主体的互动要将这一矛盾消化，但是结构和主体之间的互动又会产生新的矛盾。主体在结构塑造下展开认识和行动，将结构表达出来，使得结构外在化，这是结构与主体的关系的一面，而在认识和行动过程里，主体表达和外化出来的结构，是主体改造后的结构，这一结构与原有的结构存在矛盾，这是过程的一面。那么，所谓的结构的内在的矛盾，指的就是原有的结构和经过主体改造后的新的结构之间的剩余，而主体的内在的矛盾则是主体对这一剩余的认知和行动。

第三，辩证法的目标是探讨可能的世界及其实现的可能性。由于结构和主体是内在矛盾的，结构和主体又是通过过程——关系来发展的，这就使得结构和主体不得不去解决一个又一个的矛盾，在解决矛盾的过程里，通向更好的世界就变得有可能。

11 个辩证法原理还显得比较抽象，哈维概括了 6 个社会过程环节①，并以话语辩证过程对 11 个辩证法原理进行说明。人用阅读、聆听接收信息，用说话、写作、艺术表达观点和情感的，都是话语辩证过程的体现。在当代社会，无论是人被意识形态塑造和社会化，还是参与社会生产和政治实践，无不是以话语和符号作为中介。因此，哈维认为“在某种意义

① 6 个社会过程环节分别是：1. 语言/话语环节；2. 话语是权力的表现；3. 思想、幻想和欲望（想象）环节；4. 制度大厦环节；5. 物质实践环节；6. 社会关系环节。（参见：大卫·哈维著，胡大平译．正义、自然和差异地理学［M］．上海：上海人民出版社，2015：89－90.）

上，话语把在其他环节上发生的一切都内在化了……话语表达人类思想、幻想和欲望。它们也在制度上依据于、在物质上受制于、在经验上植根于社会和权力关系的表现形式。因为同样的原因，话语的效果充满并浸透了社会过程中的所有其他环节（例如，影响信仰、实践，并被它们影响）”①。话语作为一个社会过程环节，它内化了其他环节间的互动结果，环节与环节之间的互动形成的矛盾需要在下一个环节上实现，只不过话语在当代社会成为了一个比较中心的环节，它能够完整地体现其他环节间的互动关系。当人在聆听和表达的话语过程里，先是接收了先在的语言、话语外在化的符号，这一符号是权力的体现，而权力则来自物质实践之上的制度与社会关系的互动，制度与社会关系的互动又作用于物质实践。符号本身就蕴藏了其他环节所表达出的权力关系，这一权力关系力图将矛盾不断地合理化（自圆其说）。人在处理符号的过程里，可能会根据自身在其他语言/话语环节、制度经验、物质实践经验、社会关系经验来进行处理，处理的结果又通过语言和话语来表达，这一表达就呈现出思想、幻象和欲望（想象），处理的结果可能仍然是接受了先在语言/话语的规训，也有可能进行反思。在话语辩证过程里，6个环节之间的关系是一个环节向另一个环节的转换而形成的②，“每一种环节主要通过来自其他所有环节的各种恶样的冲突结果把异质性内在化（阿尔都塞试图通过运用‘过度决定’这个术语来捕获的观点）”③，但是环节之间的转化并不是顺利的，不是一一对应的，而是存在着变形和差异，这一变形和差异就是矛盾。每一个环节都将其他环节不断转化的矛盾都内在化，环节接受的矛盾都是其他环节不断内化的结果。

6个环节构成了整体的过程，是整体过程的要素，6个环节之间的相互

---

① 大卫·哈维著，胡大平译．正义、自然和差异地理学［M］．上海：上海人民出版社，2015：91．

② 林密．意识形态、日常生活与空间——西方马克思主义社会再生产理论研究［M］．北京：中国社会科学出版社，2016：329．

③ 大卫·哈维著，胡大平译．正义、自然和差异地理学［M］．上海：上海人民出版社，2015：92．

转化，也是相互的内化，每一个环节都开放的，它都融入了其他环节的矛盾和力量并产生了新的矛盾。哈维提出的过程——关系辩证法，如图5－2所示，以西方马克思主义对资本主义社会关系再生产研究为例，其对资本主义社会关系再生产研究，正是将“生产之外的社会生活内化到了‘生产’这一概念之中”①，经济领域的研究其实已经将社会关系、政治与治理结构和过程、意识形态和科学认知都内化了。从空间生产理论来言，资本在空间生产的二次循环的探讨就已经将初次循环、第三次循环内化其中，将经典的、狭义的产业资本循环，政府的经济干预和公共服务，意识形态的文化工业布局通过基础设施与房地产业、园区经济、城市运营来呈现。

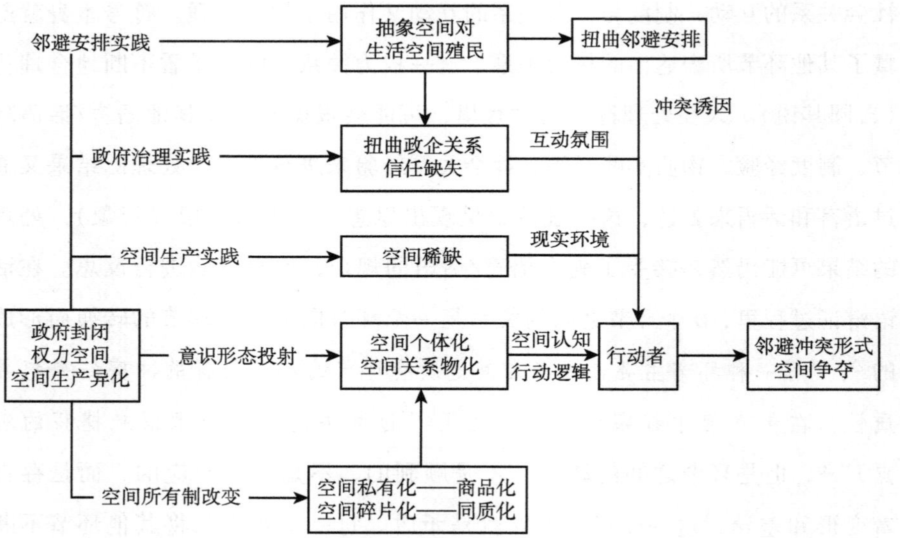

图5－2　过程——关系辩证法在邻避冲突上的体现

从空间生产视角下的邻避冲突与治理研究来看，邻避冲突的空间争夺形式内化了空间生产的异化投射的空间个体化、空间关系物化和抽象空间对生活空间的殖民的意识形态与空间认知，内化了空间生产异化形成的空

① 林密．意识形态、日常生活与空间——西方马克思主义社会再生产理论研究［M］．北京：中国社会科学出版社，2016：332.

间的私有化——商品化和碎片化——同质化，内化了政府的封闭的权力空间和空间生产异化共同引致的扭曲政企关系、较低的治理信任，行动者就是在这些环节的内化之下展开空间的争夺。

在哈维的“关系——过程”辩证法里，社会生活就被视为一个“多环节的且相互内化于过程之中”的辩证过程，所谓的结构向度和主体向度之间的截然对立也就被消解了，二者都需要通过“关系——过程”来加以理解，需要通过环节之间的变化来进行发展，内在都是矛盾的，存在矛盾就意味着存在着解放的空间和可能。

但是，论述至此，还是没能对空间解放必然性，更加切中研究问题来看，就是空间合作性重构的理论必然性进行论述，更多是针对于空间合作性重构的可能性进行了讨论，它生成于矛盾。当空间合作性重构被视为矛盾的产物时，空间合作性重构就同时对应了抽象的结构向度和具体的主体向度，从表面上来看，空间合作性重构是微小的、局部的，但它也是整个结构同主体的互动模式难以为继、需要创新的体现，从实质上来看，空间合作性重构正是对空间生产异化的结构的改变。但是，矛盾可能会在下一个环节就被吸收，支撑空间生产异化的再生产，但也有可能就此产生新的空间生产的可能。更进一步来看，空间合作性重构的必然性的证成还需要更进一步地对哈维的“关系——过程”辩证法进行论述，讨论矛盾到什么样的限度的时候，其产物会具有同之前的异化空间生产具有根本性的区别，正如马克思所言的量变产生质变一样，量变的限度到底在什么地方？

对限度的探讨就自然延伸到哈维对空间解放的第二点的讨论上。哈维以“过程——关系”辩证法作为方法论，从宏观视域讨论资本循环空间转向的限度和微观视域讨论资本在身体空间上的限度。资本循环空间转向即是资本循环的“时空修复”策略，哈维认为资本主义“需要一种特别的空间组织形式来消灭空间，需要长期周转的资本来推动其他资本的快速周转”①，资本的

① 大卫·哈维著，胡大平译．正义、自然和差异地理学［M］．上海：上海人民出版社，2015：280.

跨区域和跨国的流动，使得流动的资本获得了相较于确定的地方而言更为有利的地位，呈现出卡斯特所言的“无地之力束缚无力之地”，空间的隔断被不断地打开，空间的界限也被不断地削弱，全世界都几乎被纳入资本主义生产和生产关系中，纳入资本的循环里。各个“无力之地”为了争夺流动的资本，也在不断地强化自身的实力，并不断地进行空间的购买、吞并和联合，并逐步地构造新的空间的边界来阻挡竞争。更进一步来看，资本加速流动要求削弱空间的阻碍，削弱地方的自我意识，但它也在强化地方为了求得生存和自主性的自我意识，资本加速流动引起了地方的反动和对抗，“在今天，多国资本几乎不考虑地利，因为空间障碍的减弱具有同样有力的相反结果；地方品质之间小规模的和细微的差异（它们的劳动力供给、基础设施和政治接受力，资源、市场环境等等）变得越来越重要，因为多国资本处于一个剥削它们的更有利位置。因为同样的理由，地方越来越关注它们‘优良的商业环境’，并且地方之间的发展竞争越来越微妙……对空间支配权，特别是对金融和货币流的控制权，比过去越来越鲜明”①。全球化的同时，地缘因素也越来越重要，正如哈维所言：“在全球资本主义中，地缘政治分裂的威胁——诸如欧盟、北美自由贸易协定组织（NAFTA）以及日本贸易帝国等地缘政治权力集团之间——绝非空穴来风。”②

从宏观的资本积累的空间转向来看，意图缓解资本在初次循环上的过度积累，就将空间作为二次循环的出口，将集体消费和公共服务作为三次循环的出口。资本在二次循环和三次循环的过度积累和引发的反抗就驱使着资本向全球的扩张。资本向全球空间的占领也引发了民族国家和跨国资本之间的复杂的组合，复杂组合带来的矛盾使得经济的全球化与区域化共同存在，而全球化与区域化本身就是存在着张力的，张力即

---

① 大卫·哈维著，胡大平译．正义、自然和差异地理学［M］．上海：上海人民出版社，2015：280.

② 大卫·哈维著，胡大平译．正义、自然和差异地理学［M］．上海：上海人民出版社，2015：281.

是缝隙和薄弱之处，正如列宁将俄国视为帝国主义最薄弱的一环一样。宏观的资本积累遇到的限度，简单地来说，就是再无多余的空间可以用来消耗过剩积累的资本。再无多余的空间指的不是物理和实体意义上的空间，而是被制度化分割的碎片化的私有的空间，大量的私有的空间的所有者会抵抗空间购买的和空间占用的意图，再要占有和购买空间，就意味着冲突的发生。

宏观资本积累更多是结构的向度，它指出了一种情势，而开辟解放道路则在主体的向度，主体的向度则来自微观的身体空间的考察。福柯从对身体的统治——规训——治理上开辟出了生命政治和身体政治的研究进路，哈维借鉴了福柯的生命政治学的讨论，将身体视为可变资本循环的一个过程，此处的身体可以理解为个体的实践。在马克思的政治经济学视域里，劳动者出卖劳动力，而劳动也是价值的源泉。劳动力和劳动者是不可分离的，在生产劳动的过程，劳动者需要获得工资和休息，才能实现劳动力的再生产。换言之，劳动力本身是存在界限的，这一界限，一是生理意义上的身体的界限，二是社会价值上的界限或者说道德上的界限，马克思就指出："工作日有一个最高界限。它不能延长到超出某一个一定的界限。这个最高界限取决于两点。第一是劳动力的身体界限。人在一个24小时的自然日之内只能支出一定量的生命力。正像一匹马天天干活，每天也只能干8小时。这种力每天必须有一部分时间休息、睡觉，人还必须有一部分时间满足身体的其他需要，如吃饭、盥洗、穿衣等等。除了这种纯粹身体的界限之外，工作日的延长还碰到道德界限。工人必须有时间满足精神的和社会的需要。这种需要的范围和数量由一般的文化状况决定。因此，工作日是在身体界限和社会界限之内变动的。"[①] 身体界限与社会界限（道德界限）构成了劳动者容忍资本剥削的范围，而这也是展开与资本逻辑进行

① 马克思著，中共中央马克思恩格斯列宁斯大林著作编译局译．资本论（第一卷）[M]．北京：人民大学出版社，2001：259－260.

斗争的重要阵地。[①]

身体的生理与道德的界限，是个体在空间生产实践的体验过程中，能够产生表征性空间，即剩余的基础，也是哈维提出的“过程——关系”辩证法里指出的主体的内在矛盾的界限。在当下世界，劳动者面对着难以实现的住房权利，不稳定的工作，支配——服从的无生气的劳动过程对自身身体的生理界限和道德界限的挑战（这些挑战通过话语的方式表达出来，诸如已经成为社会热词的“996”“007”“内卷”“躺平”等，青年和网络亚文化群体不断掀起的泛左翼思潮和对过去时代的想象[②]），个体与社会群体对此的反抗此起彼伏，这一反抗在微观的个体实践或者身体上，就展现出了资本的过度积累和对劳动力的压榨、排斥的诸多环节累积起来的矛盾已经无法被意识形态所周延地解释了，个体的反抗由此就产生了，实现空间解放的主体向度也存在着可能。

视域重新回到空间生产视角下的邻避冲突与治理上。内化了哈维的“过程——关系”辩证法方法论的资本循环的空间转向宏观视域和身体的微观视域上，就可以对空间合作性重构的理论必然性进行证成。

宏观上来看，中国的空间生产异化是通过土地为核心的空间价值的虚拟资本化支撑的土地金融——土地财政和招商引资——开发城市的工业化——城镇化的发展路径，这一发展路径以房地产业为轴心和支撑，地方政府通过高价出让土地，累积原始资本，推动工业化和城市化发展。经济增长需要以城市建设、基础设施、招商引资为基础，城市建设、基础设施和招商引资投入来源于政府财政收入和政府融资能力，政府财政与融资能力又来自地价，而地价又来自房价，房价从根本上又是通过个人收入和债务来支撑的，而个人收入和债务则来自对经济增长的公平的分享。因此，

① 林密．意识形态、日常生活与空间——西方马克思主义社会再生产理论研究［M］．北京：中国社会科学出版社，2016：320.

② 余亮．小粉红的系谱、生态与中国青年的未来［J］．文化纵横，2021，79（05）：98－108.

经济增长与分配、个人收入、房价、地价、财政、基础设施与城市建设形成了一个环。以土地为核心的空间价值的虚拟资本化，本身是土地金融化的体现，通过控制商住用地供给规模和高价出让商住用地，可以获得巨大的收入，并以此进行融资。出让土地和以土地融资来进行城市建设和基础设施的投入，显然更为便利，也能在短期之内获得可观的投资收益，这就使得地方政府越来越倾向于土地金融获得收入的方式，而不是以土地金融来实现土地财政，以城镇化来支撑工业化。对于企业来言，同样如此，将获得的土地用以质押、融资并进行投资，显然也比辛苦地投入实业要更为方便。最终，资本就在二次循环中过度地积累，并产生了难以衡量的政府债务，不断推高的房价也在加重居民的债务负担，使得居民消费欲望降低。更关键的是，不少地方已经陷入到单纯的城镇的空间构造（造城）上，且不说工业化，人口的城镇化都难以实现，这些地方依靠着还有存量的土地进行出卖和质押，依靠着资本的国家供给实现了字面上的经济增长，一旦无地可买、资本的国家供给收紧、经济增长放缓，就会产生连锁的反应。

一般来看，地方政府高价出让商住用地是用来平抑招商引资的工业用地低价和政策的成本，也用以投入城市建设和基础设施建设，强化城市的竞争力。一旦成功招商引资，甚至形成完整产业链，重资产的产业的巨大投资和产业成长的溢出效应，也为地方政府持续的财政收入提供稳定的基础，而这也正是邻避冲突里的典型邻避设施（大多属于重资产的产业）扭曲供给逻辑所在，积极主动争取商业型邻避设施，而滞后的供给公共服务型邻避设施。但是，正如前文讨论，地方政府招商引资策略并不一定成功，但卖地收入和城市基础设施建设在相当一段时间更为稳定和轻松，土地金融——土地财政和招商引资——开发城市的城镇化——工业化发展路径不可避免地会演变成土地金融——开发城市的单纯空间构造的城镇化的字面经济增长。随着这一发展路径累积的问题越来越多，经济转型愈发必要，空间与土地的高效和集约利用，国家金融供给的收紧和严控，都使得用商住用地来平抑招商引资工业用地和空间规划滥用得到了抑制和削弱，典型邻避设施扭曲供给的土壤就逐步被消除了。典型邻避冲突逐步减少，是资本循环空间转向发展路径面临着再难以创造新的空间用以转移和消耗过剩积累资本的界限情况下，国家经济发展道路转型的结果，它是既往空间生产异化的随着时间推移而不断内化既往环节累积和生成的矛盾被正视和解决的结果。

从微观的身体空间视域来看，经济发展道路转型和城市进入有机更新、微更新，是对既往空间生产异化造成的后果的应对，这一后果在微观的类邻避冲突上，最典型的莫过于空间私人化的空间个人物权的所有制结构（房屋在居民财产中的重要地位）、空间个体化和空间关系物化的房权社会的意识形态。由于类邻避冲突多是在私人领域里发生的，类邻避安排也关涉到对空间相邻关系的调整，这一调整可能对业主物权造成损失，类邻避的集体行动本身就很难达成一致，政府也难以直接地、强硬地干预，这种干预会遭遇到民众的反对，而基于传统社会的情感和道德召唤（一般是用来迫使反对者屈服）也是难以对原子化的陌生人社会起实质性的约束作用。因此，类邻避设施和相应的集体行动经常会面临着失败。但是，类邻避设施和集体行动也会成功，这一成功来自个体经验的限度——试图发起类邻避安排的行动者面对着反对者的坚决反对，又苦于缺乏强硬的手段迫使反对者同意，但又力图让类邻避安排成功的情况下，就可能寻求对他人的“将心比心”的理解，去共情他人的困难和反对的缘由，将他人的空间视为自身的空间，并反思将自我空间凌驾于他人空间之上的无意识的行动逻辑。更进一步来看，这种限度一方面是合适的强硬手段的缺乏和不可取；另一方面是“将心比心”的道德的限度的感召。行动者和反对者在共情的前提下，就会开展空间的合作性重构。

空间的合作性重构抽象的具体和结构向度——主体向度的统一就由此体现出来了——所谓的抽象，正是亲历的个体对空间生产异化及其法权制度、意识形态投射难以对空间的实践体验进行解释而形成的剩余，这也正是结构向度；所谓的具体，正是当下情境里，个体所尝试的空间合作性重构的路径，这也正是主体的向度。抽象的结构向度是历时的空间生产异化带来的不可持续性的转变（城市有机更新代替大拆大建式更新，使得居民不得不考虑以自身为主体进行微更新，居民之间就不得不打交道）和共时的空间生产异化沉淀出的矛盾（房权社会的空间个体化和空间关系物化引发的个体与个体之间悬而不决的纷争）互动的结果，这一结果使得居民与居民之间不得不打交道，但又不能下意识地“自私自利”（既不能“高高挂起”，也不能“未经他人苦，就劝人大度”）打交道，在不得不解决问题的驱使下，居民与居民之间就会形成空间合作性重构的新路径。

现实的空间生产、邻避冲突与空间生产理论的对话，不仅在于空间生产理论能够对现实的空间生产和邻避冲突发挥解释性和批判性功能，也在于空间生产理论能够为现实空间生产的出路和邻避冲突的治理提供怎样的可行且可欲的道路。长期关注于意识形态和日常生活批判的西方马克思主义理论，长于批判而弱于建构和实践，以至于本身就被纳入了资本主义文化工业的一部分，反抗成为了一种高蹈的姿态，来证明资本主义和相应的法权制度与意识形态的宽容大度。关注意识形态和日常生活批判将资本主义社会关系或者受到资本主义社会关系侵扰的人的意识与行动都视为意识形态制造的主体幻象，将任何社会主义之前的意识形态都视为无差别的，那么开拓革命和解放道路的主体就看不到了，才有后现代的所谓的“历史终结”“主体消亡”“阶级退场”等悲观的论调。[①] 空间生产理论延续了马克思政治经济学批判传统，将焦点重新对准物质生产实践，将社会生活其他环节内化到物质生产实践里，重视物质生产实践已经呈现出空间生产的事实，将其作为主要矛盾来看待，并通过列斐伏尔的空间生产辩证法和哈维的“过程——关系”辩证法，对重新陷入形而上陷阱的意识形态和日常生活批判的西方马克思主义进行了纠偏和解读，结构向度和主体向度的对

① 林密．意识形态、日常生活与空间——西方马克思主义社会再生产理论研究［M］．北京：中国社会科学出版社，2016：23．

立都被消解了，开拓空间解放和实现空间正义的道路就得以证成。

一言以蔽之，空间生产理论与现实的空间生产、邻避冲突的对话归根结底还是隶属于马克思主义和激进左翼批判理论的空间生产理论如何去解决历史发展动力的内在张力问题——结构向度还是主体向度。空间生产理论将结构向度和主体向度融入过程——关系中讨论，融入结构和主体都是既往结构和主体互动环节的内在矛盾的结果上讨论，并以此为方法论构架，指出了资本循环的空间转向的宏观视域的自身限度——资本要求空间的开放却引发了地方的日趋激烈的竞争和空间的重新隔离，资本循环的身体空间的微观视域的限度——资本要求对身体进行更为深度的调控（压榨、排斥等），但也会遭遇到劳动者基于自身生理限度和道德限度的普遍的反抗。在邻避冲突与治理上，则是宏观的空间生产要求空间的不断占有面对着制度化分割的碎片化空间的难以整合和空间所有者的抵抗，使得空间的更多占有将面临着广泛的社会冲突，也使得空间问题的治理面临巨大的困难；在微观上，则是空间的个体所有者对空间的调整面临着其他个体所有者的反对，而在不得不解决问题和缺乏强硬手段压力下，就不得不调整空间物化的相处模式，走上对他人空间如同自身空间一样平等看待的路径，以此共同应对问题。无论在宏观还是微观，空间生产异化面对的问题在邻避冲突与治理上都遭遇到了宏观和微观上的各自的限度，由此就在微观和局部的实践上开启了空间合作性重构道路，正如哈维所言：“价值和目标（我们或许可以称之为反思思想之‘目的论的’和‘乌托邦的’要素）不是作为普遍的抽象从外面强加的，而是通过活生生的过程（包括知识探究）而获得的。”[①]

对空间合作性重构路径的理解应当将其置于“过程——关系”辩证运动中去理解，空间合作性重构不是一个机械的单向度因果关系链条或者一一反向对称的形式——结构的悬设，而是历时性的矛盾运动在共时性状态上的爆发。它体现着破坏性空间重构的空间生产异化这一结构向度在微观

① 大卫·哈维著，胡大平译．正义、自然和差异地理学［M］．上海：上海人民出版社，2015：65.

的邻避冲突的治理上被行动者所批判，并由行动者能动地思考和探索，将这一结构向度转变成为主体向度的行动，即空间的合作性重构，它是对整个空间生产异化在经济环节、政治与治理环节、意识形态与日常生活环节积累起来的矛盾（异质性的力量）内化到邻避冲突及其治理的微观层面而生发出的新的希望的道路。

因此，空间的合作性重构具有理论上的合理性，它的合理性就来自空间表象——构想空间对空间实践——感知空间难以解释形成的剩余，这一剩余即通过空间的直接体验而获得，空间的合作性重构的理论合理性也来自现实的邻避冲突转向“迎臂”的经验启示，而非纯粹的形而上的逻辑推演。

5.2.1.2 空间合作性重构的伦理规定

空间合作性重构的生成来自空间生产辩证运动里空间直接体验发现的空间实践和空间的理论认知间的剩余，这一剩余在不同地区、不同层面的实践上开出了空间的主体间立场和“设身处地”规范逻辑对空间关系物化的工具理性逻辑的替代的道路，这一道路正是替代结构的空间破坏性重构路径的可能成为总体的寻求空间正义的空间合作性重构路径。从经验启示来看，空间合作性重构路径至少包括空间共享价值的生成和空间关系复位两个必要的条件，空间共享价值的生产是通过空间关系的复位的过程中实现。那么，空间共享价值和空间关系复位还需要从理论的层面进行抽象和规定，才能与空间破坏性重构进行区分，对空间合作性重构路径进行完整的理论的界定。

空间合作性重构是从空间破坏性重构的异化空间生产的辩证运动中生成的，它具有理论与实践上的合理性，这一旨在解决空间困境、寻求空间解放的新的空间生产路径，也有其自身的伦理意涵和规定。空间的破坏性重构通过相互支撑、援引的空间私有化——商品化和空间碎片化——同质化将空间断裂，投射了空间个体化和空间关系物化的意识形态，形成了空间制度化分割对空间实质不可分割遮蔽的空间困境，并造成了空间争夺对空间问题的遮盖和转移，使得空间问题悬而不决。在空间的破坏性重构下，原有的不适合权力再生产和资本积累的社会关系存在的空间被破坏，生产出了能够支撑权力再生产和资本积累的社会关系，如同社会关系的异化一般，空间也是异化的，具体来说，就是高度的同质化，但这一高度的同质化在现象上却呈现出杂乱无章的特点。

空间是具体而又抽象的，列斐伏尔认为："被如此理解的空间，就其本性而言，既是抽象的又是具体的：谓其抽象，是因为若不依赖它所组成部分的可交换性，它就无法存在；谓其'具体'，是因为它在社会意义上是真实的，并被真实地定位。因此，它是这样一个空间：既是同质的，同时又裂成碎片。"① 在空间破坏性重构下，空间的抽象性就是其本质，即空间的高度同质化，空间的高度同质化使得空间能够方便地计算和衡量，有利于资本的积累和权力再生产，也有利于资本和权力的操弄。而空间的具体性就是其现象，即空间的碎片化，空间的杂乱无章。空间的具体性和抽象性间的联结就是空间的私有化——商品化，空间的私有化和商品化需要空间的碎片化，使得空间归属个体，而空间的商品化就使得空间需要在市场交换上实现。因此，现象上纷繁复杂、杂乱无章的碎片化的空间，其本质是服从于市场自发性调节规律，需要用以交换，通过利益计算而服从权力和资本的操弄，就是空间的同质化的本质和抽象性的体现。

空间的私有化——商品化和空间的碎片化——同质化塑造了一个相互竞争的个体物化为逻辑起点的空间市场，空间的使用价值和交换价值相互分离，空间也服从于货币化的劳动力再生产的途径。进而，资本的积累就可以通过高度竞争的空间市场实现，而权力也可以通过操弄高度竞争的空间市场来实现对自身的隐匿。

空间的破坏性重构主张的私人物权最终会实现社会利益的最大化，其

① ［法］亨利·列斐伏尔，刘怀玉等译．空间的生产［M］．北京：商务印书馆，2021：62.

实就是个体收益最大化逻辑的另一套说辞，它将整个空间同质化，使得空间服从于投机、交换的需要，空间在本质上就高度的同质化，试图排除一切不利于资本积累和权力再生产的元素，空间就变得呆板，丧失意义，成为一个空洞的所在，而不是人的诗意的栖居。正如列斐伏尔所言："这个形式的与量化抽象空间，否定了所有的差异，否定那些源于自然和历史，以及源自身体、年龄、性别和族群的差异。因为这些因素的意涵，正好掩饰与驳斥了资本主义的运作。"① 区别于空间的破坏性重构，空间合作性重构主张的是差异的空间正义。

空间合作性重构主张的差异的空间正义对空间的理解，是空间不服从于资本积累和权力再生产，也不服从于市场交换自发性调节和工具理性逻辑，空间是使用先于交换的。空间首先是居住与使用的，它需要服从于居民对自身生活改善的需要，对共同空间问题的回应和治理，空间首先是日常生活的，正如2016年底中央经济工作会议提出的"房住不炒"一般，空间也不是拿来交换和投机的，也不是拿来服从资本积累和权力再生产的，而是用以生活的。列斐伏尔就认为"社会主义空间的生产，意味了私有财产，以及国家对空间之政治性支配的终结，这又意指从支配到取用的转变，以及使用优先于交换"②，换言之，空间的生产应当"为了更好地满足广大人民群众的空间利益与空间需要，创造符合社会大众生存与发展的城市空间的过程。所以，社会主义国家在推进空间生产时必须突出强调空间生产的社会主义性质，坚持以人为本，满足广大人民群众的空间利益与需要，创造出更加符合社会需要的空间产品"③。空间合作性重构主张的空间差异正义就在于此，空间是满足使用价值的，满足居住与栖居的，而不

① ［法］亨利·列斐伏尔．空间：社会产物与使用价值．载包亚明主编．现代性与空间的生产［M］．上海：上海教育出版社，2003：52.

② ［法］亨利·列斐伏尔．空间：社会产物与使用价值．载包亚明主编．现代性与空间的生产［M］．上海：上海教育出版社，2003：55.

③ 任政．空间正义论：正义的重构与空间生产的批判［M］．上海：上海社会科学院出版社，2018：103.

是满足资本积累与权力再生产的。

所谓的差异的空间正义，列斐伏尔认为其能够“克服‘公共’与‘私人’之间的分离”[①]，也能够“克服（独特）的工作空间和（重复的）商品空间之间的分隔和脱离”[②]。差异空间正义强调空间的取用和使用的优先性，能够为城市带来更多的活力，使得人们能够享有更切实的城市权利，这一权利是“一个谁拥有城市的问题，拥有不是个人直接拥有一份物业意义上的拥有，而是每一个群体集体意义上是否能够获得就业与文化，居住在一个合适的住宅里，拥有适当的生活环境，获得满意的教育，获得个人的社会保险，参与城市管理”[③]。换言之，强调空间的使用与取用优先于交换和支配，能够带来充满活动的空间和让居民能够在其中诗意地栖居，这是差异的空间正义的逻辑，而这一逻辑也是需要证成的。

空间的生产是人的实践在空间上的体现，人的实践又以人的劳动和社会交往作为主轴，对人的实践的讨论尤以马克思的劳动价值论与劳动的二重性讨论为代表。在马克思的劳动价值论里，商品的交换价值由抽象劳动形成，而使用价值则由具体劳动形成，前者是“人类劳动力在生理学意义上的耗费”[④]，而后者则是“人类劳动力在特殊的有一定目的的形式上的耗费”[⑤]。具体劳动是人直接的对自然的能动的改造，这一改造也发生在人与人的交往过程里，对自然的改造形成的“丰富而有用的实体”，彰显着个体的人的创造力，也彰显着人与人之间的社会合作关系，人在对自然的能动的改造，也是对自身生活现状的不满和改变，人在具体的劳动里，就形成了对自身的超越，这一超越的表征就是“丰富而有用的实体”。因此，

---

① ［法］亨利·列斐伏尔．空间：社会产物与使用价值．载包亚明主编．现代性与空间的生产［M］．上海：上海教育出版社，2003：57.

② ［法］亨利·列斐伏尔．空间：社会产物与使用价值．载包亚明主编．现代性与空间的生产［M］．上海：上海教育出版社，2003：58.

③ 刘怀玉．社会主义如何让人栖居于现代都市？亨利·列斐伏尔《都市革命》一书再读［J］．马克思主义与现实，2017（01）：104-115.

④⑤ ［德］马克思，中共中央马克思恩格斯列宁斯大林著作编译局译．资本论（第一卷）［M］．北京：人民大学出版社，2001：60.

具体劳动创造的具体价值，是充满着真正意义上的个性，而且这一个性也是社会性的结果，它是处于特定社会关系里的人能动的实践的产物，它是人的创造力的体现。但是，抽象劳动却将充满着真正个性的丰富的具体劳动的内涵抽离了出去，只剩下人的生理性的生产耗费。当实践（劳动和社会交往）的丰富内涵——创造力、社会关系、文化外化的价值符号的内涵去除，抽象劳动形成的抽象价值就能够将商品同质化进行交换，以服从资本积累和权力再生产。

回到空间生产上，主张空间的使用价值与取用先于空间的交换与支配，正是具体劳动——具体价值和抽象劳动——交换价值的劳动二重性的回应。空间的使用价值来自空间的具体劳动，是人对自身居住与社会交往空间的展望及其实践的过程，是诗意的栖居。因此，空间的使用价值和空间的具体劳动就使得空间充满着真正意义上的个性，是差异的，而不是同质的，它无法被同质化和抽象化为理性计算的单位。从空间的破坏性重构支撑的空间知识——观念和意识形态来看，以使用价值和具体劳动为优先的空间，就是杂乱和不够理性的，因为它无法计量、无法抽象化，就无法用以服从资本积累和权力生产，无法被操弄。正因为强调空间的使用价值和具体劳动，就意味着空间的生产不是个体化的，而是社会交往过程中展开的，是合作的而非交易的。

差异的空间正义倡导空间使用价值和具体劳动，将服从于居民日常生活的改善和让居民在生产劳动之外的日常生活得以享受闲暇，拥有更为完整的生命体验，就使得人们能够将空间的私有化——商品化和碎片化——同质化支撑的空间的交易和理性计算的面纱揭开，展现真正的空间生产——空间的合作性重构。

正因为空间的合作性重构是以差异的空间正义作为规范，是以服务居民日常生活为导向，强调空间的使用价值和具体劳动，就意味着空间的合作性重构不会是一个静止的状态，而是一个流动的过程。空间合作性重构指出了空间生产的合作性，空间价值也是共享的、可持续的，那么空间合作性重构首先是一个差异空间正义规范的空间共享价值的生成。空间的共享价值也并不完全是一个实体意义上的社会利益，而是一个过程，“共享资源并不是作为一种特定事物、资产甚至特定的社会过程建立起来的，而是作为一种不稳定的和可以继续发展的社会关系而建立起来的……创造共享资源的核心是这样一个原则：社会集团和作为贡献资源对待的环境之间的关系就是集体的和非商品化的，不受市场交换和市场估价规则限制。”① 空间的共享价值的生成是一个过程，它指向了合作性的空间交往关系，指向了“设身处地”的规范性逻辑。因此，空间合作性重构路径即是差异空间正义规范下的空间共享价值的生成过程，它通过主体间的空间立场和“设身处地”的规范性逻辑支撑的空间交往关系来实现空间共享价值，强调空间是以使用价值和具体劳动为优先，服务于居民的日常生活为导向，以形成丰富多彩的、满足社会和民众日常生活需要，实现社会性个体在空间上的更完整的生命体验的差异的社会主义空间为目标。

5.2.2 空间合作性重构的生成：空间生产集体控制权利

5.2.2.1 空间生产的集体控制权利

空间生产的集体控制权利以空间的共同所有和空间共享价值的民主治理作为主要内容，也正是空间合作性重构的实现路径。在空间生产的理论视域里，无论是列斐伏尔还是哈维，他们都将空间解放实现的差异的空间正义视为社会主义的空间正义，这一差异的空间正义需要通过城市权利或者空间权利来实现。列斐伏尔认为所谓的空间生产的集体控制权利是“将先前由‘自上而下’生产出来的社会空间，重新建构为‘自下而上’的空间，也就是普遍性的自我管理，亦即在各种不同的层次上，完成各单位与生产程序的管理……按照马克思的说法，将世界‘翻转过来’意味着颠覆

① ［英］大卫·哈维，叶启茂等译．叛逆的城市：从城市权利到城市革命［M］．北京：商务印书馆，2016：74.

支配性空间，将取用置于支配之上，将需要置于命令之上，将使用置于交换之上。自我管理显示其自身同时是手段和目标，是一个战斗状态也是其攻击目标。"①空间生产集体控制权利，从规范上来看，是一个普遍的参与和自我的管理。哈维认为空间生产集体控制权利是"一种按照我们的期望改变和改造城市的权利。另外，改变城市不可避免地依赖于城市化过程中集体力量的运用。所以，城市权利是一种集体的权利，而非个人的权利"②。空间生产集体控制权利强调参与和自我管理，但并不意味着空间生产集体控制权利是以个体权利或者确切地说是以私人物权为基础，而是以集体共有空间为基础，空间生产集体控制权利是居民对城市空间拥有着自主的控制权利的集体自治。空间生产的集体控制权利，其逻辑起点不是私人物权，而是集体对空间的共有，其逻辑不是个人利益最大化和工具理性，而是共享的空间价值和"设身处地"的规范性的空间交往逻辑，其目标不是将以空间服从资本和权力，而是服从栖居于地方的民众，服务于日常生活。

因此，空间生产的集体控制权利能够落实，就意味着栖居于此的居民能够超越自身的狭小的空间个体化立场和个人收益最大化逻辑，切实地、平等地参与进空间生产的过程里，生成共享的空间价值。那么，空间生产的集体控制权利有三个面向。

第一，空间的共同所有，而不是个体占有。

第二，空间生产的集体控制权利在对空间的取用和使用上，是参与和民主的。

第三，空间生产的集体控制权利的实现也有赖于一定的经济基础的支持，即地方和劳动对资本的雇佣，而非资本对地方和劳动的雇佣。

空间生产的集体控制权利的切实实现，本身就是一个在实践中证明空

---

① ［法］亨利·列斐伏尔．空间：社会产物与使用价值．载包亚明主编．现代性与空间的生产［M］．上海：上海教育出版社，2003：56－57.

② ［英］大卫·哈维，叶启茂等译．叛逆的城市：从城市权利到城市革命［M］．北京：商务印书馆，2016：4.

间合作性重构无论是在经济效率还是在社会价值或者个人完善的生命体验都优于空间的破坏性重构过程。空间生产的集体控制权利，一方面将空间视为共同所有；但另一方面在空间的管理和分配上，倡导平等、民主和参与，力图将空间的形式的共同所有同实质的个体使用之间结合在一起，这就使得空间生产在逻辑上就不会走向空间的私有化——商品化和碎片化——同质化，同时也不会使得空间的共同所有落空，变成某些强势群体的事实的个体私有。空间生产的集体控制权利需要不断地生成共享的空间价值和良好的空间关系，才能够得以持续下去，而共享的空间价值的不断生成，就需要一定的经济基础，即“加大对生产和剩余资本的民主管理”①，换言之，经济发展的成果要更加地惠及社会，更加地以社会的建设和民众的日常生活需要的满足作为导向。

当空间生产集体控制权利得以实现的时候，就意味着空间共享价值具有生成的可能，同时也意味着空间的私有化——商品化和碎片化——同质化的消失，空间断裂也就不复存在，抽象的制度空间与实质的生活空间得以联系，能够切实地去回应与解决共同的空间问题，空间困境在空间相邻关系上的标准——邻避冲突自然也能得到有效的源头的治理，向“迎臂”转换。

由于空间的破坏性重构为内核的异化的空间生产在当下世界社会实践与意识形态中的支配性地位，空间的破坏性重构转变为空间合作性重构，支撑的空间生产集体控制权利的落实不是一个一蹴而就的过程，需要不断地培育和生成。因此，空间生产集体控制权利还是一个历史的、发展的概念和实践。空间生产集体控制权利虽然是一个发展的、历史的概念，但它仍然需要在发展的过程里在不超越历史与现实的情况下，有条件地实现。

空间生产集体控制权利强调的空间的共有、居民对空间的全面的参与、地方雇佣资本无法在当下得到全面的实现。但是，空间生产集体控制权利支撑的空间合作性重构路径仍然可以在差异化的空间正义的指导下，

---

① ［英］大卫·哈维，叶启茂等译．叛逆的城市：从城市权利到城市革命［M］．北京：商务印书馆，2016：23.

通过实现空间共享价值来培育空间生产集体控制权利。从线性的、机械的观点来看，空间生产集体控制权利支撑空间的合作性重构，进而实现空间共享价值才是正常的进路，首先有一系列的正式的空间生产集体控制的权利制度和组织，才有共享的空间价值，才能实现差异的空间正义。但是，空间生产本身就是辩证的运动，先关注于新的空间共享价值的生成及其经济基础的夯实，再来培育空间生产的集体控制权利，实现空间的共同所有和空间治理的民主和参与反而更为现实。在典型邻避冲突和类邻避冲突向"迎臂"转向的案例里，并没有事先的一个成熟的空间生产的集体控制权利的制度、组织和机构，却是在不断寻求共识和培育共享的空间价值的过程里，实现了空间关系的复位，人们在一定程度上也超越了空间个体化立场和空间个人利益最大化逻辑的支配，为空间生产的集体控制权利的实质性的形成而奠定了社会关系的基础。

从空间生产的辩证运动来看，中国当下的城市有机更新和空间破坏性重构发展道路转型，正是一个在践行差异的空间正义，生成空间共享价值和夯实其经济基础过程里，不断培育空间生产集体控制权利，渐进地实现空间共同所有并不断发展空间的民主治理的历史过程。因此，空间生产集体控制权利的实现还需要在中国城市有机更新背景下，结合实践进一步阐释。

5.2.2.2 发展空间共享价值作为空间生产集体控制权利的突破口

改革开放以来，中国重新融入了国际体系，逐步探索出了一条中国特色社会主义的发展道路，但也不可避免受到资本主义社会模式和意识形态的侵蚀，尤其是在20世纪90年代末到21世纪初期的土地驱动的城市化和工业化发展道路，这一道路在创造经济增长奇迹并推动工业化的成就之外，也随着时间的推移愈发地展现出了自身的局限乃至对经济社会的反噬。空间破坏性重构造成了空间断裂，形成了空间的私有化——商品化和碎片化——同质化，投射了空间个体化立场和空间关系物化的意识形态，形成了“房权社会”。在这种异化的空间生产的结构之上，空间被制度化分割，空间问题被空间治理转移成空间争夺，空间问题悬而不决。作为空间困境在空间相邻关系调整上的表征——邻避冲突也自然难以解决。

然而，随着中国经济发展道路转型，尤其是对资本在空间生产的第二次循环过度积累造成的问题的“医治”，使得投机空间生产引致的混乱空间规划和空间的高度稀缺同大型邻避项目共同引发的典型邻避冲突的土壤逐步消除。同时，区别于地产开发式的大拆大建的旧城改造的以居民为主体、保留城市文化和空间肌理，挖掘城市既有住宅的潜力、依靠现代产业与服务业发展的城市有机更新，使得老旧小区改造和社区更新成为一个热门的实践议题，处于私人领域的老旧小区改造关涉到既有空间规划调整与空间相邻关系的重新配置，甚至关涉到了居民物权和与此关联的居民财产的重新配置，使得类邻避冲突逐步成为一个社会治理的难点问题。类邻避冲突逐步取代典型邻避冲突，成为中国城市更新背景之下的邻避冲突里的主要形式。由于类邻避冲突关涉的小区空间共有部分的调整，就使得类邻避冲突的治理，相较于典型邻避冲突而言，更强调居民的主动性和居民在意识形态上的主体地位。同时，政府也无法完全通过市场的商品化关系和科层的行政命令在小区外部进行治理，而是需要无法过多借助既往的抽象化的、规则性的治理手段介入到居民的日常生活里，治理日常生活。那么，类邻避冲突与治理及其背后的实现“迎臂”转向的空间合作性重构和空间生产集体控制权利就有了实现的可能，尽管这对于已经习惯了空间破坏性重构及其空间治理逻辑和意识形态的居民和政府来言，是一个巨大的挑战。

空间生产的集体控制权利支撑的空间差异正义规范下的空间合作性重构路径，不断生成共享的空间价值，能够真正治理空间困境，实现邻避到“迎臂”转换。空间合作性重构也是空间生产辩证运动的结果，空间合作性重构不拘泥于机械的先有正式的空间生产集体控制权利，才会有空间合作性重构路径，而是可以从空间共享价值的生成和空间关系修复入手，夯实空间合作性重构路径和空间生产集体控制权利的经济与社会关系基础，并在实现空间共享价值的过程里，培育空间生产的集体控制权利，探索空间合作性重构路径，而这一辩证运动在中国新一阶段的城市有机更新里成为可能。

城市有机更新可以定义为“通过对城市存量建筑资源的维护、改造、拆建、扩充等方式促进土地资源的重新优化配置、提高存量资源的利用效率、促进城市功能的全面或局部升级、实现城市居住条件的改善和生活品质的提高、增强城市活力与市场竞争力、推动产业结构转换和升级的城市发展过程”①。这一城市有机更新定义还比较偏向于实体的、机械的建筑空间方面，城市的有机更新还是一个合作性的社会关系的不断生成的过程，通过对空间问题解决和空间共享价值的生发来培育合作性的社会关系。城市的有机更新有两个方面的指向。

第一，城市有机更新意味着城市被重新复归为居民栖居的日常生活空间，城市需要雇佣资本，而不是由资本雇佣城市。因此，城市有机更新更加强调有利于民众生活福祉的产业的培育，以此为城市有机更新夯实经济基础，以经济发展成果共享的起点来逐步实现对剩余资本的民主管理。

第二，城市有机更新不仅仅是对产业的培育，同时也对居民日常生活空间培育，更是对更高程度和更加文明的社会主义空间的主体的塑造。那么，城市更新在关涉老旧小区改造和社区营造等私人领域的集体行动和空间相邻关系改造上，就需要以居民作为主体。

城市有机更新本身是在差异的空间正义规范之下的空间合作性重构路径这一新的空间生产观念下对既往的城市大拆大建的地产开发式城市发展的反思的产物。城市有机更新需要夯实的经济基础，这一经济基础不来自土地驱动的城市化和工业化发展道路，而来自对城市的持续运营。换言之，城市就不再是一个亟须马上套现的金融产品和实现短期政绩的工具，

---

① 秦虹．城市有机更新的金融支持政策［EB/OL］．2021.09.18［2021.11.26］．https：//new.qq.com/omn/20210918/20210918A04JB300.html.

而是一个能够持续发展的作品。2021 年 8 月 31 日《住房和城乡建设部关于在实施城市更新行动中防止大拆大建问题的通知》、2021 年 11 月 4 日《住房和城乡建设部办公厅关于开展第一批城市更新试点工作的通知》等政策文件里，城市有机更新就不再是一个悬浮的理念，而要付诸实践，这也意味着政府需要深入到城市空间里，去理解城市的社会关系和文化肌理，深入居民的日常生活，扎实地去发展有利于居民生活质量提高和城市可持续发展的产业，通过稳定的现金流和税收来支持地方政府财政，夯实城市有机更新的经济基础，为创造城市共享空间价值提供支撑，实现中央提出的“推动金融、房地产同实体经济均衡发展”的要求。政府将城市作为作品来长期运营，能够生发空间共享资源，使得资本能够与城市紧密地结合在一起，避免既往的资本逐利的流动使得城市的公共投资化为乌有的问题，以资本服务居民，服务居民的日常生活。

空间共享价值能够有经济基础的支撑，但不能以此证明空间共享价值就可以生成，空间共享价值也可能被制度分配给个人，再度形成空间的个体化。在城市有机更新里，就经常面对的旧城产权不清晰住宅的既有住宅更新问题。从哈丁的“公地悲剧”的隐喻来看，这些既有的老旧住宅无法实现更新的原因在于产权不够个体化、不够私人化，因此，老旧住宅产权需要私人化，就能够使得私人有足够的动力去更新住宅。由于老旧住宅的使用者大多收入较低，缺乏负担住宅更新的经济实力，老旧住宅配套落后也难以售卖。因此，老旧住宅更新需要政府财政补贴和支持。一旦老旧住宅私有产权化，这就会带来两个问题：（1）老旧住宅产权一旦私人化，就会使得使用权的反复流动存在困难①，而这就削弱了老旧住宅容留城市低收入人群的功能，事实上削弱了城市的住房保障功能。（2）老旧住宅产权私人化，也使得政府对老旧住宅的财政补贴转移到了老旧住宅产权主体上，一旦老旧住宅产权主体将住宅在市场上售卖掉，政府的财政补贴就消

① 郭湘闽．房屋产权私有化是拯救旧城的灵丹妙药吗？［J］．城市规划，2007（01）：9－15.

失了，没有达到其原本的社会福利目的。

具体来看，政府对老旧住宅更新的财政补贴，其目的应当是让老旧住宅恢复甚至提升功能，使得老旧住宅能够在不同层次的住房保障体系里发挥自身的功能，起到盘活现有建筑存量和弥补政府公共住房不足的缺陷。但是，一旦产权私人化，政府对住宅更新的财政补贴就转移到了个人上，而个人将老旧住宅进行处置，就使得政府财政补贴被浪费了，这也意味着政府还需要持续地、大量地进行财政投入来维系老旧住宅的更新，提供更多的政府公共住房，而这本身对政府财政就是极大的压力，最终会使得政府对产权私有化的老旧住宅更新补贴不可持续。因此，政府通过地方雇佣资本来为空间共享价值的生成构建可靠的经济基础，也需要避免对空间共享价值的私人化和个体化。换言之，空间共享资源的使用也应当是共有的，而不是个体化配置的。

空间共享价值的使用是一个政府、社会组织、市场主体、居民共同参与的过程，在这一过程里，政府介入到了居民的日常生活，就面临着如何治理日常生活的问题。老旧小区更新作为城市有机更新微观组成部分，同时也是社区更新的重要组成部分，完整地体现了城市有机更新的差异空间正义内涵。老旧小区更新是一个以居民为主体，尊重居民能动性的政府、社会组织、市场主体共同参与的集体行动，就意味着老旧小区更新会是一个相对漫长的协商过程，失败和挫折都是老旧小区更新经常面对的问题。

因此，政府对老旧小区更新的介入不能通过运动化的方式、行政命令的方式和纯粹的商品化的方式进行，而是要通过群众路线的“做工作”的方式进入，将自身作为勾连整个城市宏观社会利益和老旧小区微观的个体利益的枢纽，让居民和其他行动者从政府尊重个体需要的不断引导协商的过程里，发现自身的真正价值所在——将他人的空间视为自身的空间来平等地看待，将生成新的更好的社会关系视为老旧小区更新和社区更新的规范性目标，而政府也在此中不断检视自身的角色和作用，不断去理解社会和居民。换言之，在空间共享价值的生成和使用上，政府作为先行者，是差异化乃至碎片化的各空间所有者和使用者凝结成新的共同空间的呈现，政府的目标和行动本身需要将共享空间这一抽象的具体表达出来——共享空间的抽象性在于居民、社会组织对共同空间的维护和生产共同空间价值上，而其具体性则在于居民和其他社会组织对共享空间的取用来满足自身需要，获得更完整的包括个体价值的实现和对社会的贡献的生命体验上。

空间共享价值的生成也是构建空间生产集体控制权利的过程，以政府等外部主体对空间共享价值的生发和维护作为起点，以增量的新的空间共享价值和对既往的沉淀的空间资源的激活和公共化的改造，形成空间生产集体控制权利的经济基础，并在这一过程来让居民切实地受益，并吸引居民参与，从实践上来改变居民的空间个体化和空间关系物化的空间意识形态与空间观念，进而逐步地破除“房权社会”，是当下中国差异空间正义规范下的空间合作性重构的实现路径。这一差异空间正义规范下的空间生产集体控制权利支撑的空间合作性重构路径（见表5-1）包括三个辩证的环节。

表5-1　　　　空间合作性重构路径

	伦理规范	主要内容 目标	行动逻辑	实现方式
空间 合作性 重构	差异空间 正义 空间使用 价值优先	共享空间价值生成 共享空间价值的民主治理 服务民众日常生活	主体间空间 立场 “设身处地” “将心比心”规范空间交往逻辑	地方雇佣资本，实现空间共享价值生成的经济基础 政府日常生活治理，实现空间生产集体控制权利的社会基础

（研究者自制）

第一，城市有机更新背景下，政府通过地方雇佣资本，来为共享的空间资源提供经济基础，并逐步对剩余的资本进行民主的管理，让经济发展服务于民众的日常生活需要，在宏观上避免政府的投机式的空间生产。

第二，空间共享价值的生成和使用是共有的，而非个体化和私人化，这使得空间共享价值得以具有持续性，避免公共财政的投入被耗散和转移。

第三，空间共享价值的生产和使用需要通过居民主体和尊重居民能动性的政府引导的空间治理实现。政府以群众路线为途径介入居民的日常生活，将自身作为勾连宏观的社会利益和微观的居民小区利益的枢纽，将不同空间主体凝结在一起，创造新的共享的空间资源，使得空间主体能够超越空间的个体化立场和空间的物化关系逻辑，向空间的主体间性和空间的“设身处地”和“将心比心”规范性逻辑演进。在空间治理的过程里，空间生产的集体控制权利就得以渐进地、有条件地实现，而空间的合作性重构路径也得以生成。

在城市有机更新对城市开发的取代，典型邻避冲突逐步退场，而类邻避冲突将成为常态的背景下，差异空间正义规范下的空间生产集体控制权利支撑的空间合作性重构路径，能够将邻避设施对居民空间价值的影响降低，同时，生成新的共享的空间价值，并使得不同空间主体超越狭小的空间个体化立场和空间物化逻辑，走向空间的协商合作和对共享空间资源的民主治理，逐步地实现空间的共同所有和空间的民主治理，更有效地实现对邻避冲突的治理。

6 结　论

在空间生产理论视角下，研究综合了列斐伏尔提出的空间生产的辩证运动及其在政治经济学和城市发展与治理上的应用——哈维和卡斯特的资本循环的空间转向的观点，通过对邻避冲突的扎根理论的经验研究和抽象的理论分析，回应了研究问题。总的来看，研究提出了空间生产理论视角下的邻避冲突的新解释和如何将邻避转向“迎臂”两大问题，这两大问题细化成为了四个小问题，分别是：（1）邻避冲突的发生逻辑；（2）邻避安排特点与邻避冲突的实质；（3）如何理解“迎臂”；（4）空间合作性重构的理解和实现。

通过对案例材料的扎根理论的分析，构建了一个邻避冲突发生逻辑，将中国场景的邻避冲突的宏观基础（中国封闭权力空间、政府主导型经济发展，土地驱动的城市化和工业化发展道路）——中观条件（投机式空间生产、扭曲邻避设施安排、“房权社会”）——微观情境（邻避冲突与类邻避冲突的空间争夺形式）联结到了一起，回答了研究问题（1）。

以邻避冲突发生逻辑的机制解释为逻辑起点，研究通过抽象的理论分析，将中国场景的邻避冲突嵌入到异化空间生产背景下，将土地驱动的城市化与工业化发展道路本质抽象为空间破坏性重构为主要内核的异化空间生产，揭示了邻避安排的“不由自主”的特点，并对邻避冲突主要形式——空间争夺进行了讨论，认为空间争夺具有“各执己见”的特点。由此，对扭曲的邻避设施供给是否有着近似于“不以人的意志为转移”和居民为什么一定要反对邻避设施进行了回应。通过对邻避安排的“不由自主”和邻避冲突的“各执己见”的讨论，得出了邻避冲突的实质是空间困境的难以治理，是空间生产集体控制权利落空的结果，回答了研究问题（2）。

邻避转向“迎臂”需要通过空间差异正义规范下的空间生产集体控制权利支撑的空间合作性重构路径实现，这一观点是通过批判空间破坏性重构的不可持续性、理论上的缺陷和证成空间合作性重构的实践和理论上的合理性而得出的。在证成空间合作性重构的过程里，“迎臂”的指向就是空间关系的复位与空间共享价值的生成，而随着中国有机城市更新的开展和发展道路转型，类邻避冲突也将成为邻避冲突的主要形式。因此，邻避冲突更需要通过空间合作性重构的路径解决。回答了研究问题（3）。

所谓的空间合作性重构即是差异的空间正义规范下的空间共享价值的持续生成，而这一路径的实现需要空间生产集体控制权利的依托，即空间的共同所有和空间共享价值的民主治理。由于空间合作性重构与空间生产集体控制权利是一个历史的、发展的概念，在当下中国的历史阶段里，空间生产集体控制权利支撑的空间合作性重构路径的实现，需要通过发展空间共享价值作为突破口，在这一过程里，以政府“群众路线”方式主导的日常生活治理，来逐步实现对空间共享价值的民主治理和实现空间的共同所有，为空间合作性重构路径的不断实现奠定经济与社会基础，进而在根本上治理邻避冲突，实现“迎臂”转型，回答了研究问题（4）。

6.1 “不以人意志为转移”的邻避冲突

邻避冲突的发生逻辑与邻避安排的特点对应的是“空间生产视角能够给邻避冲突研究带来的新的解释”，具体地回应了研究问题（1）：邻避冲突的发生逻辑，为什么邻避设施一定要安排在周围居民或者其他产业、社会组织可能发生摩擦乃至冲突的空间里。研究问题（1）的发问并不是在追问为什么邻避设施决策不是民主和开放的，换言之，研究问题（1）的发问是在追问是否存在一种更为结构性的力量驱使着邻避设施的安排者不顾冲突的风险去安排邻避设施，而这种结构性的力量本身并不是邻避设施决策程序或者过程的民主、开放所能制约的。研究问题（2）接续了研究问题（1），将研究问题（1）进行了抽象的理论分析，指出了邻避安排具有“不由自主”的特点，作为结构性力量的异化的空间生产驱使着邻避设施的决策者“不由自主”地将邻避设施扭曲式的安排，并对邻避冲突的实质进行了讨论。

对邻避冲突发生逻辑的回应，即对研究问题（1）的回应可以先从邻避安排的特点入手，即对研究问题（2）的回应而自然地延伸出来。对研究问题（1）和研究问题（2）的回应都凸显了在异化的空间生产，也就是空间破坏性重构下，邻避冲突的发生与演变总是“不以人意志为转移”而上演着相似的剧本。只有在异化空间生产能够实现遏制，空间破坏性重构能够转型的前提下，邻避冲突才能得到有效的治理。

6.1.1 邻避安排的特点与邻避冲突的实质

在邻避冲突的中国场景里，空间生产异化也就是空间的破坏性重构表现为土地驱动的城市化和工业化发展道路，这一道路在政治锦标赛（发展经济、维护稳定作为关键治理目标）体制和地方政府“财权事权”倒挂的前提下，使得地方政府“不由自主”地将邻避设施扭曲式的供给，如图 6－1 所示。具体来说：在财力的缺口和土地、政策作为其掌握的关键性经济要素的情境下，及经济发展的绩效考核和府际竞争的压力下，面对流动的资本和栖居的居民，地方政府的态度存在着巨大的反差。在流动的资本和多个地方政府的招商引资的项目府际竞争市场上，流动的资本处于买方市场，地方政府倾向于为流动的资本提供“全面的服务”。而相较于流动的资本，栖居的居民相对缺乏流动性，依靠资本的雇佣和地方政府的公共服务生活，地方政府在住房和公共服务市场上处于卖家市场上，相较于对流动的资本的高度重视，地方政府倾向于忽视居民的需求。

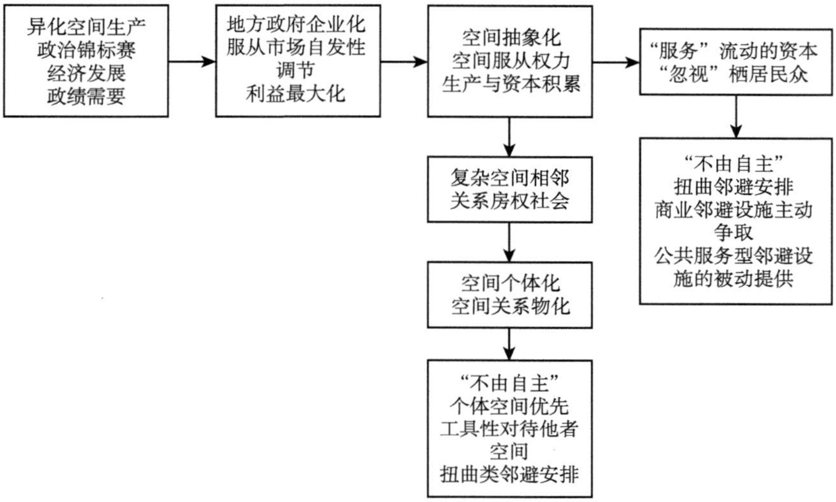

图 6－1　“不由自主”的邻避安排

（研究者自制）

流动的资本能够给地方政府带来极大的收益，而地方政府成功的招商引资，需要通过土地、政策和基础设施的投入，投入的成本则通过商住用地的出让（“卖地”）获得的巨大的土地收入和以土地为内核的空间未来收益质押的融资弥补，并开启新的招商引资。因此，大多属于能源、重化产业的商业型邻避项目，其可预期的巨大的短期的收益和可能的长期收益使得地方政府之间围绕项目高度竞争，积极地安排。地方政府的企业化使得地方政府将辖区内的资源都视为发展经济的要素，地方政府恰似一个在市场上竞争的公司一般的行动逻辑，不可避免地会受到市场自发性调节固有的盲目性、滞后性、投机性的影响，土地为内核的空间的生产也就高度的投机，这就使得空间规划混乱，造成空间的稀缺。当招商引资不成功，地方政府倾向于将工业规划的空间挪用作商住用途，使得该空间事实上已经不再适用于发展工业。但是，一旦招商引资出现可能，地方政府就会“不由自主”地大干快上地将“邻避设施”安排在已经事实上改变用途的空间上。

对于公共服务型邻避设施，地方政府则“不由自主”地滞后安排。公共服务型邻避设施投资周期较长，利润较低，服务的是城市居民，保障的是城市基本运营，无法在短期内通过货币化的方式计量，也难以在短期内非常迅速地提升政绩。换言之，公共服务型邻避设施服务的是长期的生产关系的再生产，而作为公共服务型邻避设施的提供者——地方政府，其服从的是短期的投机（经济收益与政绩收益）逻辑。那么，地方政府自然倾向于随意地更改公共服务型邻避设施规划，将其用地作为工业或者商住用地。然而，一旦城市发展到一定规模，不得不需要公共服务型邻避设施的时候，地方政府的公共服务型邻避设施安排就会面临与周围居民区或者产业区相冲突的局面。

在异化的空间生产下，地方政府被塑造成为一个市场上高度竞争的经济人，其辖区内的资源和居民都被其视为发展经济的要素。因此，地方政府秉持着一个抽象的空间观念，空间被视为无差异的治理单元和经济要素，以服从权力的生产和资本的积累。面对着可计算的政绩考核需要和府际竞争，地方政府“不由自主”地遵循着自身利益最大化的逻辑，扭曲地安排邻避设施。

类邻避安排同样呈现出“不由自主”的特点。类邻避安排指的是住房小区这一私人领域内的具有邻避特点的集体行动和集体消费的达成问题。土地驱动的城市化和工业化发展道路立足在房地产业上，是居民以储蓄购买住房的方式，支撑了经济发展。因此，高地价需要高房价支撑，而作为社会资本的房地产商，利润最大化和资本积累是其主要的逻辑，住房小区就会呈现出高容积率、高密度的中高层集合式住房的空间形态。房改之后，居民以自身储蓄和债务购买住房，使得住房成为了居民的私有财产的同时，也塑造了空间个体化和空间关系物化的“房权社会”的意识形态。

中高层集合式住房的空间居住形态带来了高度复杂的空间相邻关系，“房权社会”的意识形态使得任何关涉到对居民空间价值产生影响的空间相邻关系的调整，都变得极其困难。小区内部的邻避特征的集体行动和集体消费设施无一例外地都关涉到对空间相邻关系的调整，这就使得调整的发起者和受益者同受损者产生了尖锐的冲突。在“房权社会”的意识形态和住房是自身财产重要组成部分的情境下，行动者都倾向于“不由自主”地以工具化他人空间价值的方式，来保障乃至扩大自身的空间价值。

邻避冲突的实质是难以应对空间困境的空间治理。空间的破坏性重构将实质不可分割的空间以空间的私有化——商品化和空间的碎片化——同质化相互支撑的方式进行制度化的分割，这就使得本身需要整体的应对的空间问题悬而不决了，空间问题被转移成空间争夺，空间争夺及其治理遮盖了空间问题。空间的破坏性重构生成了空间制度化分割遮蔽的空间实质的不可分割，也生成了以个体化空间和空间争夺作为逻辑的空间治理，空间制度化分割遮蔽的空间实质的不可分割造成了空间问题，而空间治理则将空间问题转移成空间争夺，将空间问题遮蔽，最终造成了难以治理的空间，使得空间的治理呈现出“强制压服”与“顺其自然”两种共享同一种逻辑的治理结果。

具体到邻避冲突来看，空间破坏性重构为内核的空间生产异化将空间通过私有化——商品化和碎片化——同质化的方式进行制度化的分割，以便空间可以用以计算和交易，也使得空间不易被整合，服从权力和资本的需要。当空间被高度碎片化和私有化之后，空间的实质不可分割就被空间制度化分割遮蔽，政府和私有资本为了自身的利益而将邻避设施进行扭曲式的供给——制造了空间问题的同时，也在拖延实质存在的空间问题的解决，前者对应于商业型邻避设施，而后者则对应于公共服务型邻避设施。空间破坏性重构的空间生产异化，作为经济基础，裁决了上层的法权制度和治理模式，空间治理也是空间的私有化——商品化和碎片化——同质化的结果。那么，当存在着需要整体、统一应对的空间问题的时候，空间治理反而在不断地强化空间的个体化和碎片化，将实质存在的空间问题转移成空间的争夺，并用形形色色的知识——话语的冲突或者利益的冲突的说辞进行遮盖。

商业型邻避设施的问题在于政府为什么忽视栖居的居民的空间权益而热衷于为商业型邻避设施“保驾护航”，公共服务型邻避设施的问题在于为什么政府会滞后地安排公共服务型邻避设施。但是，脱胎于空间破坏性重构的空间治理却将这两个问题转移成了空间的争夺，用事后的消极性质的补偿来回应和治理，无怪乎邻避冲突总是陷入到“一闹就停”的怪圈。

类邻避设施的问题在于部分居民的权利处于不改变现状就难以实现的境地，小区共同存在的治理问题不改变现状也难以实现，而改变现状就涉及对空间相邻关系的调整和部分业主权益的受损，这一尴尬情境更加清晰地指向了空间的制度化分割（空间碎片化和空间私有化）遮蔽的实质不可分割的空间。但是，空间治理及其意识形态却将空间问题同样转移成了空间的争夺，并以小区公共利益、国家方针政策或者公民私有财产不可侵犯等说辞进行遮盖。在类邻避安排上，空间治理及其意识形态要么强行地以损害部分业主空间权益的方式来改变空间相邻关系，制造空间问题，要么就将类邻避安排视为纯粹的私人领域的问题而顺其自然，拖延空间问题，却不去思考为什么居民对自身的空间如此的重视，为什么居民会展现出个体利益的最大化逻辑。归根结底，邻避冲突的实质（见图6－2）是空间的制度化分割遮蔽的空间实质不可分割而带来的空间问题的悬而不决的空间困境，这也是邻避冲突应当真正回应的。

6.1.2 邻避冲突发生的必然性

对研究问题（2）的回应自然就可以总结研究问题（1），也就是邻避冲突的发生逻辑。邻避冲突是空间困境在调整空间相邻关系上的表征，对邻避冲突发生逻辑的回答不着眼于相对微观的关涉行动者是否一定会发起抗争，引发邻避冲突的行动条件和行动者的邻避情节等心理因素，而是着眼于邻避冲突发生的基础，即对邻避冲突的必然性进行讨论，而不是对具体的邻避冲突行动在何种具体的条件下得以发生这一相对偶然和情境的问题进行讨论。

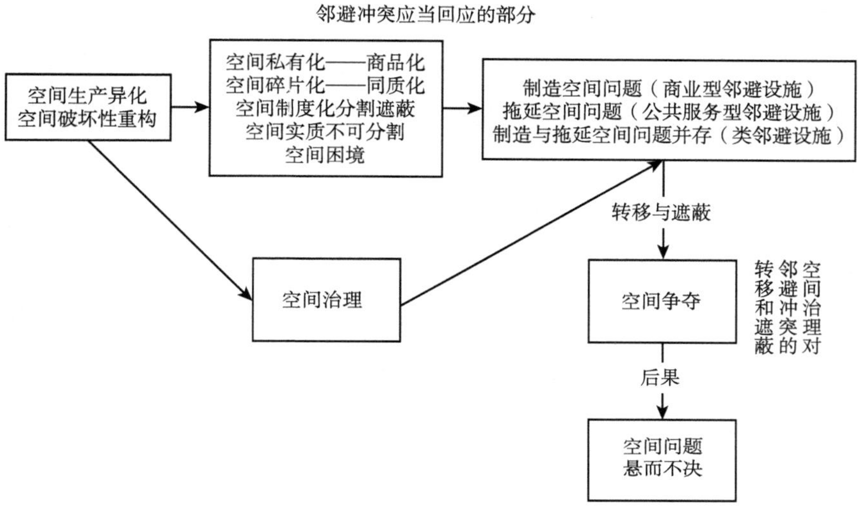

图 6－2 邻避冲突的实质

（研究者自制）

邻避冲突是空间生产异化的时代病症下的结果。邻避冲突的必然性呈现出这样一条清晰的逻辑链条，如图 6－3 所示。

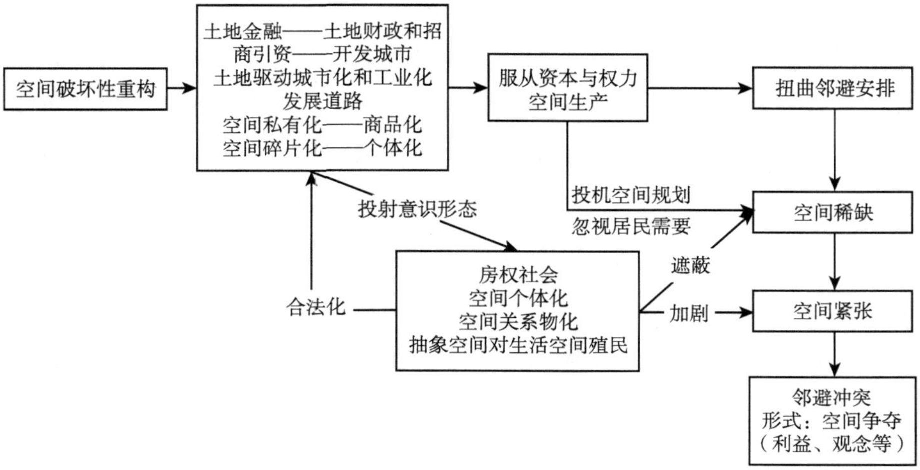

图 6－3 邻避冲突必然性

（研究者自制）

区别于邻避冲突发生逻辑力图将宏观——中观——微观联结起来，展现宏观的空间生产异化同微观邻避冲突间的具体机制，邻避冲突发生必然性讨论则更加精简和抽象。空间破坏性重构为核心的空间生产异化使得具体的空间生产服从于资本与权力，同时又投射出了空间个体化与空间关系物化的“房权社会”、抽象空间对生活空间殖民的空间观念的意识形态。服从资本与权力的具体的空间生产形成了扭曲的邻避安排，也通过忽视居民需要的投机空间规划，共同造成了空间的稀缺，形成了空间紧张。空间生产异化投射出的意识形态将空间生产异化的前提遮蔽起来，加剧空间紧张，以空间争夺作为形式的邻避冲突就形成了产生的土壤。因此，在异化空间生产下，邻避冲突的发生具有着“不以人意志为转移”的必然性。

6.2　邻避向“迎臂”的转向

邻避向“迎臂”的转向是邻避冲突得到有效治理的体现，空间合作性重构是实现邻避冲突有效治理的规范性路径。邻避向“迎臂”转向有两个子研究问题，研究问题（3）关注的是邻避向“迎臂”转型的目标问题，即“迎臂”的指向是什么，而研究问题（4）关注的则是空间合作性重构的内涵和实现方式。邻避向“迎臂”的转向不仅仅是一个单纯的“一事一议”的治理问题，也关涉对作为经济基础的异化空间生产发展趋势的判断。既往的邻避冲突研究本身就是异化空间生产投射的意识形态塑造出来的，研究视野存在着盲区，并不关心邻避冲突的发生逻辑，提出的治理对策较为形式化。在空间生产理论视角下，邻避冲突发生逻辑与邻避安排特点、邻避冲突的实质都被揭示出来，这意味着要治理邻避冲突，就应当考虑邻避冲突实质——空间生产异化导致的空间困境。异化的空间生产已经嵌入到当下社会的基本结构与发展路径之中，邻避向“迎臂”转向和邻避冲突得以治理要摆脱个别情境的偶然性的判断，就要对异化空间生产呈现出的转型趋势进行判断，而这一判断就从反面（空间破坏性重构为核心的空间生产异化的后果）和正面（空间合作性重构的合理性）进行了论证，空间合作性重构就是一个历史的、发展的概念与实践，它需要在当下的时代背景下有条件地、多样化地实现。

对研究问题（3）的回应可以先从研究问题（4）入手，先讨论空间合作性重构取代空间破坏性重构的合理性，并清楚建构空间合作性重构内涵和实现方式，研究问题（3）“迎臂”指向就会有更清晰的回答。

6.2.1　空间合作性重构的内涵及实现方式

空间生产是一个辩证的运动，列斐伏尔将其总结和概括为“空间实践——空间表象——表征性空间”的辩证运动过程。空间破坏性重构是异化的空间生产的体现，作为空间实践，它投射了空间个体化——空间关系物化和抽象空间对生活空间的殖民的意识形态与空间认知观念，其作为空间表象形塑了在空间生产场域里的行动者对空间实践的认知，行动者在空间表象的形塑下，去体验空间实践，就产生了个体化的认知体验，是表征性的空间，作为个体化的认知体验可能支撑空间表象，也有可能与空间表象存在着差距，形成了剩余，这一剩余就是对既往的空间生产进行批判和反思的基础。

空间破坏性重构为内核的空间生产异化一方面无法避免资本在空间生产上的过度积累，无法避免资本循环的周期性瘫痪；另一方面，空间生产异化造成了空间困境，使得空间治理陷入僵局，要么是强制的压服，要么就是顺其自然。这种空间治理的僵局，在邻避冲突上有着鲜明的体现：在典型邻避冲突里，政府强行地推行邻避项目，如果遇到当地居民有组织的激烈反对和引起上级政府乃至中央的关注，邻避项目就会停止。在典型邻避冲突里经常出现的“一闹就停”的怪圈正是陷入僵局的空间治理从“强制压服”（对居民无视乃至遇到反对的强硬维稳）到“顺其自然”的循环（放弃项目）。在类邻避冲突里，例如小区内部加装电梯和沿街店铺等具有邻避特征的集体消费设施和集体消费行动，也出现了以“方便群众生活，提高老年人生活水平”等合法性指称乃至出台规范性的政策进行“强制的压服”，要么就是将其视为纯粹的私人领域的集体行动问题，以置身事外的态度，顺其自然。

空间破坏性重构的空间生产异化其存在的问题使得这一发展路径很难再延续下去，中国经济发展逐步告别“以地生财”方式，在城市发展与治理上，也呈现出告别“地产式”的“大拆大建”的城市绅士化更新而走向居民主体的有机更新和微更新。空间破坏性重构的空间生产异化的发展道路，尽管尚未实现在实践上的全面转向，但至少在意识形态上的合法性受到了怀疑和削弱。换言之，空间生产破坏性重构发展道路及其意识形态对空间实践的解释能力越来越弱，人们直观的空间体验，产生了越来越多的体验，表征性的空间就向空间表象上发展，使得空间表象先于既往空间实践路径转向，人们普遍意识到了“以地生财”的不可持续性。那么，基于大型邻避设施的典型邻避冲突的产生条件就被削弱了，既然土地驱动的城市化和工业化发展道路无论是从趋势、意识形态还是从现实的制度与政策安排上，都不再合算，而空间规划控制也愈发科学和严密，典型邻避冲突的社会景观就逐步落下帷幕，取而代之的则是随着城市有机更新和政府对居民日常生活治理而引发的类邻避冲突。类邻避冲突位于私人领域，它关涉到对居民物权的调整，而居民对自身空间价值的看法则较为主观和多元，这就意味着既往的外在于居民的治理方式不再可行，政府深入到对居民日常生活治理，更需要空间合作性重构这一规范性路径，在这一路径上去探索更多的协商的治理工具，将空间合作性重构不断地因地制宜地实现。

区别于空间破坏性重构所形成的空间的私有化——商品化和碎片化——同质化，空间的合作性重构以空间生产集体控制权利为支撑，差异的空间正义作为规范，对空间的个体化、空间关系物化和抽象空间殖民生活空间的批判和反思，强调空间应当是使用价值优先于交换价值、取用优先于支配，服务于民众生活。因此，从应然状态上来看，空间合作性重构即是空间共享价值的生成，空间合作性重构也建立在空间生产的集体控制权利之上，这一集体控制权利从应然的状态上来看，是空间共同所有和空间共享价值的民主治理。无论是从典型邻避冲突的“迎臂”转向还是从日益成为显著社会空间治理问题的类邻避冲突的“迎臂”转向来看，空间合作性重构以生成空间共享价值和修复空间关系为着眼点，在降低邻避空间受损者的损失的同时，生成了新的持续增长的空间共享价值，而在这一过程里，空间关系的修复成为支撑点。在典型邻避冲突，空间关系的修复是通过公开、透明、持续的沟通和对既往问题的回应来提升信任，使得受损的民众得以转变对政府和项目主体的态度；而在类邻避冲突里，空间关系的修复则可以通过发起者的真诚沟通或者社区对小区治权的培育和帮扶来实现分歧双方的“换位思考”和“将心比心”。空间关系的修复和空间的共享价值的生成就使得邻避冲突里的行动者都得以放弃空间个体化立场和空间关系物化逻辑，形成了空间的主体间立场（对他人空间如同自身空间的平等看待）和“设身处地”“将心比心”的合作而非计算的规范性逻辑，邻避就有转向“迎臂”的可能。

空间的合作性重构以差异空间正义、空间使用价值优先作为伦理规范，以空间生产服务民众日常生活为目标，空间共享价值的生成及民主治理是空间合作性重构的主要内容，以主体间空间立场和“设身处地”“将心比心”的规范的空间交往作为行动逻辑，而空间的合作性重构需要通过空间生产的集体控制权利来实现。空间生产的集体控制权利以空间的共同所有和空间共享价值的民主治理为两翼，是一个历史的、发展的概念与实践。在经济发展路径转型和城市有机更新的当下，空间的合作性重构路径和空间生产的集体控制权利的实现，以空间共享价值的生成和民主治理作为突破口，前者以政府雇佣资本，服务地方与民众，为空间共享价值奠定经济基础；而后者则以政府通过“群众路线”的日常生活的治理，为空间共享价值奠定社会基础。政府将自身作为不同利益与观念的空间纷争的枢纽，生成新的具体的抽象的共享空间价值和民主治理方式，其具体性在于不同的行动者能够在这一共享空间价值里寻得认同，而其抽象性则在于它体现着不同行动者尚未认识到的共同的空间利益与空间观念。

空间生产的集体控制权利的实现使得空间合作性重构成为可能，制度化分割的空间就可以同实质不可分割的空间重新地统一，抽象空间与具体的日常生活空间也得以重新联结，那么空间问题就不会被凭空制造出来，真实存在的空间问题也得以被真切地回应。从邻避向“迎臂”转型的经验来看，空间共享价值生产和空间共享价值的民主治理恰似“双轨制”改革，绕开了对既有空间价值调整的困难，转而生成新的共享的空间价值，以新的共享空间价值及其民主治理来渐进地替代既有的空间生产和空间分配格局、空间治理的模式。

6.2.2 “迎臂”指向

空间生产的集体控制权利支撑的空间的合作性重构路径对空间破坏性重构路径为内核的空间生产异化的替代，能够回应空间困境，进而有效治理邻避冲突，具有其理论与实践上的合理性。相较于邻避而言，“迎臂”这一概念的独特价值尚且没有被学术界普遍关注，更多是作为一个政策用语来使用，“迎臂”也是从实践中生发出来的。在一般邻避研究和社会观念里，所谓的“迎臂”主要指的是项目的复建。但是，通过对空间合作性重构内涵及实现方式的讨论，“迎臂”的指向并不将项目的复建作为优先，而是将空间关系的修复作为优先，以空间关系的修复和共享的空间价值的生成为优先，在这一过程里，不强求项目的复建。因此，“迎臂”的指向是空间关系的修复和共享的空间价值的生成，项目的复建需要在空间关系修复和共享空间价值的生成过程里实现，否则就可能带来对其他行动者空间权益的再度剥夺或者再次引发冲突。

参考文献

著作

外文著作：

［1］ David Harvey. The urbanization of capital ［M］. Oxford：Blackwell，1985.

［2］ Derek Gregory. Geographical Imaginations ［M］. Blackwell：Cambridge Massachusetts，1994.

［3］ Yin，Robert K. Tcase Study Research：Design and Methods ［M］. SAGE Publications Ltd：London，1994.

中文著作（译作）：

［1］［美］约翰·J. 马休尼斯，［美］文森特·J. 帕里罗著，姚伟，王佳等译．城市社会学：城市与城市生活（第6版）［M］. 北京：中国人民大学出版社，2016.

［2］［德］克劳斯·奥菲，郭忠华等译．福利国家的矛盾［M］. 长春：吉林人民出版社，2006.

［3］［法］亨利·列斐伏尔．空间：社会产物与使用价值［M］. 包亚明主编．现代性与空间的生产. 上海：上海教育出版社，2003.

［4］王佃利．邻避困境：城市治理的挑战与转型［M］. 北京：北京大学出版社，2017.

［5］［美］约翰·R. 洛根，［美］哈维·L. 莫罗奇，陈那波等译．都市财富——空间政治经济学［M］. 上海：上海人民出版社，2016.

［6］［美］杰·D. 怀特著，胡辉华译．公共行政研究的叙事基础

[M]. 北京：中央编译出版社，2011.

[7] 高奇琦，景跃进主编. 比较政治中的概念问题 [M]. 北京：中央编译出版社，2014.

[8] [美] 约瑟夫·劳斯，盛晓明，邱慧，孟强译. 知识与权力——走向科学的政治哲学 [M]. 北京：北京大学出版社，2004.

[9] [德] 乌尔里希·贝克，何博闻译. 风险社会 [M]. 南京：译林出版社，2004.

[10] [英] 克里斯托弗·胡德，彭勃，邵春霞译. 国家的艺术：文化、修辞与公共管理 [M]. 上海：上海人民出版社，2009.

[11] [德] 乌尔里希·贝克，吴英姿，孙淑敏译. 世界风险社会 [M]. 南京：南京大学出版社，2004.

[12] [加] 约翰·尤尼根，洪大用等译，肖晨阳主校. 环境社会学（第二版）[M]. 北京：中国人民大学出版社，2009.

[13] [英] 英国皇家学会著，唐英英译，刘华杰校. 公众理解科学 [M]. 北京：北京理工大学出版社，2004.

[14] [法] 米歇尔·福柯，杜小真编选. 福柯集 [M]. 上海：上海译文出版社，2016.

[15] [美] 加里·戈茨，尹继武译. 概念界定：关于测量、个案和理论的讨论 [M]. 重庆：重庆大学出版社，2014.

[16] [德] 曼弗雷德·沃尔，吴越，李大雪译. 物权法 [M]. 北京：法律出版社，2002.

[17] 叶启政. 实证的迷思：重估社会科学的经验研究 [M]. 北京：生活·读书·新知三联书店，2018.

[18] [美] 段义孚，王志标译. 空间与地方：经验的视角 [M]. 北京：中国人民大学出版社，2017.

[19] [美] 爱德华·W. 苏贾，周宪，许钧等译. 后现代地理学——重申批判社会理论中的空间 [M]. 北京：商务印书馆，2017.

［20］［法］亨利·列斐伏尔，李春译．空间与政治（第二版）［M］．上海：上海人民出版社，2015.

［21］包亚明主编．现代性与空间的生产［M］．上海：上海教育出版社，2003.

［22］［法］亨利·列斐伏尔，刘怀玉等译．都市革命［M］．北京：首都师范大学出版社，2018.

［23］［法］亨利·列斐伏尔．刘怀玉等译．空间的生产［M］．北京：商务印书馆，2021.

［24］［英］大卫·哈维，董慧译．资本的城市化：资本主义城市化的历史与理论研究［M］．苏州：苏州大学出版社，2017.

［25］［法］路易·阿尔都塞，陈越主编．哲学与政治：阿尔都塞读本［M］．长春：吉林人民出版社，2003.

［26］［英］大卫·哈维．时空之间——关于地理学想象的反思［M］．包亚明主编．现代性与空间的生产．上海：上海教育出版社，2003.

［27］张一兵．马克思历史辩证法的主体向度：似自然性、物役性批判理论研究［M］．北京：北京师范大学出版社，2017.

［28］温铁军．八次危机：中国的真实经验（1949—2009）［M］．北京：东方出版社，2013.

［29］周黎安．转型中的地方政府——官员激励与治理（第二版）［M］．上海：人民出版社，2017.

［30］［英］大卫·马什，［英］格里·斯托克，景跃进，张小劲，欧阳景根译．政治科学的理论与方法（第三版）［M］．北京：中国人民大学出版社，2013.

［31］［美］朱丽叶·M. 科宾，［美］安塞尔姆·L. 施特劳斯，朱光明译．质性研究的基础：形成扎根理论的程序与方法（第三版）［M］．重庆：重庆大学出版社，2015.

［32］霍海源，毕恒达，刘长萱，杨国枢．社会及行为科学研究法

(二)：质性研究法［M］. 北京：社会科学文献出版社，2013.

［33］［德］伍德·弗里克，项继发译，林小英校. 扎根理论［M］. 上海：上海人民出版社，2021.

［34］［美］Matthew B. Miles，A. Michal Huberman，张芬芬译，卢晖临校. 质性资料的分析：方法与实践（第2版）［M］. 重庆：重庆大学出版社，2018.

［35］兰小欢. 置身事内：中国政府与经济发展［M］. 上海：上海人民出版社，2021.

［36］陆铭，陈钊等. 大国治理：发展与平衡的空间政治经济学［M］. 上海：上海人民出版社，2021.

［37］［德］马克思，恩格斯，中共中央马克思恩格斯列宁斯大林著作编译局编译. 马克思恩格斯全集（第30卷）［M］. 北京：人民出版社，1995.

［38］［美］保罗·斯威齐著，陈观烈等译. 资本主义发展论——马克思主义政治经济学原理［M］. 北京：商务印书馆，1997.

［39］［美］马克·戈特迪纳，任晖译. 城市空间的社会生产（第二版）［M］. 南京：江苏教育出版社，2014.

［40］［英］戴维·哈维，胡大平译. 正义、自然和差异地理学［M］. 上海：上海人民出版社，2010.

［41］［英］大卫·哈维，叶启茂等译. 叛逆的城市：从城市权利到城市革命［M］. 北京：商务印书馆，2016.

［42］徐和等编. 政治经济学概论［M］. 北京：中国人民大学出版社，2011.

［43］［英］安东尼·吉登斯，田和译，黄平校. 现代性的后果［M］. 南京：译林出版社，2011.

［44］［美］约瑟夫·劳斯，盛晓明，邱慧，孟强译. 知识与权力——走向科学的政治哲学［M］. 北京：北京大学出版社，2004.

［45］刘守英．土地制度与中国发展［M］．北京：中国人民大学出版社，2018.

［46］周飞舟，谭明智．当代中国的中央地方关系［M］．北京：中国社会科学出版社，2014.

［47］［美］詹姆斯·德菲利皮斯，李春奎等译．全球资本下的社区治理［M］．上海：上海人民出版社，2017.

［48］李嘉．中国城市住房金融化论［M］．北京：经济管理出版社，2021.

［49］吴晓琳．房权政治：中国城市社区的业主维权［M］．北京：中央编译出版社，2016.

［50］［英］霍布斯，黎思复等译．利维坦［M］．北京：商务印书馆，1985.

［51］［英］霍布斯，应星等译．论公民［M］．贵阳：贵阳人民出版社，2003.

［52］［法］路易·阿尔都塞，吴子枫译．政治与历史：从马基雅维利到马克思（1955—1972 年高等师范学校讲义）［M］．西安：西北大学出版社，2018.

［53］［意］罗伯托·埃斯波西托，陈国兴译．免疫范式［M］．汪民安等主编．生命政治：福柯、阿甘本与埃斯波西托．南京：江苏人民出版社，2011.

［54］［加］C. B. 麦克弗森，张传玺译．占有性个人主义的政治理论：从霍布斯到洛克［M］．杭州：浙江大学出版社，2018.

［55］［美］加勒特·哈丁著．公地的悲剧［M］．［美］赫尔曼·E. 戴利，［美］肯尼斯·N. 汤森编，马杰等译．珍惜地球——经济学、生态学、伦理学．北京：商务印书馆，2001.

［56］［英］大卫·哈维，胡大平译．希望的空间［M］．南京：南京大学出版社，2006.

[57] 任政．空间正义论：正义的重构与空间生产的批判 [M]．上海：上海社会科学院出版社，2018.

[58] [德] 马克思，中共中央马克思恩格斯列宁斯大林著作编译局译．资本论（第一卷）[M]．北京：人民大学出版社，2001.

[59] [英] 佩里·安德森，余文烈译．当代西方马克思主义 [M]．北京：东方出版社，1989.

期刊

外文期刊：

[1] O'Hare M. Not on my block you don't: facilities siting and the strategic importance of compensation [J]. Public Policy, 1997, 24 (4): 407 - 458. \ Frey, Bruno, Felix Oberholzer - Gee, etc.

[2] The Old Lady Visits Your Backyard: A Tale of Morals and Markets [J]. The Journal of Political Economy, 1996, 104 (6): 1297 - 1313.

[3] Michael Dear. Understanding and overcoming the NIMBY syndrome [J]. Journal of the American Planning Association, 1992, 58 (3): 288 - 298.

[4] Sue Cowan. NIMBY syndrome and public consultation policy: the implications of a discourse analysis of local responses to the establishment of a community mental health facility [J]. Health and Social Care in the Community, 2003, 11 (5): 379 - 386.

[5] Gregory E McAvoy. Partisan probing and democratic decision making rethinking the NIMBY syndrome [J]. Policy Studies Journal, 1998, 26 (2): 274 - 292.

[6] Jay Lehr, Herbert Inhaber. A ceative solution to the NIMBY problem [J]. Groud Water, 2003, 41 (4): 401 - 403.

[7] Nancy Kalikow Maxwell. Libraries? —Yes, In My Backyard! [J]. Journal of Access Services, 2008, 3: 391 - 396.

[8] Howard S. Becker. Becoming a Marihuana User [J]. Howard S. Becker,

1953, 59 (03).

中文期刊:

[1] 曼纽尔·卡斯特，姜珊. 发达资本主义的集体消费与城市矛盾[J]. 国外城市规划，2006 (05): 30-38.

[2] 李爱龙. 重塑阶级逻辑：当代生命政治的范式转换及其建构性意义[J]. 云南社会科学，2019 (01): 63-69.

[3] 谭鸿仁，王侯隆. 邻避与风险社会：新店安坑掩埋场设置的个案分析[J]. 地理研究，2006 (05): 105-126.

[4] 王佃利，徐晴晴. 邻避冲突的属性分析与治理之道——基于邻避研究综述的分析[J]. 中国行政管理，2012 (12): 83-88.

[5] 朱喜钢，周强，金俭. 城市绅士化与城市更新——以南京为例[J]. 城市发展研究，2004 (04): 33-37.

[6] 国务院发展研究中心资源与环境政策研究所"按生态文明要求推进新型城镇化建设的重要问题研究"课题组. 城镇化过程中邻避事件的特征、影响及对策——基于对全国96件典型邻避事件的分析[J]. 调查研究报告（专刊），2016，(42).

[7] 刘守英，蒋省三. 土地融资与财政和金融风险——来自东部一个发达地区的个案[J]. 中国土地科学，2005 (05): 3-9.

[8] 何艳玲. 城市的政治逻辑：国外城市权力结构研究述评[J]. 中山大学学报（社会科学版），2008 (05): 182-191+216.

[9] 郎友兴，薛晓婧. "私民社会"：解释中国式"邻避"运动的新框架[J]. 探索与争鸣，2015 (12): 37-42.

[10] 郑卫，石坚，欧阳丽. 并非"自私"的邻避设施规划冲突——基于上海虹杨变电站事件的个案分析[J]. 城市规划，2015，39 (06): 73-78.

[11] 何艳玲. "中国式"邻避冲突：基于事件的分析[J]. 开放时代，2009 (12): 102-114.

[12] 任丙强．邻避冲突的性质及其解决机制：四种理论路径的阐释[J]．河北学刊，2015，35（01）：155－159.

[13] 涂一荣，魏来．“邻避”研究的概念谱系与理论逻辑——文献梳理和框架建构[J]．社会主义研究，2017（02）：163－172.

[14] 何艳玲．对“别在我家后院”的制度化回应探析——城镇化中的“邻避冲突”与“环境正义”[J]．人民论坛·学术前沿，2014（06）：56－61＋95.

[15] 李永展，陈嘉雯，林建元．邻避症候群之解析[J]．都市与计划，1997，24（01）：69－79.

[16] 马奔，王昕程，卢慧梅．当代中国邻避冲突治理的策略选择——基于对几起典型邻避冲突案例的分析[J]．山东大学学报（哲学社会科学版），2014（03）：60－67.

[17] 陈宝胜．公共政策过程中的邻避冲突及其治理[J]．学海，2012（05）：110－115.

[18] 周亚越，俞海山．邻避冲突、外部性及其政府治理的经济手段研究[J]．浙江社会科学，2015（02）：54－59＋156－157.

[19] 陈佛保，郝前进．美国处理邻避冲突的做法[J]．城市问题，2013（06）：81－84.

[20] 刘冰．复合型邻避补偿政策框架建构及运作机制研究[J]．中国行政管理，2019（02）：122－127.

[21] 颜昌武，何巧丽．科学话语的建构与风险话语的反制——茂名“PX”项目政策过程中的地方政府与公众[J]．经济社会体制比较，2019（01）：61－69.

[22] 刘海龙．邻避冲突的生成与化解：环境正义的视角[J]．吉首大学学报（社会科学版），2018，39（02）：57－63.

[23] 王锋．当代风险感知理论研究：流派、趋势与论争[J]．北京航空航天大学学报（社会科学版），2013，26（03）：18－24.

[24] 潘斌，袁媛．实在论还是建构论——对风险范畴的认识论批判［J］．贵州师范大学学报（社会科学版），2009（03）：19－23.

[25] 卜玉梅．邻避风险沟通场域中的话语竞技及其对冲突化解的启示［J］．中国地质大学学报（社会科学版），2018，18（05）：104－112.

[26] 颜昌武，许丹敏，张晓燕．风险建构、地方性知识与邻避冲突治理［J］．甘肃行政学院学报，2019（04）：85－94＋127.

[27] 杨智元，周桂田．超越决定论的风险治理：替代性风险知识的产生［J］．政治与社会哲学评论，2015，54：109－156.

[28] 王佃利，王玉龙，于棋．从“邻避管控”到“邻避治理”：中国邻避问题治理路径转型［J］．中国行政管理，2017（05）：119－125.

[29] 王宁．代表性还是典型性？——个案的属性与个案研究方法的逻辑基础［J］．社会学研究，2002（05）：123－125.

[30] 娄胜华，姜姗姗．“邻避运动”在澳门的兴起及其治理——以美沙酮服务站选址争议为个案［J］．中国行政管理，2012（04）：114－117＋99.

[31] 王郅强，彭睿．邻避项目如何冲出“一闹就停”的怪圈？——基于H市Z区政府“双环危机学习”的纵向案例观察［J］．公共管理学报，2020，17（02）：141－151＋175.

[32] 韩光明．民法上相邻关系的界定——兼论法律概念的制作［J］．北方法学，2008（05）：47－59.

[33] 彭诚信．现代意义相邻权的理解［J］．法制与社会发展，1999（01）：21－29.

[34] 邱本，王岗．再论相邻关系［J］．当代法学，2015，29（06）：74－85.

[35] 刘美新，蔡晓梅．邻避或迎臂效应：东莞豪华酒店与社区的互动关系［J］．地理研究，2018，37（11）：2273－2287.

[36] 刘怀玉．社会主义如何让人栖居于现代都市？——列斐伏尔

《都市革命》一书再读 [J]. 马克思主义与现实，2017 (01)：104 - 115.

[37] 蔡禾，何艳玲. 集体消费与社会不平等——对当代资本主义都市社会的一种分析视角 [J]. 学术研究，2004 (01)：56 - 64.

[38] 陈建华. 城市化发展阶段的资本循环动因研究——马克思主义政治经济学的视角 [J]. 经济学家，2017 (04)：20 - 26.

[39] 李阿琳. 近 15 年来中国城镇空间构造的经济逻辑 [J]. 城市发展研究，2013，20 (11)：7 - 13.

[40] 宋嘉伟. "肝动森"：休闲玩工的形成——对《集合啦！动物森友会》的数字民族志考察 [J]. 新闻记者，2020 (12)：3 - 19.

[41] 冀福俊，宋立. 资本的空间生产与中国城镇化的内在逻辑——基于新马克思主义空间生产理论的视角 [J]. 上海经济研究，2017 (10)：3 - 12.

[42] 杨浩，张京祥. 土地财政驱动城市空间生产的机制与效应研究——以南京河西新城为例 [J]. 国际城市规划，2018，33 (01)：68 - 74 + 100.

[43] 王佃利，邢玉立. 空间正义与邻避冲突的化解——基于空间生产理论的视角 [J]. 理论探讨，2016 (05)：138 - 143.

[44] 王志弘. 多重的辩证列斐伏尔空间生产概念三元组演绎与引申 [J]. 地理学报，2009，55 (01)：1 - 24.

[45] 景怀斌. 扎根理论编码的"理论鸿沟"及"类故理"跨越 [J]. 武汉大学学报（哲学社会科版），2017，70 (06)：109 - 119.

[46] 陈向明. 扎根理论的思路和方法 [J]. 教育研究与实验，1999 (04)：58 - 63 + 73.

[47] 王英伟. 权威应援、资源整合与外压中和：邻避抗争治理中政策工具的选择逻辑——基于（fsQCA）模糊集定性比较分析 [J]. 公共管理学报，2020，17 (02)：27 - 39 + 166.

[48] 王德福. 业主自治的困境及其超越 [J]. 求索，2019 (03)：

88 - 96.

［49］马梦岑，李威利．房权社会与圈层结构：中国城市空间权利的兴起及其治理［J］．甘肃行政学院学报，2020（06）：102 - 110 + 128.

［50］吴志强，伍江，张佳丽，李郇，赵燕菁，阳建强，王伟强，周静敏，刘佳燕，司马晓，林强，周俭．“城镇老旧小区更新改造的实施机制”学术笔谈［J］．城市规划学刊，2021（03）：1 - 10.

［51］赵燕菁．是“土地金融”还是“土地财政”？——改革的增长逻辑与新时期的转型风险［J］．文化纵横，2019（02）：68 - 79 + 144.

［52］郭圣莉，尹露．老旧小区加装电梯政策演变及逻辑意涵——基于67份政策文本的量化分析［J］．行政论坛，2021，28（01）：82 - 91.

［53］叶侨健．系统哲学探源——亚里士多德“四因说”新透视［J］．中山大学学报（社会科学版），1995（04）：26 - 31.

［54］林密，杨丽京．政治经济学视域中的空间拜物教问题及其批判——以列斐伏尔和苏贾为中心的考察［J］．福建师范大学学报（哲学社会科学版），2020（02）：57 - 64 + 168 - 169.

［55］杨继国．基于马克思经济增长理论的经济危机机理分析［J］．经济学家，2010（02）：5 - 11.

［56］王庆丰，苗翠翠．“产业后备军”的生命政治［J］．国外理论动态，2019（04）：16 - 25.

［57］吴晓林，侯雨佳．新自由主义城市治理理论的批判性反思［J］．中国行政管理，2017（09）：139 - 145.

［58］陈杰．破墙开围：公平正义优于利弊得失［J］．探索与争鸣，2016（04）：52 - 56.

［59］吴彤．再论两种地方性知识——现代科学与本土自然知识地方性本性的差异［J］．自然辩证法研究，2014，30（08）：51 - 57.

［60］孟晓苏，梁运斌．住房建设成为国民经济新增长点的政策研究［J］．城市发展研究，1998（06）：21 - 25 + 64.

[61] 孔祥智，何安华．新中国成立60年来农民对国家建设的贡献分析［J］．教学与研究，2009（09）：5－13．

[62] 李鑫，马晓冬，肖长江．中国城镇土地非均衡扩张路径与治理策略研究［J］．人文地理，2016，31（02）：83－88＋144．

[63] 叶敬忠．作为治理术的中国农村教育［J］．开放时代，2017（03）：163－179＋8－9．

[64] 鄢德奎．市域邻避治理中空间利益再分配的规范进路［J］．行政法学研究，2021（05）：41－54．

[65] 张佳俊．当法律帝国遭遇行政国家［J］．读书，2019（04）：102－110．

[66] 谭启平．符合强制性标准与侵权责任承担的关系［J］．中国法学，2017（04）：174－187．

[67] 焦富民．容忍义务：相邻权扩张与限制的基点——以不可量物侵扰制度为中心［J］．政法论坛，2013，31（04）：113－120．

[68] 肖泽晟．论规划许可变更前和谐相邻关系的行政法保护：以采光权的保护为例［J］．中国法学，2021（05）：202－223．

[69] 申林．《利维坦》中国家主权与个人自我保存权之间的张力［J］．武汉大学学报（哲学社会科学版），2014，67（03）：63－69．

[70] 阳晓伟，杨春学．“公地悲剧”与“反公地悲剧”的比较研究［J］．浙江社会科学，2019（03）：4－13＋38＋155．

[71] 刘怀玉．社会主义如何让人栖居于现代都市？——列斐伏尔《都市革命》一书再读［J］．马克思主义与现实，2017（01）：104－115．

[72] 郭湘闽．房屋产权私有化是拯救旧城的灵丹妙药吗？［J］．城市规划，2007（01）：9－15．

[73] 余亮．小粉红的系谱、生态与中国青年的未来［J］．文化纵横，2021（05）：11．

[74] 张一兵．回到福柯［J］．学术月刊，2015，47（06）：35－41．

［75］刘怀玉，鲁宝．简论“空间的生产”之内在辩证关系及其三重意义［J］．国际城市规划，2021，36（03）：14－22. DOI：10.19830/j.upi.2021.091.

其他

论文集、会议录、报纸：

［1］第1章2016年中国宏观经济运行分析［A］．济南大学金融研究院．中国投资银行竞争力研究报告（2017）［C］．济南大学金融研究院，2017：16.

［2］李济东，张卫华．仙桃是怎样化解“邻避效应”的［N］．湖北日报，20180502（第006版）．

［3］张曙光，杨磊．乳山核电：遭遇不同的“民意冲突”［N］．中国经营报，20080114（A09）．

网络电子文献：

［1］中国知网．数据库介绍信息［EB/OL］．https：//kns.cnki.net/kns/brief/result.aspx？dbprefix＝CCND.

［2］四川大学图书馆．主题词检索与关键词检索的区别［EB/OL］．http：//lib.scu.edu.cn/node/97791.

［3］南方周末．祝愿厦门PX事件成为里程碑［EB/OL］．20071210［20210511］．http：//www.infzm.com/contents/8664.

［4］知乎．如何看待漳州古雷PX工厂爆炸后，漳州网民对厦门的敌视态度？［EB/OL］．20150409［20210513］．https：//www.zhihu.com/question/29380088.

［5］新浪环保．PX项目风险与机会并存 中国未来出路仍有争议［EB/OL］．20111025［20210513］．https：//news.sina.com.cn/green/news/roll/2011－10－25/174323360571.shtml.

［6］新浪财经．公民成长的番禺样本［EB/OL］．20100226［20210516］．http：//finance.sina.com.cn/roll/20100226/22327467530.shtml.

[7] 民主与法制网．广东番禺垃圾焚烧厂选址称量民意 [EB/OL]. 20110607 [20210520]. http://www.mzyfz.com/html/1403/2011-06-07/content-77637.html.

[8] 央视网．环保总局要求北京六里屯项目缓建并公开论证 [EB/OL]. 20070613 [20200521]. http://news.cctv.com/society/20070613/100110.shtml.

[9] 中国固废网．垃圾焚烧厂为何建在北京上风口 [EB/OL]. 0070330 [20210527]. https://www.solidwaste.com.cn/news/168030.html.

[10] 新浪财经．乳山核电多方利益博弈：谁能代表民意 [EB/OL]. 20080113 [20210520]. http://finance.sina.com.cn/g/20080113/07444398662.shtml.

[11] 澎湃新闻．湖北仙桃化解邻避效应：曾引发质疑的垃圾焚烧发电厂已试运行 [EB/OL]. 20180502 [20210524]. https://www.thepaper.cn/newsDetail_forward_2107972.

[12] 澎湃新闻．"村民反对建麻风康复院掀警车"让康复者心酸：我们不是瘟神 [EB/OL]. 20141125 [20210605]. https://m.thepaper.cn/newsDetail_forward_1280861.

[13] 环球网．海南拒建麻风病院事件调查：项目地块存权属争端 [EB/OL]. 20141124 [20210609]. https://china.huanqiu.com/article/9CaKrnJFRYJ.

[14] C 市人民政府．C 人民政府办公厅关于进一步促进既有住宅自主增设电梯工作的实施意见 [EB/OL]. 2021.01.06 [2021.09.11]. http://gk.chengdu.gov.cn/govInfo/detail.action?id=125476&tn=6.

[15] 中华人民共和国国家发展和改革委员会．关于印发《近期扩内需促消费的工作方案》的通知 [EB/OL]. [2022.01.02]. https://www.ndrc.gov.cn/xxgk/zcfb/tz/202010/t20201029_1249273.html?code=&state=123.

[16] 中国网．推动老旧小区加装电梯，C 市有新招——成片连片推

进加装量增 1.5 倍 [EB/OL]. 2021.03.19 [2021.09.11]. http://sc.china.com.cn/2021/yaowen_0319/398788.html.

[17] 天府发布.12 月起施行！S 省既有住宅加装电梯出台新规，有重大修改 [EB/OL]. [2021.11.19]. https://mp.weixin.qq.com/s/pFFw9_W5dlcHI9Ekn74wxA.

[18] 全国人民代表大会. 中华人民共和国民法典 [EB/OL]. [2022.01.02]. http://www.npc.gov.cn/npc/c30834/202006/75ba6483b8344591abd07917e1d25cc8.shtml.

[19] 封面.C 市老旧小区加装电梯钱从何来？引金融手段 20 万补助可提前贷款获得 [EB/OL]. 2018.11.07 [2021.09.11]. https://www.thecover.cn/news/1347268.

[20] S 省新闻. 民生实事期末考！既有住宅加装电梯 C 市已增设 1 605 台 [EB/OL]. 2021.12.10 [2021.12.14]. http://scnews.newssc.org/system/20211210/001227114.html.

[21] 中华人民共和国中央人民政府. 国务院关于促进房地产市场持续健康发展的通知 [EB/OL]. [2022.01.03]. www.gov.cn/zwgk/2005-08/13/content_22259.htm.

[22] 中华人民共和国中央人民政府. 住房和城乡建设部关于在实施城市更新行动中防止大拆大建问题的通知 [EB/OL]. [2022.01.03]. www.gov.cn/zhengce/zhengceku/2021-08/31/content_5634560.htm.

[23] 秦虹. 城市有机更新的金融支持政策 [EB/OL]. 2021.09.18 [2021.11.26]. https://new.qq.com/omn/20210918/20210918A04JB300.html.

附录

附录1 编码表

开放式编码（52个）	代码（1 382个）
b1 民主决策	a415 PX项目由公众决定、a729 部分支持焚烧专家与反焚烧民众达成共识、a717 经过开门提方案，获得大量方案，垃圾分类有着基本共识、a474 民众支持，就重新上马项目、a276 民主参与，公众参与，信息透明、a1194 民主决策、a192 决策可以由人大和民众来决定、a828 民意表达制度化，机构化，集中化、a1219 民主，透明，公众参与监管机制、a1019 民主程序、a242 尊重民意，将环评作为一票否决、a755 强制听证对邻避事件有着抑制功能、a747 确保群众知情权、a729 厦门PX项目环评公众座谈会、a4 市民是广州政府决策第一人的表态、a1170 听证会在组织方面有一定的难度、a49 同不同意建设都要有理由、a717 新媒体与公众参与结合、a801 选址代表产生过程和方式要公示、a147 选址可由市民代表，市民代表推荐的专家以及政府职能部门组成来讨论垃圾处理设施选址问题
b2 社会与政府合作	a354 北京公民参与垃圾处理、a760 参与座谈的业主认为书记态度真诚、a990 多方参与、a1212 番禺区委书记和小区居民代表座谈、a332 番禺区政府感谢市民建议、a562 番禺区政府与相关业主代表展开讨论、a729 公众与政府协商互动，使两者不断寻找解决方案、a296 垃圾处理方式的市民和专家提方案方式参与、a1054 垃圾处理方式为代表关涉居民重大项目要让居民一开始就参与、a1194 民主参与，尊重民意需要补课、a1052 全区进行讨论，征求民意、a1084 市民代表、人大代表和政协委员参会、a776 市民代表大部分对座谈会持积极态度、a825 市民代表对政府尊重民意和共同考察日本垃圾焚烧设施非常赞同、a803 政府提出备选厂址，综合群众意见、环评报告和专家意见共同选址、a732 政府也认为公民实质参与商讨是必要的，形式多样、a1009 政府愿意与民众沟通，并承认决策出问题，也是抗争可以制度化重要原因、a922 制定方案都可以拿出来讨论，形成共识、a1166 中央媒体和厦门媒体旁听，外地记者隔壁收看、a914 专家同样参与环评座谈会、a656 村民重新信任政府、a181 居民选择与政府合作，想要帮政府想解决办法、a735 居民与政府认识在互动过程中加深、a236 想要找到共赢、a519 选择合作与妥协
b3 项目复建	a1090 两年后，项目顺利复建、a491 项目重建

续表

开放式编码（52 个）	代码（1 382 个）
b4 恢复信任	a1107 放弃 PX 是双赢行为、a225 垃圾焚烧发电厂花园式厂区，与民和谐、a1054 厦门收获了政治信任、a77 实地参观，信任核电站安全性、a311 康复者非常感激来看他们的人、a674 康复者同周围高档小区和政府单位居民相处比较愉快、a954 康复者能与普通村民良好互动、a468 麻风病康复者与周边居民能够生成共同空间、a588 现在大家对康复者态度改善很多，甚至很亲近、a915 也有普通村民长时间与康复者相处，有着深厚友谊、a680 长时间宣传，当地人信任核电并习惯核电、a1367 核电知识长期普及，村民相信核电是安全的
b5 持续沟通	a587 PX 投资和运营企业意图与公众、政府、专家进行良好沟通、a394 参观核电站、a168 参观核设施，化解忧虑、a322 对村民科普和参与、a957 反对项目民众想法也在改变、a301 干部群众经过教育，又想重新开启项目、a336 沟通可以建立部分共识、a1026 官员、市民、专家、记者考察日本垃圾处理技术、a1140 继续沟通、交流、a907 加大对核设施开放程度、a481 居民与书记在垃圾分类上有共识、a1228 科普来缓和邻避、a925 垃圾焚烧发电转向垃圾分类讨论、a275 垃圾焚烧项目已经停止、a47 高标准的垃圾焚烧发电设施可以改变居民对住房房价预期负面的影响、a1086 民意与政府良好互动、a146 强调沟通、宣传对于项目推进的意义、a400 强调科普、a776 全面认识新媒体、a810 认真科普宣传，群众愿意接受、a1118 认真做工作后，什邡参观者改变了看法、a1140 市民感觉新鲜，并且愿意相信电磁辐射相关科普知识、a449 市委书记在广场与市民喊话、a917 受邀参观核设施居民对核设施态度发生改变、a383 通过参与式沟通，村民非常赞同垃圾焚烧、a1195 通过反复沟通和耐心宣传，对垃圾焚烧发电设施接受度正在提高、a71 通过公开讨论，互相了解想法、a1161 通过宣传，居民对变电站想法产生变化、a1085 通过宣传，居民对垃圾焚烧发电设施能够接受、a1093 通过纸媒公开，降低影响、a8 稳评公示期延长、a1175 需要搬迁村民经过参观并科普核电后，非常放心核电建设，期望核电能够迅速建成、a785 邀请市民去参观其他垃圾焚烧发电设施、a56 政府决心更系统做好沟通、信息公开工作、a985 政府力图通过沟通来让项目重新落地、a1137 政府要更积极回应群众诉求、a1030 政府组织部分居民，尤其是与核设施邻近的居民前去考察、a344 组织居民参观设施、a262 做好工作，老百姓最通情达理、a1015 未能达成共识，项目不上马、a338 现场未对录音、摄像设备检查、a1219 现场秩序井然、a213 与民众真诚沟通、平等对待
b6 监管和运维透明	a557 方便、可及的查询变电站电磁环境、a660 废气废水治理是合乎标准的、a247 更加开放、透明并接受监督、a535 垃圾焚烧社会监督、公开透明、a5 通过预设公示护理院方式和护理院自身规范运行来推动居民接受、a340 运维严格监管
b7 利益补偿	a1229 地方政府也在考虑利益补偿乃至产业的发展，但是针对房地产业损失，政府无法承担、a597 对受沪杭磁悬浮影响的住宅进行功能置换、a1328 政府意图补偿村民

续表

开放式编码（52 个）	代码（1 382 个）
b8 新的共同价值的生成	a700 环境风险无法短期解决、a875 垃圾焚烧发电厂与周边居民可以和睦相处、a352 邻避问题解决需要时间、a824 随着时间的增加，康复者与普通人能够建立起正常关系、a551 地方政府、企业、社会要共同合作，面对污染治理、a866 共同空间价值生产，使得垃圾发电设施从邻避走向邻利、a94 垃圾焚烧发电厂能够给村民提供一定的就业机会、a661 通过垃圾焚烧发电设施为核心的循环经济产业园来带动周边区域发展，形成共同空间，增加双方的价值、a351 核产业相关设施的空间设计改造
b9 规划地位低	a1038《养老机构设计与服务标准》和《养老建筑设计标准》存在相互冲突、a421 95 年规划与现在规划关于同一地块的土地用途安排存在冲突、a205 发电厂规划与番禺区华南板块现有规划冲突、a879 目前沪杭磁悬浮规划相对混乱、a509 乳山核电早于银滩、a1134 乳山核电站立项时间较长、a479 设施地块原本是绿色生态用地、a110 当地政府对环评审批置若罔闻，使厂址周围环境功能发生较大变化、a1182 沪杭磁悬浮最初规划存在地方竞争，部门竞争、a1187 小区养老护理院设立临终关怀设施和太平间、a1020 原垃圾填埋场，现垃圾焚烧发电址附近环境功能发生较大变化、a281 当地政府对环保局 1995 年环评审批意见充耳不闻、a804 当地政府要核电站也要房地产和旅游业、a1035 地方政府对环保总局规划环评指出：海沧新市区和原有南部工业区功能协调性要求缺乏反应、a547 地方政府决策规划失误，工业用地事实上转变为商业用地、a12 地方政府投机性、a848 地方政府土地招拍挂有问题，有了化工区规划，但是又有大量房地产项目、a749 地区规划频繁改变、地区定位与发展战略定力不足、a497 化工厂与高新区规划建设、定位存在冲突、a633 缺乏合理环境规则，环境污染承受者来自“利益集团”间博弈、a861 市政府放弃新的城市规划而使用 95 年的城市规划、a875 招商引资不顺利，土地闲置，工业用地就改变性质成为商住和其他用地
b10 规划滞后	a943 大连 PX 所在区域还有大量化工项目、a1082 核电站周围建设环境改变、a253 区域环评规划要重新编制，周围环境发生了变化、a301 调整规划、a1124 项目产能扩大，向近海区延伸、a621 最先规划不涉及到海啸问题、a141 城市化扩张超出了城市规划预计，使得垃圾焚烧设施不得不建、a505 该地块周边环境与 95 年有着非常大的改变、a23 厦门需要工业，但海沧规划混乱多变，使发展工业已经不再合适、a1142 土地资源稀缺、邻避效应导致电网规划空间不够，供电呈现紧平衡状态、a516 望江开发区晚于核电站选址时间、a139 银滩景区房地产业发展、a119 单个项目符合环评，但考虑区域环境容量，多个项目放在一起就有问题、a189 规划方案通过专家评审、a628 规划环评有待制度性改革、a540 规划环评重要性、a871 缺乏整体城市规划环评以至于规划混乱、a396 缺乏整体的规划环评、a581 缺乏整体环评规划，也缺乏环评规划与城市规划有效衔接、a719 市政府应当全盘考虑垃圾焚烧发电设施规划、a554 整体规划环评法律地位有待提升
b11 挤压居民生活空间	a596 磁悬浮离居民点较近、a1105 多数是敏感的、传染性的特殊医疗机构、a711 高档小区和商住空间也与变电站毗邻、a387 垃圾焚烧厂选址周边有村民和大量商品房小区业主、a995 垃圾焚烧设施建在人口密集区域、a407 垃圾焚烧设施选址不当，周边居民区人口众多、a934 邻避挤压电网建设、a964 邻避效应对电网建设的挤压、a482 明康监狱关押全省病犯、a1226 明康监狱在居民聚焦区内落地、a209 厂址合适与否存在争议、a706 大连 PX 布局离城市过近、a617 开发区不设在核电站附近，就可能没有问题

续表

开放式编码（52 个）	代码（1 382 个）
b12 与其他产业形成非良性竞争	a436 磁悬浮与高铁项目竞争、a1016 高铁可以替代磁悬浮、a244 高铁与磁悬浮博弈、a934 茶叶为代表农业和工业发展需要间矛盾、a1056 房地产也受到了核燃料园的影响、a1163 房地产与核电站矛盾、a222 核燃料产业园对房地产业有着直接的冲击、a105 化工园区与房地产也有着冲突、a328 垃圾焚烧发电设施在广东地产界著名的华南板块附近、a784 乳山核电引人争议是因为其景区银滩旅游景区、a1152 乳山核电站与景区距离较近、a1379 同一地块，发展旅游、房地产和核电
b13 单一地块承担多重相互冲突功能	a584 合适核电站厂址是珍贵资源、a647 垃圾处理设施周围将会有大量的居民们生活区、高技术园区、医院、学校、a1123 垃圾填埋场附近小区越建越多、a267 垃圾填埋场附近有很多敏感点、a355 良好地理环境使得房地产和核电站同时看中、a367 新城区和石化共用土地，形成冲突、a1138 原垃圾填埋场附近就是产业园
b14 人地矛盾	a250 城市化让城市生活垃圾变多、a1045 上海土地供应紧张、人口多、a481 深圳土地资源稀缺、邻避效应，电网发展面临困难、a1362 空间稀缺，无法建设大型卫生填埋场
b15 服务于权力生产的邻避设施	a208 海淀区只能自己处理垃圾、a518 垃圾处理厂运行与奥运会有关、a239 六里屯垃圾填埋场和规划发电设施附件有著名高等院校、产业基地、公司总部等、a712 循环经济园是献礼工程的一部分、a615 中心城区垃圾由市政府负担、a1376 广州垃圾在李坑焚烧
b16 服务于资本积累需求邻避设施	a959 防波堤重要性、a894 防护带设计存在着环保和拆迁成本的冲突、a595 服务于资本空间循环垃圾焚烧设施、a1005 垃圾焚烧发电需要国有资本投入、政策支持、a71 垃圾焚烧市场化、a63 疗养院原先位置比较好，是市中心、a345 企业承建和运营方式提供养老服务、a837 政府安排，民营企业生产的公共服务提供模式、a135 资本合作方式来建设核电、a289 建设核电对公共服务，尤其是教育的支持是直接的
b17 公共服务型邻避设施的滞后供给	a848 番禺区以房地产业为主，同时也产生了大量垃圾、a581 公共服务滞后安排、a979 街道养老需求较高，但供给水平太低、a205 垃圾焚烧发电设施是城市必备公共服务基础设施、a715 垃圾焚烧设施是城市基础设施、a386 老旧小区供电设备破旧、a885 强调番禺区垃圾处理困境和垃圾围城的紧迫形势、a292 养老设施迫切性、a1149 应当考虑老龄化社会现实和老人的陪伴需要、a1140 用电负荷激增和现有电网建设滞后矛盾、a1376 伴随城市化，需要处理垃圾越来越多、a1341 必须要推进垃圾焚烧发电厂、a1367 番禺面临垃圾围城、a1353 广州必须要建垃圾焚烧厂、a1379 非经营项目，融资难度大、a1350 广州没有地建垃圾填埋场、a1356 广州没有空间建填埋场、a1361 垃圾焚烧形势紧张、a1341 环保搬迁，资金缺口大、a1374 没有非常合适的地点建垃圾焚烧厂、a1326 有人住就有垃圾、a1345 垃圾围城
b18 商业型邻避设施的主动争取	a463 PX 企业仍然存在利好、a1209 核电站的巨大经济利益和资本增殖可能、a450 通过与国企投资、合作 PX，福佳能够获得巨大经济利益

续表

开放式编码（52 个）	代码（1 382 个）
b19 空间不公平	a721 不理解养老院建在小区里，为什么不建在远离居民区厂房、a662 村民对当初在他们身边建设垃圾填埋场感到不解、a375 村民反对自己农田被征收，用以建设垃圾焚烧设施、a96 村民认为自己土地被政府占有了，强烈的不公、a221 会江村民反对建设垃圾处理设施，强调自己很长时间都是受害者、a995 康复者认为自己的遭遇非常不公平、a1 康复者认为自己遭受了侮辱、a604 康复者希望反对者能够不歧视自己、a1002 PX 应该迁移到别处、a408 不要在会江建焚烧厂、a900 担忧邻避项目转移、a905 空间被剥夺和挤压、a41 强调自己小区公共资源不足，是老破小、a426 厦门不要，厦门人是人，我们不是人、a1116 厦门对漳州 PX 项目相对冷漠、a876 什么不好的都往启动搬、a434 有群众反对漳州 PX、a531 漳州古雷 PX 落户使得当地村民表示担忧、a882 漳州居民强烈的不公平感
b20 维护自身权益无力	a314 房价下跌和政府维护秩序带来的不公平感和剥夺感、a998 居民感到无奈和无助、a434 居民合法抗争无效、a487 民众对投产 PX 无能为力、a88 民众反对大连 PX，但仍然顺利投产、a781 民众感到愤怒
b21 居民获得信息较少	a1217 感到自己受到了欺骗，房产贬值、a1012 购房者不知道自己房屋附近有垃圾处理厂、a202 买房时候信息不透明、不对称
b22 政府与项目主体辩护话语：地方化空间	a168 城市高端小区附近就是麻风病医院，也没有抗议和反对、a46 公务员表示自己也有老人在养老院，生活开心，状态很好、a813 疗养院历史比较长，而且在相当一段时间也没有接收患者、a636 员工宿舍距离变电设备十几米远、a977 专家认为居民与麻风病康复老人聊天呈现出状态很正常、a138 变电站辐射还不如家电
b23 政府与项目主体的辩护话语：概念化空间	a268 居民抵制护理院的根源是观念、a675 康复者认为还是需要通过改变思想、a824 邻避设施概念界定：公益性但有潜在环境影响、a1104 法国发展核电较早，民众对核电比较信任、a37 国外 PX 离居民区很近、a164 国外学者警告垃圾焚烧的害处、a421 核电站密集程度不构成问题，国外也有案例、a691 既有的核燃料基地，无论国内国外都在人口稠密区域、a837 垃圾焚烧比填埋好，吸引了发达国家注意力、a1058 日本在海滨建设核电站、a1149 市政府自己认为 PX 项目是安全的，并且有国外先进经验、a976 西方国家，核电与旅游不排斥、a819 西方国家对科技也有强烈恐惧，并不仅仅是决策民不民主问题、a1161 在法国，不少核电站有助于旅游业、a1204 在国外，核电站建设要区分不同“利益集团”、a1010 在日本，垃圾焚烧处理厂就在居民点附近、a759 北京居民有望乘坐中低速磁悬浮列车出入山区、a561 不讲大局、a110 磁悬浮存在着技术自主的战略考虑、a725 典型邻避事件循环是整个国家的困惑、a773 反 PX 项目有无“利益集团”操作？a1006 国家重视垃圾焚烧发电、a747 行业协会等非政府组织呼吁平等看待麻风病康复者、a678 护理院与幼儿园一同设置、年轻人说服老年人等实现观念更新、a758 沪杭磁悬浮技术储备、产业战略考虑、a1081 沪杭磁悬浮建设有

续表

开放式编码（52 个）	代码（1 382 个）
b23 政府与项目主体的辩护话语：概念化空间	利于经济发展、交通优化，不是形象工程、a534 环保部：环评要做好发展与保护环境的平衡、a1085 垃圾焚烧必须要自己解决、a528 垃圾焚烧发电设施并不一定会影响土地经济价值，甚至还可能会增加其经济价值、a11 垃圾围城亟待解决、a230 老年护理院“医养结合”、a354 麻风病医院被称为康乐花园项目、a63 茂名 PX 项目已经进入“十二五”规划、a1028 强调磁悬浮发展是技术自主、技术储备，与高铁不矛盾、a470 强调沪杭磁悬浮对中国能源储备、技术储备重要性、a800 认为反对核燃料的人主要害怕房价下跌、a640 厦门有关部门称是个别地产商煽动市民游行、a258 项目国家战略需要和云南经济发展、a244 项目技术先进、产生巨大社会福利、a895 项目有普通门诊区和特殊门诊区，对普通群众也是利好、a833 小区老年护理院便于当地老人入住和子女照顾、a771 有专家强调沪杭磁悬浮的技术自主性、安全性、a929 漳州 PX 迅速过关与国家扩大内需有关、a733 政府和社会关于垃圾焚烧成为共识、a532 职业反对、a997 中低速磁悬浮拥有着完全的知识产权、a1129 中央媒体号召不要妖魔化 PX、a1179 安宁炼化项目不生产 PX 产品、a622 安宁炼化项目第一个展开社会稳定风险评估项目、a912 安宁炼化项目还处于规划论证过程、a786 没有未批先建、a932 安宁炼化项目的程序合法性、a911 程序按照发改委要求来进行、a488 政府行为依规依法、a923 政府认为，改建并不是都违法、a1185 政府声称项目得到国家部门审批，经过环保论证，程序合法、a776 PX 更容易治理、a486 病犯与病人不同、a154 承诺 PX 项目安全性、a263 磁悬浮拥有着低噪音优势、a729 磁悬浮造价低并且线路适应性强、a174 从二噁英产生量来看，烤肉比垃圾焚烧高、a657 电力不存在重复建设、a916 发展核电是改变电力短缺和结构单一的有效解决方法、a985 公众认识误区导致电网建设阻力大、a1119 关于核电知识，中国教育不完整、a1062 行业协会认为，护理院建设受阻根源还是沟通不足、a1055 核产业项目原先涉及军管，民众不了解、a469 核电更为节能、环保、a525 核电建设与环境保护协调、a181 核电建设在靠长三角地区，水边，降低成本，发电东送、a1042 核电站并未违规建设、a215 核电站规划处于前期规划、a1110 核电站建设安全、a1132 核电站建设规划充分论证、a805 核电站平台可以观景、a652 核电站选址合适、a1064 核电站与旅游景点不冲突、a384 核燃料加工基地与一般工业用地选址区别不大、a1146 环境保障执行最严格标准，其中不存在任何利益输送、a725 技术安全与专业知识权威性、a1104 考察后，政府在垃圾处理前段上深入认识、a602 垃圾焚烧发电设施同垃圾填埋场对比、a337 垃圾焚烧风险可控、a1166 垃圾焚烧邻避问题关键还是认识不正确、a552 垃圾焚烧与垃圾前端处理同时进行、a651 老年护理院的医疗活动影响轻微、a18 麻风病医院其实就是养老院、a976 强调对有色金属工业要去除有色眼镜、a221 强调工业，石化工业才是厦门经济发展基础、a457 强调化工行业正名、a915 强调环评真实可靠、a496 强调环评重要性，运维监管到位，就不会有实质危害、a913 清华学子 PX 词条保卫战、a846 乳山核电并未违规、a591 厦门政府强调 PX 符合国家政策规定和法定程序，合法且安全、a1225 涉事企业与当地政府认为反对者不清楚专业知识、a1017 什邡事件并不是邻避，而是利益群体性事件、a1049 市民的反应是邻避效应、a915 是麻风病康复医院，主要用来收治不能完全自理，不具备传染性质的病人、a102 特殊医疗机构有专门的排污设施、

续表

开放式编码（52个）	代码（1 382个）
b23 政府与项目主体的辩护话语：概念化空间	a651 网络上的反对不意味着绝大多数人的反对、aa793 项目处于可行性研究阶段、a1210 项目仍然处于规划中、a1022 项目尚未走到环评、a859 项目水源与市民生活用水水源不冲突、a787 项目主导方专家认为磁悬浮电磁辐射很弱、a813 养老院邻避纠纷是普遍现象、a739 也有政协委员赞成 PX 项目、a579 有专家认为内陆也可以建核电、a536 漳州古雷污染可控、a722 征收农田不属于基本农田，只是一般用地，可以征收、a339 政府、企业和专家对邻避抗争看法、a1166 政府表示，该公司承诺这仅仅只是养老院非护理院，没有医疗功能、a162 政府认为的好处，民众不认可、a200 政府认为小区反对建养老院是常见的邻避效应、a846 政府为老百姓考虑，为什么得不到老百姓支持、a676 政府希望民众多了解垃圾焚烧技术本身、a260 支持垃圾焚烧的人则认为这与反烧派的长期妖魔化宣传有关、a1014 只考虑了降低成本，形成产业链，但没有考虑环境风险、a249 专家认为，仍然需要科普和疏导情绪、a466 专业知识、a910 组织考察目标还是上项目
b24 抽象空间	a785 政府决策要更重视科学，民意可能是从众心理结果、a1126 政府认为是民众认知存在问题、a364 北京低速磁悬浮关系全国低速磁悬浮发展前景、a292 垃圾治理是政府和社会的共同责任、a317 老龄化社区大势所趋、a773 专家认为，昆明炼化项目在环评上是过关的，不会影响昆明大气环境、PX 威胁没有想象那么大、a941 反复说明没有污染、a259 公众反对 PX 理由不科学、a1154 科学接受就是合理、275 卫生部门官员认为对麻风病的恐惧有历史原因、a1332 政府认为，不能把生老病死都归咎于发电厂、a1356 不会对健康产生影响、a1340 不会造成影响、a1364 废气可控、a1374 垃圾分类与垃圾处理是两件事、a1384 垃圾焚烧发电厂是安全的、a1344 没有人得癌症
b25 民众与社会的抗争话语：概念化空间	a1079 不赞同垃圾焚烧，不希望还有其他地方受到垃圾焚烧困扰、a126 地块规划理解冲突、a128 垃圾处理厂选址不当，周围小区太多 a1052 三座核电站选址密集、a695 石化厂选址在居民区附近、a400 银滩景点附近建设核电站影响国家形象、a1121 有居民表示该小区已有社区医院、养老院、a1121 质疑民营护理院是捞钱的、a559 垃圾焚烧污染风险高、投资大，在国外是夕阳产业、a475 安徽建，也反对、a335 不要盯着 PX 不放、a549 从根本上反对垃圾焚烧发电、a1141 从垃圾焚烧到垃圾分类的认识进步、a977 发展核电是正确的，但是山东大密度核电选址可能有问题、a955 番禺居民关心的从狭小自我利益，向更大公共利益，从同情和道德关怀走向实质性政策行动、a220 番禺居民拟好了给全国人大公开信、a1020 番禺能做好垃圾分类的榜样、a1033 反建阿苏卫不是为了迁址，而是彻底停止垃圾焚烧发电处理方式、a719 居民自发开始垃圾分类、a74 强调自己不是邻避主义者、a364 业主志愿者在推行垃圾分类、a620 有相当部分老人反对过近建设养老院，赞同在距离百米范围建设养老院、a580 反对核电在内陆建设同国家核电战略不冲突、a120 根据国务院批复来质疑化工厂建设、a936 工业园区建在居民区不符合中央精神和郑州自己政策、a1050 公共设施不能侵犯个人合法权利、a15 公民意识觉醒，强调民主、民权、a408 核电需要建在沿海人少的地方，不反对核电本身、a1105 技术安全不等于项目安全、a960 科普与党的群众工作不互相否定、a879 科学决策、技术治理不能代替民主决策、民主治理、a96 科学决策前提是

续表

开放式编码（52 个）	代码（1 382 个）
b25 民众与社会的抗争话语：概念化空间	杜绝利益输送、a975 垃圾处理方式要形成共识、a768 垃圾处理广泛参与、a1051 垃圾焚烧发电设施尊重民意，实现对话，有效沟通、a726 垃圾焚烧技术安全混淆垃圾焚烧决策合法、透明和民主、a968“利益集团”与民意对决、a139 邻避转向迎臂考验政府施政能力、a1183 以党的十七大报告精神为自己意见寻找合法性、a1123 质疑化工厂建设违背党的十九大报告精神、a675 PX 无害与项目安全是两回事、a929 居民担心环评走过场、a990 业主担心任何形式养老机构建成，里面内设科室居民无法控制、a671 以响水爆炸质疑化工厂规划、a1174 反对垃圾焚烧发电设施重要原因是设施相关信息公开透明程度不高、a73 厦门 PX 环评报告，争议较多、a322 建立化工危险信息公开制度和公众实质参与制度、a1046 居民不满集中在程序失当、选址规划没有居民广泛参与，政府信息公开不够及时、a75 决策程序失当、a689 政府不顾民意、不顾法律、也不顾安全事故风险、a381 居民要求垃圾焚烧民主参与、a821 强调公众监督、a901 强调外来购房置业业主的乳山居民身份和民意重要性、a387 强调项目信息公开、公民实质性参与的严重不足、a1122 强调项目要大部分民众支持、a997 强调业主的知情同意、a229 银滩业主认为政府选择冬季开会使得大部分业主无法参会，座谈会流于形式、a22 银滩业主认为自己被代表了、a366 质疑反对核燃料的民意受到操纵、a673 质疑座谈会代表选择、a1192 座谈会给核电项目最大影响者——银滩业主名额太少、a1057 沿线居民反对因为辐射和拆迁补偿问题、a325 六里屯垃圾焚烧发电项目应公开论证过程，扩大征集范围，并报送环保局核准和国家环保总局备案、a869 认为代表抽样不合理，银滩业主不是流动人口、a5 上级政府对下级政府监督和处理的质疑、a125 质疑国务院的复查、a1009 信息公开、透明质疑、a429 业主期望政府信息更加公开和民主、a989 业主认为政府沟通渠道比较简单，无法做出准确调查分析、a550 质疑公示程序，恐惧“核泄漏”、a1157 居民依法抗争、a256 居民用法律来包裹自己的意见进行抗争、a688 PX 选址引起该区城市定位争论、a697 变电站毗邻小区不在少数、a409 地块规划违法、a433 法律程序（产权）、居民生活困扰、养老院火灾问题提出抗争、a1204 番禺区市民仍然关注的是垃圾选址的问题，政府应当明确选址标准，完成规划给市民讨论、a405 反对在居住中心建养老院、a525 关于 PX 项目与城市合适距离有争议、a128 核电站与旅游业、房地产业背离、a452 监狱规划区域同西江新城过近、a573 建设工业用地性质与公示工业用地性质不符合、a1177 居民指出承建和运营方的改造图无法给老人提供舒适环境、a8 居民质疑疗养院是商业和医疗性质，改变土地使用用途，是违法、a616 垃圾焚烧发电厂建在会江，将选择搬走，对垃圾焚烧发电厂的选址不理解、a547 垃圾焚烧发电设施选址不当、a984 炼化设施的大气污染、干旱情境下与市民争夺水资源可能性、a783 六里屯垃圾填埋场和之后规划发电设施选址不合适、a708 麻风病医院选址存在土地权属争议、a269 麻风病医院存在土地权属争议、a899 强调高新区的产业类型，拒绝石化厂进入、a244 认为核电站选址不当、a300 认为旅游业、房地产业与核电站是互斥的、a1048 厦门 PX 选址不当、a1164 厦门目前定位与规划同 PX 等石化项目是不符的、a272 厦门应当发展高端产业、a691 石化项目建设缺乏规划、重复建设、a999 项目选址不符合相应国家标准、a731 要求涉事地块应该按照规划要求，作为生态用地、a830 也有行业人士不赞

续表

开放式编码（52 个）	代码（1 382 个）
b25 民众与社会的抗争话语：概念化空间	同垃圾焚烧发电、a304 影响旅游业，影响城市宜居、a831 有专家质疑化工园区选址、规划、a1024 与厦门旅游城市定位不符、PX 巨大风险、a97 在敏感区域附近落点化工项目考虑因素非常多、a760 质疑核电站选址、a785 质疑选址、a916 磁悬浮使用效率低、a75 大规模基建的通胀风险、a942 地铁直通机场，磁悬浮建设没有意义、a562 对防护距离理解存在冲突、a739 反对沪杭磁悬浮入地、a515 改建养老院与现行法规有冲突、a230 核电站与景区距离太近，海岸线重复建设核电站、a329 沪杭磁悬浮放弃，可能来自资金不够、a25 沪杭磁悬浮技术、安全、经济都不达标、a645 沪杭磁悬浮建造意义小、浪费材料，成本高、a102 沪杭磁悬浮浪费资源、a1087 沪杭磁悬浮暂停，一是邻避；二是德国不愿意转让核心技术、a856 沪杭磁悬浮中德关于价格谈判陷入僵局、a91 怀疑投资和建设资质、a1148 即便解决邻避，垃圾焚烧发电也不一定能够解决垃圾围城的问题、a66 交通应该首先考虑民众的实际需求、a2 垃圾焚烧发电厂建成后，周围业主可能迁离，楼市会处于低迷状态，对于服务业发展可能有负面影响、a160 垃圾焚烧发电设施投资高昂、运营负担较重、a1100 垃圾填埋场、垃圾焚烧发电设施引发居民反对、a601 民众系统地研究了垃圾分类，并指出政府话语荒谬之处、a353 入地方式避免邻避，但大幅度增加成本、a963 三个核电站存在竞争、a789 三座核电站密集布局存在一系列问题——经济上、运营电力上、投资、a1115 石化行业应急预案很难起到真正效果、a995 也有专家从城市轨道实用性和经济利益角度认同中低速磁悬浮、a331 也有专家反对磁悬浮，认为磁悬浮在经济和交通上不实用、a1115 也有专家认为，对中国来说，目前发展核能时机还不成熟、a798 有业内人士对城市交通建中、低速磁悬浮表示质疑、a492 质疑 PX 项目的经济带动作用，忧虑项目对节能减排的影响、a912 中低速磁悬浮亏损严重、a9 重复建设、a219 番禺业主的结论有华南环境科学研究所对李坑垃圾焚烧厂二期环评提供支撑、a360 民众经过系统学习、文献检索和实地调查，认为设施存在很多问题、a956 监狱废水难以处理，环境风险大、a491 居民不赞同政府以科学依据回应垃圾焚烧、a1126 居民可以应用相应专业知识表达自己看法、a380 居民质疑环评、a688 居民质疑理论安全数据、a1013 居民自发调查，写出报告、a329 科学家对磁悬浮有害研究成为抗议的导火索、a1113 民众系统学习垃圾焚烧相关知识，并进行实地考察、a1222 市民自发了解相应知识，对某些说法保持怀疑、a839 沿线居民质疑动迁距离不合适、a302 对邻避项目主体质疑、a816 对垃圾焚烧发电企业安全生产有质疑、a319 垃圾焚烧发电设施商业运营、a1038 垃圾焚烧炉技术管理还是有问题、a103 媒体质疑垃圾焚烧是政商合谋产物、a915 石化厂投资、运营企业存在问题、a239 实缴金额和预先审核资本家差额较大、a1126 垃圾分类需要有强大基础设施、a686 垃圾焚烧并非灵丹妙药，循环经济对其可替代、a942 垃圾焚烧应当财政全额保障，作为公益行业、a175 民众认为应当通过立法实现垃圾减量化和资源化处理、a776 相关建设与防护、治理标准需要国家统一、a619 番禺人大代表和政协委员会认为垃圾焚烧发电厂是解决垃圾围城的途径，但不能选址在居民区附近、a828 居民希望磁悬浮彻底改为普通轮轨线、a493 垃圾分类是垃圾焚烧高效和污染减少的先决条件、a158 希望养老院建设应在合适距离、a1108 处理垃圾应当有更为根本方式，垃圾焚烧发电治标不治本、a236 番禺做好垃圾分类工作，可以形成一个全产业链、a1228 反对垃圾焚烧发电本身，强调垃圾分类回收才有用、a993 居民愿意成为志愿者，推动广州环卫改革

续表

开放式编码（52 个）	代码（1 382 个）
b26 民众与社会的抗争话语：地方化空间	a824 建议政府在化工厂附近办公和生活、a528 居民为后代抗争麻风病医院、a558 隔壁已经有养老院，为什么要再建、a272 居民赞成建设老年护理院，但是不想建在自己小区、a608 民众认为垃圾处理是政府的事情、a608 民众认为垃圾处理是政府的事情、a824 建议政府在化工厂附近办公和生活
b27 具体空间	a528 居民为后代抗争麻风病医院、a1325 别人知道你这里有麻风病康复医院，这地方就毁了、a1332 不希望自己家门口有垃圾焚烧设施、a1379 村民无法继续居住、a1368 担心损害身体、a1361 当地居民不认为麻风病康复医院是利好、a1325 三江死气沉沉、a1362 世代生活于此、a794 对自身生活空间珍视、a1055 村民留恋故土、a612 对自己生活地方重视、a978 二噁英累积性、a1228 海淀区是上风上水之地、a597 经济实力雄厚，民众看重自然环境，放弃核电项目、a422 居民更看重生态环境、生活质量、a7 民众选择绿水青山而非真金白银、a122 生于斯，长于斯、a420 市民更加重视自然环境、a1020 土生土长，安家生根、a569 小区空间受到侵犯、a114 漳州古雷人为 PX 搬离故土、a1146 政府关心与民众关心存在巨大差异、a51 变电站的建筑设计对周围空间存在着景观上的影响、a267 居民恐惧小区内设太平间、a541 老年人不愿意看到将死的失能老人、a725 临终关怀的内涵、a199 社会固有观念和习俗、a201 老年护理院会带来医疗垃圾、房价下跌、心理压力、社会习俗等一系列问题、a761 村民担忧监狱的社会风气和治安影响、a1059 村民恐惧关押病犯监狱、a957 村民未接触麻风病病人，但有自己的看法、a754 戴防毒面具以便随时撤离、a1334 老人小孩怎么办
b28 价值损失	a834 康复者也担心搬过去后不习惯、a245 抗议事件后，康复者也害怕当地居民、a72 迁出厦门的 PX 项目落户漳州，发生过两次安全事故、a1160 什邡项目是一个多输的局面、a513 相较于珠三角和江门而言，鹤山利益和厂址周围民众利益被牺牲了、a5 项目取消不仅使得政府遭受损失、同意拆迁的村民也有损失、a1108 邻避结果是公共利益损失、a194 邻避抗争没有赢家、a444 行业形象也因什邡事件受损、a287 江门核燃料事件可以给相关部门提出警告、a811 江门核燃料受阻对中国核能发展影响巨大、a819 企业面临诸多挑战、a1018 企业损失惨重、a619 企业损失如何弥补，如何解释、a735 上马什邡项目，受损企业可能会搬走、a710 中核集团选址更加困难、a1096 什邡政治信任下降、社会声誉受损、a452 体制本身对什邡否定和不信任
b29 邻避抗争治理方式的延续	a1051 仅仅搬走 PX 可能还不能解决根本问题、a279 抗议——中止——重启——再次抗议、a335 民意参与和决策程序的构建并不代表问题的解决
b30 邻避项目悬置	a111 PX 项目落户漳州，漳州也有民众表示恐慌、a304 PX 项目迁建、a769 PX 项目迁往漳州古雷、a260 PX 项目决定迁移、a842 PX 项目停产，搬迁、a37 产生新问题的项目迁移、a2 大孤山石化企业整体搬迁、a381 大连 PX 搬迁、a807 大连 PX 搬迁不易、a818 大连民众要求外迁所有此类项目、a965 什邡项目不会重启、a370 事件发生后，政府准备完全放弃化工园区利益、a673 永久停工什邡项目、a599 番禺垃圾焚烧发电厂于 6 年后重新建设、a366 抗议后，磁悬浮项目两年后仍然重启

续表

开放式编码（52 个）	代码（1 382 个）
b31 单向度压服	a878 参加 PX 座谈会，但结果还是上街反对茂名 PX、a1017 车辆运输测量仪器到选址地，居民认为设施将要开始建设、a889 单向度的灌输 PX 无害论、a1180 多次协调、沟通无果、a569 敷衍地沟通、a7 即便经过共同考察，市民与政府、专家意见不一致、a769 可能为了其他类型项目，也要提前宣传、a752 垃圾处理方式对立、a93 垃圾无害化处理是政府与社会的共同责任、a58 邻避抗争归根结底是工作方法不恰当，存在信息差异、a483 民众对政府所谓征集意见的不信任、a875 民众无法相信政府和专家关于 PX 安全性说辞、a345 签订承诺书火上浇油、a1148 无规则互动、a840 宣传不到位导致群众不理解、a1176 学生签署承诺书、a171 学生签署承诺书激化了矛盾、a266 要求居民意见书个人信息实名、a134 因选派代表上的分歧，副市长同上访民众没有成功见面、a908 舆论判断、政府回应、政府行动都存在着差异、a134 早先开启了 PX 的相关普及工作、a759 征求公众意见不是说服公众、a582 政府低估了民众对项目敏感性、a506 政府对邻避心理应对困难、a661 政府面对民众反应滞后性、a916 政府强硬、粗暴回应民众代表、a731 政府仍然以防堵思维进行表面的宣传、a1213 政府提出五大沟通渠道遇冷、a171 政府推广会让政府信誉扫地，但同时又给民众进行集体行动提供了机会、a962 政府与民众对抗
b32 对民意的策略性对待	a788 5 000 人只能算一张反对票、a451 大连政府称“险情可控”、a399 多少电话意见等于一张意见票、a55 番禺市民散步的同时，番禺区区长同居民代表进行商谈、a1154 抗争爆发后，弥补性公众参与、a98 民意成为垃圾焚烧决策合法性的前提是可疑的、a56 民众知情权、参与权被漠视、a857 人大代表没有去联系规划地周边民众，也不了解他们想法、a1037 认为座谈会缺乏诚意、a989 四个交代更像是政府一厢情愿的愿景、a1142 四个交代缺乏科学依据、a70 投票和互联网论坛发言可能不作为政府决策参考、a596 为核电站建设而宣传造势、a576 政府叫停 PX 投票、a844 政府态度敷衍、推诿卸责
b33 硬维稳	a376 不搬迁留守村民，生活困顿，公共服务缺乏，国家补贴受到截留、a816 村干部用拆迁款和子女上学威胁村民，以让他们不发表同垃圾焚烧厂相悖的言论，并迅速拆迁、a880 村民与黑制服、白头盔人员发生激烈冲突、a808 对网络空间的能量估计不足、a931 关闭当地网站论坛迫使民众开辟脱离政府的动员渠道、a92 管控舆论、封闭新闻适得其反、a789 互联网进入“自媒体”时代、a968 互联网空间放大效应、a1012 茂名本地媒体开始宣传 PX、a808 茂名市政府初步意识到问题的复杂性、a372 茂名市政府力图提前消解争议、a22 没有部门给居民一个直接的答复、a47 媒体流量广泛、a613 媒体用当地宣传部通稿、a1111 密集宣传反而起到反作用、a837 起到反作用的单向度灌输宣传和签订承诺书，又走向了刚性维稳的道路、a866 人人都有麦克风、a451 网络空间对现实空间的强化和扭曲、a558 网络舆论引导、a582 为了宣传 PX，甚至开始管控言论、a370 因 PX 民众直接行动，厦门试图通过网络实名来削弱民众行动能力、a407 政府不熟悉网络空间传播方式和治理方式、a921 政府滞后地采用群众参与和对话、协商、a942 中央媒体被阻拦、a177 主政者误判舆论形势、a1210 阻止公众沟通是错误的、a869 警方担心民众散步闹事，会场设置警力、a880 强调社会秩序的优先性、a1364 村干部威胁

续表

开放式编码（52 个）	代码（1 382 个）
b34 等级配置的治理权力与治理资源	a358 东山担忧 PX 项目落户古雷，影响鲍鱼养殖业，也进行了抗议，但没有效果、a1034 番禺区承担着疏散市中心人口，同时也承担着中心城区垃圾处理工作、a906 海淀区不得不选择六里屯这个敏感点、a958 会江的集体反对呼声单薄、a475 厦门民众能够组织起社会运动，但漳州民众缺乏能力、资源组织社会运动，因此漳州承担了环境污染代价、a565 县一级阻止核电站建设困难、a90 漳州的反对显然没用、a773 漳州集体行动能力较弱、a113 制度安排问题，让海淀只能自己处理自己的垃圾、a216 行政层级较高城市与发达城市、a524 番禺华南板、a1061 高等教育中高收入阶层，对自身利益有敏锐感受、a268 经济发达地区愿意建设核电站、a167 政府开明、媒体报道和公民不为私利，公民社会雏形形成、a615 佛山高明区政府认为监狱扎堆不利于发展、a860 抗议监狱扎堆来自当地政府经济社会发展诉求、a817 区政府对监狱选址的暧昧态度、a887 银滩政府也担忧核电站对银滩招商引资工作影响、a1119 不仅是厦门政府同民众（人大代表、政协委员博弈），也牵扯到了中央政府不同部门博弈、a848 大连化工园区被认为是重点关注区域、a864 环保总局对 PX 项目重新规划环评、a758 环保总局认为 PX 与该地区新城建设有矛盾、a936 全国政协高度关注、a629 人大政协对磁悬浮的争议很大、a1010 中央关注、a994 中央关注厦门 PX 项目、a868 中央政府关注、a21 国家部委支持垃圾焚烧发电、a924 国家政策支持居家、社区、互助式养老、a925 国家支持项目环评报告，但还是被群众抗议停止、a1049 国家重视核电项目、a725 国务院复查后，认为该项目影响不大，治理措施可行、a1060 垃圾焚烧发电厂是国家“十一五”规划各地兴建项目、a646 什邡项目经过环保部审批、a554 部门利益、地区利益、a804 部门踢皮球、a95 沪杭磁悬浮搁置有高铁建设竞争、a692 垃圾焚烧发电设施选址涉及跨流域治理问题、a243 什邡项目，政府内部也有不同意见、a197 省监狱管理局推动明康监狱、a189 铁道部主导沪杭磁悬浮、a378 政府内部对核燃料项目也有担忧、a238 病犯双重身份导致管辖权力冲突、a593 部分重大工程类项目由多层级地方政府共同决定、a349 佛山、顺德对广州番禺建设垃圾焚烧发电设施也有异议、a1034 核电建设是一个中央与地方合作体现、a833 核电站建设要上级政府说了算、a92 沪杭磁悬浮杭州上海各执一词、a1016 沪杭磁悬浮目前由铁道部在统筹，上海市政府配合、a1053 监狱病人双重身份使得当地疾控部门无法管理、a749 两地地方政府围绕核电设施发生邻避纠纷、a397 厦门 PX 已经不是厦门自己的事情，也有国家部委的参与、a667 什邡项目是省级项目、a1170 省级项目、a591 省政府与地方政府矛盾、a29 双方政府沟通有问题、a541 顺德向番禺交涉垃圾焚烧设施选址问题、a201 项目重启是省政府决定，项目是省级重点项目
b35 垄断性治理权力和治理资源	a842 环境保护的公众主体地位缺乏法律保障、a632 公共议题被政府置换——要不要建到哪里建、a421 行政意志依然在左右事态、a2 会江又成为备选厂址、a475 在行政意志和政府优势权力下，富人也是弱势群体、a1364 李坑无法发出声音

续表

开放式编码（52 个）	代码（1 382 个）
b36 程序失当	a69 大连 PX 低调过关、a345 大连 PX 低调运行由于厦门 PX 事件、a1041 低调过关，只做不说、a402 低调宣传，以图降低影响、a299 认为当地政府存在欺骗、a976 政府还是打算上马，先通过密集宣传，但口头悬置方式进行、a365 政府要正确地做事、做正确的事、a947 磁悬浮程序不正当、a255 地理条件合适，可以上马建设、a970 核电站建设已经在议程中、a618 化工厂建设违反程序、a1134 南阳核电站进入建设流程、a674 签约在稳评之前、a1220 乳山核电站违规建设、a1060 未批先建程序失当、a809 现有行政法规和通知规定，对垃圾填埋场和垃圾焚烧发电设施有着具体的规定、a1041 项目还处于论证、规划过程、a667 要重视邻避决策程序、a634 正在补办相关改建手续、a819 政府的偷步行为、a1060 政府决策程序颠倒，先上车候补票、a767 政府严格按照法律、程序办事，尊重民意、严格监管，民众愿意相信政府、a397 决策失误惩罚不力、a104 强调追责的重要性
b37 环评失效	a168“商业秘密”为理由拒绝环评报告公开、a939 环评报告所有权是企业而不是政府、a994 环评机构利益驱动、压力迫使，报告缺乏独立性，质量堪忧、a372 环评目前主要由建设单位或委托环评机构进行、a39 环评为资本服务、为政府政经利益服务、a1184 监狱项目环评程序有问题、a913 政府购买企业的稳评报告、a682 环评不过关，大部分市民不愿意，焚烧设施就不上马、a198 环评大多数人反对，焚烧项目终止、a1132 环评通过磁悬浮项目、a298 环评通过就动工、a329 环评中公众参与不能代替稳评、a587 要求项目强制听证，但仍然出现问题、a410 环评不透明、a629 大连化工园区环评不公开、a860 环评报告未公开、a5 环评报告已经公示，但市民不关注、a1194 环评公开信息有限、a350 监狱环评关键信息缺失，不透明、a135 大连 PX 环评存在走过场、a526 核电站环评缺位、a1213 环评法律地位增强，环保部门介入能力提高、a409 环评暂行办法规定还不够细致、a747 环评造假、a968 环评制度改革、a367 环评走过场、a783 民众不愿意实名参与环评听证、a690 民众担忧实名参与环评带来的潜在麻烦、a100 环保总局通过了 PX 单个项目环评、a670 环评评价单个项目的不适宜性、a335 麻风病医院通过环评、a800 漳州 PX 项目顺利通过环评、a58 漳州 PX 项目通过环保部环评、a1027 环评报告没有显示储罐区和码头异常接近的距离、a610 环评报告信息有误
b38 决策缺失民意基础	a619 PX 项目缺乏公共政策评估、a717 被动重视民意、a418 大连 PX 缺乏公众参与、a653 大连 PX 早知今日、何必当初、a1002 大型项目要将民意支持作为前置性条件、a579 对民意考察不充分、a338 福佳 PX 选址不合适、决策不恰当、程序失当、阻碍新闻、a93 公示走过场、a649 公众表达不是政府想要的，如何保障公众表达权、a569 公众参与、a801 公众参与不足、a442 公众参与意识还要增强、a485 公众参与重要性、a128 国有资本作为垃圾焚烧发电业主单位、a471 即便程序合规合法，还是引发反对、a1077 决策不公开、不透明、a459 决策不民主、a72 决策过程存在问题，信息不公开，缺乏民意参与、a440 决策模式改变、a685 决策缺乏民意参与、a157 茂名市政府为 PX 项目谋划多年，并非仓促计划、a95 民众实质性参与决策相关机制缺乏、a450 强调政治沟通、a535 缺乏民意参与与民众偏激心态并存、a323 缺乏民意沟通、a985 缺

续表

开放式编码（52 个）	代码（1 382 个）
b38 决策缺失民意基础	乏实质上的民主程序和公民参与，是核燃料搁浅的主要原因、a1099 缺乏支撑公众实质参与的相关机制、a67 仍然站在政府为民众好的政府本位上、a31 厦门 PX 经过国家部委审批，依法行政和决策，但仍然被反对、a673 希望政府能够考虑村民的利益、a300 向上负责的重大工程决策、a98 项目论证更多是对上、对程序、a201 养老设施建设要考虑民意、a823 政府不要自己“闭门造车”、a79 政府决策布局缺乏对民意和科学的真正考量、a722 政府力图通过关门决策来“瞒天过海”获得低价使用公共资源和廉价补贴受损民众的收益、a1011 政府权力应当受到监督、a900 政府是全能政府、a1067 政府需要改变关门决策、刚性维稳、a807 治理模式需要转型、a264 重大决策、缺乏参与、a237 重大决策不民主、不透明、不公开、a922 重大决策民意参与、a1022 重大决策依法决策、民主决策、公众全过程参与、a1111 重大决策应当关注民主、关注民众意见，而非仅仅科学、a366 不公开、不透明，民意表达在事故之后、a622 不仅是宣传、科普，更是重大决策不民主、a939 不起眼角落公示、a1037 大连市民到投产才知道 PX 的存在、a279 担忧公众参与影响项目上马、a6 番禺区政府对垃圾焚烧发电选址保持沉默，设施选址地村民都很少有人知道、a222 公开信息不可及，不便利、a975 公众获取信息渠道有限、a203 古雷重大石化项目替代 PX、a11 关于核电信息透明、公开，政府作为还是不足、a67 核电设施缺乏参与和透明、a415 核电信息需要公开透明、多方参与、a1049 核电站建设需要公民参与、信息透明、a659 忽视群众知情权、参与权和监督权、a1005 护理院建设程序存在问题，居民没有有效参与，信息公开不足、a618 沪杭磁悬浮重启、a503 沪杭磁悬浮重启方面，政府对相关信息三缄其口、a230 开发商和政府都未告知购房者此处有垃圾填埋场、a676 厦门仍然未公示 PX 环评报告、a542 市民对大连 PX 项目不知情、a412 突然公示，改造成养老院、a1186 小区居民获知消息，政府垄断信息局面被打破、a825 信息不对称、a1230 信息不公开、不透明，无法行使选择权、a802 信息不透明、a401 信息不透明，相当部分政府官员事后知情、a182 信息公开、社会监督重要性、a935 信息公开、透明、a1075 信息公开、真诚沟通可以避免冲突、a872 信息公开范围有限、a170 信息公开立法方面还需要完善、a678 信息公开是参与的基础、a410 政府、企业并没有对民众进行科普、a958 政府小范围发布信息，社会反响不大、a1182 政府信息更公开，经常搞论坛、a1083 政府信息公开的方式比较局限、a320 政府与市民在项目是否上 PX 上有着信息差、a3 当代政府一年后又打算食言重启项目、a371 当地民众对项目重启还存在怀疑、a373 当地政府与民众信任基础丧失、a695 滥用政府信任、a988 强调重大工程项目的严肃环评、规划和公开讨论、a520 市政管委违约、a872 项目不能糊涂来，糊涂走、a778 一闹就停、a738 政府糊涂上马项目、糊涂下马项目、a61 政府妥协无法掩盖问题、a889 沪杭磁悬浮决定开工建设、a160 沪杭磁悬浮开工建设时间暂且不定、a460 有反对声音不意味着不能建，应由政府评估决策、a811 政府先期考察，认为核燃料园能够与当地居民和谐相处，并且也不会影响资产价格、a57 政府主观看法

续表

开放式编码（52 个）	代码（1 382 个）
b39 空间价值增加	a943 本地人支持核电站建设、a812 村民对核电态度积极、a774 村民对原先生活村庄并没有留恋、a1046 村民希望核电站加快建设、a122 核电公司在餐馆附近，老板相信自己餐馆未来是最具人气消费场所、a976 核电站建设消息不影响房屋销售、a555 核电站建设有利于房产升值、a101 核燃料选址地居民不反对、a1207 拿到补偿和发展地方经济、a823 项目地址周边村民希望核电站建起来，能够带来希望、a1091 信任政府不会亏待村民，支持国家发展核电、a247 有关心新闻村民认为什邡项目对什邡影响巨大、a118 有入城居民看好核电经济发展带来的房产升值可能性，不担心核电安全、a521 阿苏卫填埋场附近村民持续地对垃圾填埋场进行抗争、a1194 阿苏卫填埋场附近村民期望能够建成垃圾焚烧发电站以便迅速搬迁、a138 本地村民希望核电站能够迅速建设，以便拿到 4 亩地的补偿、a1019 村民比较关心征地费、a750 村民获得更多拆迁补偿款或者居住面积、a1162 村民期望得到补偿、a75 村民期望早日搬迁、a294 当地居民对征地拆迁更为感兴趣、a1229 当地居民和设施所在地村民非常支持核电站，认为核电站建设拉动当地经济、a693 焚烧设施附近村庄集体搬迁、a266 垃圾填埋场附近村民得到政府补偿承诺、a887 全村搬迁、a830 设施所在地村民不反对、a1138 相对弱势的村民，宁愿要补偿款、a1372 参观后改变想法、a1361 本地人支持核电站建设、a1354 村民等待搬迁、a73 村民对垃圾焚烧发电设施危害没有概念、a1384 村民更看重补偿、a1338 建设焚烧厂，附近村民需要搬迁、a1333 拿到补偿，发展地方经济、a1333 迁址地区相对弱势、a1381 去秦山核电站参观、a1363 认为核电项目能带来富裕、a1334 以前就知道核电站、a1343 附近村民等待拆迁、a1366 附近村庄都需要搬迁、a432 并不恐惧核电站、a610 并不是所有人都赞成反核、a924 根据座谈会核电站建设投票比例，赞成者居多、a882 核燃料园征地，几乎零投诉、a839 信任政府对核设施的运维管理能力、a831 也有村民认为垃圾焚烧发电利国利民、a249 也有居民支持垃圾焚烧，信任垃圾焚烧技术、a194 有居民不担心磁悬浮辐射、a27 在 100 海里外打鱼，核电站不会造成影响、a135 征地村民认为领导也在这里住，核燃料园应该没有问题、a440 中国核电站比较安全
b40 矛盾的抗争态度	a336 别人不一定理解麻风病、a877 别墅区居民不想被“富人”和“邻避主义”符号污名化、a113 不是瘟神，不会危害人间、a894 村民并未上街、a1169 村民反感银滩买房业主来宣传反核电站、a475 村民与外地业主关于核电站意见差异巨大、a753 房地产业是反对此次核燃料建设主力军、a499 港澳投资者提出撤资、a260 高档住宅区居民反对垃圾焚烧设施、a764 候鸟式业主、a27 建核电站是国家大事、a850 较好商品房小区筹备业委会，统一维权和反对建设、a1165 来乳山投资房产人反对建设核电站、a328 老旧小区、城中村电网扩容改造很难，遇到阻力、a49 期望核电站早日建成、a1212 倾向于支持邻避设施建设、a804 认为居住这些别墅的是有钱人、a620 外地购房者反对建设核电，而本地购房者则期望建设核电、a436 外地买房人、a511 外来业主反对建设核电站、a631 外围城市反对核燃料园、a929 项目所在地村民并非抗议者、a492 项目停止，周边城市、江门受益，而选址地鹤山利益被牺牲、a5 周边群众比较支持，不反对项目、a1323 当地人与投资业主意见相反、a1327 核电站厂址争议，放弃置业想法、a1335 外地人买房、a1369 外地人买房，刺激本地经济发展、a1329 项目所在地村民没有抗议、a1356 养老不能靠近核电站、a1370 将垃圾焚烧发电厂比喻为自己家装修对邻居的打扰、a1383 居民希望麻风病医院离自己远一些

续表

开放式编码（52个）	代码（1 382个）
b41 空间价值贬损	a536 PX迁移后，古雷鲍鱼养殖业遭到打击、a1013 PX投产后，鲍鱼经常死亡、a1073 PX项目地附近村民之前过得比较富裕、a394 搬迁进城市，谋生更加困难，生活成本高昂、a948 鲍鱼食用植物生长也出现问题、a680 不仅民众，相关受影响企业对什邡项目也有意见、a168 村民担忧项目落定后，鲍鱼养殖业受到非常大的影响、a607 古雷鲍鱼哥、a274 核电的危害可控，但可能对茶叶种植会有影响、a1086 企业之间也有矛盾、a153 项目对村民的经济利益（水田）会造成负面影响、a232 变电站对附近住宅存在一些潜在风险、a302 变电站也可能不影响房价、a1004 变电站影响房价有时候和市场态势、整体信心相关、a858 变电站影响房价有时候和市场态势、整体信心相关、a496 担心辐射与房产价值，反对核电站、a202 反对乳山核电站真实目的是保卫自己在银滩购买房产和度假体验、a749 房产贬值、身体健康风险、a1191 房价和财富缩水是重要考虑因素、a486 焚烧厂影响了居民房价预期、a1082 垃圾焚烧发电厂已经影响到了房价的走向、a491 垃圾焚烧发电设施建成后，房价受影响，生活品质也会降低、a1191 垃圾焚烧发电设施影响资产价值、a36 主导房价的还是学区、区位（地铁沿线）等，变电站是其次的、a362 本身搬迁城市缺乏就业机会、a789 村民征地补偿不满意、a457 古雷搬迁者缺乏足够就业机会、a1131 征用用地，抬高地价而反对、a1211 磁悬浮技术自主性程度如何还有争议、a25 磁悬浮一直处于争议中、a64 规划磁悬浮沿线居民反对建造磁悬浮、a476 沪杭磁悬浮资金与技术都有问题、a353 化工项目布局位置敏感、风险高、a602 即便是中低速磁悬浮，仍然有争议、a294 技术、操作角度质疑垃圾焚烧、a1185 麻风病医院对当地经济社会发展造成非常负面的影响、a962 项目建设的环境风险和社会风险如何应对、a1010 中低速磁悬浮列车交通安全性很难保障、a396 专家也反对建设核电 a141 政府和居民对于污染和生活影响的看法和标准不同、a1203 对自身处境担忧和对广泛公共利益关注、a1042 围绕麻风病医院，多次冲突、a818 以前遭遇麻风病方面的非议、a464 18公里之外的市民闹得最凶、a25 阿苏卫垃圾场周围有大量高端小区、a777 阿苏卫有奥贝别墅区、a692 反对者从小区外来购房者到网上的无核运动、a358 反对者很多不是当地人，而是拥有房产或者度假的人，担忧房产价值和旅游感受、a426 反对者身份——家长、居民、负债购房业主、a436 反对者甚至来自广州、港澳台地区等不是项目设施所在地江门鹤山的人、a426 反对者有品牌价值受损企业和当地市民，即便了解之后、a276 关于核电站建设，投资业主和当地人意见分歧、a1092 互联网上对乳山核电站反对较多、a937 华南板块以中高收入阶层为主、a614 居住在阿苏卫垃圾填埋场附近的别墅区、a1127 外地购房业主不理解乳山争取核电站想法、a1174 外地人反对核电站居多、a84 外地投资业主认为发展核电站与乳山当地旅游业发展背道而驰、a912 网络抗议、a850 无法搬离PX设施所在地，别的地方生活难以为继，买不起房、a595 银滩房地产商同样质疑核电站、a336 影响范围不仅是当地，甚至是整个珠三角、a1338 华南板楼市可能长期低迷、a1355 垃圾焚烧发电设施影响了房价走向、a1335 离垃圾焚烧场不远的高档别墅区、a351 垃圾焚烧设施的建立破坏了良好生活环境，与自己在之前购买房产目的背道而驰、a940 市民认为的影响房价和居住体验的因素、a1156 PX成为符号、a260 PX毒性问题，学界也存在争议、a943 PX恐惧、a662 磁悬浮环境风险、

续表

开放式编码（52 个）	代码（1 382 个）
b41 空间价值贬损	a292 担心环境污染，也担心经济社会发展潜力、a261 担心环境污染风险，抗议垃圾焚烧发电设施、a504 担忧化工厂隐患、a914 担忧环境污染、a552 当地村民认为建设麻风病医院会造成污染环境、a126 风险界定差异、a135 福岛事故后，对核电站充满恐惧、a1028 公众担心磁悬浮电磁辐射、a466 公众对核电恐慌、a16 关于 PX 的恐慌、a1094 关于磁悬浮的风险，科学尚无定论、a215 关于垃圾焚烧发电主要排放物有害物二噁英看法不一、a1036 核电环境污染风险、a195 即便能够治疗麻风病，但也只能控制，仍然存在非常大风险、a119 监狱存在长期风险、a213 景区附近购买住房业主担忧核电站风险、a776 居民担心磁悬浮辐射问题、a789 居民担心化工厂后续的风险、a752 居民担忧电磁辐射、a204 居民强调垃圾焚烧后可能产生的污染，并将解决方案关联到垃圾分类上、a1038 居民仍然担心电磁辐射问题、a819 居民与专家关于磁悬浮辐射问题意见差异较大、a323 科学家对垃圾焚烧也持有不同意见、a575 垃圾焚烧技术争议很大、a731 垃圾焚烧科学上也有争议、a1109 垃圾焚烧业界和学术界还存在争议、a513 六里屯垃圾焚烧发电设施对市民饮水安全存在潜在威胁、a437 麻风病患者排泄物有毒、a556 群众担心污染、a279 幼儿园不能与护理院设置在一起、a655 在垃圾焚烧有害物上专家意见不统一、a583 PX 对身体健康有着切实的危害、a1174 磁悬浮噪音污染、a638 村庄附近工厂造成了严重生态污染、a334 大连 PX 溃坝、a828 化工厂生产干扰居民生活、a640 既有垃圾焚烧发电厂造成严重污染、a118 垃圾焚烧处理厂味道与小区一样、a561 麻风病医院也遭受过其他村民和居民的抗争、a674 外地民众对核电站较为恐惧
b42 一致的抗争态度	a213 村民反对监狱选址、a348 村民还是会像之前那样进行抗议、a496 村民受到番禺居民维权鼓舞，也进行集体维权活动、a71 村民学习周边居民进行抗议、a1007 村民与政府达成一致，共同反对监狱、a237 村民在既往抗争里，因为文化和经济社会地位弱势，能力有限，李坑村民抗争处于弱势、a1051 大部分投票民众反对 PX、a837 大连民众与部分官员要求 PX 迁移、a859 大批政协委员将反对厦门 PX 纳入全国两会重点议案、a625 番禺抗争，让之前建设垃圾焚烧发电厂村民看到了维权希望，扩大了维权空间、a174 番禺与李坑一同抗争、a982 反垃圾焚烧虽然陷入低潮，但仍然在坚持、a1230 反垃圾焚烧陷入低潮、a1225 高端小区居民强大自我组织能力和丰富、多样的行动资源、a805 古雷人也学习厦门，进行抗议、a544 广州政治和媒体环境相对宽松、a787 环保志愿者、a207 环保组织持续反对并没有用处、a926 会江居民反对建造垃圾焚烧发电厂、a251 激烈冲突、a858 居民反对沪杭磁悬浮项目、a1068 居民具有较强学习能力、a710 居民抗议沪杭磁悬浮、a377 抗议焚烧居民代表坚定自己想法、a968 抗争设施会存在模仿可能性、a190 垃圾焚烧厂选址不合适、a1149 垃圾填埋场、垃圾焚烧发电设施引发居民反对、a553 李坑村民向番禺业主学习抗争方式、a17 邻避抗争学习效应、a131 民意领袖的涌现、a1029 摩的司机、a715 闹大方式来解决邻避、a982 强调自己是村民，没有文化，不清楚二噁英如此厉害、a479 群体事件与 PX 有关、a1032 群众阻止排污入海项目、a69 人大代表、政协委员反对监狱、a102 厦门、广州城市化水平高、大量受过良好教育年轻人和互联网原住民，有着组织和编导的便利，并且有着活跃和富有批评精神的媒体，塑造了一个可以展开公共事务讨论和集体行动

续表

开放式编码（52个）	代码（1 382个）
b42 一致的抗争态度	的社会氛围，具有开展集体抗争的社会条件、a919 厦门市民代表和大部分人大代表、政协委员反对 PX 项目、a630 厦门市民散步反对 PX、a274 什邡民众仍然反对项目、a616 退休干部、a43 也有居民不反对护理院，但反对在小区办丧事、a287 拥有较好社会资源和行动能力业主迅速达成集体行动、a837 政府沟通不走心，居民选择闹大、a571 政协委员、专家反对厦门建 PX、a545 支持建设受访者占比不高、a1090 周边村民和商品房小区居民共同反对垃圾焚烧发电设施、a267 主流民意不赞成垃圾焚烧发电厂建设、a843 专家、政协委员反对厦门上马 PX、a1060 专家不反对建 PX，但反对建在厦门、a210 自发环保组织、a367 座谈会大多数代表反对建 PX、a1380 奥贝别墅区有着更强的集体行动能力、a1341 百万居民反对、a1350 村民持续抗争焚烧厂
b43 行业形象欠佳	a217 居民对民办养老机构不太信任、a1104 垃圾处理行业“内忧外患”、a205 一方面是激增的环境信访量和群众反对重大建设项目；另一方面是群众知情权、参与权无法得到保障
b44 企业安全生产与运维存在问题	a781 PX 项目投资和运营主体企业因为污染问题被指责、a183 承建和运营企业没有资格做出不开设临终关怀设施的承诺、a862 大连 PX 防波堤溃堤的极大风险、a172 大连 PX 溃坝企业管理不善、a999 对投资和运营企业不满、a217 刚投产 PX 装置就遇到技术故障、a318 古雷 PX“老板太抠、出事是迟早的”、a828 古雷 PX 爆炸，村民不得不转移、a488 环保组织与环评对设施周边环境敏感评价存在巨大差异、a607 环境保护对企业重要性、a911 金州化工区对大连同样有威胁、a655 居民对政府监管、企业安全生产、扭曲政企关系不信任、a264 居民质疑即便硬件上、技术上过关，是否意味着生产过程就没有污染、a838 垃圾焚烧厂被周围居民投诉并不少见、a679 垃圾焚烧发电厂涡轮出问题，不能发电，排污出问题、a394 垃圾焚烧发电设施程序出现问题、a600 垃圾焚烧发电设施运维上面可能问题比较大、a358 垃圾焚烧发电设施运营与管理质疑、a1196 垃圾焚烧面临邻避效应和低价竞争的困扰、a931 垃圾填埋场遭遇投诉，而建规划设的垃圾焚烧发电站也引发抗议、a8 离城市距离较近的工业区及其安全事故让居民不安、a23 企业封锁事故消息、a168 深圳宝安垃圾焚烧设施污染较小，政府全部财政投入、a748 输油管道爆炸火灾事故险造成 PX 爆炸、a122 输油管道火灾爆炸后，事发地点又出现火灾、a1122 项目运维管理失败严重影响 PX 科普、a443 由于成本问题和企业本身的营利性，垃圾焚烧无法做到安全生产，经常偷工减料，造成更大污染、a163 漳州古雷 PX 项目起火——政府监管不严、企业运维偷工减料、a781 作为主要投资方之一的福佳集团，没有石化经验，更多是地产经营、a1059 茂名污染已经非常严重、a1351 垃圾焚烧设施附近村民饱受其害
b45 政府定位不清，与“利益集团”存在关联	a1220 PX 附近村民由于既往化工厂污染，同样反对 PX 落户、a218 地方政府控股企业投资亏损和民众的环保担忧、a658 对先前建垃圾焚烧发电厂产生危险惧怕、a604 对有色金属项目污名化和恐惧、a411 对政府监管能力缺乏信心、a42 番禺抗争的例证是李坑设施问题、a236 高安屯垃圾焚烧处理厂与周围社区居民的不适乃至身体出现状况，有关、a310 公共政策信息不透明，无法信任政府对企业监管和企业安全生产、a50 公众关心的不是技术先进、a229 共同关心垃圾焚烧产生的污染监管、a64 古雷安

续表

开放式编码（52 个）	代码（1 382 个）
b45 政府定位不清，与“利益集团”存在关联	全事故让公众信任被摧毁、a995 古雷项目环境污染、a12 护理院存在区别，公建民营，政府部门会全程介入，民建民营，企业要做前期摸排、a141 勉强应付溃坝、a995 如何有效惩处违法企业和主体，还需要更多配套措施、a206 厦门民众不仅仅是技术上的不信任，关键是对政府治理污染、监管能力和企业依法运维的不信任、a1162 先前建设的垃圾焚烧厂，周边居民仍然投诉、a926 现有化工企业污染严重、a1148 与福佳大化 PX 毗邻的另一家 PX 危险性更高、a229 漳州古雷 PX 二次爆炸后，政府信任降低、a951 政府对企业疏于监管、a1225 政府话语里——李坑是符合标准、安全的，但在民众实际感受上——李坑充满问题、a436 政府既往治理邻避设施负面效应、a167 中国核能发展受“利益集团”扭曲，缺乏独立、有效监管部门、a64 中国环保管理能力欠缺、a1128 周边居民反对垃圾焚烧厂，且水源受到污染，工厂废气时有产生，癌症率也与焚烧厂有关、a1137 企业主导、a769 政府缺乏技术、缺乏了解，需要企业作指导，在后续完成程序、a251 政府与“利益集团”利益关联、a1208 磁悬浮产业链形成产学研结合的格局、a342 地方政府与企业站在一起、a793 广日集团和广州市政府关于垃圾焚烧特许经营权合同上有着利益的交换、a7 垃圾焚烧背后的巨大政经利益、a612 邻避事件和扭曲政企关系有关、a934 媒体报道并质疑广州市政府部门和垃圾处理特许经营权获得者广日集团间的利益勾连、a1208 上马沪杭磁悬浮背后的地方政府和其控股的地方国企政治与经济利益、a880 政企不分惯性思维、a218 中低速磁悬浮有着极强的政经利益，背后是当地地方政府支持、a1150 国家主导型工业化，政企关系密切，政府企业化、a436 理顺政企关系，发展模式转型，转变政府角色和职能、a141 扭曲政企关系导致互不信任民众同政府、企业关系、a63 问题不在于科普，而在于背后决策过程、政府监管、企业安全生产、扭曲政企关系上、a407 政府、民众缺乏政治信任、a376 政府、企业、民众需要建立互信关系、a824 政府、企业做事遮遮掩掩，造成民众对政府、企业的不信任、a335 政府不尊重民意，公开信息也较少，站在企业的角度、a588 政府定位不明晰、企业化，使得政府做了企业的事情、a1153 政府给企业背书，替企业灭火、a1156 政府与企业关系密切，但二者与民众关系疏远、a887 政企合作
b46 专家为“利益集团”站台	a800 大连环保局和相关专家打包票、a569“利益集团”专家强调中低速磁悬浮建设对城市群发展有着关键作用、a155 民众认为支持焚烧专家学者和企业、政府有着很强的利益关联、a871 替民众把关专家和决策者与项目存在利益输送关系、a1221 专家评审与群众意见冲突
b47 专家信任下降	a726 居民不认同专家的说辞，不想和任何麻风病老人聊天，只想离开、a687 专家科普麻风病遭受村民冷眼相待、a1071 现实中频发安全事故与专家说辞有着天壤之别、a1107 村民不信任专家宣传、a908 打倒伪专家
b48 财税收入	a1235 PX 的相关就业与税收拉动、a1251 为当地经济发展做贡献、a1254 地方利益、a1239 当地政府支持 PX 建设、a1292 项目落地后，通过产业规划和基础设施建设，当地经济社会得到长足发展、a1295 强调项目带来经济收益和财税收入、 a1259 化工企

续表

开放式编码（52个）	代码（1 382个）
b48 财税收入	业利税高、a1277 投资巨大，对经济发展有拉动效应、a1269 福佳同大化合作有利于利润留在大连、a1288 磁悬浮建设有国家 4 万亿的支撑、a1261 沪杭磁悬浮的经济冲动、a1279 核电与经济发展、a1272 核电设施背后是数以千亿的投资和百亿级的税收、a1238 大连力图将项目留在辖区内，项目对大连有战略意义、a1312 核燃料园有着巨大的经济利益、a1320 核电收入分为债务收入、向地方政府倾斜的税收收入、a1268 核电巨大经济收入、a1314 项目的开工与经济发展紧密相关、a1255 古雷有着巨大经济收益
b49 经济情况有待改善	a1298 江门经济发展相对滞后、a1262 建设核电站能够加速经济发展、a1289 化工定位经济发展、a1249 承接了大量落后高污染化工产业、a1307 核电建设经济结构转型、a1240 山东省政府总体支持核电、a1260 乳山，人人都在卖房、a1294 茂名产业链比较单一，不完善、a1257 PX 供应紧张、a1319 能源供应紧张，核电相关项目对经济社会发展和地区经济、能源安全有重要的意义、a1274 什邡经济发展面临转型、a1297 茂名是“南方油城”，拥有实力雄厚的企业、a1308 山东期望有相应能源体系、a1280 缺电制约山东发展、a1271 核电建设经济发展诱惑和产业结构转型、a1281 核电站建设对房地产和服务业也有所拉动、a1310 强调经济利益、经济效能、a1313 乳山房价性价比高、a1243 缺油少气制约经济发展，影响市民基本生活、a1278 茂名石化基础好、a1256 硬缺电、a1284 经济社会发展与电力缺口矛盾、a1306 完善产业链，提升价值、a1296 PX 是为了完善茂名石化产业链、a1293 内陆省份对核电存在长期追求、a1242 核电项目可以促进旅游业发展、a1252 广东较早地发展了核电、a1304 漳州农业被国际产品冲击，提出工业转型、a1317 银滩房地产发展、a1303 漳州经济出现颓势、a1316 乳山离北京近，方便度假、a1291 PX 与工业生产密切关系
b50 经济发展至上	a1253 GDP 增长为导向发展模式、a1301 强调经济发展至上性、a1282 地方政府倾向于发展而非保护、a1286 政府主导型经济发展模式转变需要时间、a1263 经济利益压倒生态保护、a1246 化工项目经济与政绩诱惑压倒环保要求、a1264 经营城市、土地财政、政府主导、投资驱动
b51 政绩驱动	a1248 项目重启、政绩驱动、a1311 PX 项目政绩与经济诱惑、a1265 什邡重启项目背后仍然是与经济形势和政绩驱动有关、a1285 地方政绩冲动、经济收益大、a1236 漳州政府欢迎 PX 落户、a1273 核电项目地方竞争、a1305 政府高度重视 PX 工程、a1302 对项目进入建设阶段的渴求、a1275 各地都在竞争核燃料园项目，并竞相开出优惠条件、a1266 怀疑地方政府间存在攀比现象、a1267 厦门放弃 PX，大连追捧
b52 资本积累	a1300 政府进行了项目的大量前期投入、a1250 政府招商引资力度大、a1309 沪杭磁悬浮有利于房价上涨、a1270 会江原本就有垃圾填埋场，选址会江改造方便、a1315 政府要统一开发疗养院所在地区，疗养院要搬迁、a1318 古雷之前招商引资比较困难、a1247 磁悬浮入地可以解决居民担心的问题、a1283 垃圾焚烧发电厂附近房价还在升、a1299 选址高明，出于资金和土地考虑、a1245 沪杭磁悬浮为开端的大规模建设可以促进经济发展、a1290 原本麻风病疗养院在市中心，疗养院周围高档小区，但疗养院条件偏差、a1237 磁悬浮建设与沪杭同城区域发展、a1258 磁悬浮建设带来沿线合适区域地价上涨、a1244 磁悬浮使得招商引资更加方便、a1241 磁悬浮入地拉动内需，避免邻避矛、a1276 迅速上马沪杭磁悬浮也有挽回损失意义、a1287 有利于招商引资

（研究者自制）

附录2　旧楼加装电梯案例部分业主微信群协商资料